새로운 역사의 문

제2권

보이지 않는 흐름을 읽는 눈

새로운 역사의 문 제2권

보이지 않는 흐름을 읽는 눈

: 게르만의 대 이동에서 역사의 메시지까지

초판 1쇄 발행 2026년 1월 26일

지은이 구민성
펴낸이 이기봉
편집 좋은땅 편집팀
펴낸곳 도서출판 좋은땅
주소 서울특별시 마포구 양화로12길 26 지월드빌딩 (서교동 395-7)
전화 02)374-8616~7
팩스 02)374-8614
이메일 gworldbook@naver.com
홈페이지 www.g-world.co.kr

ISBN 979-11-388-5356-9 (04900)
979-11-388-5354-5 (세트)

• 가격은 뒤표지에 있습니다.

• 파본은 구입하신 서점에서 교환해 드립니다.

새로운 역사의 문 제2권

*

보이지 않는 흐름을 읽는 눈

구민성 지음

좋은땅

❖ 프롤로그(Prologue)

훈족과 게르만의 말발굽이 유럽을 흔들었고,
몽골의 기병은 동서의 경계를 무너뜨렸습니다.
십자군 전쟁은 신앙의 이름으로 시작되었으나
곧 정치와 이익의 무대가 되었고,
유럽은 중세라는 긴 여정에 들어섰습니다.

고대 신전이 무너진 자리에 수도원의 종소리가 울렸습니다.
역사는 멈춘 자리마다 새로운 얼굴로 다시 일어섰습니다.
중세는 긴 밤처럼 보였지만, 불씨는 꺼지지 않았습니다.
교회의 분열은 단절이 아니라 새로운 길을 열었고,
흑사병은 유럽을 무너뜨렸지만 인간은 다시 생각하는 법을 배웠습니다.
르네상스의 빛은 어둠을 뚫고 새벽을 밝히는 별이 되었습니다.
그러나 기계의 연기와 전쟁의 화염은
문명이 스스로를 파괴할 수 있음을 보여 주었습니다.

오늘 우리는 또 다른 경계 앞,
데이터와 인공지능의 바다를 마주하고 있습니다.
수도원의 장서, 공장의 톱니바퀴, 전쟁의 잿더미와
컴퓨터 서버의 불빛은 서로 다른 시대의 모습이지만
결국 같은 질문을 던집니다. 문명은 어디로 향하는가?

기억하지 않는 자는 같은 실수를 반복하고,
기억하는 자는 그것을 넘어 새로운 길을 만듭니다.
이것이 역사가 주는 변함없는 메시지입니다.

이 책이 독자에게도 잠시 멈추어 서서

새로운 길을 발견하는 시간이 되기를 바랍니다.

2026년 1월

저자 드림

목차

IV. 중세와 대항해의 길

V. 기술, 전쟁, 그리고 새로운 질서

VI. 다시 묻는 역사

Ⅳ

중세와
대항해의 길

제21장

게르만의 대이동 - 훈족의 충격과 유럽 문명의 재편

1. 훈족의 이동 - 유럽 질서에 외부 충격을 가하다.

4세기 중반, 지금의 몽골~카자흐스탄 일대 유라시아 초원 지대에서 훈족(Huns)이라 불리는 기마 유목 민족이 서쪽으로 움직이기 시작했다. 이들은 원래 중앙아시아 북흉노계 계통으로 추정되며, 동진(東晉)과 선비족 등의 동아시아 민족에 의해 압박을 받아 볼가강과 우랄 산맥을 넘어 **유럽 동부 초원 지대에 진출**했다.

훈족의 이동에는 여러 요인이 복합적으로 작용했다. 기후 냉각으로 인한 **목초지 감소와 생태적 압박**, 선비족 등 **동쪽 유목 세력의 팽창**, **경제적 교역로 확보**를 위한 서진이 주요한 배경이었다. 또한, 내부 부족 간 경쟁과 **강력한 지도자의 통합(루기라, 이후 아틸라)**이 이동을 촉진하였다. 이러한 요인들이 맞물리며 훈족은 새로운 정착지와 자원을 찾아 서쪽으로 이동하게 되었다. 훈족은 다른 유목 민족과 달리 **조직적 지휘 체계, 뛰어난 기마 전술, 복합궁 무기, 빠른 기동력**을 갖추었고, 정착 문명과 성곽 도시를 압도했다. 특히 이들이 흑해 북방 지역에 도달하자, 그곳에 정착해 있던 **동게르만족**, 즉 **고트족, 반달족, 게피드족** 등의 전통 부족 사회는 패닉 상태에 빠졌고, 스스로 이동할 수밖에 없었다.

이 충격은 단지 한 민족을 침략한 것이 아니라, 유럽 전역을 뒤흔드는 '**민족 대이동**(독일

어: Völkerwanderung)'의 방아쇠가 되었으며, 유럽 문명의 축을 근본적으로 재편하는 시작점이었다. 훈족은 단지 전투 민족이 아니라 **게르만 민족 전체를 유럽 내부로 밀어 넣는 거대한 압력**으로 작용하였으며, 이 파동은 곧 로마 제국의 구조적 붕괴를 불러온다.

□ 아틸라, 그는 누구인가?

그는 초원의 바람처럼 나타나 유럽의 심장을 흔들었다. 5세기, 로마 제국이 내부의 부패와 외적의 침입으로 흔들리던 그때, 동방의 광대한 초원에서 훈족의 왕 아틸라(Attila the Hun)가 등장했다. 그는 단순한 전쟁 지도자가 아니었다. 뛰어난 외교와 냉철한 전략으로 동로마와 서로마 사이를 오가며, 금과 영토를 협상으로 얻고 공포로서 지배했다. 사람들은 그를 '**신의 채찍**(The Scourge of God)'이라 불렀다. 그의 이름은 로마의 황제들마저 두려움에 떨며 입 밖에 내지 못했다.

아틸라 초상 Created with DALL · E by OpenAI.

그러나 그의 통치는 단순한 파괴의 서사가 아니었다. 유라시아의 여러 부족을 통합해 하나의 질서를 세우려는 초원의 제국, 그것이 아틸라의 꿈이었다. 그는 말을 타고 전장을 누비며 새로운 세계의 중심을 자처했고, 451년 카탈라우눔 평원에서 로마-게르만 연합군과 맞서 서방 정복의 정점을 찍었다. 그러나 영광은 오래가지 않았다. **453년, 결혼식 다음 날 밤 갑작스러운 출혈로 세상을 떠났고**, 그의 죽음과 함께 훈 제국은 모래 위의 성처럼 무너졌다. 아틸라(Attila the Hun)는 역사 속에서 여전히 두 얼굴로 남아 있다. 문명을 파괴한 야만의 왕이자, 새로운 질서를 꿈꾼 지도자.

□ 붉은 평원 위의 격돌 - 카탈라우눔 서사시

▶ 서막. 갈리아의 평원

서기 451년.

샬롱(Châlons) 평원의 하늘은 붉게 물들었고,
별들은 숨을 죽였다.
고대 로마의 빛은 바래지고,
북방에서 불어오는 강풍이 창을 실어 날랐다.
그날, 갈리아의 평원 위에서 문명과 야성,
질서와 혼돈이 충돌했다.

▶ 제1막. 아틸라의 행진 - 유럽의 공포

강철로 된 바퀴, 불꽃을 삼킨 눈,
그는 스텝의 유령처럼 유럽에 나타났다.
말갈기 휘날리며 달리는 훈족의 군대,
그 중심에는 **아틸라**, 신의 채찍이라 불린 사내.
"나는 세상의 불청객이자,
하늘이 보낸 정의의 검이다."
도나우(Danube)를 건너, 라인강을 넘어,
그의 군대는 도시를 태우고, 하늘을 찢었다.
파리도, 메츠도, 오를레앙(Orléans)도…
모두 그 발굽 아래 무릎 꿇었다.

▶ 제2막. 연합의 맹세 - 로마와 고트의 동맹

그 무렵, 로마는 위태로웠다.
서로마의 장군 **아에티우스**(Aetius),
한때 아틸라(Attila)의 친구였으나,
이제는 그 칼끝을 겨누는 자가 되었다.
그는 외쳤다.
"고트여, 갈리아의 아들들이여!
이제는 우리가 함께 서야 할 시간이다."

고트족의 왕 **테오도리크 1세**(Theodoric I),
흰 수염 휘날리며 말했다.
"우리가 로마를 따르는 것은,
그들이 강해서가 아니라,
우리가 함께 지켜야 할 **땅과 신념**이 있기 때문이다."
그리하여 로마, 고트, 프랑크, 알란족들이
하나의 전장으로 향했다.
그곳의 이름은 **카탈라우눔**(Catalaunum)

▶ 제3막. 전장의 아침 - 피로 물든 초원

새벽녘, 갈리아 평원에 이슬이 내리고
수만의 발굽 소리가 대지를 뒤흔들었다.
로마-게르만 연합군과 훈족 사이,
바람조차 숨을 죽인 채 머물렀다.
전사들은 흙을 집어 얼굴에 바르고,
이름 모를 신에게 마지막 기도를 올렸다.
서고트족 병사들은 그들의 왕을 향해 외쳤다.
"테오도리크! 우리의 왕이시여!
당신이 명하는 그곳으로 따르겠습니다."
그리고…
창이 부딪히고, 북소리가 울리고,
아틸라의 함성은 천둥처럼 하늘을 갈랐다.
"훈족이여! 오늘은 신이 피를 요구하는 날이다!"

▶ 제4막. 피로 쓰인 이름 - 테오도리크의 죽음

고트 왕은 말을 달려 선두에 섰다.
그의 창은 하늘을 찌르고,

그의 눈은 죽음을 피하지 않았다.
“이 땅은 로마도, 훈족도 아닌,
자유를 원하는 자들의 것이다!”
그러나 그의 가슴에는 훈족의 창이
먼저 꽂혔다.
테오도리크는 말에서 떨어져,
피를 토하며 하늘을 바라보았다.
“고트여… 나를 따라… 자유를…”
그의 마지막 말은 바람에 흩날렸다.

▶ 제5막. 아틸라의 퇴각 - 전투의 끝

테오도리크는 쓰러졌지만,
고트족은 무너지지 않았다.
그의 아들, 토르스문트가 진영을 지키고,
로마와 동맹들은 훈족을 끝내 막아 냈다.
아틸라는 퇴각했다.
그는 패배를 인정하지 않았지만,
더는 갈리아의 하늘을 가르지 못했다.
그날 이후,
훈족의 제국은 서서히 몰락했고,
게르만 왕국들은 그 빈자리를 채웠다.

▶ 에필로그 - 붉은 땅에 남은 이름들

카탈라우눔.
그 이름은 유럽의 분수령이 되었고,
고트족은 파괴자가 아닌 **문명의 수호자**로 남았다.
로마는 오래가지 못했지만,

그날 함께 맞서 싸운 기억은
유럽 문명의 또 다른 시작을 알렸다.

2. 게르만족의 대이동 - 로마의 경계가 무너지다

4세기 중반, 중앙아시아에서 서진한 **훈족(Huns)**은 **단순한 국경의 침입자가 아니었다.** 그들은 **유럽 대륙** 전체를 흔드는 **거대한 충격파**였고, 그 충격은 로마 제국의 방어선을 근본부터 뒤흔들었다. 훈족의 기마 전술과 군사적 압박은 흑해 북방에 거주하던 동게르만족, 특히 고트족을 향했다. 이들 부족은 더 이상 땅을 지킬 수 없었고, 대탈출을 시작했다.

376년, 훈족을 피해 탈출한 서고트족(Visigoths)은 동로마 제국에 피난을 요청해 도나우강을 건넜다. 그러나 로마는 이들을 체계적으로 수용하지 못했고, 식량 부족과 부패한 관리들의 착취는 갈등을 증폭시켰다. **378년 아드리아노플**(Adrianople) **전투**에서 서고트족은 동로마군을 격파하고 **황제 발렌스(Valens)를 전사**시키는 충격적인 승리를 거두었다. 이는 로마의 국경 방어 체계가 실질적으로 붕괴되었음을 보여 주는 상징적 사건이었고, 게르만 부족 대이동의 서막이었다. 이후, 다양한 게르만 부족들이 대거 로마 영토로 진입한다.

반달족(Vandals)은 406년 라인강을 넘어 갈리아를 지나 이베리아로 이동했고, 다시 북아프리카로 향해 439년 카르타고(Carthago)를 점령했다. 이들은 로마의 해상 무역과 곡물 공급망을 차단하며 제국의 경제 기반을 뿌리째 흔들었다. 서기 439년, 게르만계 반달족이 북아프리카의 카르타고를 점령했을 때, 그곳은 더 이상 고대 페니키아인의 해상 제국이 아니었다.

프랑크족(Franks)은 갈리아 북부에 정착해, 486년 파리 북동쪽 소아송 전투(Soissons)에서 로마계 지배자 시아그리우스를 무너뜨리고 프랑크 왕국을 세웠다. 이 왕국은 후에 **프랑스와 독일**의 시작점이 된다.

앵글족(Angles), **색슨족**(Saxons), **주트족**(Jutes)은 5세기 중반, 북해를 건너 브리튼 섬에 침입했다. 그들은 로마가 철수한 후 무주공산(無主空山)이 된 이 섬에서 켈트족을 서쪽과 북쪽으로 몰아내며, 남동부 지역에 자신들의 거점을 세워나갔다.

이후 이 세 계통의 부족은 여러 소왕국으로 나뉘어 정착했고, 이들 가운데 대표적인 일곱 왕국—노섬브리아, 머시아, 이스트앵글리아, 에섹스, 서섹스, 웨식스, 켄트—이 형성되었다. 역사는 이 체제를 일컬어 **'앵글로색슨 7왕국(Heptarchy)'**이라 부른다. 특히 앵글족의 이름은 이 섬의 이름이 되는 데까지 이르렀다. **'앵글의 땅(Engla land)'**, 오늘날의 잉글랜드(England)라는 국명의 기원이 된 것이다.

3. 고트족과 반달족 - 파괴자에서 문명 설계자로

고트족의 기원은 북유럽, **스칸디나비아 반도**에서 시작된 것으로 추정된다. 고대 사가와 『고트사』에 따르면, 그들은 스웨덴 남부의 스칸디아(Scandza)에서 발트해를 건너, 오늘날 폴란드 일대의 비스툴라 강 하구에 도달했고, 이후 흑해 북방 초원으로 이동하며 강력한 부족 연합체로 성장하였다. 그곳에서 그들은 로마 세계와 마주하며, 곧 제국의 경계를 무너뜨리는 주체로 등장하게 된다.

'게르만족(Germanic peoples)'은 본래 로마인들이 자신들의 북쪽 지역에 살던 여러 부족을 통칭한 명칭으로, 언어학적으로는 인도유럽어족에 속한 **게르만어군(Germanic languages)**을 사용하는 민족들을 의미한다. 이들은 서게르만, 동게르만, 북게르만으로 구분되며, 각각 프랑크족·고트족·노르드인 등으로 나뉜다. 즉, 고트족은 동게르만 계통에 속하는 대표적 부족으로, 로마 후기와 중세 초 유럽사의 중심 세력 중 하나였다.

수많은 게르만 부족 중에서도 고트족(Goths)은 유럽 문명이 로마에서 중세로 이행하던 시기에 핵심적인 역할을 수행했다. 이들은 한편으로는 로마를 공격한 침략자였지만, 다른 한편으로는 로마의 유산을 계승하고 새로운 질서를 실험한 **전환기의 설계자들**이었다.

□ 서고트족 - 로마를 무너뜨리고 문명을 계승하다

서고트족은 원래 게르만계 고트족에서 갈라져 나온 집단으로, 훈족의 서진 압박 속에서 로마 제국 영토로 들어왔다. 이들은 378년 아드리아노플 전투에서 로마군을 격파하며 제국 내에서 존재감을 드러냈고, 410년에는 알라리크(Alaric)의 지휘 아래 로마를 함락하고 약탈하였다. 이 사건은 800년 동안 외세의 침입을 받지 않았던 '영원의 도시' 로마가 무너진 충격적 사건이었으며, **서로마 제국 쇠퇴의 상징으로 기억**된다.

이후 서고트족은 이탈리아를 떠나 갈리아 남부로 이동해 419년 현재 프랑스 남부 **툴루즈를 중심으로 왕국**을 세웠다. 툴루즈 왕국 시기, 서고트족은 로마 제국과 군사적 동맹 관계를 유지하면서도 독자적인 영토 지배 체제를 확립했다. 그러나 507년 클로비스 1세(Clovis I)가 이끄는 프랑크족과의 **부예 전투**(Battle of Vouillé)에서 패배하면서 갈리아의 지배권을 상실하고, 중심지를 이베리아 반도로 옮기게 된다.

톨레도를 수도로 삼은 서고트 왕국은 **라틴어를 행정 언어로 사용**하고, **로마법을 계승**하며, 로마 제국이 남긴 관료 체계를 상당 부분 흡수했다. 동시에 게르만 전통인 부족 회의와 관습법을 병행하면서 독특한 혼합 국가 체계를 구축하였다. 종교적으로는 초기에 아리우스파 기독교를 따랐으나, 589년 **레카레드 1세**(Reccared I)가 **가톨릭으로 개종**하면서 **로마 교회와 일치**하게 되었고, 이는 히스파니아 사회 통합의 결정적 전환점이 되었다.

서고트 왕국은 이베리아 반도에서 강력한 세력으로 존속하며 법과 제도를 정비하였다. 특히 「알라리크 법전」(Breviarium Alaricianum)과 **톨레도 공의회는 중세 에스파냐 왕국의 제도적 기반**이 되었다. 그러나 귀족 내분과 왕위 계승 분쟁으로 국력이 약화되었고, 결국 711년 우마이야 왕조의 무슬림 군대가 침입하자 패배하여 멸망하였다. 비록 멸망했지만, 서고트 왕국은 로마적 전통과 게르만적 요소를 융합한 정치·법적 체제를 남겼고, 이는 이후 레콩키스타(Reconquista)를 통해 형성된 **중세 스페인 왕국들의 제도적 뿌리**가 되었다. 다시 말해, 서고트 왕국은 로마 제국과 게르만 세계, 그리고 기독교 세계를 이어 주는 **중간 다리**로서, 이베리아 중세 문명의 초석을 놓은 국가였다.

서고트왕의 로마 입성
by Allan Stewart,Wikimedia Commons Public Domain

□ 동고트족 - 테오도리크의 왕국과 라벤나의 부활

동고트족은 원래 게르만계 고트족의 한 분파로, 4세기 후반 훈족의 대이동에 밀려 발칸 반도 일대로 흩어져 살았다. 이들은 한동안 훈족의 지배 아래 있었으나, 아틸라 사후 훈 제국이 붕괴하자 독립의 기회를 얻었다. 이후 이탈리아 반도의 권력 공백을 노리고 등장한 지도자가 바로 **테오도리크 대왕**(Theodoric the Great, 재위 493~526)이다.

그는 동로마 황제 제노(Zeno)의 승인과 협력을 얻어 오도아케르(Odoacer)를 몰아내고, 493년 이탈리아 전역을 장악하였다. 테오도리크는 자신을 황제라 칭하지 않고 동로마 황제를 명목상의 주권자로 인정했으나, 실질적으로는 독자적인 동고트 왕국을 다스렸다. 이는 **로마 제국의 제도와 게르만 부족 전통이 공존**하는 독특한 체제였다. 현재 이탈리아 북부 **라벤나(Ravenna)를 수도**로 삼은 그는 로마 원로원과 법률가, 기술자를 적극 등용하여 행정과 건축을 재건했고, 수도관·도로·극장·성벽 등 공공 인프라를 복구하였다. 특히 그는 종교적 갈등 관리에도 힘썼다. 자신은 아리우스파 기독교를 믿었지만, 로마 시민 다수는 정통파(가톨릭)였기에 신앙의 자유를 인정하며 충돌을 최소화하려 했다.

그의 통치 아래 라벤나는 로마 건축과 게르만 전통, 기독교 예술이 융합된 문화적 중심지로 성장했다. 오늘날까지 남아 있는 **산 비탈레 성당**(Basilica of San Vitale)**의 모자이크**는 이러한 융합의 대표적 증거로, **로마의 제국적 위엄과 게르만 왕국의 권위**를 동시에 상징한다. 그러나 테오도리크 사후 후계 문제와 종교 갈등이 격화되면서 왕국은 점차 약화되었고, 결국 6세기 중엽 유스티니아누스(Justinian) 황제가 이끄는 동로마 제국의 정복 전쟁(고트 전쟁, 535~554)에 무너졌다.

라벤나 산 비탈레 성당 내부(광각)

이처럼 고트족은 단지 제국을 파괴하고 자리를 차지한 야만인이 아니었다. 그들은 **로마의 정치·기술·종교 질서를 수용**하면서도, 자신들의 **전통적 문화 요소를 통합**하여 새로운 **국가 운영 체계**를 창출했다. 그들의 실험은 완성된 문명은 아니었지만, **고대와 중세를 잇는 교량**이자,

'다음 문명을 위한 설계적 시도'라는 점에서 중대한 의의를 지닌다.

□ 고트족의 이동

1) 스칸디나비아(고틀란드)

↓

2) 발트해 → 폴란드 (비스툴라 강)

↓

3) 흑해 북부 (우크라이나, 루마니아)

↓ ← 분화 시점

↓ **4) 서고트족**	↓ **5) 동고트족**
도나우강 건너기	**훈족 지배**
→ 발칸 · 이탈리아	↓
→ 갈리아(툴루즈)	**이탈리아 정복**
→ 이베리아(톨레도)	**라벤나 왕국**

□ 반달족의 이동

한편, 반달족은 본래 소규모 부족 연맹이었으며, 고트족과 마찬가지로 로마 제국 국경 인근에서 이민족으로 살아가다가, **훈족의 압력(5세기 초)** 이후 대규모 이동을 시작하게 된다. 반달족은 본래 동게르만계 부족으로, 기원은 스칸디나비아 또는 발트해 연안으로 거슬러 올라간다. 5세기 초, 훈족의 서진에 밀려 **중부 유럽에서 라인강을 넘어(406년)** 갈리아를 침입했고, 곧 이베리아 반도(409년)에 정착하였다. 그러나 이들은 그곳에 오래 머무르지 않았다.

429년, 반달족은 오늘날 지브롤터 해협을 건너 **북아프리카로 이동**했다. 그들이 지브롤터 해협을 건넌 이유는 단순한 방랑이 아니라 **생존과 전략적 재배치의 선택**이었다. 이베리아 반도에서 반달족은 **서고트족(Visigoths)**과 **로마 세력의 압박** 속에 안정된 거점을 확보하지 못했다. 이에 지도자 **게이세릭(Geiseric)**은 풍요로운 곡창지대와 해상 무역로를 가진 **북아프리카 속주**로 눈을 돌렸다. 당시 북아프리카는 **로마의 곡물 공급지**이자 **방어가 허술한 지역**이었으며, 정복 시 **지중해 제해권과 경제 기반**을 동시에 확보할 수 있었다. 따라서 429년의 해협 도하(渡河)는 퇴각이 아니라 **전략적 침공이자 새로운 왕국 건설의 출발점**이었다. 이들은 로마 제국이 지배하던 아프리카 속주를 침공했고, **439년**, 한때 페니키아인들이 건설한 도시였던 **카르타고(Carthago)** 를 점령해 **반달 왕국의 수도**로 삼았다.

▶ 반달족의 이동 경로

1) 북유럽 기원 (스칸디나비아 or 발트해 연안, 기원전~기원후 1세기경)

↓

2) 중부 유럽 정착 (판노니아, 오늘날 헝가리 / 2~4세기)

↓

3) 406년: 라인강 건넘 → 갈리아 침입 (오늘날 프랑스)

↓

4) 409년: 피레네 산맥 넘어 → 이베리아 반도 진입 (스페인)

↓

5) 429년: 지브롤터 해협 건너 → 북아프리카 도착

↓

6) 439년: 카르타고 정복 → 반달 왕국 수립

□ 반달족의 이동과 카르타고의 파란만장한 운명

북쪽 바다와 얼음의 땅에서 출발한 반달족은, 훈족의 돌풍에 등을 떠밀려 **라인강이 얼어붙은 어느 겨울밤**, 갈리아로 쏟아져 들어왔다. 그러나 게르만 숲에서 키운 그들의 방랑 본능은 갈리아 너머, 지중해 너머의 땅을 꿈꾸게 했다. **이베리아 반도의 언덕과 평원을 지나며**, 그들은 멈추지 않았다. 그리고 **429년**, 반달족의 배들이 지브롤터 해협을 건너 **북아프리카의**

모래빛 해안에 닿았을 때, 지중해는 더 이상 로마의 바다가 아니었다.

439년, 한때 페니키아인들이 세운 항해 도시이자 로마가 다시 일으킨 식민 도시 카르타고(Carthago)가 그들의 손에 떨어졌다. 반달 왕국의 수도가 된 이 도시는 **아리우스파 신앙의 성채**로 변모했고, 반달 해적선은 로마의 곡물선과 무역선을 사냥하며 **제국의 숨통을 조였다**. 훗날 **'반달리즘(Vandalism)'**이라는 단어가 무자비한 파괴를 뜻하게 되었지만, 실제 반달족은 로마 문화를 일정 부분 계승하기도 했다.

그러나 **영원한 제국이 없듯, 영원한 왕국도 없었다.** 534년, 비잔틴 황제 **유스티니아누스**는 장군 **벨리사리우스**(Belisarius)를 보내 카르타고를 다시 빼앗았다. 로마의 대리인이 돌아온 도시는 잠시 **그리스어 찬송과 황금빛 모자이크**로 되살아났지만, **698년**, 우마이야(Umayyad) 군대[1]가 북아프리카에 상륙하자, 성채는 마지막으로 무너졌다.

이슬람의 초승달 아래, 카르타고는 차츰 쇠퇴했고, 행정과 무역의 중심은 새로 일어난 항구 도시 튀니스(Tunis)로 옮겨 갔다. 세월은 바람과 모래로 성벽을 지우고, **16세기에는 오스만 제국의 깃발**, **19세기 말에는 프랑스의 삼색기**가 이 해안을 차례로 뒤덮었다. 그리고 **1956년**, 튀니지가 독립을 선포했을 때, 카르타고 언덕에는 지중해 빛을 머금은 돌기둥과 무너진 극장, 그리고 **겹겹의 문명들이 남기고 간 흔적**만이 조용히 서 있었다.

- 페니키아의 자줏빛 돛,
- 로마의 대리석 길,
- 반달의 함선,
- 비잔틴의 금빛 성상,

---

1) 우마이야 군대는 661년부터 750년까지 지중해 세계를 지배한 우마이야 칼리프 왕조의 무력 집단으로, 수도 다마스쿠스를 중심으로 조직적으로 확장 정책을 펼쳤다. 이들은 아라비아 반도에서 출발해 북아프리카와 이베리아반도, 중앙아시아까지 세력을 넓히며 이슬람 제국의 영역을 급속히 확장시켰다. 698년에는 카르타고를 함락시켜 비잔틴 제국의 마지막 거점을 무너뜨리고, 북아프리카를 완전히 이슬람 세계에 편입시켰다.

- 이슬람의 흰 돔,
- 오스만의 대포 흔적까지.

카르타고는 스스로를 다시 일으키진 못했지만, 다섯 문명이 새긴 흔적을 품은 채 오늘도 고요히 바다를 바라본다.

4. 유럽 문명의 재편과 국가의 탄생 - 프랑스, 독일, 영국의 기원

훈족의 말발굽 소리가 유럽의 대지를 뒤흔들었을 때, 이는 단지 로마의 몰락을 의미한 것이 아니었다. 게르만족의 대이동은 유럽을 흔들었고, 그 잔해 위에 새로운 질서가 태동했다. 오늘날 유럽을 이루는 국가들—프랑스, 독일, 영국, 스페인, 이탈리아 등—은 이 혼돈의 시기를 통과하며, **로마의 유산, 게르만의 전통, 기독교의 신앙**이 융합된 새로운 문명 질서를 만들어 냈다.

□ 프랑스 - 프랑크족과 로마 가톨릭의 융합

프랑스의 기원은 **843년 베르됭 조약**에서 갈라진 **서프랑크 왕국**으로 거슬러 올라간다. 이 지역은 본래 로마 제국의 **갈리아 지방**으로, 로마화된 켈트 문화가 깊이 자리 잡고 있었다. 5세기, 게르만계 **프랑크족**이 이주하여 정착하면서 새로운 권력이 형성되었고, **클로비스(Clovis)** 왕은 **496년 로마 가톨릭으로 개종**함으로써 교회와의 결합을 통해 왕권의 정통성을 획득했다.

프랑크 왕국은 이후 **샤를마뉴(Charlemagne)** 시대에 유럽 최대의 제국으로 성장했고, 그의 사후 제국은 서·중·동프랑크로 분할되었다. 서프랑크는 프랑스로, 동프랑크는 독일로, 중프랑크는 이탈리아·부르고뉴·로렌으로 이어졌다. 이 과정에서 로마 문화, 라틴어, 기독교 제도, 게르만 왕권이 융합된 **프랑스적 문명 질서**가 형성되었다.

□ 독일 - 동프랑크 왕국과 신성로마제국의 출현

독일은 **동프랑크 왕국**에서 기원하며, 샤를마뉴의 손자 **루드비히 독일왕**의 통치 영역에서 발전하였다. 이 지역은 **알레만족, 바이에른족, 튜링겐족** 등 다양한 게르만 부족의 연합체였으며, 로마의 유산보다는 **부족 중심의 정치 질서**가 강하게 남아 있었다. 962년, 오토 1세(Otto I)가 교황에게 대관받으며 **신성로마제국**이 출범하였다. 이는 정치적으로는 로마 제국의 후계자를 자처했으나, 실질적으로는 **게르만 왕권과 교황권이 공존하는 복합체**였다. 이 제국은 중세 유럽의 중심 세력이 되었지만, 강력한 제후들의 자치로 인해 '하나의 국가'로는 통합되지 못했고, 분권적인 구조가 이어졌다. 그럼에도 불구하고, 여기에서 파생된 **언어, 법률, 정체성**은 **현대 독일(Germany)의 기틀**이 되었다.

▶ 프랑크 왕국의 분화

샤를마뉴 제국 분할	현대 국가 기원	주된 게르만 계통
서프랑크 왕국	프랑스	프랑크족 (서부 갈로로망 계열과 융합)
동프랑크 왕국	독일(신성로마제국)	프랑크족(동부) + 알레만족, 바이에른족, 튜링겐족
중프랑크 왕국	이탈리아, 부르고뉴, 로렌 등	롬바르드족(이탈리아), 부르군트족(부르고뉴) 등 혼합

□ 영국 - 앵글로색슨족과 노르만의 융합

영국의 기원은 대이동기에 북해를 건너온 **앵글족, 색슨족, 주트족**의 정착에서 비롯된다. 이들은 **브리튼 섬의 켈트계 원주민**을 서쪽으로 밀어내고, 앵글로색슨 7왕국(Heptarchy)을 형성하였다. 10세기경, **웨식스 왕국**을 중심으로 통합이 이루어지며 **잉글랜드 왕국**이 등장했고, 이후 **덴마크계 바이킹의 침입**과 1066년 노르만 정복(윌리엄 정복왕)을 겪으며, 앵글로색슨 문화는 프랑스계 노르만 문화와 융합되었다. 이 문화적 혼합은 **영어, 영국 법, 의회제도** 등 영국 고유의 정치 질서로 이어졌고, 훗날 **입헌군주제와 산업혁명**의 기반이 되었다.

□ 다른 유럽 국가의 기원과 형성

▶ 에스파냐(스페인) - 서고트 왕국의 유산

서고트족은 410년 로마를 약탈한 뒤, 갈리아 남부를 거쳐 이베리아 반도에 정착하여 **툴루즈 왕국(419)**, 이후 **톨레도**(Toledo) **중심의 서고트 왕국**을 세운다. 이 왕국은 로마법과 기독교 제도를 적극적으로 받아들이며, 이베리아 반도 전체를 통일하는 기틀을 마련했다.

711년, 북아프리카에서 넘어온 무슬림(우마이야 왕조)이 서고트 왕국을 멸망시키고 이베리아를 점령하였으나, 북부 산악지방에서 시작된 레콩키스타(Reconquista)는 약 7세기 동안 지속되며 기독교 왕국들이 점차 재통일했다. 이 과정에서 **카스티야, 아라곤, 나바라** 등의 왕국이 등장했고, 결국 **1479년 아라곤과 카스티야 왕국의 통합**으로 스페인이라는 근대 국가의 틀이 형성된다.

▶ 이탈리아 - 고트족과 롬바르드족의 통치 이후 도시국가로 분열

서로마 제국 멸망 이후, 이탈리아 반도는 동고트족(Ostrogoths)에 의해 잠시 통일되었지만(493~553), 이후 롬바르드족(Lombards)이 북부에 진입하여 **롬바르디아 왕국**을 형성했다.

남부는 동로마(비잔틴) 제국의 영향 아래 있었고, 중부는 교황령(Papal States)으로 발전한다. 이탈리아 반도는 중세 동안 **하나의 통일된 국가로 발전하지 못하고**, 도시국가(베네치아, 피렌체, 제노바 등)와 **신성로마제국령, 교황령** 등으로 분열된 채 정치·문화의 중심지로 기능하였다. 19세기가 되어서야 **리소르지멘토(Risorgimento, '부흥'이라는 뜻)**라 불리는 **이탈리아 통일운동**이 전개되었다. 사르데냐 왕국의 수상 **카보우르**(Cavour), 애국자 **가리발디**(Garibaldi), 그리고 국왕 **비토리오 에마누엘레 2세**(Vittorio Emanuele II)의 주도 아래 북부와 남부가 통합되었으며, **1861년 이탈리아 왕국**(Kingdom of Italy)이 수립되어 근대 민족국가로서의 이탈리아가 탄생하였다.

▶ 부르고뉴와 스위스 - 알프스의 관문 지역

부르군트족(Burgundians)은 로마 후기, 알프스 서쪽 지역에 정착하여 **부르고뉴 왕국**을 세웠다. 이 지역은 후에 프랑크 왕국에 병합되지만, 고유한 문화와 법체계를 유지했다. 중세 후기에 들어, 부르고뉴 지역은 **신성로마제국과 프랑스 사이의 전략적 완충지대**가 되었고, 후일 **스위스**는 이 부르고뉴 및 알레만 문화권에서 자치 공동체 연합으로 성장하여 13세기 이후 독립적 정체성을 형성하였다. 알프스 산맥 남동부의 스위스 지역은 이러한 **부르고뉴 및 알레만 문화권의 경계지대**에서 자치 공동체들이 연합하여 성장하였다. 1291년의 **스위스 연방(Eidgenossenschaft)** 창설 이후 점차 독립적 정체성을 확립하였으며, 로마 가톨릭 전통과 독일어 · 프랑스어 · 이탈리아어권이 공존하는 **다언어 · 다문화 국가**로 발전하였다.

▶ 스칸디나비아 국가들 - 후대 바이킹 문화와 연결

훈족의 충격과 게르만 대이동 당시 스칸디나비아 반도는 상대적으로 고립되어 있었다. 그러나 이후 노르드족(Norsemen)은 바이킹 시대(8~11세기)를 주도하며 유럽 각지를 약탈, 무역, 정착하였다. 덴마크, 노르웨이, 스웨덴 등은 이 시기에 정치적 중심지로 성장하고, 10~11세기에는 기독교를 받아들이고 봉건 질서를 수립한다. 이들 국가는 독립 왕국으로 성장하며, 특히 잉글랜드 정복(덴마크계), 키예프 루스와의 무역(스웨덴계) 등에서 활약했다.

▶ 동유럽 - 슬라브족과 게르만의 경계 지대

게르만족이 서방으로 이동한 자리를 **슬라브족**이 채워 동유럽(폴란드, 체코, 슬로바키아, 크로아티아, 세르비아 등) 일대로 확산하였다. 이들은 비잔틴 제국 또는 프랑크/신성로마제국과 접촉하며 기독교(가톨릭 혹은 정교회)를 수용하였다. **체코(보헤미아)와 폴란드**는 프랑크 영향 아래 라틴 문화권에 편입되었고, **불가리아, 세르비아** 등은 비잔틴 영향 아래 정교회 국가로 형성되었다.

□ 맺음말

훈족 → 게르만 대이동 → 서로마 붕괴 → 융합과 정착 → **프랑스, 독일, 영국** 외에도 다양한 부족 왕국(서고트, 반달, 롬바르드, 부르군트, 노르드, 슬라브)이 오늘날의 유럽 국가로 연결되며, **유럽은 민족, 문화, 종교, 정치 구조가 복합적으로 얽힌 다중 문명지대**로 재편되었다.

▶ **훈족의 충격에서 유럽 국가 탄생까지 - 4단계 문명 재편 요약표**

단계	주제	핵심 내용	통합 요약 (사건과 결과 중심)
1	훈족의 이동 (4세기 중반~)	중앙아시아에서 유럽 동부로 침입, 민족 대이동 유발	훈족의 서진 → 동게르만족 압박 → 유럽 전역의 민족 도미노 이동 촉발
2	게르만족의 대이동 (375~500년)	훈족 압박으로 로마 국경을 넘어 대이주 발생	서고트, 반달, 프랑크, 앵글·색슨족 등 로마 영토 진입 → 서로마 붕괴 (476년)
3	고트족의 문명 전환 역할	로마와 충돌하면서도 제도와 종교를 수용	서고트는 스페인에, 동고트는 이탈리아에 왕국 수립 → 로마법·교회 체계 계승
4	유럽 국가 등장 (6~10세기)	기독교 + 로마 + 게르만 전통의 통합	프랑크 왕국 → 프랑스·독일로 분화, 앵글로색슨 왕국 → 잉글랜드 형성 기반 마련

5. 이슬람 - 십자가를 무너뜨리는 초승달

이슬람이 등장하기 전, 아라비아 반도는 문명의 중심에서도, 제국의 통치에서도 **벗어난 변방의 공간**이었다. 페르시아 제국과 로마 제국 사이에 끼어 있으면서도, 어느 한쪽의 통합된 지배를 받지 않았고, 고대 메소포타미아나 이집트처럼 찬란한 도시 문명을 이룬 것도 아니었다. 이 땅을 다스리는 건 황제도 총독도 아니었다. **씨족과 부족**이 지배했고, 그들은 오아시스를 따라 흩어져 각자의 공동체를 꾸리며 살아갔다. 아라비아 반도는 거대한 **부족 연맹체 사회**였다.

□ 명예의 규칙으로 다스려진 세계

아라비아의 정치적 중심은 곧 부족이었다. 부족장(쉬이크, Shaykh)은 피의 복수, 동맹 관계, 명예(Sharaf)라는 전통 규범 위에서 공동체를 이끌었다. 법은 쓰인 문서가 아니라 **관습과 기억**, 그리고 **명예와 복수**로 유지되었다. 각 부족은 자기의 말, 신화, 조상, 이름을 신성하게 여겼고, 그것이 곧 정체성이자 권위였다. 분쟁은 부족 간 전쟁으로 이어졌고, 승패는 곧 생존과 자존의 기준이 되었다. 그 중심에는 **쿠라이시, 하심, 타이미, 우마이야, 타그리브** 등 수많은 부족이 있었고, 이들은 때론 싸우고 때론 결속하며 아라비아의 질서를 형성했다.

□ 변방에서 스며든 제국의 그림자

비록 통합된 지배는 없었지만, 아라비아 반도는 **제국의 그림자 바깥에 있지 않았다.** 북쪽에서는 **동로마 제국**이 가산 왕국(Ghassanids)이라는 아랍 기독교 국가를 세워 완충지대로 삼았다. 동쪽에서는 **사산 페르시아**가 라크므 왕국(Lakhmids)을 보호국 삼아 국경을 방어했다. 남쪽 예멘에서는 고대 사바 문명과 히므야르 왕국이 번성했고, 후에 아비시니아(에티오피아)와 **페르시아**가 번갈아 개입하며 지배권을 다투었다. 그러나 이 모든 간섭은 **중부 아라비아**, 곧 **메카**(Mecca)**와 메디나**(Medina)**를 중심으로 한 히자즈**(Hejaz) **지역**에는 미치지 못했다. 이곳은 제국도 넘보지 못한 자치의 공간이었다.

□ 신전과 시장, 그리고 침묵 속의 도시

그중에서도 메카는 특별한 도시였다. 한복판에는 고대부터 이어져 온 **카바**(Kaaba, "정육면체"라는 뜻) **신전**이 있었고, 그 안팎에는 **360여 개의 신상들**이 자리 잡고 있었다. 수많은 아라비아 부족들이 각자의 신을 모시며 이곳을 찾았고, **종교적 성지이자 상업의 중심지**로서 메카는 명성과 부를 동시에 가졌다. 이 메카를 실질적으로 지배한 세력은 **쿠라이시 부족**이었다. 그들은 카바의 수호자이자 순례길의 관리자였고, 동시에 남북 무역로와 동서 대상로를 연결하는 **상업적 중계자**였다.

메카는 제국의 군대가 아닌, **자신들만의 전통과 질서로 돌아가는 세계**였다. 그리고 바로 그곳에서, 세상을 바꿀 목소리가 울리기 시작했다.

□ 메카에서 들린 계시 - 무함마드의 소명

서기 610년, 메카 외곽 **히라 산의 동굴**에서 명상을 하던 무함마드는 천사 지브릴(가브리엘)로부터 첫 계시를 받았다. 그는 유일신 알라(Allah)의 이름으로 말하라고 명령받았고, 그 순간부터 세상의 진리를 선포하는 예언자(나비)로 부름받게 되었다. 이 계시는 기록이 아닌 낭독(Qur'an, 꾸란)으로 전달되었으며, 무함마드는 이후 22년 동안 계속해서 계시를 받아 전했다. 이 계시의 핵심은 분명했다.

"신은 오직 하나이며, 그분 외에는 경배받을 자가 없다."

이 외침은 단순한 신앙 선언이 아니었다. **다신교 중심의 메카 질서**, **쿠라이시 부족의 종교 권위**, **부족 중심의 정체성**을 모두 부정하는 **새로운 질서의 선포**였다. 무함마드는 곧 **사회적 · 경제적 · 종교적 박해**를 받게 되었고, 제자들과 함께 **622년**, 메디나로 이주하게 된다. 이 사건이 바로 히즈라(Hijra)이며, 이슬람력의 시작점이 되었다.

□ 계시된 말씀 - 꾸란의 구조와 특징

무함마드가 받은 계시는 **"꾸란(Qur'an)"**, 즉 "읽혀진 것"으로 정리되었다. 꾸란은 단순한 종교 교리가 아니라, **삶의 모든 영역을 포괄하는 신의 말씀**이다.

▶ 꾸란의 구조와 특징

항목	내용
언어	순수 고전 아랍어, 운율감 있는 리듬과 압축적 문체
구성	총 **114장(수라)**, 6,236절(통상 집계)
주제	유일신, 인간의 책임, 종말의 날, 예언자 전통, 사회 정의, 가족 · 경제 규범
성격	**율법(샤리아)의 근간**, **문학 · 도덕 · 정치 · 철학**의 원천

꾸란은 단지 낭송되는 문서가 아니라, 신이 말한 그대로의 "음성"으로 여겨진다. 무슬림 신앙에서 꾸란은 신의 직접 계시로, 문자와 발음 하나까지 신성성을 지니는 불변의 진리로 여겨진다.

□ 움마의 탄생 - 신앙 공동체가 곧 국가로

메디나에서 무함마드는 단지 종교 지도자가 아니었다. 그는 **정치 지도자이자 군사 사령관**, **재판관이자 중재자**였다. 그는 메디나의 무슬림뿐 아니라 유대인, 이교도와 맺은 메디나 헌장(Constitution of Medina)을 통해, **종파를 초월한 공동체 질서**를 수립했다. 이 새로운 공동체는 **움마(Ummah)**, 곧 **신앙을 기준으로 한 초부족적 사회**였다. 피의 복수나 부족 연맹 대신, 신과의 계약 아래 하나가 된 이 공동체는 곧 **정치적 정체성과 군사적 결속**을 갖추게 되었다.

무함마드는 이후 메카로 복귀했고, 630년경 메카는 **피 한 방울 흘리지 않고 항복**하였다. 카바의 모든 우상은 제거되었고, 메카는 **유일신 알라의 이름 아래 이슬람의 중심 성지**로 재탄생했다.

□ 정복의 시대 - 초승달이 움직이기 시작하다.

632년, 무함마드가 세상을 떠났을 때, 아라비아 반도 대부분은 이슬람 공동체로 통합되어 있었다. 이후 정통 칼리프 시대(632~661)가 시작되었고, 네 명의 칼리프가 차례로 무슬림 공동체를 이끌었다. 그들은 단지 신앙을 지키는 자가 아니라, **정복을 통해 신의 질서를 확장하는 지도자**였다. 이슬람은 빠르게 외부 세계로 팽창해 갔다.

- **634년**: 시리아 정복
- **638년**: 예루살렘 점령
- **642년**: 이집트 정복

- **651년**: 사산 페르시아 제국 멸망
- **711년**: 이베리아 반도(스페인) 진출

불과 **한 세기 만에** 이슬람은 **중동 전체, 북아프리카, 스페인, 중앙아시아**를 포함하는 거대한 문명권을 형성했다. 이 정복은 단순한 무력의 결과가 아니었다. 그것은 종교와 정치, 신념과 공동체가 하나로 통합된 '움마 체제'의 결속력과 **사회적 유연성**, 그리고 무엇보다도 **시대가 요구하던 새로운 질서의 응답**이었다.

□ 문명의 충돌, 문명의 전파

이슬람의 확장은 필연적으로 기존 제국들과 충돌했다. **동로마 제국은 시리아와 이집트를 잃었고, 사산 페르시아는 지도에서 사라졌다.** 그러나 이슬람은 파괴만을 남기지 않았다. 정복지에 **행정과 법률, 언어, 종교, 지식을 함께 이식**했고, 헬레니즘과 페르시아, 인도 문명까지 **아랍어로 통합된 세계**를 만들었다. 이 문명의 확장은 훗날 유럽 기독교 세계와 **십자군 전쟁, 오스만 제국, 근대 제국주의와의 충돌**로 이어지는 **문명 장기 전쟁의 시작점**이 된다.

"이슬람은 단지 무함마드라는 한 인물이 만든 종교가 아니었다. 그것은 혼돈 속에 질서를 요구하던 세계에, 신의 이름으로 세워진 새로운 문명적 대답이었다. 피로 쓰지 않고, 계시로 건설된 제국. 초승달은 그렇게 십자가의 시대 위로 떠올랐다."

□ 성경과 꾸란 - 같은 뿌리, 다른 길

이슬람과 기독교는 모두 스스로를 **아브라함의 믿음을 계승한 계시 종교**로 자처한다. 성경에서 아브라함은 믿음의 조상이자 언약의 주체이고, 꾸란에서도 그는 이브라힘(Ibrāhīm)으로 불리며, 우상 숭배를 거부한 유일신 신앙의 시조로 등장한다. 꾸란은 유대교와 기독교의 계시 전통을 '하나님이 이전에 내린 책들(타우라트, 인질)'로 인정하면서도, 그것들이 **왜곡되었다고 간주**한다. 따라서 무함마드에게 내려진 계시는 **마지막이고 완전한 계시**, 즉 '꾸란

(Qur'an)'으로 간주된다.

▶ 같은 인물, 다른 시선 - 예언자 전통의 재등장

꾸란에는 아담, 노아, 아브라함, 모세, 다윗, 솔로몬, 요셉, 예수 등 기독교·유대교 성경에 등장하는 인물들이 그대로 다시 등장한다. 심지어 예수(이사, 'Īsā)는 **처녀 탄생과 기적, 부활에 대한 신앙**은 다르지만, 매우 높은 위치의 예언자로 인정된다.

무함마드는 이 계보의 마지막 예언자로, 종결자로 이해된다. 그러나 꾸란의 인물 묘사는 대체로 **인간적인 나약함보다 순종과 사명에 초점**을 둔다. 예컨대 다윗의 간음 사건, 모세의 살인, 베드로의 배신과 같은 **성경 속 인간적 고백**은 꾸란에서 거의 드러나지 않는다. 이는 **예언자의 절대성과 신적 사명을 강조하는 이슬람의 특징**을 반영한다.

▶ 계시의 형식과 언어 - 신의 말씀이 들리는 방식

성경은 수많은 저자에 의해 쓰인 **문서의 집합체**다. 시가, 역사, 법률, 예언, 복음서, 서신 등 다양한 장르가 섞여 있으며, 고대 히브리어, 아람어, 헬라어로 기록되었다. 이후 수 세기 동안 라틴어와 각국 언어로 번역되며 **해석과 재해석의 흐름** 속에 놓여 있다.

반면 꾸란은 하나의 언어(고전 아랍어)로, **하나의 음성**, 즉 **하나님의 직접 계시**로 간주된다. 무함마드는 꾸란을 쓰지 않았고, **암송한 것을 제자들이 외우고 기록**하였다. 꾸란은 시적 운율을 지녔고, 아랍어 원문은 **문자 하나도 바꿀 수 없는 신성한 언어**로 여겨진다.

▶ 예수, 구세주인가 예언자인가 - 충돌의 중심

기독교와 이슬람의 가장 분명한 신학적 차이는 **예수의 정체성**에 있다. 기독교에서는 예수가 **하나님의 아들**이며, 십자가에서 죽고 **부활하여 구속을 이룬 메시아**로 믿는다. 그러나 이슬람에서는 예수가 **위대한 예언자**이지만 **결코 신이 아니며, 십자가에 못 박혀 죽지도 않았다**고 본다. 십자가 사건은 '예수가 아닌 다른 사람으로 대체된 것'으로 해석한다. 이 차이는 두 종교의 **구원관 전체를 갈라놓는다.** 기독교는 **은혜와 믿음으로 의롭게 됨**을 강조하고, 이슬람은 **믿음과 행위(기도, 자선, 금식, 정결, 순례)의 조화를 통한 복종**을 구원의 조건으로 본다.

▶ 신앙과 율법 - 공동체를 형성하는 방식

성경의 율법은 구약의 모세 율법에서 시작되어, 신약에서는 예수의 가르침으로 **내면의 의와 자비**에 무게를 둔다. 반면 꾸란은 샤리아(이슬람 율법)의 뿌리가 되며, **구체적인 생활 규범과 사회 질서의 틀**을 함께 제공한다. 이슬람에서는 꾸란이 종교 문서인 동시에 **법전, 정치 헌장, 윤리 교과서**로 기능하며, 공동체의 정체성을 구성한다. 예배, 정결, 금식, 성지 순례, 음식 규제, 상속, 혼인, 처벌 등의 규정이 **종교와 생활의 구분 없이 일체화**되어 있다.

▶ 경전 그 자체가 문명이다.

성경과 꾸란은 단지 종교 문서가 아니라, 그 자체로 **하나의 문명을 설계한 텍스트**다. 성경은 **유럽 중세, 르네상스, 종교개혁, 인권사상**의 근간이 되었고, 꾸란은 **이슬람 문명, 칼리프 국가, 정복과 지식의 황금시대**를 이끌어 낸 근본 틀이 되었다.

성경이 **인간 저자의 기록**을 통해 **신을 드러낸 책**이라면, 꾸란은 신이 직접 인간에게 말을 건 **'낭독된 계시'**로 여겨진다. 이 차이는 단지 문학적 구조의 차이가 아니라, **신과 인간**의 관계에 대한 **근본 인식의 차이**를 보여 준다.

제22장

몽골 제국
- 칭기즈칸의 행정과 유라시아 네트워크

1. 몽골 제국과 글로벌 네트워크 - "말 위에서 세계를 연결한 자들"

13세기 초, 유라시아 대륙 중심부에서 일어난 거대한 움직임이 세계의 구조를 흔들었다. 몽골고원의 부족들이 통합되고, 그 정점에 선 이는 테무진, 곧 칭기즈칸이었다. 그는 단순한 정복자가 아니라, **사람과 사람 사이의 거리를 줄인 연결의 기술자**였다. 그의 군대는 국경을 초월했고, 그가 세운 제국은 동쪽의 남송에서부터 서쪽의 러시아 평원과 헝가리, 페르시아와 중동, 인도 북부까지 이르는 **역사상 가장 넓은 단일 육상 제국**이었다. 그러나 몽골의 진정한 위대함은 영토의 크기가 아니라, 그 안에 만들어낸 **정보 · 물류 · 문화의 네트워크**에 있었다.

□ 얌 체계 - 유라시아를 묶은 통신 · 운송 인프라

광대한 영토를 효과적으로 통치하기 위해, 칭기즈칸은 **'얌(Yam)'이라 불리는 역참 체계**를 구축했다. 이는 일정 간격(약 30~40km)으로 말을 갈아탈 수 있는 **공공 우편 · 물류 기지**로, 제국 전역에 걸쳐 수백~수천 규모(지역 · 시기별 상이)의 역이 설치되었다. 빠른 통신을 위해 얌 역에는 **신속 기마 전령**, **보급 식량**, **예비 말**이 항시 준비되었으며, 주요 사신은 '파이자(Paiza)'라 불리는 금속 신분증을 통해 **국경 없는 자유 이동권**을 보장받았다.

이 제도는 오늘날의 여권, 외교관 여권, 특급 우편 시스템, 국제 운송 면허증 제도의 원형(prototype)이라 할 수 있다. **몽골 전령은** 교대 릴레이로 **하루 200~300km를 주파할 수 있었으며**, 카라코룸(Karakorum)에서 바그다드까지의 소식을 불과 10일 만에 전달할 수 있었다는 기록도 전해진다.

□ 문화와 지식의 실크로드 - 동서의 기술이 오간 길

몽골 제국은 동서 문명을 하나의 **실시간 교류 체계**로 연결했다. 이슬람 상인, 중국 기술자, 유럽 수도사, 인도 의사, 페르시아 건축가들이 서로의 땅을 자유롭게 오가며 **문명 간의 최초의 동시적 반응 시스템**이 작동했다.

동쪽에서 서쪽으로는 **종이와 인쇄술**이 전해져 지식 전달 방식이 혁명적으로 변했고, **화약과 나침반**은 전쟁과 항해의 패러다임을 완전히 바꾸어 놓았다. 여기에 정교한 자명종, 약초학의 의학적 지식, 발달된 천문 관측 기술, 성벽을 포위하여 공격하는 전략, 그리고 **채색 자기 제작 기술**까지 더해지며, 동양은 실용 기술과 물질문명에서 탁월한 창의성을 **서양에 전달**했다. 서양 사회는 이러한 기술을 받아들이며 행정, 군사, 상업 구조를 새롭게 정비해 나갔다.

반대로 서쪽에서 동쪽으로도 중요한 지식들이 흘러들어 왔다. 특히 수학, 그중에서도 **대수학**은 새로운 문제 해결 방식을 제공했고, 이븐 시나의 **『의학 정전』**은 인체 구조와 진단 체계를 체계화한 의학의 결정판으로 동양 의학에 깊은 영향을 남겼다. 페르시아의 돔 건축기술은 대형 건축물의 구조를 바꾸었으며, **아리스토텔레스의 논리학**이 번역되어 동양의 사유 체계에 새로운 **철학적 도구**를 제공했다. 더불어 기독교의 신학적 조직과 교회 행정 시스템은 국가 운영과 제도 설계의 새로운 모델로 받아들여졌다. 이처럼 서양은 개념과 제도, 사유 구조를 통해 동양 사상과 체계를 자극하고 변화시켰다.

이는 단지 교역의 통합을 넘어, **기술·사상·제도 간 융합 시스템**이 유라시아 전역에서 본격적으로 작동했다는 것을 뜻한다. 유럽은 이 연결망을 통해 **아랍어 번역본을 거친 그리스 철학과 동양의 과학기술**을 접했고, 이는 훗날 **르네상스의 촉매**가 되었다. 이와 같은 국제적 안정과 교류의 시대를 후대 역사학자들은 **'팍스 몽골리카(Pax Mongolica, 몽골의 평화)'**라 불렀다. 이는 팍스 로마나에 견줄 수 있는, 세계사 최초의 대륙 규모 글로벌화였다.

□ 다문화 제국 - 종교 관용과 제도화된 다원주의

몽골은 스스로의 텡그리 신앙을 유지하면서도, **불교 · 이슬람 · 기독교 · 네스토리우스파** 등 제국 내 모든 종교를 공식 인정하고, **종교인에게 면세 · 면역 특권**을 부여했다. 라마승, 이맘(이슬람 예배를 인도하는 종교 지도자), 주교, 수도사, 유대인 랍비 등은 제국 내에서 **국가 공인 전문가**로 보호받았으며, 제국은 각 지역의 종교를 억압하지 않고 **제도 안으로 통합**하였다. 이러한 제도화된 종교 관용은 후대 오스만 제국의 '밀레트 체계'나, 근대 다문화주의 정책의 선행 사례로 볼 수 있다. 즉, 몽골 제국은 **다원주의의 실행자이자 통합 관리자**였다.

□ 오르토크 - 세계 최초의 합작 금융 · 무역 시스템

칭기즈칸과 그 후계자들은 무슬림 상인들과 함께 **'오르토크(Ortoq)'**라 불리는 **공동 투자 회사를 설립**했다. 이는 몽골 귀족이 자본을 제공하고, 상인이 운영을 맡는 구조로, 오늘날의 합자회사와 유사한 형태였다. 이를 통해 국제무역(금, 은, 비단, 말, 도자기, 보석 등)이자 기반 융자 시스템, 금융 파트너십과 수익 공유 모델이 등장했다. 즉, 몽골은 단지 길을 만든 것이 아니라, **거래를 제도화하고 위험을 분산시키는 금융 시스템까지 창조**한 것이다.

□ 역병의 길 - 연결의 또 다른 그림자

1347년경, 중앙아시아에서 발생한 흑사병(Black Death)은 몽골의 교역로를 따라 크림반도에서 지중해, 유럽으로 전파되었고, 불과 3년 사이에 유럽 인구의 3분의 1이 사망하는 대재앙으로 번졌다. 이는 비극이었지만, 이후 유럽은 전염병의 충격을 통해 **중세의 봉건 구조**

를 붕괴시키고, 르네상스와 근대화로 나아가는 전환점을 맞게 된다.

□ 말 위의 글로벌화 - 그 유산은 지금도

몽골 제국의 연결망은 단지 일시적인 제국의 유산이 아니었다. 그들은 사람과 물자의 **이동 속도를 혁신**했고, 사상과 기술의 **교차로를 창조**했으며, 종교와 문화의 **공존 원칙을 제도화**했고, 전 세계를 실시간으로 반응하게 만드는 **최초의 글로벌 시스템**을 구축했다.

"우리가 정복한 것은 영토가 아니라, 사람과 사람 사이의 거리였다."

말 위에서 시작된 제국은, 가장 먼 문명들을 **하나의 호흡 안에 묶는 연결망**을 만들었고, 그 유산은 오늘날의 국제 교역망, 글로벌 물류체계, 디지털 통신망에 이르기까지 **21세기 네트워크 세계의 원형**으로 여전히 살아 숨 쉬고 있다.

2. 파비우스 전략—"칼카강의 함정"— 루스 대공의 기록

서기 1223년, 카프카스 북부 평야.

나는 **스비아토슬라프(Sviatoslav)**, 키예프 공국의 대공이다.
몽골군이 남쪽 초원을 침범했다는 소식이 전해졌다.
루스(Rus)의 여러 공국은 평소에는 서로를 견제했지만,
이 야만족 앞에서는 하나로 뭉쳤다.

나는 루스 연합군의 선두에서 기병대를 지휘했다.
우리 군대는 승리를 확신하고 있었다.
"그들은 말을 탄 유목민일 뿐이다.

우리가 창과 방패로 밀어붙이면 이길 수 있다."
그렇게 믿었다.
하지만 그들은 싸움을 걸어오지 않았다.
우리를 향해 돌격하지도, 대열을 세우지도 않았다.
대신 마을을 불태우고 농민들을 쫓아내며
우리의 식량 창고를 불태웠다.

"놈들이 달아난다!"
병사들이 함성을 질렀다. 나도 그 순간 분노에 휩싸였다.
"이 기회에 놈들을 섬멸하자!"
나는 기병을 이끌고 그들을 추격했다.
그러나 그들은 계속해서 바람처럼 달아났고,
우리는 점점 깊은 초원으로 이끌렸다. 그리고 그 순간이었다.
"공격이다!"
사방에서 화살 비가 쏟아졌다.
몽골군의 기병대가 우리 양옆과 뒤를 포위했다.
"포위다! 방진을 짜라!"
나는 급히 외쳤지만 이미 너무 늦었다.
말발굽 소리가 초원을 뒤흔들었다.
병사들은 놀라서 대열을 무너뜨렸다.
나는 옆에서 쓰러지는 병사들을 보았다.
"놈들이 도망친 건 함정이었다…"

내 목이 바짝 말라왔다.
칼카강 언덕 위에 선 몽골 장수가 나를 바라보았다.
그는 이름이 수부타이(Subutai)라 했다.
그의 창끝이 달빛에 번득였다.

"우리는 너희를 기다렸다."
그 웃음은 싸늘하고 무서운 웃음이었다.
그날, 루스 연합군은 완전히 무너졌다.

몽골군은 우리 병사들을 차례로 사로잡아
판자 위에 눕히고 그 위에서 잔치를 벌였다.
우리의 숨이 하나둘 끊어지는 동안에도 그들은 잔치를 계속했다.
죽음이 다가오는 순간, 나는 전쟁의 교훈을 되새겼다.
"놈들은 정면으로 싸우지 않았다.
그들은 바람처럼 사라지고, 폭풍처럼 몰려왔다.
그리고 우리는 그들의 덫에 걸려 버렸다."
이것이 칼카강의 전투였다.
이것이 몽골군의 싸움이었다.

□ 파비우스 전략은 누가 만들었나?

'파비안 전략(Fabian Strategy)'은 로마의 장군 **파비우스 막시무스(Fabius Maximus)**가 제2차 포에니 전쟁(기원전 218~201년) 중 카르타고의 명장 **한니발**에 맞서 사용한 전술 방식이다. 정면 승부 대신 **보급로 차단, 유인, 지연전(Fabian Tactics)**을 통해 적의 병참을 소모시키고, 지형을 이용해 시간을 벌며 로마군의 피해를 최소화하는 전략이었다. 이 전략은 당시 로마 시민들 사이에서 **'겁쟁이의 전략'**이라 불릴 정도로 비판받았으나, 파비우스는 한니발의 압도적 전투력을 직접 상대하지 않고 **장기전에 의한 소모전으로 승산을 찾는 전략적 인내심**을 보여 주었다. 결국 로마는 칸나에 전투의 대패 이후 그의 방식으로 전환하면서 전세를 되돌릴 수 있었다.

파비안 전략은 이후 **'시간이 무기인 전쟁'**의 전형으로 평가되며, 근대에 이르러 조지 워싱턴, 웰링턴 공작, 처칠 등 여러 장군들이 유사한 방식의 전략적 지연전을 구사했다. 한편, 몽골군의 **칼카강 전투(1223년)**에서 보여 준 전술은 이를 한층 발전시킨 형태였다. 몽골군은 일부러 후퇴하며 적을 깊숙이 유인한 뒤, 보급로가 늘어난 상태에서 포위·섬멸하는 **능동적 기만전술**을 사용했다. 이는 단순히 시간을 버는 소극적 지연전이 아니라, **전략적 유인과 전술적 완결성을 결합한 지능형 작전**이었다.

□ 몽골군의 비단 갑옷 - 실용의 결정체

우리는 몽골군이 가죽과 철로 무장한 거친 병사들이라고 여겼다. 그러나 전장에서 맞닥뜨린 그들의 갑옷은, 놀랍게도 비단(Silk)이었다. 이 '부드러운 무기'는 다음과 같은 놀라운 기능을 발휘했다.

▶ **생명 보호 기능**

비단은 얇고 유연하지만 **높은 인장강도**를 지닌 소재였다. 화살이 관통할 때, 섬유에 감기며 살 속 깊이 파고들지 않도록 막아 주었다. 화살촉이 뼈에 박히지 않아 부상 병사는 **손상 부위 최소화**와 **감염 예방**이 가능했고, 비단을 잡아당겨 화살을 뽑아낼 수 있었다.

▶ **극한 기후 적응성**

몽골 초원의 기온은 **낮과 밤의 일교차가 40도 가까이** 차이 나는 경우도 있었다. 비단은 낮에는 통기성이 좋아 체열을 낮추고, 밤에는 체온을 보존하며, 땀을 빠르게 증발시켰다. **땀 차단 → 방한 효과 → 체력 유지**의 순환이 가능했다.

▶ **기동성과 착용감**

철갑옷은 중량과 마찰로 장시간 착용 시 불편을 초래했다. 그러나 비단은 **가죽·금속 갑옷 내부의 마찰을 줄이고 착용감을 높이는 완충재**로 이상적이었다. 이는 장거리 원정을 가능케 하는 **진술 지속력 확보**로 이어졌다.

▶ 시각적 위계 표시

고급 비단은 장군급과 귀족 전사에게 지급되었고, 이는 전장 내 **시각적 위계 체계**를 형성했다. 반짝이는 갑옷은 적에게 위압감을, 아군에게는 결속과 자긍심을 불러일으켰다. **심리전의 한 형태**로 기능한 것이다.

결국 몽골군에게 있어서 비단은 사치의 상징이 아니라, **기동전과 생존, 위엄을 동시에 충족시키는 전술적 자산**이었다. 말 위의 제국을 건설한 그들의 놀라운 적응력과 실용주의는, 한 올의 비단에까지 깃들어 있었다.

몽골군의 비단 갑옷
Created with DALL · E by OpenAI.

3. 몽골 제국의 전성기와 유럽의 정치 지형

"한 번도 본 적 없는 동방의 제국이 유럽의 문을 두드렸을 때"

1241년, 유럽은 자신들의 세계 너머에서부터 몰려오는 정체불명의 힘에 직면했다. 몽골 제국의 군대가 헝가리 평야에 모습을 드러냈을 때, 유럽의 왕국들은 처음으로 **동쪽에 존재하는 또 하나의 문명**을 체감하게 된다. 그들은 서로 다른 방식으로 반응했고, 각기 다른 공포와 기대 속에서 이 신흥 제국을 바라보았다.

칭기즈칸(Chinggis Khan)의 후계자들은 몽골고원을 넘어 중국과 중앙아시아, 중동과 러시아 남부를 차례로 정복했고, 그 기세는 드디어 유럽의 심장부를 향했다. 이 시기, 몽골 제국은 세계 역사상 전례 없는 규모로 확장되어 **동쪽의 고려에서부터 서쪽의 헝가리 평야, 흑해 연안, 아르메니아와 이란**에 이르기까지 **하나의 정치적 공간**을 만들었다. 그러나 유럽은 이 전대미문의 제국에 대비할 준비가 되어 있지 않았다. 그 당시 유럽은 **중세 말기의 봉건적 구조** 아래 놓여 있었으며, 중앙집권화된 국가 체계가 아니라 각기 다른 왕국, 공국, 기사단, 교황령 등으로 분열되어 있었다.

□ 유럽의 문 앞에 도달한 동방의 제국

그중 몽골의 칼끝이 가장 먼저 닿은 곳은 **헝가리 왕국**과 **폴란드 공국**이었다. 1241년, 바투칸이 이끄는 킵차크한국(금장 한국)의 군대는 **모히 평원에서 헝가리 왕 벨라 4세의 군대를 완전히 괴멸**시켰고, 동시에 **리그니차 전투에서는 독일 기사단과 실레지아 공작의 연합군**을 격파했다. 유럽은 이 소식을 충격으로 받아들였고, "동방에서 온 신의 채찍이 유럽을 심판한다"라는 소문이 퍼졌다.

□ 분열된 제국, 대응할 수 없었던 신성로마제국

당시 **신성로마제국**은 이름만 제국일 뿐, 실질적으로는 독일 · 체코 · 오스트리아 일대 수십 개의 제후국으로 나뉘어 있었으며, 황제 프리드리히 2세는 이슬람과의 접촉으로 오히려 교황청과 갈등을 빚고 있었다. 그는 몽골에 직접 대응하지 못했고, 교황 인노첸시오 4세가 1245년 **플라노 카르피니**라는 프란체스코 수도사를 몽골로 파견하여 정보를 얻는 것이 최선의 대응이었다. 그의 보고서는 훗날 유럽 최초의 '몽골 제국 관찰 보고서'로 남아, 동서 교류의 첫 문을 열었다.

□ 프랑스 왕국의 외교적 시도 - 루이 9세와 뤼브루크

프랑스 왕국 역시 루이 9세의 통치 아래 있었으며, 그는 십자군 원정과 함께 몽골에 대한 외교적 가능성을 타진하였다. 그는 뤼브루크(William of Rubruck)라는 성직자를 사절로 보내 몽골과의 기독교 동맹 가능성을 타진했으나, 몽골 제국은 오히려 유럽에 **복속을 요구하는 태도**를 고수하였다. 이는 유럽 국가들이 기대하던 '반이슬람 전선의 동맹자'로서의 몽골과는 전혀 다른 현실이었다.

□ 잉글랜드의 정보전 - 동방을 주시한 헨리 3세

잉글랜드 왕국은 몽골의 직접적 침공을 받지 않았지만, 대륙 소식에 민감하게 반응하며 몽골과의 외교 및 정보 교환에 적극 나섰다. 특히 몽골이 중동과 접한 십자군 국가들을 위협하고 있었기 때문에, **영국 왕 헨리 3세**는 교황청과 함께 동방 정세를 주시하였다. 이 시기 영국은 '전장의 참여자'가 아닌 '정보의 수집자'로서 새로운 역할을 자각하였고, 이는 훗날 영국이 **해외 정보와 외교 네트워크**를 통해 세계 패권을 장악하는 **기초적 사고방식**으로 발전하게 된다.

□ 러시아의 복속과 유라시아 질서의 재편

반면 **러시아 지역**, 특히 **키예프 공국**은 몽골에 완전히 정복되어 킵차크 한국의 속국이 되었고, **노브고로드 공화국**은 스스로 조공을 바치며 자율권을 유지했다. 이 지역은 **몽골과 유럽 사이의 경제 및 외교 중계지**로 기능하며, 유라시아 네트워크의 관문이 되었다.

□ 상업 도시국가의 기회 - 베네치아와 제노바

베네치아와 제노바 같은 해상 도시국가들은 몽골의 세계 시스템을 상업 기회로 보았다. 이들은 몽골과의 직접 교역을 통해 막대한 이익을 얻었으며, **몽골이 유지한 실크로드의 치안과 네트워크** 덕분에 동서 해상과 육상의 무역로가 안정되었다. 상인들은 금장 한국의 사라이(Sarai), 일한국의 수도 타브리즈(Tabriz), 원제국의 대도(大都, 베이징)까지 오가며 국제무역의 황금기를 누렸다. 이는 훗날 마르코 폴로(Marco Polo)의 동방 여행으로 이어지며, 유럽의 시야를 극동으로 확장시키는 결정적 계기가 된다.

□ 비잔틴과 동방 교회의 긴장

한편, **비잔틴 제국**은 이미 라틴 제국에 의해 수도 콘스탄티노플[2])을 빼앗긴 상태였고, 몽골의 직접적인 침공을 받지는 않았지만, 그 동방 정세 변화에 민감하게 반응하고 있었다. 특히 몽골과 이슬람 세력 간 충돌은 동방 교회의 교리적 정통성과도 얽혀 있었다. 몽골의 서진으로 시리아, 아르메니아, 조지아 등 동방 교회 지역이 흔들리자, 각 교회는 생존을 위해 서로 다른 대응을 모색했다. 일부는 몽골의 종교적 관용정책을 기회로 삼아 교회와 신앙 공동체를 보호하려 했으나, 다른 일부는 이슬람 세력과의 균열이 오히려 성지 수호의 명분을 약화시킬 것을 우려했다.

---

2) 비잔틴 제국은 1204년 제4차 십자군에 의해 수도 콘스탄티노플을 빼앗기면서 한 차례 사실상 몰락했고, 이후 약 60년간 라틴 제국(Latin Empire)이 그 자리를 차지했다. 그러나 1261년 비잔틴을 계승하는 니케아 제국의 미카엘 8세가 콘스탄티노플을 탈환하면서 비잔틴 제국이 일시적으로 부흥했다.

비잔틴 제국은 몽골과의 연합 가능성을 오스만 세력 견제의 수단으로 고려했지만, 신학적으로는 **'이단과의 동맹'**이라는 비판을 피하기 어려웠다. 동방 정교회는 서방 교회와의 분열과 십자군의 약탈을 잊지 못한 채, 몽골·이슬람·라틴 세력 사이에서 정통성을 지키는 데 집중했다. 이 시기 니케아 제국의 요안니스 바타치스 황제는 몽골과의 외교를 통해 일시적 평화를 꾀했고, 아르메니아·시리아 교회도 각기 다른 노선을 취했다. 이러한 복잡한 외교는 '정통'이라는 개념이 더 이상 순수한 신학의 문제가 아니라, 제국과 교회의 생존을 위한 현실적 선택이 되었음을 보여 준다.

□ 충격의 여파 - 세계 인식의 전환

이처럼 몽골 제국의 전성기, 유럽은 단지 전장의 피해자가 아니었다. 그들은 몽골을 통해 처음으로 **자신이 '하나의 세계' 안에 속해 있음을 인식하게 되었다.** 그전까지 유럽은 스스로를 세계의 중심이라 여겼지만, 몽골의 출현은 그것이 착각이었음을 드러냈다. 칭기즈칸의 후계자들은 유럽을 전부 정복하지는 못했지만, 유럽의 궁정과 수도원, 교황청과 상인회, 기사단과 왕실은 모두 **몽골이라는 거울을 통해 자신들의 한계와 가능성을 되돌아보는 계기**를 맞이하게 되었다. 몽골이 유럽에 남긴 것은 폐허만이 아니라, **새로운 세계 인식과 근대화의 충격파**였다.

□ 그리스·로마·몽골 제국 - 영토 및 제국 체계 비교

항목	고대 그리스 제국 (알렉산더)	로마 제국 (트라야누스)	몽골 제국 (쿠빌라이)
전성기 시기	기원전 323년	서기 117년	서기 1279년
최대 영토 면적	약 5백2십만 km^2	약 5백만 km^2	약 2천4백만 km^2
수도	펠라 → 바빌론	로마 → 콘스탄티노플	카라코룸 → 대도 (베이징)
주요 지형 특징	사막, 고원, 유프라테스 계곡 등	지중해 전역, 라인강, 도나우강	초원, 사막, 산악 지대, 강 유역
정복 방식	직접 정복 후 통합 또는 헬레니즘화	병합 및 속주 행정 시스템	속도 중심 기마전, 피정복지 분할 통치

문화 영향력	헬레니즘 문화 확산	로마법, 라틴어, 기독교 전파	실크로드 부흥, 다문화 교류
지속성	약 13년 (알렉산더 생존 기간)	약 500년 (서), 1,000년 이상 (동)	약 100년 (통일), 이후 칸국 분열
통치 방식	절대 군주 + 자치 지역 유지	황제 중심, 법과 행정 체계 구축	대칸 중심, 칸국 분할 통치
후계 국가	셀레우코스, 프톨레마이오스 등	비잔틴 제국 (동로마)	원나라, 킵차크 칸국, 일한국 등

4. 몽골 제국의 통치제도

"정복은 칼로, 지배는 법과 길로"

몽골 제국은 역사상 유례없는 속도로 유라시아 전역을 정복했지만, 그 지속성과 통합력은 칼이 아닌 **제도적 통치 체계**에 있었다. 칭기즈칸과 그의 후계자들은 단순한 약탈자가 아니라, **정교하고 실용적인 제국 운영자**였다. 그들이 만든 통치 시스템은 유목의 기동성과 농경 문명의 행정 체계를 절묘하게 결합한 것이었다.

□ 통치 권위의 중심 - 칸과 얄리크

제국의 정점에는 칸이 있었다. 칸은 단지 부족의 우두머리가 아닌, **하늘(텡그리)의 뜻을 대리하는 통치자**로 여겨졌다. 그 통치의 정당성은 군사력보다 더 높은 곳에서 왔고, 이를 뒷받침하는 것이 바로 **'얄리크(Yarligh)'**, 곧 칸이 직접 내리는 명령서였다. 얄리크는 세금 면제, 관직 임명, 지역 정책 등 실질적인 통치의 근거 문서로 기능했다. 모든 길과 권한은 이 얄리크로부터 흘러 나갔다.

하지만 제국은 하나의 손으로 통제될 수 없었다. 그래서 몽골은 영토를 칸국(汗國)으로 나누었다. 대칸은 칸국의 칸들 위에 군림했지만, 실질적으로는 자치적인 통치가 이루어졌다.

킵차크한국(러시아), 일한국(페르시아), 차가타이한국(중앙아시아), 원나라(중국) 등 각 칸국은 **지역 특성에 맞는 행정 방식**을 수용하면서도, **몽골의 법과 조직 원칙을 공유**했다.

□ 유목 + 농경의 결합 - 야사와 통일된 질서

이 모든 통치의 기초는 법이었다. 칭기즈칸이 제정한 '야사(Yasa)'는 단지 군율이 아니라, **전 제국의 헌법적 질서**였다. 야사는 배반, 절도, 간통 같은 범죄에 엄한 처벌을 규정했고, 동시에 **상인과 사신의 안전, 종교의 자유, 역참 사용 규정 등 공공의 질서를 명확히 정리**했다. 이는 당시의 어떤 왕국도 갖추지 못한, **범 유라시아 통일 법전**이었다.

세금과 경제 운영 역시 유연하면서도 체계적이었다. 몽골은 정복한 지역의 **기존 지배층과 관료제를 적절히 활용**하며, 지역별로 다른 **세금 제도와 행정 언어**를 수용했다. 예컨대 이슬람 지역에서는 율법에 따른 과세를 인정했고, 중국에서는 송나라 관료체계를 일부 계승했다. 러시아 지역에서는 '바스카크'라 불리는 징세관이 주기적으로 세금을 거두었다.

□ 종교 관용과 다문화 관리

무엇보다도 몽골은 **종교에 대해** 유례없는 **관용**을 보였다. 칸은 텡그리 신앙을 유지하면서도, 기독교, 이슬람, 불교, 유대교, 네스토리우스파 등의 종교 공동체에 **면세와 면역 특권**을 부여했다. 성직자들은 각 지역에서 자신의 종교를 전파할 수 있었고, 종종 제국의 조언자로까지 등용되었다. 이는 정복지에서 저항을 줄이고, **다민족 국가**의 조화로운 운영을 가능케 한 **전략적 관용**이었다.

언어 역시 다양성을 전제로 하였다. 몽골어가 중심 언어였지만, 각 지역에서는 **페르시아어, 위구르 문자, 한문, 아라비아어, 러시아어** 등 다양한 언어가 행정 문서에 사용되었다. 몽골 제국은 단일 민족 국가가 아니라, **초국가적 다언어 제국**이었다.

이러한 제도적 통치는 무력으로는 도달할 수 없는 지속성을 제공했다. 몽골은 단지 승리한 자들이 아니라, **길을 닦고, 법을 만들고, 사람을 연결한 통치자들**이었다.

□ 이중 지배 구조 - 직접 통치와 영향권 운영

몽골 제국은 세계사에서 유례없는 광대한 영토를 지배한 제국이었으나, 그 지배 방식은 단일하지 않았다. 몽골은 지역마다 정치적 · 지리적 · 군사적 여건에 따라 **직접 통치 영역**과 간접 영향권(속국 체제)을 병행하여 운영하였다. 따라서, 몽골 제국의 지배 범위는 명확한 국경선이 아닌, 다양한 형태의 통제와 예속 구조로 구성되었다.

가장 핵심적인 지배 방식은 **직할령**(직접 통치 지역)이었다. 여기에는 몽골고원에서부터 중국 북부, 중앙아시아, 페르시아, 러시아 남부에 이르기까지의 광범위한 지역이 포함된다. 이 지역들은 대칸과 황족들이 통치하는 4대 칸국에 분할되어, 실질적인 행정조직과 군사 통제가 이루어졌으며, 수도세 징수, 관료 임명, 종교 정책 등에 있어서 몽골의 명령이 직접적으로 시행되었다. 쿠빌라이 칸이 세운 원나라는 이러한 직접 통치의 대표적인 예로, 수도 대도를 중심으로 광대한 중화 지역을 통제하였다.

▶ **대칸과 4대 칸국**

칸국	주요 지역	중심 도시	특성
킵차크 한국	러시아, 우크라이나	사라이	러시아 정교 영향
차가타이 한국	중앙아시아	알말리크 등	유목 · 이슬람 혼합 구조
일한국	페르시아, 메소포타미아	타브리즈	이슬람 체제 융합, 문화중심지
원나라	중국 전역	대도(베이징)	송나라 행정 계승, 관료제 확립

반면, 몽골의 **영향권에 속한 지역들**, 즉 속국이나 부용국들은 몽골 제국에 조공을 바치거나 외교적으로 예속되어 있었지만, 자국의 **왕조와 행정 체제**를 **일정 부분 유지**할 수 있었다. 고려는 그 대표적인 예다. 13세기 중반, 몽골과의 장기적인 전쟁 끝에 고려는 항복하고 부마

국이 되었으며, 국왕은 몽골 공주와 결혼하고 다루가치(감찰관)를 받아들이는 등 정치적으로 깊이 종속되었지만, 내부의 자치와 전통적인 제도는 상당한 수준으로 유지되었다. 마찬가지로 베트남(대월)과 참파(베트남 남부), 버마 등의 동남아 국가들 또한 몽골에 조공을 바치며 외교적 예속 상태에 놓였지만, 자주적인 군사력과 행정 구조는 그대로 유지했다.

또한 조지아, 아르메니아, 시리아 등 서아시아의 기독교 국가들도 몽골과 군사 동맹을 맺으며 일칸국의 영향권 안에 편입되었다. 이들은 몽골의 원정에 협력하고 군사적 보호를 받는 대신, 조공과 외교적 종속을 수용하였다.

이처럼 몽골 제국의 지배 구조는 단순한 병합이나 식민지화가 아니라, **다중적·탄력적**이었다. 지역의 저항 수준, 전략적 가치, 기존 국가 체계의 성숙도에 따라 지배 방식을 달리함으로써, 몽골은 물리적으로 관리가 어려운 광대한 영토를 효과적으로 유지할 수 있었다. 이에 따라, 지도에서 몽골 제국의 경계를 표시할 때도 '직할 통치 지역'과 '영향권 지역'을 구분하여 다른 색으로 표현하는 경우가 많다.

□ 몽골 통치 체계의 유산

결국, 몽골 제국은 단순한 '정복 제국'을 넘어, **정치적 유연성과 행정적 통합력으로 구성된 초국가적 권력 망**이었으며, 그 영향은 단순한 영토 확장을 넘어 문화, 외교, 경제, 법제까지 광범위하게 퍼져 나갔다. 이러한 이중 지배 구조는 유라시아 전체에 걸친 초연결 네트워크를 가능케 했고, 세계사의 흐름을 바꾸는 결정적인 요인 중 하나가 되었다.

"우리는 땅만이 아니라, 그 위에서 살아가는 사람들의 삶과 길,
그리고 말 위에서 지켜지는 법을 함께 통치하였다."

□ 원조(元朝) 시대 행정 문서에 남은 정신

이 제국은 무너지더라도, 그 통치 체계는 **훗날 오스만 제국, 차르 러시아, 명나라의 행정**, 그리고 실크로드 무역 질서에까지 깊은 영향을 남겼다. 몽골은 전쟁으로 세운 제국이었지만, **제도와 관용으로 유지된 문명의 구조물**이었다.

5. 몽골 제국의 시작과 멸망 - 초원의 바람에서 제국의 무게로

12세기 말, 몽골고원에 부는 바람은 거칠고 차가웠다. 부족들은 흩어져 서로 약탈하며 살아갔고, 혹독한 겨울과 끝없는 유목은 생존 그 자체였다. 이 속에서 한 소년이 자라났다. 그의 이름은 **테무진(Temüjin)**. 아버지가 독살당하고 어머니와 함께 쫓겨난 그는 소년 시절부터 가난과 굶주림, 그리고 외로움 속에서 자신을 단련했다. 그러나 그는 단순히 생존을 도모하지 않았다. 그는 분열된 초원을 하나로 묶는 꿈을 품었다. 그가 선택한 길은 유목의 전통을 넘는 길이었다.

□ 칭기즈칸의 제국 - 질서를 설계한 정복자

1206년, 테무진은 마침내 몽골고원의 여러 부족을 하나로 통합하고, 스스로를 '칭기즈칸(Chinggis Khan)'이라 칭했다. 이 이름은 단지 군주의 호칭이 아니었다. 초원의 바람 위에 새겨진 새로운 질서의 이름이었다. 그는 단순한 정복자가 아니라 통합의 설계자였다. 그는 **부족 중심**의 **혈연 정치를 폐기**하고, 공로와 충성에 따라 사람을 등용하는 체계를 만들었으며, 십호제·백호제·천호제에 기반한 군사 조직을 정비했다. 그와 함께 제국의 기틀을 마련한 것이 바로 '야사(Yasa)'였다. 이 법률은 초원의 풍습과 정복지의 제도를 아우르며, 몽골 제국을 하나의 질서 아래 묶는 기초가 되었다.

칭기즈칸 초상화
저자미상, Public Domain.
Source: Wikimedia Commons

칭기즈칸은 북중국의 금나라, 중앙아시아의 호라즘 왕국, 러시아 남부 초원 지대까지 정복하며 제국의 지평을 끝없이 넓혔다. 그의 정복은 단지 전투의 연속이 아니라, 말 위에서 행정과 외교, 정보체계를 함께 구축한 종합적인 통치 프로젝트였다. 그러나 1227년, 서방 원정을 이어가던 중 그는 세상을 떠난다. 그러나 그의 죽음은 정복의 종말이 아니었다. 오히려 그 후계자들—오고타이(Ogotai), 바투(Batu), 훌라구(Hulagu), 쿠빌라이(Khubilai)—에 의해 제국은 더욱 거대해지고 정교해졌다.

□ 유럽 앞에 선 제국 - 팽창의 정점에서 드리우는 균열

그들은 유럽의 심장부까지 진출했다. 1241년, 바투 칸이 이끄는 몽골 군은 헝가리 북동부 모히(Mohi)평원에서 헝가리 군을 격파하고, 동시에 폴란드 남서부 리그니차(Legnica)에서는 독일 기사단을 꺾으며 유럽에 전례 없는 충격을 안겼다. 한때 유럽은 자신들이 문명의 중심이라 믿었지만, 이 말 위의 제국은 그 세계관을 산산이 무너뜨렸다. 유럽은 그제서야 자신들이 세계의 일부에 지나지 않음을 깨닫는다.

그러나 이 시기부터 **몽골 제국 내부**는 **균열**을 준비하고 있었다. 제국은 넓어졌지만, 그 무게를 견디기엔 너무 빨리 팽창했고, 너무 다양해졌다. 칭기즈칸의 후손들은 각 지역을 통치하기 위해 제국을 나누었고, 그 결과 **네 개의 칸국**이 **등장**한다. 중국을 지배한 원나라, 중앙아시아의 차가타이 한국, 이란과 메소포타미아의 일한국, 러시아 초원의 킵차크한국(금장한국). 처음에는 대칸의 권위를 상징적으로나마 인정했지만, 시간이 지나면서 이들은 각자 독립된 왕국처럼 기능하기 시작했다. 결국 같은 몽골 제국 내부에서 서로 전쟁과 외교를 벌이는 일까지 벌어졌다.

□ 네 개의 칸국 - 통일된 제국인가, 분열된 연맹인가

이렇게 형성된 칸국들은 처음에는 '하나의 제국' 아래에서 유기적으로 움직이는 듯했지만, 실질적으로는 각기 다른 문화와 전략을 중심으로 독립적인 정체성을 형성해 나갔다. 쿠빌라

이 칸이 세운 원나라는 한족의 문명 체계를 적극적으로 수용하며 중화 질서를 주도했고, 차가타이 한국은 유목적 전통과 이슬람의 융합 위에 통치를 이어갔다. 일한국은 페르시아 지역을 아우르며 문화적 중심지를 형성했고, 킵차크한국은 슬라브 세계와 접촉하며 정교회와의 복합적 관계를 유지했다. 이들은 더 이상 중앙의 명령을 받는 동등한 칸국이 아니라, 각자의 지역 이해와 문명권을 반영한 독자적 국가로 변모해 갔다.

그 결과, 제국 내부의 '다중 중심 체제'는 곧 권력 분산과 군사 자원의 분할, 행정적 단절을 초래했고, **몽골 제국은 하나의 이름 아래 존재**했지만, **네 개의 세계로 나뉘는 분기점**에 이르렀다. 또한 **농경 지역과의 문화 충돌, 지나치게 넓어진 행정 범위, 후계자 다툼, 종교 갈등** 등이 제국을 점차 갉아먹었다. 14세기 중반, 몽골 제국은 이미 정치적 통일을 잃었고, 각 칸국은 **지역화된 왕국**들로 전환되었다.

□ 제국의 최후 - 마지막 불꽃, 그리고 북으로 밀려난 제국

가장 오래 버틴 것은 중국 대륙을 지배한 원나라(1271-1368)였다. 그러나 한족 민중의 반란과 내부 부패 속에서 **홍건적의 봉기**가 일어나고, 결국 주원장이 이끄는 명(明)나라에 의해 수도 대도(베이징)를 빼앗긴다. 1368년, 마지막 몽골 황제 토곤 테무르는 북쪽으로 도망하며, **몽골의 중화 지배는 종언을 고한다.** 그 후 몽골은 **북원의 형태로 명나라 북방에서 한동안 생존**했지만, 더 이상 세계의 중심이 아니었다. 킵차크한국은 모스크바 공국의 부상으로 무너졌고, 차가타이와 일한국은 이슬람 왕조로 재편되었다. **몽골은 하나의 제국이 아닌, 전설이 되었다.**

□ 시작부터 소멸까지 - 연표로 본 몽골 제국

- **1206년**: 몽골 제국 건국 (테무진, 칭기즈칸 즉위)
- **1227~1279년**: 급속한 팽창 → 유라시아 최전성기
- **1260년 이후**: 칸국 분립과 내전 → 실질적 분열 시작

- **1368년**: 원나라 멸망 → 중국 내 제국 권력 붕괴
- **1502년까지**: 각 칸국별로 해체되며 몽골 제국 완전 소멸

□ 맺음말

몽골 제국의 시작은 유목민의 단결이었고, 그 절정은 말 위에서 이룬 세계 통일이었다. 그러나 그 끝은 과도한 영토와 권력 분산, 그리고 내부 분열이었다. 그들은 정복에는 성공했지만, 하나로 묶는 데는 실패했다.

"칭기즈칸은 땅을 얻었고, 그의 후손들은 그 위에 서로 다른 나라를 세웠다."
-『페르시아 연대기』 중

그러나 몽골 제국이 남긴 길, 법, 교역, 통치 철학, 종교 관용은 훗날 **오스만, 러시아, 명나라, 티무르 제국** 등 후속 제국들의 모델이 되었으며, **초연결 시대의 전초**가 되었던 유라시아의 첫 세계화 체계는 몽골의 말발굽에서 비롯되었다. 몽골은 전쟁으로 세운 제국이었지만, **제도와 관용으로 유지된 문명의 구조물**이었다.

6. 현재 몽골 영토가 형성된 역사적 배경

13세기 초, 몽골고원은 한 명의 전설적인 인물로 인해 세계사의 중심이 된다. **테무진**, 훗날 **칭기즈칸**으로 불린 그는 흩어진 부족을 통합하고, 하나의 말발굽 아래 유라시아의 지도를 다시 그렸다. 그의 제국은 북쪽의 시베리아, 동쪽의 한반도, 서쪽의 동유럽, 남쪽의 인도 북부까지 뻗어갔다. 몽골고원은 단지 출발점이 아니라 **세계 제국의 심장**이었다.

그러나 정복한 땅은 오래 품기 어렵다. 칭기즈칸의 후손들은 제국을 **원나라, 킵차크 한국, 차가타이한국, 일한국**으로 나누었고, 이 거대한 연합은 점차 균열을 일으켰다. **1368년**, 중국

에서 한족 반란군이 명나라를 세우고, **원나라를 북쪽으로 밀어내면서 제국은 무너졌다.** 하지만 몽골고원에는 여전히 칭기즈칸의 혈통을 자처하는 통치자들이 남아 있었고, 이들은 북원(北元)이라는 이름으로 명나라에 저항하며 몽골의 자존심을 지켜 갔다.

□ 제국의 심장에서 북원의 저항까지

북원은 한동안 명과의 충돌 속에서 존재감을 유지했지만, 내부의 부족 분열과 외부 압력으로 점차 쇠퇴했다. 17세기 들어 **청나라가 만주에서 부상**하면서 상황은 급변한다. 청 제국은 하나씩 몽골 부족들을 끌어들였고, 1688년 준가르(오이라트)의 침입을 받은 할하 부족은 자멸을 막기 위해 **자발적으로 청 황제에게 복속을 요청**하면서, 몽골은 정치적 독립을 잃는다.

이때부터 몽골은 명확히 **두 개의 몽골**로 나뉜다. **외몽골**(오늘날의 몽골공화국)은 북방 고원 지역으로, 청 제국의 완충지대 역할을 하게 되었고, **내몽골**(오늘날 중국의 내몽골 자치구)은 청의 행정권 아래에서 중국 체제 안으로 더 깊숙이 편입되었다.

□ 제국의 그림자 아래, 독립을 향한 몸부림

청의 통치는 200여 년간 이어졌고, 몽골은 **만주-중국 제국의 변방**으로 남았다. 그러나 1911년, 청 제국이 붕괴하자 **몽골은 다시 한번 독립의 기회를 잡는다.** 할하 귀족들은 티베트 불교의 지도자인 **보그드 칸**을 중심으로 **자치정부를 선포**하고 독립을 선언한다. 하지만 중국은 이를 인정하지 않았고, 러시아는 혁명과 내전에 휘말리면서 몽골은 다시 강대국 사이에 놓인 불안정한 완충지대가 된다.

□ 몽골국의 탄생과 경계의 확정

그러던 중, **1921년**, 소련의 지원을 받은 몽골 혁명군이 중국군과 반동 귀족 세력을 몰아내고 **'몽골 인민공화국'을 수립한다.** 이것은 세계 최초의 소비에트형 위성국가였으며, 이후 약 70년간 몽골은 소련의 정치적·경제적 영향력 아래 있었다. 그 사이 중국은 내몽골을 '자치구'로 통합하고, 경계는 더욱 확고해졌다.

이러한 흐름 속에서 **몽골의 영토는 외몽골 지역, 즉 지금의 몽골공화국 영역으로 확정**되었다. 1945년, 제2차 세계대전이 끝난 직후, **소련과 중화민국은 몽골의 독립을 상호 인정**했고, 국제적으로도 외몽골의 독립이 기정사실화되었다. 이후 1990년 민주화 과정을 거쳐 오늘날의 몽골국(Mongolia)이 탄생하게 된다.

"우리는 세상의 절반을 지배했지만, 끝내 우리가 지켜낸 것은 하늘과 가장 가까운 이 땅이었다." - 울란바토르 국립박물관 벽에 쓰인 문구 중

7. 몽골과 고려의 관계 - 침공에서 혼인, 그리고 회복까지의 150년

13세기 초, 몽골 제국은 유라시아의 중심에서 급속도로 팽창하고 있었다. 칭기즈칸은 북중국의 금(金)나라를 정벌하던 중, **요나라 유민과 거란계 부족들**이 고려로 도망쳤다는 정보를 입수한다. 몽골로서는 금나라와의 전쟁을 돕지 않고 오히려 적의 잔당을 보호하는 고려가 **잠재적 위협이자 전략적 거점**으로 보였다. 여기에다 **고려가 당시 금나라와 교류하고 있었던 정황**은 몽골에게 '중립을 위장한 적대행위'로 해석되었다. 또한, 한반도는 일본 원정과 남송 공략 시 후방을 안정시킬 수 있는 거점으로서 군사적 가치가 컸다. 결국 1231년, 몽골군은 압록강을 건너 고려를 침공하였다.

몽골의 1차 침공은 급작스럽고도 강력했다. 몽골군은 압록강을 넘어 평양성을 함락시키고 수도 개경을 위협했다. 그러나 고려 조정은 완전 항복 대신 **수도 강화도로의 천도**를 선택하며 **장기적인 산성 방어전에 돌입**했다. 이로써 몽골과 고려는 **40년 가까이 이어지는 소모적 전쟁**에 들어가게 된다. 고려는 산성 방어에 집중하며 버텼고, 동시에 외교 사절을 파견해

몽골과의 화친 가능성도 열어두었다. 민심을 수습하기 위해 팔만대장경을 조판하고, 성곽을 증축하는 등 내적 결속도 도모하였다.

□ 부마국 체제 - 복속과 정치적 전환

1254년 제5차 침공은 고려에 막대한 피해를 안겼다. 백성들이 대량으로 포로로 끌려가고, 농촌은 초토화되었다. 내부적으로 무신정권이 약화되던 시점에, 1259년 고려는 원과 화친을 맺고 항복하였다. 그 결과 고려는 **원나라의 부마국**으로 **편입**되며 사실상 **속국화**되었다. 이후 원 황제는 고려 왕에게 자국의 공주를 혼인시키고, 고려는 왕위 계승과 외교, 군사 문제에서 원의 허가를 받아야 했다. 원은 북부에 쌍성총관부, 제주에 탐라총관부를 설치해 영토 일부를 직접 통치하였고, 고려는 관복과 제도 면에서도 원의 체계를 따르게 되었다.

□ 그늘 속의 연대 - 문화 융합과 정치 참여

그러나 고려는 단순한 수동적인 복속국으로만 남지는 않았다. **고려 왕족**은 원 황실과의 **혼인 관계**를 통해 **원 조정 내부로 진출**했고, 충선왕 등은 중앙 정치와 문화 개혁을 주도하기도 했다. 원의 제도와 복식, 군제, 음식문화가 고려에 유입되는 한편, 고려의 불교, 학문, 예의범절 등도 원 황실과 귀족 사회에 영향을 주었다. 이 시기 양국은 복속과 지배를 넘어서는 상호 문화 교류를 경험하였다. 몽골의 말과 궁술, 복식이 고려식으로 변화하고, 고려의 승려·학자가 원 조정에서 활동하며, 정치적 종속 속에서도 문화적 자존은 유지되었다.

□ 자주의 회복 - 공민왕의 개혁과 원의 쇠퇴

14세기 중반, 원나라는 반란과 내란으로 흔들리기 시작했다. 이 틈을 탄 고려 **공민왕은 자주 회복 정책**을 단행한다. 1356년에는 원이 설치한 쌍성총관부를 무력으로 폐지하고, 친원 관료들을 숙청하며 원과의 단절을 추진하였다. 동시에 명나라와 외교를 재개하며 동북아 질서 재편 속에서 독립 국가로의 전환을 시도했다. 1368년 명나라가 중국을 재통일하자, 몽골은 북방으로 밀려났고 고려는 원의 영향에서 완전히 벗어났다. 이후 고려는 조선 왕조로 이어지며, 부마국 체제의 기억을 딛고 중앙집권적 독립 국가로 거듭나게 된다.

□ 침공과 복속을 넘어선 자주적 생존의 역사

몽골과 고려의 관계는 단순한 전쟁이나 복속이 아니라, **침공 → 항전 → 화친 → 종속 → 문화 융합 → 자주 회복**이라는 긴 여정 속에서 변화해 온 관계였다. 고려는 침략을 막지 못했지만, **스스로를 잃지 않았고**, 제국의 그늘 속에서도 **자신만의 문화**와 정치적 공간을 지켜낸 **독자적 생존의 역사**를 써 내려갔다.

"칼 앞에 굴복했지만, 정신까지 넘기지는 않았다."
- 고려 후기 사학자의 평가

9. 칭기즈칸의 모계 혈통에 대한 새로운 발견 - 고구려 여인의 피가 흘렀는가

칭기즈칸, 그는 13세기 유라시아 전역을 뒤흔든 정복자였고, 현대 몽골의 국가 정체성과 세계사의 전설로 남아 있다. 그러나 그 신화의 기원에는 한 여성의 이름이 조용히 자리한다. 바로 알란코아(Alan Goa)이다. 『몽골비사』에 따르면, 알란코아는 남편 없이 하늘에서 내려온 빛으로 수태하여 셋째 아들을 낳았다고 전해진다. 이는 단순한 신화를 넘어, 몽골 제국의 시조 혈통에 신성을 부여하는 상징적 장치였다.

하지만 우리는 한 가지 질문을 던질 수 있다. 그녀는 과연 **신화 속 인물에 불과했는가? 혹시,** 그녀의 조상 가운데 **고구려나 발해 유민 출신의 여인**이 있었던 것은 아닐까? 이는 단순한 상상이 아니라, 유전학과 고고학, 그리고 역사 속 이주 경로를 기반으로 한 가설이다.

□ 모계 유전자와 고구려 유민 여성의 이주

모계 유전자인 미토콘드리아 DNA(mtDNA)는 어머니를 통해서만 자식에게 유전되며, 수천 년 동안의 혈통 흐름을 비교적 정확하게 추적할 수 있게 해준다. 지금까지는 주로 부계 유전자인 Y염색체 중심의 연구가 활발했으며, 몽골 남성 중 다수에게서 C2b 하플로그룹이 확인되었다. 이는 칭기즈칸의 부계 후손과 관련 있다. 하지만 여성의 이주는 남성보다 훨씬 더 복잡하고 다양했다. 전쟁 포로, 동맹 결혼, 유배, 자발적 이주 등 다양한 경로를 통해 여성은 부족 간 혼혈의 핵심 매개체가 되었다. 특히 북방 유목민 사회는 혈통보다 동맹과 생존을 우선시하는 구조였기 때문에, 타민족 여성의 흡수가 비교적 자연스러웠다.

칭기즈칸의 조상 중 10대 조모쯤에 해당하는 여성은 시기상 **기원후 700~800년경**, 즉 고구려가 멸망하고 발해가 건국되던 바로 그 무렵의 인물로 추정할 수 있다. 고구려 유민은 만주, 연해주, 말갈·여진·거란 지역으로 흩어졌고, 그 속에서 많은 여성들이 유목 부족과 통혼하였다.

□ 신화의 이면, 역사 속의 알란코아

『몽골비사』의 전승에 따르면, 알란코아는 외지 여성으로서 시베리아 바이라크트 부족(콘기라트 계열) 출신이거나 외부 혈통이라는 암시가 있다. 만일 그녀가 고구려나 발해 유민 여성의 후손이었다면, 몽골 귀족 계열의 시조에 외부 혈통이 섞였다는 점을 은폐하거나 미화하기 위해, 하늘의 빛이라는 신화적 장치를 만든 것일 수 있다. 이는 다양한 부족의 연합으로 형성된 몽골 사회의 다민족 구조를 고려할 때 충분히 가능한 역사적 해석이다.

실제로 고대 북방 지역의 유골 분석 결과, 고구려 및 발해 유민 출신 여성들에게서 자주 확인되는 mtDNA 하플로그룹인 D4, G2, Z1 계열이 몽골 북부 고분군에서도 발견되었다. 이것은 양 지역 간 유전자 흐름이 존재했음을 시사한다. 또한 중앙몽골의 **타미르 울란 호슈(Tamir Ulaan Khoshuu)** 묘지에서는 기원전 1세기~기원후 1세기(흉노-Xiongnu)의 유골 52

구를 분석한 결과 (*Science Advances*, 2019), 전체의 약 70%가 **동아시아 북방 집단**, 즉 **한반도 북부 · 요동 · 연해주 일대 인구와 공유하는 D4 · G2 · C5계열 모계군**으로 확인되었다.

더 나아가 2020년 *Nature Communications* 연구에서는 **발해-요동계 여성의 mtDNA 일부가 몽골 북부 고분군과 일치**함이 보고되었으며, 이는 발해 멸망(926년) 이후 북방으로 이동한 유민 집단의 유전적 흔적이 후대 몽골 귀족 혈통 내로 흡수되었을 가능성을 제시한다. 이처럼 **만주 · 한반도 북부 · 연해주 · 바이칼 주변을 포괄하는 동북아시아 모계 유전집단**의 흔적이 몽골 고원의 고대 유골에서 다수 확인된다는 사실은, 알란코아 신화가 단순한 상징이 아니라 실제 역사적 혼혈과 통합의 기억일 가능성을 시사한다. 신화는 종종 유전적 사실을 상징적으로 기록한 **'집단 기억'**의 또 다른 형태였다.

▶ 가설적 구조

1) 고구려/발해 유민 여성 (9세기 후반~10세기 초)

↓

2) 몽골 초원으로 이주 → 현지 귀족과 혼인

↓

3) 보르지긴 씨족 조상 중 여성 계보에 흡수

↓

4) 알란코아 (~9세기 말?) - 전설 속 칭기즈칸의 선조

↓

5) 도브운 멍가크(Dobu Mergen) - 알란코아의 아들

↓

6) 보단차르(Bodanchaar Munkhag Tün) - 씨족 시조

↓

7) 예수게이(Yesügei Baghatur) - 칭기즈칸의 아버지

↓

8) 칭기즈칸 (Temüjin)

□ 바람의 피, 고구려에서 몽골로 - 일인칭 회상

나는, 이름을 잃은 여인이었다.
고구려가 무너진 해, 평양성의 불길은 하늘을 찢었고,
아버지는 말없이 칼을 들고 떠났다.
어머니는 나를 끌어안고, 낯선 북쪽 산골로 향했다.
나는 열셋이었다. 바람이 눈보다 먼저 내리는 그 먼 고지대에서,
나는 말갈의 남자와 결혼했다.
그의 이름은 잘 기억나지 않는다.
그는 나를 '맑은 눈동자의 여자'라 불렀다.

그곳에서 나는 아이를 낳았고,
내 피는 북쪽의 강물에 섞였다.
그러나 내 뼛속엔 여전히 **고구려의 하늘과 산과**
돌담의 그림자가 남아 있었다.
나는 그것을 잊지 않았다.
밤마다 내 꿈에는 압록강이 흐르고, 아버지의 목소리가 메아리쳤다.

세월이 흘러 나의 딸도 또 딸을 낳았다.
그 딸이 다시 새로운 남자와 만나, 또 다른 씨를 낳고,
그 아이가 태어난 곳은 더 멀고 추운 초원이었다.
언젠가 나는 그 아이가 말을 타고 초원을 가르며
태양을 지배하는 날이 오리라 믿었다.

나는 그 아이를 보았다.
백마 위에서 바람을 등에 업고,
검은 머리가 휻날리며 대지를 울리는 이름—"테무진"

그는 나의 10대손이었다.

나는 이름도 무덤도 없는 여인이지만, 내 피는 제국을 열었다.
내가 고구려에서 품었던 울분과 슬픔,
그리고 잊히지 않으려는 기억이 **그의 핏속에서 말(馬)처럼 뛰고 있었다.**

나는 그를 알지 못하지만, **그는 나의 기억이었다.**
나는 그 안에 있었다. 바람처럼. 침묵처럼. 피처럼.

□ 맺음말 - 제국을 열어간 무명의 여성들

칭기즈칸의 모계 혈통에 고구려 여성의 흔적이 담겨 있었을 가능성은 아직 유전학적으로 확증되지 않았다. 그러나 고구려와 발해 유민 여성의 북방 이주 경로, 일부 모계 유전자군의 유사성, 그리고 알란코아 신화에 담긴 구조적 상징을 종합해 볼 때, 이 가설은 역사적 상상력을 자극하는 충분한 실마리가 된다.

역사는 이름을 남긴 영웅들만의 것이 아니다. 이름 없이 사라진 수많은 어머니 외에도 **무명의 여성들** 또한 **제국의 기초**를 이루었다. 알란코아는 그러한 기억의 화신이며, 그녀의 모계 여정은 고구려와 몽골을 잇는 **'숨겨진 흐름'**으로 기억할 필요가 있다. 피는 말이 없지만, 유전자는 기억한다. 그리고 그 기억은, 언젠가 다시 불려질 이야기가 된다.

제23장

비잔티움과 동서 교회의 분열 - 문화와 신학의 갈등

1. 기독교의 시작과 로마의 국교가 되기까지

기독교는 1세기 팔레스타인 지역에서 **예수 그리스도의 삶과 부활의 사건**을 중심으로 시작되었다. 예수의 제자들은 그가 하나님의 아들이며 구원자임을 선포하며 예루살렘을 중심으로 복음을 전파하기 시작했다. 오순절 성령 강림 이후, 복음은 유대인뿐만 아니라 이방인에게까지 전해졌고, 사도 바울과 같은 인물들을 통해 소아시아, 그리스, 로마 등 지중해 전역으로 확산되었다.

초기 기독교는 로마 제국의 종교적·정치적 질서와 충돌하게 된다. 기독교인들은 황제 숭배를 거부하고 오직 예수만을 주(Lord)로 고백했으며, 이는 **로마 당국에 대한 도전**으로 간주되었다. 그들은 반역자이자 무신론자로 낙인찍혔고, 네로 치하의 로마 대화재(64년) 이후 기독교인들은 희생양이 되어 잔혹한 처형을 당했고, 이후 데키우스(3세기), 디오클레티아누스(4세기) 시기까지 주기적 박해가 이어졌다.

그러나 아이러니하게도, 그 박해는 신앙을 꺾지 못했다. 오히려 순교자들의 신념과 용기는 많은 이들의 양심을 일깨웠고, 지하 공동체는 더욱 단단해졌다. 피로 지켜낸 신앙은 생명의 진실로 전해졌고, 마침내 **313년**, 콘스탄티누스 황제의 밀라노 칙령에 의해 **기독교는 공**

인을 받는다. 이것은 단순한 정치적 선언이 아니라, 피로 새겨진 신앙이 제국의 중심에 들어선 역사적 전환점이었다. 그러나 신앙의 공인은 동시에 교회의 제도화를 불러왔고, 자유로운 복음의 공동체는 점차 황제와 권력 질서 안에 묶여 들어갔다.

□ 로마의 기독교 박해와 카타콤

로마 제국의 시대, 신앙은 충성보다 위험한 단어였다. 황제를 신으로 섬기는 것이 국가의 질서로 여겨지던 세상에서, "예수는 주(Lord)이시다"라는 고백은 곧 황제를 부정하는 반역의 선언이었다. **서기 64년**, 네로 황제는 로마 대화재의 책임을 기독교인들에게 돌리고 수많은 신자를 처형하며 피의 박해를 시작했다. 그는 그리스도인들을 기둥에 묶어 불을 붙여 밤의 조명으로 삼았고, 또 많은 이들을 **콜로세움으로 끌고 가 맹수에게 던져 사자의 밥으로 삼았다.** 피와 모래가 뒤섞인 경기장에서 사람들은 죽음을 두려워하지 않고 "그리스도는 주이시다"라 외쳤다. 신앙을 고백하는 자는 시민권을 잃고, 고문을 당했으며, 성경 필사본은 불태워졌다.

그리하여 신앙인들은 지상의 법과 폭력을 피해 **서기 1세기 후반부터 4세기 초까지** 지하로 내려갔다. 로마 외곽의 **카타콤(catacomb)**은 단순한 묘지가 아니었다. 그곳은 박해를 피해 숨은 자들이 예배하고, 성찬을 나누며, 사랑하는 이를 묻던 지하의 교회였다. 어둡고 축축한 터널의 벽에는 십자가 대신 물고기, 포도나무, 양의 형상이 새겨져 있었고, 작은 등잔 하나가 어둠을 밀어내며 그들의 예배를 비추었다. 완성된 성경은 아직 없었으나, 사도들의 편지와 복음서의 조각들이 필사본으로 전해졌고, 그들은 말씀을 암기하여 마음에 새기며 **"빛은 어둠에 비치되 어둠이 깨닫지 못하더라"**는 구절을 속삭였다. 로마의 카타콤은 **313년 콘스탄티누스 대제의 밀라노 칙령**으로 기독교가 공인되기 전까지, 죽음의 그늘 아래에서도 신앙을 포기하지 않은 인간의 내면의 성소였다.

□ 튀르키예의 지하도시 - 데린쿠유

튀르키예 중부의 **카파도키아(Cappadocia)** 지역에는 인류가 남긴 가장 독특한 지하 세계가 있다. 그중에서도 **데린쿠유(Derinkuyu)**는 깊이와 규모, 그리고 완성도로 인해 "지하의 도시"라 불린다. 이곳의 역사는 **기원전 8~7세기경 프리기아(Phrygia) 시대**로 거슬러 올라가며, 이후 **페르시아, 로마, 비잔틴 제국(4~10세기)**을 거치며 수 세기에 걸쳐 확장되었다. 처음 이 지하공간은 외적의 침입과 혹독한 기후를 피하기 위한 은신처였으나, **7세기 이후 아랍-비잔틴 전쟁**이 이어지면서, 기독교 공동체가 신앙과 생명을 지키기 위해 본격적으로 이곳으로 숨어들었다. 따라서 데린쿠유는 로마의 카타콤처럼 **'종교적 박해'만을 피해 만든 공간**은 아니지만, 전쟁과 불안정한 시대 속에서 **신앙을 지키며 생존을 유지한 피난 도시**였다.

데린쿠유는 지하 약 **85미터, 8~11층 구조**로 이루어져 있으며, 최대 **2만 명 이상**이 거주할 수 있었다. 각 층은 좁은 통로로 연결되고, 출입구에는 거대한 **원형 돌문(rolling stone door)**이 설치되어 있었다. 이 돌문은 안쪽에서만 열 수 있어, 외적의 침입을 막는 완벽한 방어 장치였다. 도시 내부에는 **주거지, 마구간, 곡식 저장고, 와인 저장실, 학교, 교회, 묘실, 우물**이 갖추어져 있었고, 중앙에는 거대한 **환기 샤프트**가 수직으로 뚫려 있었다. 이 환기구는 공기 흐름뿐 아니라, 위층과 아래층의 연결통로 역할도 했다. 그들은 지하에서 **농작물과 포도주를 저장하고, 돌로 빵을 구웠으며,** 아이를 낳고, 노인을 돌보며, 죽은 이를 같은 공간에 묻었다.

삶과 죽음이 한곳에 공존했으며, 그곳은 **무덤이자 집, 피난처이자 성소**였다. 지하 예배당의 벽에는 십자가가 새겨져 있었고, 바닥의 움푹한 흔적은 무릎 꿇고 기도하던 사람들의 자리였다. 데린쿠유는 단순히 숨기 위한 공간이 아니라, **생존과 신앙, 그리고 기술의 결합체**였다. 응회암은 부드럽게 파낼 수 있으면서도 압축 강도가 높아, 구조적으로 붕괴 위험이 거의 없었다. 통로와 방의 배열은 공기 흐름, 인원 분산, 식량 보존까지 계산된 **공학적 설계의 결과**였다. 지하도시의 바닥에는 물 저장소가, 상층에는 배수로가 설치되어 **자급적 생태 구조**를 완성했다.

이처럼 데린쿠유는 **단순한 피신처가 아니라, 생존의 도시**였다. 로마의 카타콤이 죽음을 견딘 신앙의 상징이라면, 데린쿠유는 죽음 속에서도 **삶을 이어간 기술자적 신앙의 상징**이었다. 그곳에서 사람들은 땅 아래에 몸을 두고도 하늘을 향해 기도했다. 어둠은 그들에게 두려움이 아니라, **생명을 지켜낸 또 하나의 빛의 공간**이었다.

데린쿠유 지하 곡물 분쇄용 돌판, 사진: 구민성

2. 비잔티움과 동서 교회의 분열 - 같은 하늘을 보며, 다른 문을 연 사람들

고난과 박해의 시기를 이겨낸 기독교는 하나였다. 기독교는 4세기 로마 제국의 공인과 함께 공적 질서의 일부로 편입되었고, 곧 제국의 국교가 되며 문명의 중심으로 떠올랐다. 교회는 황제의 후원을 받으며 제도화되었고, 로마와 콘스탄티노폴리스, 안티오키아, 알렉산드리아, 예루살렘의 다섯 교구(총대주교좌, Pentarchy)는 서로를 인정하며 교회를 함께 이끌었다.

□ 필리오케 논쟁의 결과

그러나 **제국이 동로마와 서로마로 분열되면서**, 교회도 점차 다른 길을 걷기 시작했다. 서방은 **라틴어**, 로마법, 게르만족과의 융합 속에서 **교황(Papa)** 중심의 서유럽 기독교 문명을 형성했다. 반면, 동방은 **그리스어**, 헬레니즘 철학, 그리고 황제를 중심으로 한 **비잔틴 제국 질서** 안에서 총대주교(Patriarch)와 황제가 함께 교회를 운영하는 전통을 이어 갔다.

이 두 흐름은 처음엔 서로를 인정했다. 로마는 '첫째 교회'로 존중받았고, 콘스탄티노폴리스는 '제2의 로마'로 정당한 지위를 보장받았다. 그러나 시간이 흐를수록 **언어, 전례, 교회 조직, 교**

리 해석의 차이는 더욱 벌어졌고, 서로에 대한 오해와 경쟁심은 점차 **교회 권위와 교리에 대한 충돌**로 비화되었다. 서방 교회는 교황이 사도 베드로의 계승자이며 **모든 교회의 최고 권위자**라고 주장하기 시작했다. 이에 대해 동방 교회는 "우리는 같은 형제이지, 당신이 우리의 아버지는 아니다"라며 단호히 거부했고, 각 지역 주교들의 합의를 중시하는 **공의회 전통**을 강조했다.

그중 가장 결정적인 갈등은 **'필리오케(Filioque)' 논쟁**이었다. 필리오케(Filioque)란, "성령은 성부에게서"라는 니케아-콘스탄티노폴리스 신경의 원문에 서방 교회가 "성자에게서도"라는 구절을 덧붙인 것이다. 이는 단순한 단어 추가가 아니라, 삼위일체 이해에서 성부의 절대적 원천성을 중시한 동방과, 성부와 성자의 동등성을 강조한 서방의 신학 차이를 드러낸 핵심 쟁점이었다.

서방 교회는 삼위일체 신조에 "성령은 성부와 성자에게서 발한다"라는 문구를 추가했으며, 동방 교회는 이를 **교회 전체 합의 없이 이루어진 독단적인 교리 변경**이라며 강하게 반발했다. 이 신학적 차이는 정치적 긴장과 맞물리며, 결국 돌이킬 수 없는 결별로 이어진다.

□ 1054년, 제단 위에 내려진 단절의 선언

1054년, 로마 교황 레오 9세(Pope Leo IX)는 갈등을 해결하기 위해 사절단을 콘스탄티노폴리스(현 이스탄불)에 보냈다. 하지만 협상은 실패로 돌아갔고, 급기야 교황 사절 **훔베르트 추기경**(Humbert of Silva Candida, 교황 레오 9세의 사절)은 성 소피아 대성당의 제단 위에 **총대주교 미카엘 케룰라리오스(Michael Keroularios)를 파문**하는 문서를 올려놓는 파격적인 행동을 감행했다. 이는 단순한 파문이 아니라, '상호 파문(Excommunication)'으로 기록되어 오늘날까지 동·서 교회 분열(Great Schism, 대분열)의 상징적 기점으로 간주된다. 이에 분노한 케룰라리오스는 **로마 교황을 파문하며 응수**했다. 이 순간, 하나였던 기독교는 **로마 가톨릭교회와 그리스 정교회**라는 두 개의 교회로 나뉘게 되었다. 로마 가톨릭과 그리스 정교회—동서 교회의 분열은 단순한 조직적 결별이 아닌, **문화와 신학, 정치와 세계관의 단절**이었다. 그 순간은 단순히 교황과 총대주교 개인의 갈등이 아니라, 천 년 가까이 쌓여온

문화적 차이와 정치적 긴장의 폭발이었다.

그 후, 이 분열은 더욱 깊어졌다. 1204년 **제4차 십자군**은 예루살렘으로 향하던 길을 틀어, 동방 교회의 중심인 콘스탄티노플을 점령하고 약탈했다. 이 사건은 동서 교회 간의 신뢰를 영원히 깨뜨렸고, **서로를 이단과 침략자로 간주하는 인식**이 굳어졌다. 이후 여러 차례 일치를 시도했지만, 완전한 회복은 끝내 이루어지지 않았다.

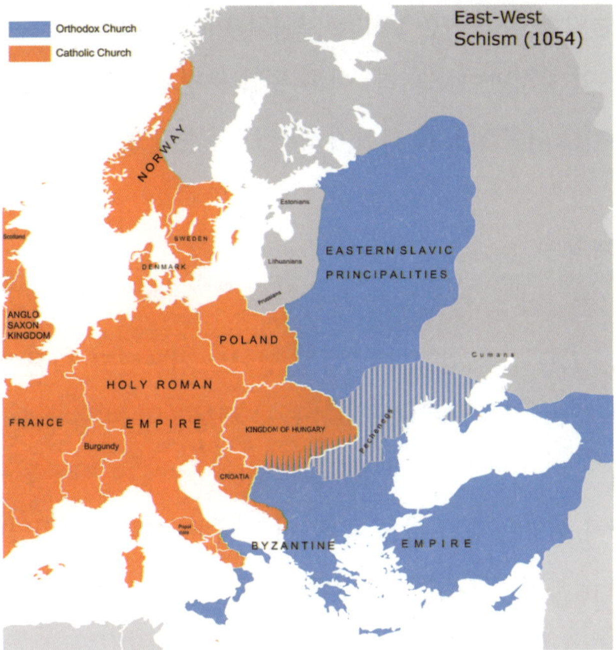

"1054년 동서 교회 분열 당시 교회 세력권 지도"
Wikimedia Commons CC0

□ 분열 이후의 구조 - 신앙은 같았지만, 질서는 달랐다

교회가 나뉜 이후, **서방 교회는 교황 중심의 수직적 권위 체계**를 강화하며 **로마 가톨릭**이라는 통합된 조직을 형성했다. 교황은 전 세계 가톨릭 신자들의 최고 지도자가 되었고, 교회는 십자군 원정, 교황권 강화, 종교재판 등을 통해 **유럽의 정치와 문화까지 지배하는 권위**를 구축했다. 반면 **동방 교회는 지역 총대주교의 자율성과 공의회의 전통**을 지키며 보다 수

평적인 구조를 유지했다. 비잔티움이 멸망한 이후에는 **러시아 정교회**가 그 중심을 이어받았고, 지금도 **독립된 국가별 교회들이 형제 관계로 유지**되고 있다.

정치 구조 역시 달라졌다. 서유럽에서는 **교황과 황제가 '서임권(성직자 임명권)'**을 놓고 충돌하며 **세속과 종교의 분리**를 두고 오랜 투쟁을 벌였다. 반면, 비잔티움에서는 황제가 교회의 수호자이자 행정가로 기능하는 황제 교권주의(Caesaropapism)가 지속되며 **종교와 국가가 하나의 질서**로 결합되어 유지되었다. 동방은 신비와 전례의 깊이를, 서방은 합리와 제도의 힘을 강조했다. 동일한 복음을 품었지만, 그 복음이 뿌리내린 토양은 전혀 달랐다. 이 차이는 단지 교회의 운영 방식만이 아니라, 이후 **유럽 문명의 정치적 구조, 문화의 방향성, 인간관의 형성**까지도 서로 다른 궤도를 따라가게 만든 결정적 분기점이었다.

□ 한 하늘 아래, 두 개의 문

비잔티움과 로마는 같은 신을 믿었지만, **다른 언어로 기도했고, 다른 방식으로 섬겼다.** 교회가 분열된 날, 기독교는 더 이상 하나의 목소리로 세상을 품지 못했다.

그날 이후로, **동방과 서방은 같은 하늘 아래, 서로 다른 문을 열고 있었다.**
"우리는 같은 하늘을 보며, 각자의 문을 열었다."
- 동서 교회 분열 이후, 한 정교회 신부의 고백

3. 성 소피아 제단 위의 파문장

《제단 앞에서》
- 미카엘 케룰라리오스의 회상록 중

나는 오늘도 새벽부터 성소를 걸었다.

석벽 너머로 쏟아지는 빛이 **성 소피아 대성당**의
대리석 바닥에 내려앉을 때면, 나는 그 위를 맨발로 밟는다.
이것은 내 교회요, 내 백성의 믿음이며, 하늘과 사람이 만나는 자리다.

나는 그사이를 걷는 자였다.
그러나 오늘, 성찬의 시간은 다른 의미를 품었다.
서방에서 온 이들. **로마 교황의 사절단**,
그들이 콘스탄티노폴리스에 들어온 순간부터 나는 예감하고 있었다.

그들은 말을 많이 하지 않았다.
대신 말 대신 쓴 문서를 들고 다녔다.
그 문서는 **라틴어로 씌어 있었고**,
그 언어 안에는 **명령과 지배**, 그리고 오만이 담겨 있었다.

"성령은 성자에게서도 나온다(Filioque)"
"교황은 만민의 아버지다"
"동방은 순종하라"

그들은 이곳이 **황제의 땅이며**,
하늘과 황제가 함께 교회를 지켜 온
천년의 도시라는 것을 잊었다.

우리는 로마가 몰락한 이후에도 신앙을 지켜온 이들이다.
우리는 칼 대신 성화로,
권좌 대신 성찬으로 세상을 다스려왔다.
그리고 마침내 그날,
그가 왔다. 훔베르트.

성찬이 막 시작되려던 시각,

그는 아무 말 없이 성 소피아의 정중앙,
제단으로 뚜벅뚜벅 걸어 들어왔다.
그의 손에 들린 두루마리는,
내게는 **검보다 더 깊은 상처**였다.

그는 그것을…
그 성스러운 제단 위에 조용히 올려두었다.
교황의 이름으로, 미카엘 케룰라리오스를 파문한다.
나는 일어나지도 않았다.
그 순간, 성소가 조용해졌고,
수많은 사제들과 신도들이 숨을 죽였다.
그러나 내 마음은 평온했다.
나는 이미 오래전부터 이 순간을 예감하고 있었다.

그날 밤, 나는 응답했다.
나는 훔베르트를, 그리고 그가 대표한 라틴 교회를 파문한다.
이것은 싸움이 아니었다.
이것은… **하나의 시대가 끝나는 장례식**이었다.
로마와 콘스탄티노플은 이제 서로를 알지 못할 것이다.
기도는 같으나, 목소리는 다를 것이고
제단은 하나지만, 그 위에 놓인 믿음은 둘이 될 것이다.

4. 하나였던 교회, 둘이 된 세계 - 후대에 남은 균열의 흔적

1054년, 성 소피아 제단 위에 올려진 파문의 두루마리는 단지 한 인물의 파문으로 끝나지 않았다. 그것은 하나였던 교회의 심장을 찢어 놓은 사건이었고, 기독교 세계 전체를 두 갈래의 문명으로 나아가게 만든 이정표였다.

□ 갈라진 신앙의 두 길 - 제도와 권위의 분화

이 단절 이후, 교회는 신학과 전례를 넘어 **조직과 정체성, 그리고 문명의 방향** 자체가 달라지기 시작했다. 서방에서는 교황을 중심으로 한 **수직적 위계질서**가 강화되었고, 교회는 로마 가톨릭이라는 단일하고 통합된 구조로 자리 잡았다. **교황**은 **'그리스도의 대리자'**로서 유럽의 정치와 문화까지 강력하게 관여했으며, 십자군 원정과 종교재판, 대학 설립 등을 통해 중세 유럽의 중심 권력으로 기능했다.

반면 동방 교회는 공의회 전통과 총대주교 체계를 유지하며, 보다 **수평적이고 지역 중심적인 교회 구조**를 선택했다. 교회는 제국 권력과 함께 가는 '황제 교권주의(Caesaropapism)' 전통 아래에서 발전했고, 비잔티움이 멸망한 이후에는 러시아 정교회가 그 중심을 이어 받았다. 지금까지도 정교회는 국가별 독립 교회들이 하나의 형제 공동체로 연합한 형태를 유지하고 있다.

□ 신학의 균열에서 역사의 분기점으로

이러한 구조적 차이는 곧 정치적 구조에도 영향을 미쳤다. 서유럽에서는 교황과 황제가 서임권을 두고 충돌하며, 결과적으로 세속 권력과 종교 권력이 분리되는 근대의 시초로 이어졌다. 반면 동유럽은 신정과 왕권이 결합된 질서 안에서 **종교가 민족과 국가 정체성의 핵심으로 작용**했다. 세르비아, 불가리아, 러시아 등에서 정교회는 단순한 종교를 넘어 '문화적 생존의 방패' 역할을 감당했고, 이는 오늘날까지도 이어진다.

이 분열은 1204년 제4차 십자군이 콘스탄티노플을 점령하고 약탈하는 사건을 통해 돌이킬 수 없을 정도로 깊어졌다. 서로에 대한 신뢰는 깨졌고, 이후 여러 차례의 화해 시도에도 불구하고 완전한 일치는 이루어지지 못했다. 1965년 교황과 총대주교가 파문을 상호 철회하며 형식적 화해는 이루어졌지만, 정통성과 신학, 교회 구조에 대한 입장 차이는 여전히 남아 있다.

동서 교회 분열은 기독교 역사에 남은 상처이자, **오늘날 세계 기독교의 다양성과 복잡성을 만든 결정적 사건**이었다. 지금도 로마와 콘스탄티노플, 바티칸과 모스크바, 각각의 문은 같은 하늘 아래 열려 있지만, 그 문 너머의 길은 전혀 다른 방향을 향해 나아가고 있다.

성 소피아의 제단 앞에서 파문이 선언되던 그날, 교회는 더 이상 하나의 목소리로 세상을 품을 수 없었다. 신앙은 같았지만, 질서는 달랐고, 기도는 이어졌지만, 그 목소리는 이제 둘로 나뉘었다. 그리고 그 균열은 신학을 넘어 문화와 정치, 문명의 결까지 깊숙이 스며들며, 이후의 세계를 조용히 바꾸어 놓았다.

5. 균열 이후의 동.서 로마 - 무너진 로마의 그림자 아래에서

서기 476년, 한 소년 황제가 폐위되었다. 이름은 **로물루스 아우구스툴루스**(Romulus Augustulus). 로마의 첫 왕과 첫 황제의 이름을 모두 품었지만, 그는 '로마 제국'이라는 책의 마지막 장에 등장한 인물이었다. **천년을 이어 온 서방 로마**는 그렇게 **문을 닫았다.** 그러나 제국의 심장은 여전히 동방, 콘스탄티노플에서 뛰고 있었다. 황금의 도시, 콘스탄티노플. 그곳에서 동로마 제국은 살아남아 또 다른 천년의 시간을 준비하고 있었다. 유럽은 이제 하나였던 질서가 무너진 자리에 새로운 퍼즐 조각들을 맞추며 재편되고 있었다.

□ 동로마의 고독한 제국

동로마 제국, 혹은 비잔틴. 그들은 여전히 자신을 '로마인'이라 불렀지만, **언어는 라틴어에**

서 그리스어로 바뀌었고, 문화도 **헬레니즘과 동방의 색채**를 띠게 되었다. 유스티니아누스 대제는 잠시 로마의 재건을 꿈꾸었다. 그는 북아프리카와 이탈리아, 히스파니아 일부를 되찾고, **성 소피아 대성당**을 **하늘 높이** 세웠다. 그러나 그 영광은 오래가지 않았다. 사산 페르시아와의 끝없는 전쟁, 그리고 곧 이어진 아랍의 **이슬람 세력 확장은 제국의 날개를 꺾었다.**

7세기, 아랍 기병대는 시리아, 팔레스타인, 이집트를 단숨에 빼앗아 갔다. 동로마는 '그리스 불(Greek fire)'이라는 화염 무기로 해양을 방어하며 버텨냈고, 산악지형에 의지해 국토를 지켰다. 그러나 내부에서는 '성상(icon, 예수, 성모, 성인 등을 묘사한 **신앙적 이미지**)'을 둘러싼 논쟁이 격화되었다. 황제는 성상 파괴를 명령했고, 수도원과 민중은 저항했다. 이 싸움은 단지 신학적 논쟁이 아니라 황제권과 교회권의 충돌이었고, 동방과 서방 간 마음의 거리를 더욱 벌려 놓았다.

9세기 중엽, 비잔틴 제국은 수도 **콘스탄티노플**을 중심으로 서서히 **안정**을 되찾고 있었다. 새로운 왕조인 마케도니아 왕조(867~1056)가 등장하면서 제국은 다시 한 번 부흥의 길로 나아갔다. 왕조의 창건자 바실리우스 1세는 혼란스러웠던 내정을 정비하고 군사 제도를 개혁했으며, 행정과 법률 체계를 정돈해 중앙집권을 강화했다. 그의 뒤를 이은 황제들은 학문과 예술을 장려하며, 비잔틴 문명을 다시금 지중해 세계의 중심으로 끌어올렸다.

그 절정은 바실리우스 2세 때 찾아왔다. 그는 강력한 군사력으로 불가리아를 정복해 '불가로크토노스(Bulgar-slayer, 불가리아인의 살해자)'라 불렸으며, 제국의 영토를 발칸반도와 시리아 북부까지 넓혔다. 이 시기 학문과 미술, 건축은 다시 꽃을 피웠고, 정교회는 키예프 루스·불가리아·세르비아로 퍼져나가 동방 문명의 뿌리를 세웠다.

그러나 부흥의 이면에는 균열이 도사리고 있었다. 귀족층의 사치와 권력 다툼이 심화되고, 농민병 중심의 지방 방위 체제(Theme System)가 붕괴하면서 군사 기반이 약화되었다. 황제권이 흔들리자 지방 군사령관들이 독자 세력을 형성했고, 국경 방어선이 느슨해졌다. 결국 1071년 말라지르트 전투에서 패한 비잔틴은 카파도키아와 갈라티아를 비롯한 아나톨리아 내륙, 곧 제국의 심장을 잃었다. 그 땅은 병력·세금·식량의 근원이었기에, 이 패배는 제국의 생명줄이 끊긴 것이나 다름없었다. 비잔틴은 더 이상 스스로를 지탱할 수 없었고, 마침내 서방에 손을 내밀었다. 곧이어, **십자군의 시대**가 열리려 하고 있었다.

□ 게르만의 밤 속에 피어난 질서

서로마의 붕괴는 단지 한 황제의 몰락이 아니었다. 그것은 **제국 질서 전체의 해체**였다. 그 자리에 **게르만족의 왕국**들이 들어섰다. 프랑크족, 동고트족, 서고트족, 반달족, 앵글로색슨족. 이들은 로마의 폐허 위에 자신들의 문화를 심었고, 때로는 로마의 유산을 흡수하며 새로운 세계를 만들어 나갔다.

프랑크족의 클로비스는 **기독교로 개종**하며 왕국의 기초를 다졌고, 몇 세대 후 카롤루스 대제가 등장해 서방의 '로마 황제'라는 칭호를 받아들였다. 800년 성탄절, 교황 레오 3세가 그에게 왕관을 씌우던 밤, 서로마의 유령은 부활했다. 그러나 그 유령은 오래지 않아 조각났다. 그의 손자들은 제국을 세 개로 나누었고, 동프랑크는 독일, 서프랑크는 프랑스, 이탈리아는 분열과 교황·황제 갈등 속에 흔들렸다.

오토 1세는 다시 황제를 자처하며 **'신성로마제국'을 선포**했지만, 교황과 황제는 서로의 권위를 인정하지 않았다. 이제 유럽은 종교와 세속, **교황과 황제가 끝없이 충돌**하는 시대로 접어들고 있었다.

□ 섬과 반도, 변방에서 일어난 세계들

브리튼 섬에서는 로마가 떠난 뒤 앵글족과 색슨족이 상륙했다. 그들은 7개의 작은 왕국을 세웠고, 북쪽의 바이킹과 싸웠다. 알프레드 대왕은 웨식스를 중심으로 잉글랜드 통일의 씨앗을 뿌렸다. 하지만 결국 1066년, 노르망디의 윌리엄이 이 땅을 정복하고, 새로운 왕조를 세웠다. 이제 영국은 앵글로색슨과 노르만이 뒤섞인 혼혈 왕국이 되었다.

이베리아 반도에서는 서고트 왕국이 이슬람의 칼날에 무너졌다. **711년, 무어인들**이 바다를 건너와 **코르도바에 왕국**을 세웠다. 기독교 세력은 북쪽의 산악 지대로 물러났고, 그곳에서 국토 회복 운동, **'레콩키스타(Reconquista)'가 시작**되었다.

동쪽에서는 루스족, 즉 노르만계 바이킹이 슬라브 세계에 정착했다. 키예프 루스는 동로마의 공주와 혼인했고, 그리스 정교를 받아들였다. 이 만남은 러시아 정교회의 기원이 되었고, 비잔틴 문명은 북방으로 확산되었다. 불가리아는 정교회를 받아들이고 로마에 도전했다. 그러나 바실리우스 2세의 군대에 굴복했고, 한동안 동로마의 일부가 되었다.

□ 십자군 전쟁 전야 - 분열에서 결집으로

11세기 말, 유럽은 새로운 흐름 속에 있었다. 봉건제로 나뉘어 있던 서방에서 교**황의 권위는 점점 강화**되었고, **기독교 세계관은 전 유럽을 하나의 신앙** 아래 묶어가고 있었다. 이때, 동로마는 쇠락의 길을 걷고 있었고, **예루살렘은 이슬람 세력의 손에** 있었다. 동로마 황제 알렉시우스는 서방에 원군을 요청했고, 1095년 클레르몽 공의회에서 교황 우르바누스 2세는 외쳤다.

"하나님의 뜻이다!"

유럽은 다시 한 번 결집했다. **과거 로마가 하나의 제국**이었던 것처럼, 이제 **십자가 아래 하나의 군대**로 움직이려 했다. 그러나 이 움직임은 **로마의 재건이 아니라, 또 다른 충돌의 서막**이었다. 동서 교회의 분열은 단지 과거의 사건이 아니라, 곧 다가올 십자군 전쟁과 근대 유럽의 종교 · 정치 구조까지 좌우하는 **'균열의 시작점'**이었다.

제24장

십자군 전쟁
- 신앙과 정치의 명분

1. 성전 기사와 셀축 튀르크 병사의 일기

□ 예루살렘을 향한 길 위에서 - 1097년 5월 18일, 니케아 근처

나는 기욤 드 라 몽트베르—십자군 기사이다. 나는 프랑스 남부의 몽트베르 가문의 둘째 아들로 태어났다. 형은 가문의 영지를 물려받았고, 나는 검과 방패를 들 운명을 받아들였다. 젊은 시절, 클레르몽(Clermont)에서 교황 우르바누스 2세의 설교를 들었다.

"하나님이 원하신다!"

그 한마디가 내 운명을 예루살렘으로 향하게 했다.
성전기사단에 들어온 뒤,
나는 예루살렘을 되찾겠다는 신념으로
십자군 대열에 합류했다.
흰 망토 위에 붉은 십자가를 달고,
내 검에는 성모 마리아의 이름을 새겼다.
동료 기사들은 나를 '몽트베르의 기욤'이라 불렀다.

그 이름이 내게 자부심이자 짐이 되었다.

오늘도 피로가 진득하게 묻어난 갑옷을 벗는다.
주님의 뜻이라 믿고 검을 들었지만,
그분의 이름 아래서 너무 많은 살을 베었다.

밤하늘 아래, 별빛은 동방이나 서방이나 다를 바 없건만,
셀주크의 화살은 우리의 방패를 비웃듯 날아와 꽂힌다.
니케아(Nicaea) 성벽을 넘어 그들의 도시를 함락하려는
우리의 함성은 갈라진 목에서 터져 나오고,
싸움은 내 믿음마저 불안하게 만든다.
전우의 투구가 부서지고,
이방인의 창이 내 동료의 심장을 꿰뚫을 때마다,
내 손에 쥔 검이 무겁게 식어 간다.

그러나 예루살렘을 향한 길은 멀고,
내 믿음은 여전히 사막의 바람 속에 흔들린다.
예루살렘. 그 이름만으로도 내 심장은 뛰었다.
주님의 도시, 예수께서 십자가에 달리셨던 땅.
그곳을 되찾겠다는 맹세로 여기까지 왔건만,
피 묻은 손으로 성전을 두드릴 자격이 있는가.

나는 오늘도 묻는다.
"주님, 이 검이 당신의 뜻이라면
제게 힘을 주소서. 그러나 인간의 탐욕이라면
이 검을 거두어 주소서."

□ 셀주크 튀르크 병사 - 니케아 성벽 위

서쪽에서 온 이 낯선 병사들이
성벽 앞에 진을 치고 하늘을 찢는 함성을 내지른다.
우린 알라의 뜻으로 싸운다 믿었지만,
그들의 깃발에는 십자가가 그려져 있어
우리의 도시를 탐내는 욕망이 뻔히 보였다.

오늘 낮, 성벽 너머로 날아온 돌덩이가
우리의 방패처럼 단단했던 벽을 부수려 했고,
그 틈새로 하얀 십자가의 깃발이 솟구쳤다.
나는 활을 당겨 그 깃발 아래 선 병사의 목을 겨눴지만,
그의 눈빛에는 두려움과 신념이 뒤섞여 있었다.

밤이 오면, 별들은 우리 머리 위에 공평히 빛나는데
왜 그들은 우리의 땅을 빼앗으려 하는가.
그들의 주님도, 우리의 주님도
하늘 아래 하나일진대
왜 우리는 서로의 피로 강을 만들고 있는가.
적의 함성은 내 심장까지 흔들었지만,
나의 검은 오늘도 이 땅을 지키라 명령한다.

나는 이 도시가 내 아이들의 웃음소리로 가득하길 원했다.
그러나 전쟁의 불길은
이곳의 기도 소리마저 삼켜버릴 듯 타오르고 있다.
예루살렘, 그들의 성지라 불리는 그곳은
우리에게도 소중한 예언자의 땅이다.

그러나 이 땅을 지키려는 우리의 싸움과
그들이 원하는 싸움은 서로 달랐다.
하늘의 별빛은 같은데,
우리의 검은 서로를 향해 겨누고 있었다.

십자군 문양 Created with DALL · E by OpenAI.

2. 십자군 전쟁의 배경과 개요

11세기 말, 유럽 대륙은 종교적 열기와 정치적 긴장 속에서 변화의 물결을 맞고 있었다. 당시 유럽인들에게 **예루살렘**은 단순한 도시가 아닌, 예수 그리스도의 죽음과 부활이 이루어진 거룩한 땅, 곧 **'성지'**였다. 하지만, 이 성지는 이미 수 세기 전부터 이슬람 세력의 통치 아래 있었고, 특히 셀주크 튀르크가 이 지역을 장악하면서부터는 기독교 순례자들에 대한 탄압이 심해졌다는 소문이 유럽 전역에 퍼졌다.

□ 교황의 부름 - “Deus vult!”

이러한 긴장 속에서 동방의 비잔틴 제국 황제 알렉시오스 1세는 서방 기독교 세계에 군사적 원조를 요청했다. 그는 셀주크 튀르크의 침입으로 위협받던 아나톨리아(Anatolia)를 지키기 위해, 서유럽의 군사력을 빌리고자 했다. 이 요청은 1095년, 프랑스 클레르몽에서 열린 공의회에서 교황 우르바누스 2세(Urban II)에 의해 전 유럽에 널리 선포된다. 교황은 **“하나님이 원하신다!(Deus vult, 라틴어)”**는 구호 아래, 성지를 무슬림의 손에서 되찾기 위한 전쟁, 곧 ‘십자군 전쟁’을 호소한다.

이렇게 시작된 십자군 전쟁은 단순한 신앙의 문제가 아니었다. 땅을 물려받지 못한 유럽의 기사들은 새로운 영토와 부를 찾아 이 전쟁에 자발적으로 참여했다. 중세 도시 국가들은 동방 무역로를 열 기회로 보았고, 농민들은 면죄부를 받기 위해, 또는 사회적 위치를 바꾸기 위해 십자군에 합류했다. 종교적 신념, 정치적 이해관계, 경제적 야망이 모두 뒤섞인 거대한 흐름이었다.

첫 번째 십자군은 1096년에 출정하여 1099년, 결국 예루살렘을 점령하는 데 성공한다. 전쟁 중 수많은 민간인이 학살당했지만, 유럽인들은 이를 **‘거룩한 승리’**로 여겼다. 이로써 성지에 **‘예루살렘 라틴 왕국(Latin Kingdom of Jerusalem)’**이 세워지고, 이후 약 200년에 걸쳐 총 여덟 차례의 주요 십자군이 잇따르게 된다. 그러나 그 대부분은 실패로 끝나거나, 원래의 목적에서 크게 벗어난 결과를 낳았다.

특히 **제4차 십자군**은 충격적이었다. 이들은 예루살렘 대신 같은 기독교 국가인 비잔틴 제국의 수도 **콘스탄티노플을 공격**하여 점령하고, **라틴 제국**을 세우는 등 기독교 세계 내부의 분열을 드러냈다. 이 사건은 동서 교회 간의 분열을 더욱 심화시키며, 결국 동방 정교회와 서방 가톨릭의 영적 골을 영구히 넓혀 버린 계기가 되었다.

□ 피로 쓴 교훈 - 문명 교류와 신앙의 역설

십자군 전쟁은 군사적, 정치적으로는 대부분 실패로 귀결되었지만, 유럽과 이슬람 세계 사이에 거대한 문화적 교류를 가져왔다. 유럽인들은 중동에서 이슬람의 고등 과학, 의학, 철학, 수학, 그리고 고대 그리스-로마의 고전을 접하게 되었고, 이는 후에 르네상스와 과학혁명의 밑거름이 되었다. 그러나 동시에 **십자군 전쟁**은 **기독교와 이슬람 간의 깊은 상처**를 남겼다. 종교를 앞세운 폭력은 하나님의 뜻이라기보다는 인간의 탐욕과 오판의 결과였다는 해석도 많다. '원수를 사랑하라'는 예수의 가르침과는 정반대의 길을 걸었던 이 전쟁은, 현대의 신학자들에게도 **여전히 깊은 질문**을 던진다.

결국, 십자군 전쟁은 중세 유럽과 중동, 나아가 인류 전체의 역사에서 종교와 권력이 결합할 때 어떤 비극과 교훈이 발생할 수 있는지를 보여주는 대표적인 사건이라 할 수 있다. **십자군**은 단순한 '성지 탈환 전쟁'이 아니라, 교황권 강화와 유럽 내 권력 재편을 위한 거대한 **정치 프로젝트**이기도 했다.

십자군 전쟁을 표현한 아줄레주 벽화(코임브라), 사진: 구민성
벽화 왼쪽 깃발에 "In hoc signo vinces"를 볼 수 있다.

3. 십자군 전쟁과 동서 로마의 복잡한 관계

초기 기독교 세계의 분열과 십자군 전쟁은 단순한 종교 대립을 넘어, 정치, 문화, 경제가 얽힌 복합적 사건이었다. 이 모든 흐름은 4세기 말부터 시작된 로마 제국의 동서 분열과 함께 점차 깊어졌다.

□ 분열된 형제 - 로마와 비잔틴의 신뢰가 무너지다

서방 로마는 **라틴어를 사용하는 로마 가톨릭 세계**로 발전했고, 동방은 **헬레니즘 문화와 그리스어 전통**을 계승한 비잔틴 제국(동로마 제국)으로 남았다. 이 두 세계는 동일한 기독교를 믿으면서도 언어, 문화, 신학, 정치 구조에서 서로 다른 길을 걸었다. 이러한 차이는 결국 1054년, 교황과 콘스탄티노플 총대주교 간의 **상호 파문**으로 이어지며, 동서 교회의 대분열(The Great Schism)이 공식화되었다. 이는 하나의 신앙 아래 나누어진 문명의 상징적인 전환점이었다.

초기에는 동서 교회가 잠시나마 협력할 수 있을 것처럼 보였다. 제1차 십자군은 비잔틴 제국을 경유했고, 황제는 정복지 반환을 약속받으며 일부 협력관계를 유지했다. 그러나 십자군은 곧 독자적으로 움직였고, 예루살렘을 점령한 이후에도 **비잔틴 제국에 성지를 반환하지 않았다.** 이는 동서 기독교 세계 간의 신뢰를 더욱 무너뜨렸다.

그 긴장의 절정은 제4차 십자군(1202~1204)에서 터졌다. 원래 이 십자군은 이슬람 세력인 이집트를 공격할 계획이었지만, 정치적 계산과 **베네치아의 상업적 이해관계**가 얽히면서, 십자군은 오히려 같은 기독교 국가인 **비잔틴 제국의 수도 콘스탄티노플을 공격**하게 된다. 1204년, 콘스탄티노플은 함락되었고, 라틴 제국이 세워졌으며 이는 동방 정교회 세계에 깊은 상처로 남았다. 정교회로서는 이는 **형제의 배신, 곧 가톨릭의 폭력**으로 기억된다. 이후 비잔틴 제국은 1261년에 수도를 되찾지만, 이미 국력은 쇠약했고, 결국 1453년 **오스만 튀르크에 의해 콘스탄티노플이 최종 함락되면서** 비잔틴 제국은 역사 속으로 사라지게 된다. 아이러니하게도, 이슬람보다 먼저 **가톨릭 십자군이 비잔틴 몰락의 불씨**를 제공한 셈이었다.

□ 신앙과 탐욕이 얽힌 전쟁 - 문명 내부의 충돌

이러한 십자군 전쟁의 주체들은 다양했다. 우선 **로마 교황청**은 신앙의 이름으로 서유럽 세계를 하나로 묶어 **교황권을 강화**하려 했다. 그에 응답한 유럽의 군주들과 기사들은 성지 탈환이라는 대의명분 외에도 **영토 확보, 면죄부, 명예, 권력 확대**를 추구했다. 하급 기사와 농민, 도시민들도 천국의 약속과 사회적 상승을 꿈꾸며 전쟁에 참여했다.

또한 **비잔틴 제국**은 이 전쟁에서 애매한 입장이었다. 전쟁의 시작은 자신들의 요청에서 비롯되었지만, 이후 십자군의 배신으로 가장 큰 피해를 입었고, **제4차 십자군의 공격 대상이 되는 아이러니한 상황**을 겪는다. 그 외에도 **이탈리아의 해상 도시국가들**-베네치아, 제노바, 피사-은 십자군에 함대와 병력을 제공하는 대가로 **무역 특권과 해상 주도권**을 확보하려 했고, 이는 십자군이 상업 전쟁으로 변질되는 데 크게 이바지했다.

마지막으로, 성 요한 기사단(11세기 말), 성전기사단(1119경), 독일 기사단(제3차 시기) 같은 **군사 수도회**들도 십자군에서 핵심적 역할을 하였다. 이들은 종교적 열정과 군사적 조직력을 결합해 전투에 참여하고, 동시에 병원과 성지 방어, 그리고 **자신들의 경제적 기반 확장**에도 집중했다. 결국 십자군 전쟁은 단순한 '기독교 대 이슬람'이라는 구도로는 설명할 수 없는 복잡하고 중층적인 역사적 사건이었다. 표면적으로는 성지를 되찾기 위한 신앙의 전쟁처럼 보였지만, 실제로는 **동서 기독교 간의 분열, 유럽 내부의 권력 투쟁, 경제적 이해관계**가 복합적으로 작용한 전쟁이었다. 이 전쟁은 이후 중세 유럽과 중동 세계의 역사에 깊은 상처를 남겼고, 오늘날까지도 정교회와 가톨릭의 관계에서 상징적인 갈등의 뿌리로 남아 있다.

십자군 전쟁은 그 자체로 하나의 '성전'이기보다는, **인간의 신앙, 정치, 탐욕, 충돌, 그리고 오해가 맞물린 문명의 교차로**였다.

4. 안티오키아(안디옥) 공방전 - 성벽 너머에서 피어난 절망과 기적의 전환점

기록된 역사 속에서 '안티오키아(Antioch)'라는 이름은 단지 도시의 이름을 넘어선다. 그것은 **헬레니즘의 정수, 로마 제국의 동방 관문**, 그리고 **초대 기독교의 심장부**였다. 이 도시는 기원전 300년경, 알렉산더 대왕의 후계자 중 하나인 **셀레우코스 1세 니카토르**가 건설하였다. 시리아의 오론테스(Orontes) 강 옆에 자리 잡은 이 도시는 그 전략적 위치 덕분에 동서 교역의 중심지로 성장했고, 로마 제국 시기에는 **제3의 도시**로 불릴 정도로 문화적 · 경제적 번영을 누렸다.

그러나 기독교 역사에서 안디옥은 더 특별한 의미를 갖는다. 사도행전은 말한다. "제자들이 안디옥에서 비로소 그리스도인이라 일컬음을 받게 되었더라" (행 11:26) 바울과 바나바의 선교 여정이 출발했던 이곳은, 예루살렘에 이어 **기독교 공동체의 두 번째 중심**이었다. 고대 교회 시대의 '5대 총대주교좌' 중 하나로서, 안디옥은 신앙과 지성이 교차하는 도시였다.

□ 안티오키아(안디옥) 공방전 - 성창(聖槍)과 이슬람

1097년, 제1차 십자군은 예루살렘을 향한 여정 중 안디옥 앞에 당도했다. 당시 이 도시는 셀주크 튀르크계의 **야기 시얀**(Yaghi Siyan)이 지키고 있었으며, 수 세기 동안 증축되어 온 3중의 성벽은 마치 고대의 거인처럼 십자군을 내려다보고 있었다. 십자군은 그해 10월부터 도시를 포위하기 시작했고, 그 포위는 **혹독한 겨울과 기근**, 그리고 **내부 분열**이라는 시련과 함께 8개월이나 이어졌다.

결국 1098년 6월, 성 내부의 아르메니아 출신 인물이 몰래 성문을 열어주면서 십자군은 안디옥을 점령하는 데 성공했다. 하지만 그것도 잠시, 곧 모술의 아타베그 케르보가(Kerbogha)가 도착하며 상황은 역전되었다. 십자군은 도시 안에서 포위당했고, 고립 속에 사기는 바닥을 쳤다. 이때 한 수도사가 "성 베드로 교회 지하에서 성창(Holy Lance, 예수 그리스도가 십자가에서 운명하실 때, 로마 병사가 옆구리를 찔렀다는 창)을 발견했다"라고 주

장했고, 이 소문은 십자군 진영에 다시금 **신앙의 불꽃을 지폈다**. 그들은 다시 일어섰고, 6월 28일, 절박한 돌격 끝에 기적처럼 구원군을 격퇴했다. 굶주림과 공포 속에서 **'성창'**은 단순한 쇠붙이가 아니라, **하늘이 내려 준 희망의 상징**이었다.

그날 이후 안티오키아는 십자군의 수중에 들어갔고, **보에몽(Boehemond of Taranto)**은 이를 기반으로 **안티오크 공국**을 세웠다. 그러나 그와 동시에 십자군은 더 이상 '순수한 성지 순례자'가 아닌, 현실 정치의 플레이어가 되었다. 그들은 신의 이름으로 싸웠지만, 싸움의 결과는 **정치적 영토 분할**이었다.

□ 그리고 오늘날의 안티오키아

오늘날 이 고대 도시는 튀르키예 남부의 '안타키아(Antakya)'로 불리며, 시리아 국경과 가까운 하타이(Hatay) 주에 위치해 있다. 20세기 초까지 오스만 제국의 일원이었고, 이후 프랑스 위임통치를 거쳐 1939년 튀르키예에 편입되었다. 도시 한복판에는 지금도 성 베드로 동굴 교회(St. Peter's Grotto Church)가 남아 있어, 수많은 순례자들이 찾아와 초기 기독교의 숨결을 느낀다.

그러나 이곳은 더 이상 제국의 수도도, 십자군의 거점도 아니다. 시대는 변했지만, **고대의 흔적과 신앙의 기억**, 그리고 **역사의 공방이 남긴 성벽**은 여전히 그 자리에 남아 있다. 오론테스 강변을 따라 흐르는 바람 속에서, 과거의 메아리는 여전히 들린다. 한때 이 도시를 위해 싸웠던 이들—성직자, 병사, 정치가, 신앙인들—의 숨결이, 돌담 사이로 조용히 스며들고 있다.

5. 십자군 전쟁이 유럽에 미친 영향

십자군 전쟁은 단순한 군사적 충돌을 넘어 세계사에 지대한 영향을 미쳤다. 먼저 군사·정치적 측면에서 살펴보면, **십자군 전쟁**은 **유럽의 봉건제 사회에 큰 변화**를 불러왔다. 십자군 원정에 나선 기사와 귀족들은 원정을 위한 비용 마련을 위해 영지를 팔거나 담보로 잡히는 경우가 많았고, 그 결과로 유럽 각국에서 봉건 영주들의 권력은 약화되고 **국왕 중심의 중앙 집권 체제**가 서서히 자리 잡게 되었다. 반면 이슬람 세계에서는 십자군의 위협에 대응하기 위해 살라딘을 비롯한 지도자들이 분열된 이슬람 세력을 통합하고 방어 체계를 재정비함으로써, 이후 맘루크 왕조와 오스만 제국이 성장하는 데 결정적인 계기를 마련했다.

□ 경제 · 사회적 영향

경제 · 사회적 측면에서도 십자군 전쟁은 유럽 사회의 구조적 변화를 촉발했다. 십자군 원정길을 통한 **동방 무역**이 활발해지면서 유럽 상인들은 향신료, 비단, 보석 등 새로운 상품과 교역로를 발견했고, **이탈리아**의 제노바, 피사, 베네치아 같은 **해상 도시국가**가 **무역의 중심지**로 급부상했다. 이는 유럽의 도시와 상업경제를 한층 발전시키는 원동력이 되었고, 장원제 사회의 해체와 상업자본주의의 발흥을 가져왔다.

□ 문화 · 학문적 영향

문화 · 학문적으로도 십자군 전쟁은 **유럽 문명의 지평을 넓히는 역할**을 했다. 십자군들은 중동 지역에서 이슬람 세계가 보유한 고대 그리스 · 로마의 학문, 의학, 과학, 철학 지식과 직접적으로 접촉할 기회를 가졌다. 이러한 지식들은 아라비아어에서 라틴어로 번역되어 유럽에 유입되었고, 중세 스콜라 철학과 자연과학의 발달을 촉진했다. 이는 이후 르네상스와 과학혁명의 밑거름이 되었다. 특히 **아라비아 숫자**, **'0'의 개념**, 천문학, 화학, 의학 등이 십자군을 통해 유럽에 소개되며, 유럽의 학문적 지형을 크게 바꾸어 놓았다.

□ 종교적 영향

종교적으로는 십자군 전쟁이 가져온 영향이 특히 컸다. 처음에는 교황권이 십자군을 주도하며 정치·종교적 권위를 강화했지만, 전쟁이 반복적으로 실패하고 제4차 십자군 때 콘스탄티노플(Constantinople)을 약탈하는 등 본래 목표에서 벗어난 행위가 이어지자, **교황권의 도덕적 권위**는 크게 **실추**되었다. 이는 **훗날 종교개혁의 기폭제**가 되는 사회적 불만으로 이어졌다. 또한 제4차 십자군의 콘스탄티노플 함락은 동서 교회 간의 분열을 돌이킬 수 없을 정도로 심화시켰고, 이는 기독교 세계 내부의 갈등을 증폭시키는 계기가 되었다.

□ 문명사적 의미

이처럼 십자군 전쟁은 군사적 성패를 떠나 유럽과 이슬람 세계, 그리고 기독교와 이슬람 문명 간의 관계를 재편성하는 전환점이 되었다. 그 결과, **동서양의 문화적 교류**가 활발해지고 유럽의 정치·경제·학문 전반에 새로운 물결을 불러일으켰으며, 동시에 교회와 정치권력의 결합이 빚어낸 위험성을 여실히 드러내어 종교와 권력이 얽힌 비극적 교훈을 남기게 되었다. 십자군 전쟁은 오늘날에도 여전히, 종교와 정치, 문화가 어떻게 서로 작용하며 문명의 전환을 끌어내는지를 보여 주는 역사적 사건으로 평가된다.

6. 십자군 전쟁의 성지, 예루살렘의 주인은 누구인가?

예루살렘(Jerusalem)은 기원전 10세기경 이스라엘의 다윗 왕이 수도로 삼으면서 **유대인의 신앙 중심지**로 자리 잡았다. 이후 솔로몬왕이 성전을 건설하며 도시의 종교적 의미가 더욱 커졌다. 그러나 기원전 586년 바빌로니아에 의해 예루살렘이 함락되고 성전이 파괴되면서 유대 민족의 수난이 시작되었다. 이후 페르시아, 헬레니즘, 로마 제국의 지배를 받으면서도 예루살렘은 유대교 신앙의 중심지로 남았다.

□ 예수의 십자가와 예루살렘의 결정적 순간

서기 30년경 예수 그리스도의 십자가 사건은 예루살렘에서 일어난 역사적·종교적 사건으로, 기독교 신앙의 핵심을 이루는 사건이다. 당시 예루살렘은 유대교 신앙의 중심지로서 성전이 있었고, 유월절을 맞아 많은 순례객들이 모여드는 도시였다. 예수는 갈릴리에서 복음을 전하던 중 제자들과 함께 유월절을 지키러 예루살렘으로 올라왔다.

예수의 십자가 죽음은 단순한 비극이 아니라 이미 오래전부터 **구약 성경에 예언**된 **사건**이었다. 이사야 53장의 '고난받는 종' 예언과 시편 22편의 '찔림과 조롱'의 기록은 메시아가 고난과 죽음을 통해 인류의 죄를 담당할 것을 예고하고 있었다. 예수는 자신이 이 예언을 성취하기 위해 왔다고 말씀하셨으며, "인자가 많은 고난을 받고 죽임을 당한 후 사흘 만에 살아나야 하리라"고 여러 차례 제자들에게 직접 예고했다.

예루살렘으로 올라온 **예수**는 성전에서 **상인들의 상을 뒤엎고** 성전을 **'기도의 집'**으로 되돌리라고 외쳤는데, 이 사건은 단순한 분노 표출이 아니라 당시 성전 체제 전체에 대한 근본적인 문제 제기였다. 유월절 기간 성전에서는 희생 제사에 필요한 짐승을 파는 상인들과 성전세를 내기 위한 돈 바꾸는 이들이 활동했는데, 이는 본래 순례객의 편의를 위한 것이었으나 시간이 지나며 거대한 경제 시스템으로 변질되었다. 성전은 **'기도와 예배의 장소'**에서 **'이익을 위한 시장'**으로 변했고, 제사장 집단은 이 구조를 통해 막대한 수익을 얻고 있었다. **예수**는 "너희가 성전을 강도의 소굴로 만들었다"고 선언하며, **성전의 거룩함을 회복하라고 촉구**했다. 이 행동은 단순한 종교적 비판을 넘어 성전 권력층과 기득권 체제에 대한 직접적인 도전으로 작용했다.

이 성전 정화 행동은 유대 지도자들이 예수를 제거하기로 최종 결심하게 만든 직접적인 계기가 되었다. 이들은 예수가 대중의 지지를 받으며 자신들의 권위를 흔드는 인물로 보았고, 그를 **제거하려 모의**했다. 결국 예수는 유다의 배신으로 체포되어 산헤드린(유대 종교 의회)에서 신성모독 혐의로 심문을 받았다. 하지만 로마의 지배하에 있던 예루살렘에서는 사형집행 권한이 로마 총독에게 있었으므로, 그들은 예수를 반역죄로 몰아 총독 본디오 빌라도에게 넘겼다.

당시 많은 유대인들은 메시아가 로마를 무너뜨리고 이스라엘을 다시 강국으로 만들 정치적 왕으로 오기를 기대했다. 그러나 예수는 **"내 나라는 이 세상에 속한 것이 아니다"**라고 선언하며, 정치적 해방자가 아니라 죄와 죽음을 이기는 **영적 구원자**로 오셨음을 분명히 했다. 그는 무력을 사용하지 않았고, **"가이사의 것은 가이사에게"**라고 말하며 세속 권력과 경쟁하지 않았다. 이러한 예수의 길은 당시의 민족주의적 기대와 완전히 달랐기 때문에 많은 이들의 오해를 불러일으켰고, 결국 그를 거짓 메시아로 몰아 배척하게 되는 배경이 되었다.

빌라도는 예수의 무죄를 주장하려 했지만, 군중의 압력과 유대 지도자들의 정치적 압박 속에 결국 **십자가형을 선고**했다. 예수는 예루살렘 북서쪽 언덕인 골고다(Golgotha/Calvary)에서 십자가에 못 박혀 처형되었다. 이는 기독교에서 '성금요일'로 기념된다. 예수의 십자가 사건이 예루살렘에서 일어난 것은 단순한 우연이 아니었다. 예루살렘은 유대교 신앙의 심장부이자, 로마 제국의 행정 중심지였으며, 다양한 정치·종교 세력이 얽혀 있는 도시였다. 이곳에서의 십자가 사건은 유대교의 전통과 로마법, 그리고 새로운 신앙 운동이 충돌한 역사적 현장이자, 이후 기독교가 태동하게 되는 중요한 계기가 되었다.

예루살렘은 이 사건 이후 **기독교 신앙의 성지**로 자리 잡았다. 예수의 무덤이 있다고 전해지는 곳에는 성묘교회가 세워졌고, 십자가 사건의 현장인 골고다와 예수의 부활을 기념하는 장소로 기독교인들의 순례가 이어졌다. 따라서 예루살렘은 예수의 십자가 사건을 통해 단순한 도시 이상의 의미를 지니게 되었으며, 이후에도 **유대교, 기독교, 이슬람교**가 함께 **'성지'**로 여기는 복잡한 종교적, 역사적 무대가 되었다.

□ 성전 파괴 이후, 로마와 비잔틴의 시대

서기 70년, 로마 제국의 티투스 장군이 예루살렘을 함락시키고 성전을 불태운 뒤, 예루살렘은 유대교 신앙의 중심지를 잃고 로마 제국의 속주 도시로 전락했다. 이후 예루살렘은 유대인에게는 출입이 제한되거나 금지되었고, 로마 황제 하드리아누스는 기원후 130년경 도시를 재건해 **'아일리아 카피톨리나**(Aelia Capitolina)'라는 이름으로 로마 식민 도시로 만들었다. 유대인들은 반역 방지 차원에서 예루살렘 출입이 더욱 엄격히 통제되었다.

로마 제국이 동서로 분열된 이후에는 예루살렘이 동로마 제국의 영토가 되어 기독교 도시로서 역할을 이어 갔다. 4세기 초 콘스탄티누스 대제의 기독교 공인과 함께 예루살렘은 기독교 순례지로서 큰 의미를 갖게 되었고, 헬레나 황후가 성묘교회를 건축하며 성지로서의 위상이 강화되었다.

□ 이슬람의 통치와 예루살렘의 다종교적 전환

7세기 초, 사산조 페르시아가 예루살렘을 점령했으나, 629년 비잔틴 황제 헤라클리우스가 도시를 수복하며 다시 기독교 도시로 돌아왔다. 그러나 638년 이슬람 제국의 칼리프[3] 우마르 이븐 알-카타브가 예루살렘을 점령하면서 예루살렘은 이슬람 통치하에 들어갔다. 이 시기부터 예루살렘에는 이슬람의 중요한 사원인 **황금돔**(691년)과 알-아크사 사원이 건립되며, **이슬람 제3의 성지**로 자리 잡았다.

그 후 예루살렘은 이슬람 제국의 여러 왕조들(우마이야, 아바스, 파티마 왕조) 아래에서 번갈아 가며 통치되었다. 1099년 제1차 십자군이 예루살렘을 점령해 '예루살렘 왕국'을 세우면서 기독교 세력이 다시 도시를 차지했으나, 1187년 살라딘에 의해 재정복되었다. 이후에도 잠시 십자군이 부분적으로 점령하기도 했으나, 전체적으로는 아이유브 왕조와 이어지는 **맘루크 왕조**의 **이슬람 세력**이 **예루살렘을 지배**했다.

이처럼 서기 70년부터 1500년까지 예루살렘의 주인은 시대에 따라 로마 제국, 사산조 페

---

3) 칼리프(Caliph)는 단순히 종교적인 지도자에 머물지 않고, 정치적·군사적 권위까지 통합한 존재였다. 그는 곧 이슬람 공동체 전체를 대표하는 상징으로 여겨졌으며, 무슬림 사회의 통합을 이끌어 가는 구심점이었다. 그러나 바로 그 지위를 누가 이어받을 것인가를 두고 갈등이 생겼다. 다수파인 수니파는 공동체의 합의로 선출된 인물이 칼리프로서 정통성을 갖는다고 보았고, 소수파인 시아파는 무함마드의 혈통, 즉 알리와 그의 후손만이 정당한 후계자라고 주장하였다. 이 차이는 단순한 인사 문제를 넘어, 오늘날까지 이어지는 이슬람 세계의 분열과 갈등의 뿌리가 되었다.

르시아, 이슬람 제국, 십자군 국가, 맘루크 왕조 등으로 바뀌었지만, 도시의 종교적 중요성은 줄곧 유지되었다. 특히 유대교, 기독교, 이슬람교 모두가 성지로 여겨 도시의 종교적·정치적 긴장과 충돌이 끊이지 않았다.

□ 오스만 제국과 종교 공존의 체제

특히 1517년부터 1917년까지 약 400년간 오스만 제국이 예루살렘을 통치했으며, 오스만 제국은 각 종교 공동체(유대인, 기독교인, 무슬림, 아르메니아 교회 등)에 일정한 자치권을 부여하며 도시를 통합 관리했다. 제1차 세계대전 후 오스만 제국이 몰락하자 영국이 위임통치를 맡았고, 1947년 유엔은 예루살렘을 국제도시(UN 관할 특별지구)로 둘 것을 권고했으나 현실적으로는 이루어지지 않았다.

□ 현대 예루살렘 - 분쟁의 중심이 된 성지

1948년 제1차 중동전쟁(이스라엘 독립전쟁) 이후 예루살렘은 서예루살렘(이스라엘 관할)과 동예루살렘(요르단 관할)으로 분단되었다. 그러나 1967년 제3차 중동전쟁(6일 전쟁)에서 이스라엘이 동예루살렘을 점령하며, 구시가지 전체를 실질적으로 이스라엘이 관할 하게 되었다. 이후 이스라엘은 1980년 '예루살렘 법'을 통해 예루살렘 전체를 자국의 수도라고 선언했지만, 유엔과 대부분의 국제사회는 동예루살렘을 점령지로 간주하며 이스라엘의 주권을 인정하지 않고 있다.

현재의 예루살렘 구시가지(Old City)는 동예루살렘 지역에 속하며, 1967년 제3차 중동전쟁(6일 전쟁) 이후 이스라엘이 점령해 행정적으로 통제하고 있다. 국제사회에서는 동예루살렘의 법적 지위에 대해 논쟁이 있지만, 실질적으로는 이스라엘이 경찰과 군대를 통해 도시의 치안과 행정을 담당하고 있다. 그러나 구시가지 내부는 그 자체로 매우 복잡한 종교적·역사적 구획을 두고 있으며, **네 구역(Quarter)**으로 나누어져 있다. **유대인 지구**, **기독교 지구**, **이슬람 지구**, **아르메니아 지구**이다.

구시가지 내부의 종교 유적지 역시 다양한 종교 기관과 신앙 공동체가 소유하거나 관리한다. **통곡의 벽**(Western Wall)은 유대교의 대표적 기도 장소로 **이스라엘 당국이 관리**한다. 성묘교회(Church of the Holy Sepulchre)는 기독교의 가장 중요한 유적지로서, 여러 기독교 교파(그리스정교, 로마 가톨릭, 아르메니아 사도교회 등)가 나누어 관리하고 있다. **알-아크사 사원**(Al-Aqsa Mosque)과 황금돔(Dome of the Rock)은 이슬람의 3대 성지 가운데 하나로서, 요르단이 후원하는 **이슬람 기관(와크프)**이 종교적으로 관리하지만, 이스라엘 경찰이 외곽 치안을 담당한다.

즉, 구시가지 자체는 이스라엘의 실질적 통제하에 있지만, 각 종교 유적지는 역사적 관습과 협정을 따라 종교 단체들이 관리하고 있다. 이 때문에 예루살렘은 단일한 '주인'을 꼽기 어렵고, 정치적 · 종교적으로 매우 복잡한 상황이 이어지고 있다. 특히 국제사회에서는 **동예루살렘의 지위**를 **분쟁지역**으로 보고 있으며, 팔레스타인도 이 지역을 미래의 수도로 주장하고 있어 예루살렘 문제는 이스라엘-팔레스타인 분쟁의 핵심 중 하나로 남아 있다.

요약하면, 현재 예루살렘 구시가지의 행정적 주인은 이스라엘이지만, 그 안의 종교적 유산들은 각 종교 공동체가 역사적 관습에 따라 관리하며 공존하고 있다. 예루살렘은 인류 3대 종교가 서로의 눈물과 희망을 새긴 공존의 무대였다.

□ 예루살렘의 주인 변천사

1) 가나안 부족 도시국가 (BC 2000년경)
2) 다윗 왕조 - 이스라엘 왕국 (BC 1000년경)
3) 솔로몬 왕국 (BC 970년경)
4) 남유다 왕국 (BC 930년경 남유다와 북 이스라엘 분열 후)
5) 바빌로니아 제국 (BC 586년 예루살렘 함락)
6) 페르시아 제국 (BC 539년 키루스 대왕)
7) 알렉산더 대왕 - 헬레니즘 제국 (BC 332년)

8) 프톨레마이오스 왕조 → 셀레우코스 왕조 (BC 301~BC 167년)

9) 하스몬 왕조 (BC 167~37년)

10) 헤롯 왕조 (BC 37년~AD 6년) → 로마 제국 직할 (AD 6년)

11) 로마 제국 (AD 70년 - 예루살렘 성전 파괴)

12) 비잔틴 제국 (313년 밀라노 칙령)

13) 사산조 페르시아 (614년)

14) 비잔틴 제국 (629년)

15) 우마이야 왕조 (638년)

16) 아바스왕조(750~969) → 파티마왕조(969~1071) → 셀주크 제국(1071~1099)

17) 십자군 예루살렘 왕국 (1099년)

18) 아이유브 왕조 (살라딘) (1187년)

19) 맘루크 왕조 (1250년경)

20) 오스만 제국 (1517년)

21) 영국 위임통치령 (1917년 점령)

22) 이스라엘 (1948년 서예루살렘 → 1967년 동예루살렘 포함 → 현재)

제25장

수도원, 기사도, 대학
- 중세를 이끈 지식의 성채

1. 중세를 이끈 신앙과 지식의 성채들

중세 유럽은 암흑의 시대였는가? 아니면, 신앙과 정신의 불꽃이 꺼지지 않고 타오른 시대였는가? 5세기 서로마 제국의 몰락 이후, 유럽은 분열과 침략, 기근과 역병의 어둠 속으로 빠져들었다. 그러나 그 속에서도 **사라지지 않은 불꽃**이 있었으니, 그것은 바로 **수도원에서의 기도, 기사도의 명예, 대학의 질문**이었다.

□ 수도원 - 침묵 속의 등불

베네딕투스가 529년경 이탈리아의 **몬테카시노(Monte Cassino)** 산 위에 설립한 수도원은 중세 수도 생활의 기준이 되었다. 로마 제국의 몰락과 사회적 혼란 속에서 그는 세속을 떠나 신앙과 질서를 회복하고자 했으며, 이곳에서 '베네딕트 규율(Regula Benedicti)'을 제정하여 서방 수도주의의 기초를 세웠다. 아일랜드, 프랑스, 독일 각지의 수도원은 책을 쓰고 병자를 돌보며, 세상의 바깥에서 세상을 섬겼다.

"우리는 침묵 속에 있으나, 말보다 더 큰 일을 한다."
- 몬테카시노의 수도사

수도원의 역할은 단순히 종교적 금욕에 그치지 않았다. 로마 제국의 몰락 이후 사라질 위기에 처한 고전의 철학과 과학, 의학 지식은 수도원의 필사실에서 살아남았다. 수도사들의 조용한 손끝에서 아리스토텔레스의 논리학, 갈레노스의 의학서, 보에티우스의 철학서가 다시 빛을 보았고, 이는 후대의 **르네상스를 준비하는 밑거름**이 되었다. 침묵 속에 이어진 필사의 노동은 말보다 더 강력한 역사적 전승의 도구였다.

수도원은 또한 농업과 기술 혁신의 현장이었다. 부르고뉴에서 시작한 시토회(Cistercian) 수도사들은 황폐한 땅을 개간하며 새로운 관개법과 제분소, 양조 기술을 보급했고, 이는 지역 경제를 되살렸다. 포도주와 맥주 제조 기술은 단순한 음료를 넘어 지역사회의 생계를 떠받치는 기반 산업이 되었다. 수도원은 기도의 집이자 기술과 경제의 발전을 이끈 실험실이었다. 더 나아가 **수도원은 구제와 돌봄의 공동체**였다. 클뤼니 수도원과 같은 대규모 수도원은 병자와 가난한 이들을 받아들였고, 나그네와 순례자에게 숙소와 음식을 제공하였다. 이는 중세 교회가 수행한 사회복지의 역할이었으며, 수도원은 단순한 영적 피난처를 넘어 사회적 약자의 피난처이기도 했다.

이러한 자선과 헌신의 전통은 중세 후기에 여성 수도원으로 이어졌다. 그 대표적인 예가 포르투갈 코임브라의 **산타 클라라 아벨라 수도원**(Santa Clara-a-Velha)이다. 13세기 초, 아라곤의 **성녀 엘리자벳(Elizabeth of Aragon)** 왕비는 세속의 권력을 내려놓고 가난한 자들과 함께 살기 위해 이 수도원을 세웠다. 그는 직접 병자와 과부, 고아를 돌보며 자신의 재산을 나누는 자선의 삶을 실천했다. 수도원은 단순한 신앙의 거처가 아니라 '자비의 집(Domus Misericordiae)'이라 불렸으며, 몽데구 강의 잦은 범람으로 피해를 입으면서도 수녀들은 끝까지 가난한 이들을 떠나지 않았다.

수도원 건물은 초기 고딕 양식으로 지어졌으며, 회랑과 예배당, 수도사들의 거처가 **코임브라 지역의 석회암**으로 정교하게 구성되어 있다. 중앙홀만 있는 단일 본당(nave) 구조와 뾰족한 아치(vaulted arches), 창문 상부의 로즈 윈도우(rose window)는 당시 프랑스 고딕의 영향을 받으면서도, 이베리아 반도의 간결하고 절제된 미학을 보여 준다. 특히 내부의 **아**

치형 기둥과 섬세한 조각 문양, 그리고 물에 잠겼던 시기의 흔적이 남은 벽면은 수도원의 영적 인내와 역사적 깊이를 함께 전한다.

그러나 17세기 초, 끊임없는 침수로 인해 수도원 전체가 강물에 잠기면서 결국 수녀들은 더 높은 지대로 옮겨 새 수도원인 산타 클라라 아 노바(Santa Clara-a-Nova)를 건립하였다. 오랜 세월 동안 진흙 속에 묻혀 있던 옛 수도원은 20세기 후반부터 본격적인 **고고학 발굴과 복원 작업**이 진행되었고, 오늘날은 아름답게 복원되어 **코임브라의 신앙과 역사**, 여성 수도 공동체의 헌신을 증언하는 박물관으로 남아 있다. 회랑과 아치는 여전히 **성녀 엘리자벳의 사랑과 자비의 흔적**을 간직하고 있으며, **중세 여성 수도 공동체가 구현한 복음적 자선의 상징**으로 시대를 넘어 빛나고 있다.

산타 클라라 아벨라 수도원(코임브라), 사진: 구민성

이 시기에 수도원 운동과 함께 성 프란체스코 대성당(Basilica di San Francesco d'Assisi)은 중세 신앙과 예술의 새로운 방향을 제시했다. 13세기 초, 이탈리아의 아시시(Assisi)에 세워진 이 대성당은 **청빈과 겸손을 강조한 프란체스코회**(Franciscan Order)의 **정신을 상징하는 건축물**이었다. 상부 교회는 하늘을 향한 신앙의 찬가처럼 밝고 개방된 구조로 설계되었고, 하부 교회는 묵상과 고행의 공간으로서 엄숙하고 고요한 분위기를 자아냈다. 내부 벽화는 조토(Giotto di Bondone)와 그의 제자들이 그린 **〈성 프란체스코의 생애〉 연작**으로, 중세 회화가 상징적 양식에서 인간의 감정과 현실적 공간 표현으로 나아간 전환점을 보여 준다. 이는 수도원 중심의 경건한 신앙이 예술과 결합하여 새로운 시각문화의 꽃을 피운 대표적 사례였다.

마지막으로, 수도원은 **복음 확산의 거점**이었다. 아일랜드와 스코틀랜드의 수도원은 로마 제국의 변방에서 신앙을 지켜 냈고, 다시 선교사들을 유럽 대륙으로 파견하였다. 아이오나 수도원의 수도사들은 북유럽과 게르만 지역에 복음을 전하며, 중세 유럽의 정신적 통합에 기여했다.

이렇듯 중세의 수도원은 단순한 금욕적 기도소가 아니었다. 그것은 **문명을 보존한 도서관**이었고, 농업과 기술의 혁신을 일으킨 실험실이었으며, 병자와 가난한 이를 품은 **병원**이자, 새로운 신앙을 확산시키는 전초기지였다. 수도원의 작은 종소리는 침묵 속에서도 유럽 문명의 심장을 두드리고 있었던 것이다.

성 프란체스코 대성당(아시시), 사진: 구민성

□ 기사도 - 검 위에 세운 신앙

11세기부터 등장한 기사도(chivalry, 프랑스어 어원)는 단순한 군사 계급이 아닌, **성직자에 대한 복종, 약자에 대한 보호, 여성에 대한 예절, 신에 대한 충성을 바탕으로 한 이상적 인간상**이었다. 크레티앵 드 트루아의 아서왕 이야기나 성배 전설은 이 기사도 정신을 문학으로 승화시켰다. 예루살렘을 향한 십자군의 칼끝에도, 때로는 신앙과 정의라는 이름이 새겨졌다.

"검을 들되, 거룩한 심판자로 설 것."

□ 대학 - 지성의 태동

12세기 이후, **중세 유럽** 곳곳에는 학문의 공동체인 **대학**(universitas)이 세워지기 시작했다. 파리 대학에서는 신학이, 볼로냐에서는 법학이, 옥스퍼드와 캠브리지는 철학과 논리가 융성했다. 교회가 학문을 통제하면서도, 동시에 신앙과 이성을 연결 지으려는 수많은 시도가 이뤄졌다. **토마스 아퀴나스의 스콜라 철학**은 그 대표적인 성취였다.

"믿음은 이성을 완성시키는 빛이다."
- 토마스 아퀴나스

대학의 설립은 처음에는 성당학교와 수도원 학교에서 비롯되었다. 그러나 시간이 지나면서 학문을 추구하는 학자들과 학생들이 스스로 하나의 공동체를 형성했고, 이를 **universitas**라 불렀다. 이 말은 단순히 '보편'을 뜻하는 것이 아니라, 학생과 교수가 함께 이룬 **학문의 연합체**라는 의미를 담고 있었다.

대표적인 대학 가운데 하나는 이탈리아 북부 **볼로냐 대학**으로, 1088년경에 형성되어 유럽 최초의 대학으로 알려져 있다. 이곳은 특히 **로마법 연구의 중심지**로서, 후대 유럽 법학 발전의 토대가 되었다. 이어서 **파리 대학**이 12세기 중엽에 등장하였는데, 이곳은 **신학과 철학의 최고 학문 기관**으로 자리 잡았고, 아퀴나스를 비롯한 스콜라 철학자들이 활동한 무대였다. **옥스퍼드(1167경)와 케임브리지(1209경)** 역시 잉글랜드에서 학문적 중심지를 이루며, 논리와 철학, 자연학이 꽃피었다.

13세기에는 교황의 인가를 받아 정식 대학으로 발전한 곳들이 많아졌다. 교황은 대학을 통해 학문의 체계를 정리하고, 동시에 교회의 교리를 지적·논리적으로 정당화하려 했다. 따라서 중세 대학은 단순한 지식 전달 기관이 아니라, **신앙과 이성의 접점을 탐구하는 장**이었다. 이러한 대학들은 후대 르네상스와 근세 학문의 발전으로 이어지는 **지성사의 전환점**이 되었으며, 오늘날까지 이어지는 대학 제도의 기원이 되었다.

2. 파리, 13세기 겨울의 독백

"내 이름은 루이. 나는 파리 노트르담 대성당의
종탑 너머에서 태어난 대학생이다."
"아침마다 수업은 차가운 공기로 시작되었다.
교수는 하늘과 지옥을 오가며 아리스토텔레스의
'형이상학'을 신의 존재로 끌어올렸다.
나는 아직 배가 고팠고, 옷은 낡았지만,
가슴속엔 묘한 열기가 타올랐다.
언젠가 이 지식이 나를 수도사가 아닌,
왕도 아닌 제3의 사람으로 만들 것 같았다.

내 친구는 토마. 수도원에서 탈출해
글을 배우러 왔다. 그는 말이 없었지만,
성경과 세네카를 모두 외울 줄 알았다.

그리고 가끔 칼도 들었다.
우리의 시대는 광기와 성자, 피와 잉크,
말과 침묵이 공존하는 시대였다.
그러나 우리는 그 한가운데서,
신의 언어를 배우고 있었다.
그리고 몰래 꿈꾸었다.
'신이 없다면, 정의는 어디서 오는가'라는,
그 위험한 질문을."

3. 스콜라 철학 - 신을 이해하려는 이성의 긴 여정

신을 믿는 것은 충분한가? 아니면, 신을 **이해**해야 하는가? 중세 유럽은 성경과 교회의 권위 아래에서 신앙을 중심으로 움직였던 시대였다. 그러나 단순히 '믿는다'라는 고백만으로 모든 의문이 사라지는 것은 아니었다. 신은 왜 인간에게 고통을 허락했는가? 삼위일체란 이성으로 설명할 수 있는 개념인가? 인간의 의지는 자유로운가, 아니면 예정된 것인가? 이러한 질문들 앞에서 중세의 신학자들은 침묵하지 않았다. 오히려 **이성이라는 도구를 들고 신앙의 정원을 가꾸기 시작했다.** 바로 그 노력의 결정체가 스콜라 철학(Scholasticism)이다.

□ 질문하고, 반박하고, 정리하다.

스콜라 철학의 가장 독특한 점은 그 **논증 구조**였다. 단순한 설명이 아니라, 질문(quaestio)을 제시하고, **반대 의견을 소개한 후, 정통 견해와 논증**을 펼친다. 이는 오늘날 대학의 토론, 학문 논문 구조의 기원이 되었다.

가령 "신은 존재하는가?"라는 질문에 대해, 스콜라 철학자는 먼저 "세상에 악이 존재하므로 신은 없다"라는 반대 주장을 소개한다. 그다음 "신은 보이는 세상의 원인이고 목적이기에 반드시 존재한다"라는 주장을 펼치며, 아리스토텔레스의 철학을 빌어 다섯 가지 논리적 근거를 나열한다. 이 방식은 단순한 믿음이 아닌, **합리적 사유를 통해 신앙을 정당화하려는 시도**였다.

□ 스콜라 철학의 무대, 대학

스콜라 철학이 꽃핀 곳은 바로 **중세 대학**이었다. 파리, 볼로냐, 옥스퍼드, 케임브리지 같은 도시에서는 신학, 철학, 법학, 의학이 분과를 이루었고, 그 중심에 신을 탐구하는 논리가 자리 잡았다. 수도사, 학생, 교수들이 모두 하나의 질문 앞에 머리를 맞대며 치열한 지적 전투를 벌였다.

그들의 교실에는 분필 대신 깃펜과 양피지가 있었고, 칠판 대신 성경과 아리스토텔레스가 펼쳐져 있었다. 하지만 그 열정은 오늘날의 대학 못지않았다. 그들은 세상에서 가장 크고 중요한 질문을 놓고, 밤늦도록 불을 밝혀 토론했다. Universitas는 단순히 학교가 아니라, **'지식을 공유하는 공동체'**였다.

□ 스콜라 철학의 유산

스콜라 철학은 근대의 등장과 함께 종교 개혁자들에 의해 비판받았고, 계몽주의 시대에는 낡은 방식으로 간주되기도 했다. 그러함에도, **신앙과 이성이 공존할 수 있다는 가능성**을 가장 진지하게 탐구한 철학적 전통으로 남아 있다. 오늘날에도 신학과 철학, 윤리학과 논리학, 학문 제도의 구조 전반에 깊은 자취를 남겼으며, 특히 토마스 아퀴나스는 가톨릭의 공식 신학자로 여겨진다. 그리고 스콜라 철학이 남긴 질문은 아직도 유효하다.

"이성은 어디까지 갈 수 있는가?"
"믿음은 왜 여전히 인간에게 필요한가?"

이 두 질문 사이에서, 중세의 사유는 오늘날까지도 조용히 말을 걸고 있다.

4. 중세 기사도 - 명예와 신앙이 만든 전사의 윤리

중세 유럽을 가로지르는 말을 탄 전사. 그의 몸에는 쇠사슬 갑옷이 걸쳐져 있고, 손에는 검이, 어깨에는 십자가 문양의 망토가 나부낀다. 그러나 그는 단지 싸움꾼이 아니다. 그는 '기사'라 불리는 존재이며, 검을 들되 맹목이 아닌 **명예와 신앙의 윤리**로 싸우는 자였다. 그리고 그가 따르는 삶의 규범은, **'기사도(騎士道, Chivalry)'**라 불렸다. 기사도는 단순히 전투기술이나 계급적 특권이 아니었다. 그것은 중세 유럽이 창조한 **도덕적 질서이자, 인간적 이상이자, 문명적 역할**이었다. 그 속에는 피로 물든 전쟁의 역사뿐 아니라, **사랑, 정의, 신앙, 문학, 예술**이 함께 얽혀 있었다.

□ 전쟁의 윤리에서 도덕의 이상으로

기사도의 뿌리는 초창기 유럽의 **게르만 전사 전통**과, 8세기 **프랑크 왕국의 기병 제도**, 그리고 중세 봉건 사회의 **영주-기사-농노 관계**에서 비롯되었다. 기사는 영주를 위해 싸우는 무장된 하인이었고, 말과 갑옷, 무기를 갖춘 전사였다. 그러나 11세기부터, 특히 **십자군 전쟁**을 전후해, 기사의 역할은 단순한 전투를 넘어서 **기독교 신앙의 수호자, 약자의 보호자, 예절의 상징**으로 확장되었다. 기사도는 이 시기부터 **종교적·도덕적 윤리**로 격상되었으며, '정의로운 전사'라는 사회적 이상이자 역할로 자리 잡았다.

□ 기사도 정신의 세 기둥

▶ 신에 대한 충성(Fides)

기사는 교회를 지키고, 성지를 수호하며, 수도자와 성직자를 존중해야 했다. 십자군은 이러한 신앙적 충성을 바탕으로 실행된 '신의 전쟁'이었다.

▶ **군주에 대한 충성(Loyalty)**

봉건제 사회 속에서 기사는 자신에게 땅을 준 영주에 대한 절대적 충성을 맹세했다. 영주를 위해 목숨을 바치고, 영주의 명예를 자신의 것처럼 지켰다.

▶ **약자에 대한 보호(Charity)**

기사도는 사회적 약자, 고아, 과부, 순례자에 대한 보호를 이상으로 삼았다. 특히 여성에 대한 예우는 '궁정 문화(courtly love)'로 발전해, 여성에게 충성을 바치는 문화적 장치로 작동했다.

이 세 축 위에서 중세 기사도는 단순한 전사의 윤리를 넘어, **도덕과 감성, 종교와 정치가 융합된 가치 체계**로 발전했다.

□ 문학 속의 기사 - 아서왕, 성배, 이상적 인간

중세 기사도는 현실의 전쟁과 동시에 **문학 속에서 가장 이상적인 인간형**으로 구현되었다. 대표적인 예가 **아서왕과 원탁의 기사들**이다. 이야기 속에서 랑슬롯은 왕의 부인을 사랑하면서도 충성을 저버리지 않으려는 내적 갈등을 겪고, 가웨인은 정직과 용기의 균형을 시험받는다. 그들의 여정은 단지 적을 쓰러뜨리는 것이 아니라, **자신의 욕망과 죄, 의무 사이에서 올바른 길을 찾으려는 도덕적 여행**이었다.

프랑스의《롤랑의 노래》, 독일의《니벨룽겐의 노래》, 그리고 '성배를 찾는 성 기사들의 이야기'는 모두 기사도를 **영적 이상, 인간적 갈등, 신성한 운명**이라는 문학의 언어로 해석한 것이다.

□ 기사단과 신앙의 연합

기사도는 문학만이 아니라, 실제 제도로도 구현되었다. **템플 기사단**(Knights Templar), **호**

스피탈러 기사단, **튜톤 기사단**은 수도원의 규율과 군인의 무기를 결합한 존재들이었다. 그들은 성지 순례자들을 보호하고, 이슬람과 싸우며, 수도자처럼 가난과 정결, 복종을 맹세했다. 하지만 기사단이 정치적 · 경제적 권력을 쌓으면서, 그 이상은 때로는 현실 속에서 왜곡되기도 했다. 14세기 프랑스에서는 템플 기사단이 이단으로 몰려 숙청되며, **기사도의 이상과 권력의 충돌**이 드러나기도 했다.

□ 쇠퇴와 전승 - 기사도는 어떻게 기억되었는가?

화약 무기의 도입, 근대 국가의 성립, 시민 계급의 부상은 기사도의 현실적 기반을 무너뜨렸다. 더 이상 기사들의 말발굽은 전장을 지배하지 못했다. 하지만 그들의 **정신적 유산**은 사라지지 않았다. 르네상스 이후의 '신사도(gentlemanliness)', 근대 유럽의 군사 윤리, 법률적 정의 개념 속에는 **기사도적 가치**가 응축되어 있다. 오늘날까지도 "명예를 지킨다"라는 말은 기사도의 가장 핵심적인 유산을 말하는 것이기도 하다.

□ 맺음말 - 기사도란 무엇이었는가?

중세 기사도는 인간의 본능적 폭력성과 도덕적 이상을 조율하려는 **사회적 장치이자 문화적 상상력**이었다. 그것은 신을 향한 충성과 인간을 향한 사랑 사이에서 방황한, 한 시대의 윤리적 실험이었다. 오늘날 그 실체는 사라졌지만, "정의롭게 싸우는 자"라는 이상은 여전히 사람들의 마음에 남아 있다. 칼은 사라졌지만, 말과 행동으로 명예를 지키는 기사도의 정신은 오늘도 여전히 살아 있다.

5. 십자군 기사단의 실제 역사 - 템플 기사단을 중심으로

1099년, 제1차 십자군(Crusades)이 예루살렘을 점령하면서, 유럽 기독교 세계는 '성지 수복'이라는 기독교적 열정으로 들끓었다. 하지만 예루살렘은 불안정했고, 성지로 향하는 순례자들은 여전히 이슬람 세력과 도적 떼에 의해 위협받고 있었다. 이러한 배경 속에서 **1119년경**, 프랑스 귀족 출신의 기사 위그 드 파앵(Hugues de Payens)을 중심으로, 9명의 기사들이 예루살렘 성전산 근처에 모여 **하나의 맹세**를 세운다. 그들은 순례자를 보호하고, 성지를 지키며, 가난하고 정결하게 살겠다고 서약했다. 이 소박한 결사는 곧 '그리스도와 성전의 가난한 기사단'이라 불린, 훗날 **템플 기사단**(Knights Templar)으로 알려지게 된다.

□ 교회의 인준과 급속한 성장

1129년, 프랑스 트루아(Troyes) 공의회에서 시토회 수도사이자 신학자였던 베르나르 드 클레르보(Bernard of Clairvaux)가 이 기사단을 옹호하며 정당성을 부여했다. 그는 기사단을 **"칼과 기도로 무장한 성전의 병사"**라 부르며, 수도자처럼 가난하고 정결하며, 전사처럼 강인한 **이중적 소명**의 존재로 설명했다. **템플 기사단은 곧 로마 교황청의 공식 인정을 받았으며, 다음과 같은 특권을 부여받는다.**

- 교황 직속으로 편입되어, **어떤 세속 권력에도 복종하지 않음**
- 세금 면제, 영지 보유, 자체 사법권 허용
- 유럽 전역에서 기부금 수령 가능

이에 따라 기사단은 유럽 각지의 왕과 귀족들로부터 **토지, 성, 기부금, 병사**를 받으며 급속히 성장했다. 13세기경에는 유럽과 성지 일대에 **수백 개의 기사단 본부, 영지, 성채, 은행**을 운영하게 된다.

□ 역할 - 성전과 금융, 그리고 건축

템플 기사단은 단순히 전쟁만이 아니라, 중세 유럽의 **경제·군사·문화 전반에 깊이 관여**했다. 그들은 성전의 전사이면서 동시에 순례자의 수호자, 그리고 중세 유럽 경제와 문화의 숨은 주체였다. 우선 군사적 측면에서, 기사단은 예루살렘과 안티오크, 트리폴리 등 전략적 요충지를 지키며 십자군의 주요 전투에 참여하였다. 하틴 전투나 다마스쿠스 공성전과 같은 격전에서 그들은 전열의 최전방에 섰고, 성지를 향하는 순례자들을 호송하며 안전을 보장하는 일을 맡았다. 그들의 존재는 단순한 전투력이 아니라, 성지를 지키는 질서의 보루였다.

그러나 기사단의 활동은 전쟁에만 국한되지 않았다. 그들은 세계 최초의 국제 금융 시스템을 운영한 전사 수도회였다. 유럽의 귀족과 순례자들은 고향의 기사단 지부에 자산을 맡기고, 멀리 성지에 도착해서 인출할 수 있었다. 이러한 금융 네트워크 덕분에 기사단은 중세 유럽의 국왕들조차 신뢰하는 재정 관리자가 되었고, 실제로 잉글랜드 국왕 헨리 2세와 프랑스의 루이 9세는 **국고를 기사단에 위탁**하기도 했다.

문화와 건축에서도 기사단은 인상적인 흔적을 남겼다. 런던의 템플 교회와 같은 원형 교회는 예루살렘 성전의 상징을 담아냈고, 이들은 수도원적 생활 규율과 군사적 요새를 결합한 독특한 건축 양식을 만들어냈다. 유럽과 성지 전역에 흩어진 기사단 성채는 군사 방어와 수도원의 기능을 동시에 수행했으며, 이로써 군사 건축술과 종교적 건축미가 융합되는 새로운 양식을 탄생시켰다.

□ 템플 기사단과 포르투갈의 아폰수 1세

12세기 초, **포르투갈**은 여전히 이베리아 반도의 이슬람 세력인 **무어인의 지배** 아래에 있었다. 그러나 젊은 군주 **아폰수 1세**(Afonso I, 1109~1185)는 신앙과 독립의 열망을 품고 새로운 왕국 건설에 나섰다. 그는 그리스도교 국가의 토대를 세우기 위해 템플 기사단(Knights Templar)과의 동맹을 적극적으로 추진하였다. 아폰수 1세는 **템플 기사단의 군사력과 조직력을 활용**하여 무어인으로부터 영토를 회복하고 새로운 **왕국의 기반**을 다졌다. 이 동맹은 단순한 전투 협력이 아니라 포르투갈의 건국과 문명 형성에 깊은 영향을 미친 역사적 결합이었다.

템플 기사단은 포르투갈 남부 지역의 정복, 특히 산타렘과 리스본 탈환에서 핵심적인 역할을 수행하였다. 1147년 리스본 전투에서 그들은 신앙의 열정과 전투력을 결합하여 결정적 승리를 이끌었고, 이는 포르투갈이 독립 왕국으로 성장하는 전환점이 되었다. 승리 후 아폰수 1세는 기사단의 공로를 높이 평가하여 대규모 토지와 영지를 하사하였다. 그중에서도 토마르(Tomar) 지역은 기사단의 본거지로 제공되었으며, 이곳은 이후 포르투갈 내 기사단 활동의 중심지가 되었다.

기사단은 단순히 전투를 수행하는 군사조직에 머물지 않았다. 그들은 하사받은 영토를 농업과 방어의 거점으로 개척하며, 수도원과 교회, 병원을 세워 신앙과 문명을 함께 확산시켰다. 그들의 활동은 포르투갈의 남부 국경을 안정시키고, 사회적 기반을 강화하는 데 큰 역할을 했다. 기사단은 이처럼 무기를 들고 싸우는 전사이자, 땅을 일구고 공동체를 세운 개척자였다.

토마르성(Castelo de Tomar)은 템플 기사단의 본부로, **'서유럽의 성지 요새'**라 불릴 만큼 전략적이고 상징적인 중심지였다. 1312년, 교황 클레멘스 5세는 프랑스 왕 필리프 4세의 압력으로 템플 기사단을 해체하였으나, 포르투갈에서는 이를 그대로 없애지 않고 **'그리스도 기사단**(Order of Christ)'으로 **재편**하였다. 이는 기사단의 전통과 유산을 지켜 내려는 포르투갈의 독립적 결단이었다. 새롭게 태어난 그리스도 기사단은 이후 포르투갈 대항해시대의 정신적 · 재정적 토대가 되었다. **엔리크 항해왕자**(Prince Henry the Navigator)는 이 **기사단의 대장**(Grand Master)으로서 기사단의 자금과 조직력을 활용해 대서양 항로 개척을 이끌었고, 포르투갈은 신대륙으로 향하는 **항해국가로 도약**했다.

템플 기사단과 아폰수 1세의 동맹은 신앙과 국가가 결합한 중세의 대표적 사례였다. 수도원에서 시작된 신앙의 힘은 기사단의 검으로 전환되었고, 그 검은 결국 포르투갈이라는 새로운 왕국을 세웠다. 그리고 그 정신은 토마르성의 성벽을 넘어, 훗날 대서양을 향한 항해의 깃발로 이어졌다. 신앙은 이 땅에서 다시 한 번 문명을 일으키는 힘이 되었고, 포르투갈의 역사는 그 증거가 되었다.

십자군의 복장
World History Encyclopedia, Public Domain

포르투갈 아폰수 1세, 사진: 구민성

□ 몰락 - 권력, 음모, 그리고 화형대

14세기 초, **템플 기사단**은 유럽 전역에서 막대한 부와 영향력을 갖는 '제4의 권력'이 되었다. 하지만 성지는 이미 대부분 이슬람에게 다시 빼앗겼고, 기사단의 군사적 역할은 줄어들었다. 그들의 **독립성과 재정력**은 세속 권력, 특히 프랑스 왕 필리프 4세(Philippe IV)에게 **위협으로 인식**되기 시작한다.

▶ **1307년 10월 13일 - 금요일의 숙청**

필리프 4세는 프랑스 전역의 템플 기사단원을 **동시다발적으로 체포**하였다. 그들은 **이단, 동성애, 마법, 배교** 등의 혐의로 고문받고 자백을 강요당하였고, 기사단의 대 마스터 자크 드 몰레(Jacques de Molay)는 결국 **1314년 화형**당하였다. 그리고, 교황 클레멘스 5세는 기사단을 공식 해체하였다.

“이 화염 속에서, 나는 교황과 왕에게 정의를 고한다.”
- 자크 드 몰레의 마지막 말

이 사건은 중세 유럽에서 가장 충격적인 **정치적 음모와 종교적 숙청의 사례**로 남았다. 또한, 오늘날 **'13일의 금요일'**이 불길한 날로 여겨지는 데에도 이 사건이 관련되어 있다고 전해진다. 템플 기사단은 해체되었지만, 각국에서는 그 전통이 다양한 모습으로 이어졌다.

영국에서는 런던의 템플 교회를 중심으로 기사단의 흔적이 남아 법조계와 건축 유산 속에 전승되었으며, 이후 성 요한 기사단(오늘날 세인트 존 구호 기사단)으로 계승되었다.

프랑스에서는 템플 기사단이 가장 강력했지만, 필리프 4세의 탄압으로 급격히 몰락하였고, 일부 전통은 호스피탈러 기사단(몰타 기사단)으로 흡수되었다.

독일에서는 독일 기사단(Teutonic Order)이 성지에서 물러난 후 발트해와 프로이센 지역으로 이동하여 '북방 십자군'을 전개하며, 지역 국가 형성과 정치 질서에 중요한 역할을 하였다.

□ 유산 - 신비, 전설, 그리고 현대 문화

템플 기사단의 몰락 이후, 그들은 **역사적 실체를 넘어 신화의 영역**으로 들어섰다. 그들의 숨겨진 보물, 금고, 지식은 오늘날까지도 '템플러의 비밀'로 회자되었다. 프리메이슨과의 연관성, **성배 전설**과의 결합 등으로 문학과 영화에서 재해석되었으며, 대표 작품으로는『다빈치 코드』,『인디아나 존스 - 최후의 성배』,『어쌔신 크리드(Assassin's Creed)』 등을 들 수있다. 오늘날에도 일부 단체는 **기사단의 후계 조직**을 자처하며, 자선, 의전, 문화유산 보존 활동을 이어 가고 있다.

6. 프리메이슨과 템플 기사단

오늘날의 **프리메이슨**은 중세에 활동했던 템플 기사단과 직접적인 역사적 연속성을 갖고 있지는 않지만, 정신적·상징적 계승의 흐름 속에 놓여 있다고 볼 수 있다. 템플 기사단은 십자군 전쟁 이후 예루살렘을 중심으로 창설된 군사 수도회로, 성지 순례자들을 보호하고 기독교 세계의 이익을 지키기 위해 헌신했다. 그러나 그들이 쌓은 막대한 부와 정치적 영향력은 결국 프랑스 왕실과 교황청의 견제를 불러왔고, 14세기 초 이단 혐의로 해체되었다. 이 과정은 오늘날까지도 정치적 음모로 해석되며, 기사단이 보유했던 지식과 재산이 사라졌다는 전설이 여러 형태의 전승과 상상력을 낳게 했다.

이후 수 세기가 지나 17~18세기 유럽에서 프리메이슨이라는 새로운 조직이 부상하였다. 이들은 원래 **석공 길드에서 출발한 조합**이었으나, 시간이 지나면서 특정 직업에 국한되지 않고 이성과 형제애, 진리 탐구를 추구하는 **철학적 결사체**로 변모하였다. 이들은 건축 상징과 고대 성전의 이미지, 그리고 도덕적 이상을 중심으로 삼으며, 특정 종교에 속하지 않지만 신의 존재는 인정하는 체계를 유지해 왔다.

현대의 프리메이슨은 템플 기사단의 상징과 이상을 차용하여 자신들의 정체성을 강화하게 된다. 특히 일부 고위 메이슨 계열에서는 **'템플 기사단 기사**(Knight Templar)'라는 칭호를 사용하는 의식 단계가 존재하며, 이는 역사적 계승이라기보다 정신적 계승 또는 상징적 존속으로 해석된다. 솔로몬 성전, 칼과 십자가, 희생과 충성 등의 상징은 템플 기사단과 프리메이슨 양쪽 모두에서 중요한 의미를 가지며, 이러한 공통점은 두 조직의 문화적 연결 고리를 더욱 부각시킨다.

오늘날 프리메이슨은 전 세계적으로 **수백만 명의 회원**을 두고 있으며, 자선 활동, 교육, 인문 정신 고양에 기여하는 비영리적 조직으로 기능하고 있다. 그러나 그들의 폐쇄적 구조와 비밀 의식, 다층적인 상징 체계는 여전히 **많은 음모론**과 **신비주의적 해석의 대상**이 되고 있다. 프리메이슨이 과거 템플 기사단의 비밀을 이어받았다는 주장은 역사적 근거보다는 전설과 상상력에 기반한 것이지만, 그만큼 이 두 조직은 시대를 뛰어넘어 인간의 신념과 상징, 권력과 진리에 대한 열망이 어떻게 이어지고 변형되어 왔는지를 보여 주는 흥미로운 사례라 할 수 있다.

7. 기사단과 백작, 후작, 남작

중세 유럽 사회는 봉건 제도를 기반으로 하여 왕, 귀족, 기사, 농노로 구성된 수직적 계급 체계를 이루고 있었다. 이 체계에서 '칭호'는 단순한 호칭이 아니라, **토지 소유와 통치 권한, 그리고 군사적 의무**를 포함하는 사회적 지위를 나타냈다. 가장 기본적인 구조는 왕이 가장 높은 권력을 가진 존재로, 왕은 충성 서약을 맺은 귀족들에게 토지를 나누어주고, 귀족은 그 대가로 전쟁 시 병력을 제공하고 지방을 통치하였다. 이때 토지를 하사받은 귀족들에게는 일정한 계급과 칭호가 주어졌는데, 대표적인 것이 **백작, 후작, 남작**이었다.

백작(Count, 라틴어로 Comes)은 지역의 주요 영지를 통치하는 고위 귀족으로, 일반적으로 한 지방(County)을 다스리는 관리에서 시작되었다. 프랑스와 영국 등에서는 군사적 권위와 행정 권한을 함께 가지며, 상당한 영향력을 행사하였다. 여성형은 Countess(백작 부인)이다.

후작(Marquis 또는 Margrave)은 국경 지대를 방어하는 군사적 임무를 맡은 귀족에게 주어진 칭호였다. 'March(경계 지역)'를 통치한 이들은 전략적으로 중요한 위치에 있었기에, 백작보다 높은 권위를 갖는 경우도 있었다. 후작은 국경 방어 책임과 더불어 반(半)독립적 행정권을 가진 경우가 많았다.

남작(Baron)은 중소 규모의 영지를 다스리는 하위 귀족으로(영국에서는 공작-후작-백작-자작-남작 순의 위계), 군사 봉사와 조세 납부 등 봉건적 의무를 이행하며 왕 또는 상위 귀족에게 충성을 맹세하였다. 남작은 백작과 후작보다 낮은 지위이지만, 여전히 귀족 계층에 속하며 기사보다 상위 신분이었다.

이와 함께 중요한 존재가 기사(Knight)였다. 기사는 귀족 신분 중에서도 비교적 하위에 속했지만, **군사적 전문성과 명예**를 기반으로 한 독특한 계급이었다. 특히 기사단(Knightly Orders)은 십자군 전쟁 이후 성립된 종교적-군사적 단체로, 템플 기사단, 성 요한 기사단, 독일 기사단 등이 대표적이다. 이들은 수도회와 군사 조직의 성격을 동시에 지니며, 교황과 군주 양쪽의 인정을 받아 영지와 독립성을 보장받았다.

결국, 백작 · 후작 · 남작 · 기사 등의 칭호는 단순한 호칭이 아니라, **군사력, 정치력, 경제력, 종교적 정당성**이 복합적으로 얽힌 계급 질서를 구성하는 핵심이었다. 이들은 왕권과의 관계 속에서 상호 충성, 보호, 봉사로 얽힌 위계 구조를 유지하며, 중세 봉건 사회의 질서를 유지하는 주축이 되었다.

제26장

흑사병
- 중세 유럽의 몰락과 새로운 사상의 태동

1. 흑사병이 중세 유럽에 미친 영향

1347년, 흑해 연안의 항구 도시 카파에서 이탈리아 제노바 상인들이 출항했다. 그들이 시칠리아의 메시나 항에 도착했을 때, 선박 안에는 보물이 아닌, 검은 재앙이 숨어 있었다. 쥐의 벼룩에 실려 온 *Yersinia pestis*—흑사병(페스트)은 유럽을 향해 첫발을 내디뎠다. 이 질병은 1347년 시칠리아의 메시나 항구에 상륙한 후, 1352년까지 불과 5년 만에 **유럽 전역으로 퍼지며 인구의 3분의 1 이상을 앗아 갔다**. 흑사병의 영향은 단순한 인구 감소에 그치지 않고, 사회 구조, 경제 체제, 종교 권위, 문화와 사고방식에 이르기까지 유럽 문명을 근본적으로 변화시켰다.

"도시는 침묵했고, 종소리는 애도의 울림이었다.
마차에는 시신이 실렸고, 사람들은 더 이상 하늘을 바라보지 않았다."
- 1348년 피렌체, 어느 수도원의 기록

□ 인구 격감과 농업 사회의 해체

흑사병은 주로 **벼룩이 옮기는 페스트균**에 의해 전파되었으며, 특히 도시를 중심으로 급속하게 확산되었다. 중세 유럽 인구는 약 7천만 명 정도였다고 추정되는데, 그 중 약 **3천만 명**이 목숨을 잃었다. 이로 인해 유럽 곳곳의 마을과 농장, 수도원, 길드, 궁정은 사람들의 흔적이 사라진 채 텅 비게 되었고, 많은 토지와 재산이 주인을 잃은 채 방치되었다.

이처럼 노동력의 급감은 **봉건제 기반의 농노제 붕괴**를 가져왔다. 흑사병은 그 어떤 적보다도 조용하고 치명적이었다. 병은 군대를 가지지 않았다. 하지만 **가장 정교했던 유럽의 농업 시스템**, 즉 **장원제**를 무너뜨렸다. 생존한 농민과 노동자들의 가치는 높아졌고, 그들은 임금 인상과 더 나은 처우를 요구하며 이전보다 훨씬 자유롭게 이동하고 교섭하게 되었다. 중세적인 '신분 고착 사회'는 더 이상 유지되기 어려워졌고, 이로써 유럽은 **임금 노동과 도시 상업 중심의 새로운 사회 구조로 이행하는 계기**를 맞이했다.

□ 교회의 권위 붕괴와 신앙의 위기

또한, 흑사병은 신자들에게 신앙적인 큰 충격을 안겼다. 당시 사람들은 재앙을 하나님의 심판으로 받아들였고, 교회는 그에 대해 위로와 해석을 제공할 능력을 갖고 있어야 했다. 그러나 실제로는 **수많은 성직자들조차 병에 걸려 죽거나 도망쳤으며**, 일부는 성례를 거부하고 숨어 버리기까지 했다.

이는 곧 교회의 **영적·도덕적 권위에 대한 회의로 이어졌다**. 하나님이 정의롭다면 왜 의인까지 병으로 죽는가? 왜 교회는 아무런 힘도 쓰지 못하는가? 이러한 물음은 신비주의적 운동(플래젤란츠처럼 자기 몸을 채찍질하며 속죄하는 집단)과 동시에, **교회 개혁을 요구하는 움직임**을 키워 나갔다. 이러한 비판적 사고는 150여 년 후 종교개혁(1517)의 사상적 토대를 제공하였다.

기술자가 시스템을 신뢰하듯, 중세인은 교회를 신뢰했다. 그러나 시스템이 무너질 때 **신뢰의 전환**은 필연이었다. 하나님은 권위의 몰락 속에서 **말씀 중심의 신앙 회복**을 이끌어 가고 계셨다.

□ 사회 불안과 희생양 찾기

이유를 알 수 없는 병의 확산 속에서 사람들은 불안과 공포에 휩싸였고, 그 책임을 돌릴 대상을 찾게 되었다. **유대인**, **이단자**, **이방인**, 여성(마녀)들이 희생양이 되었으며, 특히 유대인들이 **우물에 독을 넣었다는 루머**는 여러 도시에서의 집단 학살로 이어졌다. 이는 **중세 후기의 사회 불안과 차별, 폭력**이 얼마나 쉽게 종교적·문화적 소수자에게 향할 수 있는지를 보여 주는 대표적인 사례이다.

□ 문화와 사상의 변화

흑사병은 유럽인들의 **죽음에 대한 인식**을 극적으로 바꾸었다. 죽음은 더 이상 먼 미래의 것이 아니었고, 모든 인간에게 갑작스럽게 닥치는 현실이 되었다. 그 결과, 예술과 문학에는 죽음, 허무, 운명에 대한 주제가 폭넓게 등장하였다. 중세 후기의 유럽 미술에서는 **해골, 낫, 모래시계, 죽음의 무도(Danse Macabre)** 등이 자주 묘사되었고, 문학에서는 인간의 나약함과 구원에 대한 깊은 성찰이 이어졌다.

또한, 이 재난은 인간의 존재와 삶의 가치를 다시 묻게 만들었고, 이는 **르네상스 인문주의**의 토양이 되었다. 죽음이 일상이 되자, 인간은 '영원한 천국'이 아닌 **현재의 삶**을 되돌아보기 시작했다. 미술은 현실을 그리기 시작했고, 철학은 인간 중심의 사고로 전환되었다. **르네상스**는 부활이라는 뜻이지만, 그 씨앗은 아이러니하게도 흑사병이라는 장례에서 뿌려졌다.

□ 신앙의 시선으로 본 흑사병

누군가는 이것을 하나님의 심판이라 보았다. 누군가는 신이 세상을 버렸다고 여겼다. 그러나 역사는 말한다. **"하나님은 흔들리는 구조 속에서 새로운 길을 준비하신다."** 하나님의 개입은 종종 고통으로 나타난다. 하지만 그것은 파괴가 아니라 정화였다. 부패한 교회, 경직된 질서, 정체된 사상을 흔들고, **말씀과 진리로 돌아가게 하신 손길**이었다.

□ 맺음말 - 흑사병은 중세의 끝을 알리고, 근대를 열었다.

흑사병은 단순한 전염병이 아니라, **중세 유럽 사회의 균열을 가속화하고, 새로운 시대의 문을 여는 도화선**이 되었다. 인구 감소는 경제 구조를 바꾸었고, 교회의 무능은 종교개혁의 동기를 심었으며, 죽음에 대한 인식 변화는 예술과 철학에 지대한 영향을 주었다. 이처럼 흑사병은 유럽 문명이 **스스로를 성찰하고 재편하는 기회**가 되었으며, 이후 **르네상스, 종교개혁, 과학혁명**으로 이어지는 **근대 유럽의 형성과 직결된 역사적 전환점**이었다.

2. 프랑스 남부, 알비와 툴루즈 - 침묵한 성당, 비워진 도시의 부활

1348년 봄, **카파 항구(크림반도) → 메시나(시칠리아) → 마르세유(프랑스 남부)를 거쳐** 흑사병이 툴루즈(Toulouse)로 스며들었다. 이 도시는 오랫동안 프랑스 남부의 지식 중심지였고, 카타리 이단(영지주의적 · 이원론적 신앙) 이후 재건 중이던 도시였다. 하지만 질병은 그 어떤 교리보다 빠르게 퍼졌다.

툴루즈 대학은 학생들을 잃었고, **도미니크 수도회**는 하루에 수십 명씩 형제를 묻어야 했다. 도시 기록에는 "시체를 묻을 땅이 없어 강둑에 쌓았다"는 구절이 반복된다. 그 성당들의 종은 애도의 울림보다 **침묵**으로 가득했다. 알비 역시 예외는 아니었다. 고딕 양식의 알비 대성당은 거대한 붉은 벽돌 성채처럼 솟아 있었지만, 그 안에 울려 퍼지던 찬송은 사라졌다. 카타리파(=알비파) 학살의 역사가 채 가시기도 전에, 도시는 다시 검은 죽음으로 무너졌다.

기록에 따르면, 알비와 툴루즈 인근 농촌의 **인구는 2/3 가까이 감소**했다. 들판은 버려졌고, 고아들이 성당 계단에서 빵을 구걸했다. 살아남은 이들은 신에게 묻기 시작했다.

"우리는 왜 이렇게 많은 형제를 잃었는가?"
"카타리파를 몰아낸 우리가 왜 다시 심판을 받는가?"

□ 툴루즈, 붉은 벽돌 위에 쌓인 재앙

5세기 서고트왕국의 수도였던 툴루즈는 14세기 중엽에 **남프랑스의 지식과 종교의 중심지**로 성장하고 있었다. 한 세기 전, 이 지역은 알비파(카타리파)라는 이단 사상으로 물들었고, 십자군과 도미니크 수도회의 설교 사역을 통해 다시 가톨릭 질서 아래 편입되었다. 그 중심에는 **툴루즈 대학**과 **도미니코 수도회**가 있었다. 툴루즈 대학은 1229년, 이단을 교정하기 위한 **신학 교육 기관**으로 설립되었다. 도미니크 수도자들은 학자이자 설교자로서, 민중을 가르치고 설득하며 '지성의 복음'을 펼쳤다.

그러나 1348년, 흑사병은 모든 것을 멈추게 했다. 도시 외곽에 매장지가 부족해 시체가 거리와 강가에 방치되었고, 대학 강의는 중단되었으며, 성당의 종소리는 매일 같이 장례를 알렸다. 도미니크 수도자들은 병든 자를 돌보았지만, 그들조차 죽음에서 벗어나지 못했다.

사람들은 묻기 시작했다.
"기도가 아무 소용이 없다면,
우리는 무엇을 믿고 살아야 하는가?"
이 질문은 단순한 절망이 아닌,
새로운 **사유의 문을 여는 열쇠**였다.

□ 대학과 수도원 - 지성과 신앙의 경계선

흑사병은 툴루즈의 신학과 철학을 뒤흔들었다. 도미니크 수도사들은 계속해서 **회개와 구원, 죽음 이후의 소망**을 설교했다. 동시에 툴루즈 대학 내부에서는 조심스럽지만, **급진적인 질문**이 제기되기 시작했다.

"이 모든 고통은 하나님의 뜻인가?"
"아니면 세상을 이루는 자연의 법칙인가?"

이러한 질문은 중세 교리 체계를 무너뜨리진 않았지만, **르네상스적 인간 중심 사고**, 그리고 **종교개혁의 사유 기초**를 준비시켰다. 신앙의 붕괴가 아니라, **신앙의 본질로 돌아가려는 움직임**이 그 속에서 움트고 있었다.

□ 구조의 붕괴, 새로운 질서의 출현

흑사병은 단지 인간을 앗아간 것이 아니라, **사회 시스템 자체를 재구성**했다. 노동력 부족은 **장원제를 해체**시켰고, 자유농과 임금노동자의 수가 늘어났다. 그 변화는 중세적 질서가 아닌 **계약과 기술 중심의 근세 사회**를 여는 서막이었다. 기술자의 눈으로 이 시기를 바라보면, 흑사병은 하나의 **시스템 리셋**이었다. 복잡하게 얽혀 있던 제도와 위계는 무너졌고, 인간은 스스로 판단하고 생존하며 미래를 설계해야 했다.

□ 항공산업의 심장으로 다시 태어난 도시 - 현대의 툴루즈

놀랍게도, 이 **중세의 몰락을 경험한 툴루즈**는 오늘날 유럽의 **항공기 제작 중심지**로 다시 태어났다. 이 도시는 현재 **에어버스(Airbus)의 본사와 조립공장**이 위치한 곳이며, **세계 항공 기술과 우주 산업의 거점 도시**로 주목받고 있다. 툴루즈에는 항공우주대학(ISAE-SUPAERO)과 **툴루즈 공과대학(INP)**, 그리고 항공산업과 재료공학 분야의 선도적 연구소들이 집결해 있다. 중세에 **신학과 철학의 논쟁이 오갔던 강의실**은, 오늘날 **유체역학과 복합 소재, 구조 해석**이 논의되는 실험실로 변모한 셈이다. 중세 툴루즈는 신학의 도시였고, 현대 툴루즈는 항공의 도시다. 한때 죽음과 절망의 상징이었던 도시는, 이제 하늘을 여는 날개의 도시가 되었다.

도시가 가진 **지속적인 학문과 기술의 전통**, 그리고 재앙을 딛고 일어난 **시민적 회복력**이 툴루즈를 단순한 항공공업 도시가 아닌, '재창조된 문명 공간'으로 만들었다.

□ 하나님은 인간과 도시를 다시 세우신다

흑사병은 툴루즈의 **종교 · 사회 · 교육 구조**를 무너뜨렸지만, 동시에 새로운 사유와 질서를 준비시켰다. **툴루즈 대학**과 **도미니코 수도회**는 중세의 지성적 · 영적 중심으로서 고난의 시대에 희망을 붙들었다. 오늘날 **툴루즈는 유럽 항공 기술의 중심지**로, 기술자와 비행기를 만드는 도시로 성장했다. 툴루즈의 과거와 현재를 바라보며, 나는 질문하게 된다. 한때 죽음과 절망으로 침묵했던 도시가, 어떻게 다시 **하늘로 날개를 펼칠 수 있었을까?**

흑사병 속에서도 신앙의 씨앗은 사라지지 않았고, 지식의 전통은 끊어지지 않았다. 그리고 하나님은 그 도시의 잿더미 위에서 **지성과 기술**, **신앙과 창조성**이 다시 꽃피도록 하셨다. 그것이 바로 **구속사의 손길**이며, 과거의 재난이 미래의 비행이 되는 **역사의 반전**이다.

3. 툴루즈 - 한국과 프랑스의 외교 역사가 깃들인 장소

1970년대 말, 대한항공이 에어버스 항공기를 도입하고 대한민국이 파리 직항 노선을 개설한 일은 단순한 항공사 운영의 결정이 아니었다. 이는 냉전기 한반도 외교 지형에서 **한국이 유럽으로 외교의 지평**을 확장하는 **중요한 분기점**이 되었으며, 특히 프랑스와의 관계에서 정치 · 산업 · 문화가 결합된 **상징적인 사건**으로 평가된다.

당시 한국은 미국 중심의 외교 정책을 고수하고 있었지만, 유럽과의 산업 협력 강화가 필수적인 과제로 떠오르고 있었다. 중화학공업 육성과 수출산업 확대를 추진하던 정부는 서유럽, 특히 기술력과 문화 역량을 갖춘 **프랑스와의 관계 강화**를 외교적 목표로 삼았다. 이러한 배경에서, 1970년 유럽 항공산업의 야심작으로 탄생한 에어버스(Airbus Industrie)는 프랑스 툴루즈를 거점으로 A300 시리즈 개발에 착수했고, 당시 신생 제조사였던 에어버스는 아시아 시장 진출을 위해 **한국을 전략적 고객으로 주목**하게 된다.

1974년, 대한항공은 아시아 항공사 최초로 **A300B4 항공기 도입 계약**을 체결하였고, 1975년 6월 **툴루즈에서 첫 기체를 인도**받았다. 프랑스 정부는 이를 크게 환영했고, 이는 단순한 상업 계약을 넘어 **양국 간 고위급 외교의 성과로 기록**되었다. 툴루즈는 이 시점부터 **한국과 프랑스 항공 외교의 상징적 공간**이 되었으며, 산업 협력과 기술 교류의 중심지로 부상했다. 이어 대한항공은 1976년 파리 직항 노선을 개설하며 **한국발 유럽 노선의 첫 문**을 열었다. 이는 유럽 항공시장 진입이라는 전략적 승리였을 뿐 아니라, 프랑스 당국이 한국을 동아시아 지역의 신뢰할 수 있는 파트너로 인식하고 있었음을 보여주는 사건이었다. 양국 정부는 항공산업 협력을 넘어 우주항공, 기계·전자, 예술·디자인 교육 등으로 **협력 분야를 확장**시켜 나갔다.

결과적으로, 대한항공의 에어버스 항공기 도입과 파리 노선 개설은 **항공 주권 확립**의 선언이자, 프랑스를 중심으로 한 **유럽 외교 전환의 실질적인 출발점**이 되었다. 툴루즈에서 시작된 이 상징적 장면은 이후 한-불 관계의 긴밀한 동반자 외교로 발전하였고, 한국이 세계 항공산업 및 기술 외교 무대에서 **'수요국'에서 '협력 파트너국'으로 전환되는 전환점**이 되었다. 흑사병으로 침묵했던 툴루즈가, 20세기에는 한국과 프랑스를 잇는 날개가 되었다는 사실은 역사의 놀라운 반전이다.

에어버스사 툴루즈 최종 조립공장

"Airbus A350 Assembly Line", photo by Jaillet Rouby, licensed under CC BY-SA 2.0

4. 1988년, 남프랑스 붉은 대지 - 알비와 카르카손을 추억한다.

1988년 봄, 프랑스 남부 툴루즈. 세계 항공산업의 심장이 뛰던 그곳에서 나는 제작 라인의 분주한 소음을 배경으로, 유럽 기술자들과 함께 많은 시간을 보냈다. 다음 제작 공정으로 넘어가기 전에 항공기 제작상의 불만족 사항을 해결하기 위해 뛰어다니던 젊은 날이었다. 그 시기 유럽 항공기 산업은 비약적인 전환점에 서 있었고, 에어버스는 세계 최초로 컴퓨터 제어 비행 시스템(Fly-by-Wire)을 채택한 A320 개발에 전력을 기울이고 있었다.

영국 체스터에서 날개가, 독일 함부르크에서 동체가, 스페인의 카사에서 꼬리날개가 제작되어 매일같이 툴루즈로 실려 왔다. 조립라인은 유압펌프의 진동과 전선 작업 그리고 빼곡한 체크리스트로 가득했지만, 그 산업의 소음 속에서 나는 문득 다른 울림을 들었다. 그것은 다름 아닌, 역사의 목소리였다.

툴루즈는 단지 항공산업의 중심지가 아니었다. 서기 419년, 이곳은 **서고트족이 세운 왕국의 수도**였다. 로마 제국 말기의 혼란 속에서 게르만 민족은 이 붉은 대지에 정착하며 로마법과 라틴 문화, 아리우스파 기독교를 융합해 새로운 질서를 세워갔다. 툴루즈는 과거와 현재가 켜켜이 쌓인, 거대한 기억의 도시였다.

그 기억의 고리는 주변 도시 카르카손(Carcassonne)과 알비(Albi)에서 더욱 선명해졌다. 카르카손은 언덕 위에 솟은 요새 도시로, 흙빛 성벽과 수십 개의 탑이 천 년 세월을 견뎌 왔다. 한때 카타리파 공동체가 몸을 숨겼으나 13세기 알비 십자군의 포위 끝에 불길에 휩싸여 사라진 비극의 무대였고, 14세기에는 흑사병이 퍼지며 전염병의 공포와 죽음의 그림자에 잠겼다.

타른 강변의 알비는 **'붉은 도시'**라 불릴 만큼 **벽돌 건축이 인상적**이다. 거대한 **생 세실 대성당**(Cathédrale Sainte-Cécile d'Albi)은 교황청이 이단을 제압하려 1282년에 착공하여 약 200년 뒤인 1480년경 완공한 요새 같은 성당으로, 후기 고딕과 르네상스 장식이 결합되어 권위의 무게를 상징한다. 외부는 거대한 벽돌 요새처럼 단단하고 위압적이지만, 내부에 들어서면 천장 전체를 덮은 푸른색 프레스코와 세밀한 조각 장식이 펼쳐져, **'겉은 요새, 속은 천국'**이라 불릴 만큼 극적인 대비를 보여 준다. 특히 성당 안에 남아 있는 '최후의 심판' 벽화는 중세 종교적 상상력의 정수를 드러내며, 방문객을 압도한다. 그러나 알비 또한 흑사병의 재앙을 피하지 못했다. 강변 교역로를 따라 번져 든 병 속에서, 시민들은 성당에 모여들어 무릎 꿇고 구원을 구했지만, 그 기도 속에는 신앙과 절망이 함께 스며 있었다.

툴루즈와 가까운 이 두 도시는, 항공기 제작의 분주한 산업 현장과 나란히 서 있으면서도, 중세의 전쟁·종교 갈등·전염병의 흔적을 고스란히 간직하고 있었다. 항공산업의 소음과 중세 성곽의 침묵은 서로 다른 시대의 메아리였지만, 그 울림은 한 도시와 한 인간에게 같은 질문을 던졌다.

30년 이상 지난 지금도 카르카손의 바람 소리와 알비 대성당의 침묵은 내 기억 속에 또렷하다. 항공기처럼 빠르게 지나간 그 젊은 날의 발걸음 속에서, 나는 조용히 역사의 맥박을 밟고 있었다. 그곳은 내게 기술자로서의 직분을 되새기게 했고, 인간으로서의 본질을 묻는 깊은 묵상의 장소였다. 살아 있는 항공기를 울리던 유압펌프의 진동과 중세 성곽을 스치던 바람 소리는 서로 다른 시대의 울림이었으나, 결국 **'역사와 기술의 교차로'**에서 인간 존재를 성찰하게 하는 하나의 화음이었다.

남 프랑스 알비 대성당
Created with DALL · E by OpenAI.

제27장

콘스탄티노플의 함락 - 중세의 종말

1. 1453년 5월 28일 - 비잔틴 콘스탄티누스 11세의 마지막 일기

밤이 깊다. 등잔불이 바람 없이 흔들리고 있다.
성벽을 따라 걷는다.
무너진 바깥벽과 정비된 포진 사이로 달빛이 스며든다.
금각만(Golden Horn) 저편,
어둠 속에 숨어 있는 적의 군대가 불빛처럼 느껴진다.
밤이 이토록 밝은 것은… 내일이 마지막 날이기 때문일까.

오늘 낮, 나는 나의 장군들과 마지막 회의를 마쳤다.
지오반니(조스티니아니)의 눈빛은 결연했지만,
그의 부하들은 이미 마음을 접은 듯했다.
병사들은 지쳐 있었고, 시민들은 성당에 모여 엎드려 울었다.
그들 중 일부는 아직도 기적을 기다리고 있었다.
그러나 나는 안다. 기적은 오늘 오지 않는다.

나는 로마 황제다. 제국은 오래전에 이미 무너졌고,

지금은 오직 이 도시 하나만이 남아 있다.
하지만… 나는 여전히 황제다.
한 도시가 아니라 한 세계의 마지막 수호자라는
책임이 내 어깨를 짓누른다.
오늘 밤, 나는 성 소피아 대성당을 찾았다.
텅 빈 돔 안에서, 천장의 금빛 모자이크가 내게 묻는다.
"네가 지키고자 하는 것이 무엇이냐?"
나는 기도했다.
승리를 달라고도, 생명을 연장해달라고도 하지 않았다.
다만 이렇게 말했다.

"주여, 제 백성을 잊지 마소서.
제국은 무너질지언정,
복음은 무너지지 않게 하소서."

나는 아버지와 같은 마음으로,
형제와 같은 고통으로 이 백성을 바라본다.
이미 몇몇 귀족들은 도망칠 계획을 세우고 있다.
그러나 나는 도망치지 않을 것이다.
나는 여전히 로마의 황제로서,
이 성과 함께 죽을 것이다.
내 피가 흘러야만 이 도성이 진정 무너졌음을
역사에 남기게 될 것이다.

어린 시절, 나는 교사에게 배웠다.
로마의 제국은 천년을 버텼고,
콘스탄티누스 대제는 이 도시의 기초를 놓았다고.

오늘 나는, 그 이름을 가진 마지막 황제로서,
이 도시에 **내 이름을 묻는다.**

적의 대포는 성벽을 파괴했고, 전설은 종말을 맞는다.
그러나 성벽 너머의 바람은 여전히 하늘을 향해 흐르고 있다.
하나님은 침묵하실지라도, 떠나시지는 않으셨다.
내일 아침, 나는 군복을 입고, 검을 들고,
내 병사들과 함께 서 있을 것이다.
마지막 성문이 무너질 때, 나는 **도망치지 않고,**
기도하지 않고, 그저 싸울 것이다.
왜냐하면 **내가 지켜야 할 것은 생명이 아니라,**
명예이기 때문이다.

그대여, 이 글을 읽는 이여…
내가 사라진 뒤에도 이 도시를 기억하라.
이곳은 무너진 도시가 아니라,
믿음의 불꽃이 마지막으로 타오른 성벽이었노라고.

- 콘스탄티누스 11세, 로마 황제, 팔레올로고스 가문 마지막 후손

이스탄불 테오도시안 성벽 망루, 사진: 구민성

2. '콘스탄티노플이 이스탄불로' - 이슬람 제국의 심장으로

'콘스탄티노플'이라는 이름은 **로마 황제 콘스탄티누스 1세**에서 비롯된 이름이다. 그는 330년에 이 도시를 새 수도로 삼으며 기독교를 제국의 중심에 놓았다. 이후 콘스탄티노플은 **'새로운 로마'**, **'하나님의 도시'**, '동방 교회의 심장'으로 불리며 동로마 제국의 영적·정치적 중심이 되었다. 이 도시는 단순한 행정 수도가 아니라, **하나님의 뜻이 임재하는 도시**로 인식되었다. '성 소피아'(Hagia Sophia, 거룩한 지혜의 교회)는 하나님과 인간의 만남을 상징하는 성전이었다. 수 세기 동안 콘스탄티노플은 **기독교 문명의 마지막 보루**로서 자신을 자각했고, **십자가의 도시**로 존재해 왔다.

도시가 함락된 후, 메흐메드 2세는 이곳을 오스만 제국의 수도로 삼았다. 그리고 **이슬람 문명의 중심 도시로 재탄생**시켰다. '이스탄불'이라는 이름은 본래 그리스어 "εἰς τὴν Πόλιν (이스 틴 폴린, "그 도시로")"에서 유래된 표현이었지만, 이슬람 통치 아래에서 그 발음과 의미가 점차 독립적 정체성을 가지게 되었다. '이스탄불'은 **이슬람 칼리프의 도시**, **알라의 승리를 상징하는 공간**으로 변화되었다. **성 소피아 성당은 모스크로 개조**되었고, 첨탑이 세워지며 하늘을 향한 알라의 부름이 울리기 시작했다.

이 도시는 더 이상 십자가의 도시가 아니라, **초승달의 도시**가 되었다.

□ 기독교와 이슬람의 시작과 차이

인류의 역사는 단지 땅의 싸움이 아니라, **하늘을 향한 이해의 차이**에서 비롯된 **충돌의 연속**이었다. 유럽과 아시아가 맞닿은 경계, 그 중간 지대에서 기독교와 이슬람이라는 두 거대한 문명이 충돌했다. 이 충돌은 종교라는 이름으로, 때로는 제국의 야망으로, 때로는 진리와 구원에 대한 서로 다른 확신으로 수 세기를 이어왔다. 하지만 그 밑바탕에는 **신을 향한 인간의 다른 고백**이 자리하고 있었다.

기독교는 팔레스타인의 작은 도시에서 시작되었다. 고난을 통해 영광에 이르는 길을 걷는, 십자가를 중심에 둔 믿음이었다. 유대인으로 태어난 예수는 로마 제국의 억압 속에서도 **'하나님의 나라'를 선포**했고, 제자들은 그의 죽음과 **부활을 증거하며 복음을 전파**했다. 초기 교회는 핍박 속에서 자라났고, 결국 **4세기경 로마 제국의 국교**가 되며 **서구 문명의 중심으로 자리** 잡게 되었다.

반면 이슬람은 기독교보다 늦게, **7세기 아라비아의 사막에서 태어났다. 무함마드는 하늘의 계시를 받은 예언자**로 여겨졌고, 그는 **알라의 유일신 사상을 선포**하며 아라비아 부족 사회를 단일 신앙 공동체로 통합했다. 이슬람은 **경전 '꾸란'을 중심**으로 **율법과 일상의 삶이 하나로 연결된 종교**였고, 공동체 전체가 하나의 **신정국가**를 이루었다. 초기 **이슬람은** 기독교의 분열과 혼란을 틈타 **빠르게 팽창**했고, **중동과 북아프리카, 스페인을 넘어서 중앙아시아까지 세력**을 넓혀 갔다.

이 두 종교는 **예루살렘을 성지로** 삼았지만, 거기서부터 충돌은 시작되었다. 십자군 전쟁은 단순한 군사적 대립이 아니라, 두 문명이 서로의 정체성을 지키기 위해 무기를 들었던 전쟁이었다. **기독교 세계**는 예루살렘을 **"잃어버린 성지"**로 여겼고, **이슬람**은 그 땅을 **자신들의 계시가 완성된 곳**이라 여겼다. 이 전쟁은 오랜 증오를 낳았고, 상호 이해는 멀어지게 되었다.

1453년, 비잔틴 제국의 수도 콘스탄티노플이 오스만 제국에 함락되었을 때, 기독교 세계는 충격에 빠졌다. 천년을 이어 온 동방 교회의 심장, 고대 로마의 마지막 유산이 무너진 것이다. **성소피아 대성당은 모스크**로 바뀌었고, 유럽은 이 충격 속에서 새롭게 항로를 개척하고, 종교개혁과 르네상스를 맞이하게 된다. 이슬람은 오랫동안 유럽을 위협하는 존재였고, 오스만 제국은 빈까지 진격하며 유럽 중심부를 향한 공세를 이어 갔다.

□ 충돌과 교류 - 기독교와 이슬람, 두 문명의 대화

하지만 이러한 충돌 속에서도 두 문명은 서로 영향을 주고받았다. 이슬람의 학문과 철학,

수학과 의학은 중세 유럽에 새로운 빛을 제공했고, 기독교 세계는 고전 문명의 보존과 신학적 성찰을 통해 정신의 깊이를 더해 갔다. 충돌은 피를 낳았지만, 경쟁은 발전을 낳았다. 오늘날 이 **두 문명은 여전히 긴장과 갈등 속**에 놓여 있다. 서로를 오해하고, 두려워하며, 때로는 공격한다. 그러나 신앙의 본질은 다르다 하더라도, 인간의 본성은 동일하다. 모두가 구원을 갈망하고, 진리를 찾고 있으며, 평화를 바란다.

기독교와 이슬람, 이 두 신앙은 유럽과 아시아의 경계에서 부딪혔고, 아직도 그 흔적은 지구 곳곳에 남아 있다. 그러나 그 역사 속에서도 하나님은 여전히 일하고 계신다. 진리를 향한 모든 갈망은 결국 그분께 이르게 될 것이며, 그 여정 속에서 인류는 고난을 통해 진정한 평화를 배워가고 있는지도 모른다. **분열과 충돌은 인간의 역사**이지만, **화해와 진리는 하나님의 역사**다.

3. 비잔틴 제국은 왜 서로마의 도움을 받지 못했는가?

1453년, 천년 제국이라 불리던 비잔틴 제국의 수도 콘스탄티노플이 오스만 제국의 손에 함락되었다. 그날 이후, 이 도시는 '이스탄불'이라는 이름으로 이슬람 세계의 중심지가 되었다. 그러나 그 **마지막 날까지 싸운 비잔틴 제국**이 서방 기독교 세계, 즉 **서로마의 후예들로부터 거의 아무런 실질적 도움도 받지 못했다**는 사실은 역사의 가장 아이러니한 장면 중 하나로 남아 있다.

□ 무너진 것은 성벽이 아니라 교회의 연합이었다

비잔틴과 서유럽의 관계는 본래 한 뿌리였다. 그러나 **1054년, 동서 교회가 서로 파문을 주고받으며 정식으로 분열**된 사건 이후 두 문명은 점차 서로를 이단과 불신의 대상으로 바라보게 되었다. 서방 교회는 교황의 수위권을 강조했고, 동방 정교회는 각 총대주교의 독립성과 협의를 중시했다. 신학과 예전의 차이, 문화적 괴리까지 겹쳐 양 교회의 갈등은 깊어졌고, 이는 군사 · 외교 분야에도 직접적인 영향을 미쳤다.

이러한 신앙의 골은 1204년, **제4차 십자군** 때 더욱 깊어졌다. 당시 **유럽의 십자군은 예루살렘으로 향하던 길을 돌려, 오히려 콘스탄티노플을 점령**하고 약탈하였다. 교황은 이를 제지하지 못했고, 수도는 유린당했다. 그 상처는 비잔틴인들의 기억에 **'형제의 칼에 찔린 날'**로 남았다. 이후 비잔틴 제국은 서방 교회에 대한 신뢰를 사실상 상실했고, 반대로 서방 세계도 동방 교회를 외면하거나 정치적 수단으로만 대하기 시작했다.

1453년, 비잔틴 제국은 오스만 제국의 거대한 군세에 둘러싸여 있었고, 성벽 너머로 닥쳐오는 위협을 직시하며 간절하게 외부의 도움을 구하고 있었다. 황제 콘스탄티누스 11세는 유럽의 여러 군주에게 원군을 요청했으나, 대부분은 미온적인 반응을 보였다. 그 배경에는 당시 유럽 각국이 처한 복잡한 정치 · 군사적 사정이 뚜렷이 작용하고 있었다.

프랑스와 **잉글랜드**는 백년전쟁(1337~1453)의 막바지에 있었고, 전후 복구와 내전에 몰두했다. **신성로마제국**은 명목상 유럽의 기독교 수장이었지만, 실질적으로는 수백 개의 제후국으로 분열되어 있었다. 황제 프리드리히 3세는 오스트리아 계승 문제, 헝가리 및 보헤미아와의 정치 갈등에 몰두하고 있었고, 중앙집권적 지휘력 없이 비잔틴 원정을 조직할 수는 없었다.

스페인은 아직 통일 전 상태였고, 이슬람 세력과의 레콩키스타에 집중하고 있었다. 이탈리아 도시국가들(베네치아, 제노아)은 비잔틴과 오스만 사이에서 **해상 무역의 실리**를 우선시했으며, 군사 개입에 소극적이었다. 다만, **제노바의 용병 장군 조반니 조스티니아니**가 개인적으로 700여 명의 병력을 이끌고 콘스탄티노플 방어에 참여했지만, 이는 **국가 차원의 지원이 아닌 계약적 협력**에 불과했다.

무엇보다 결정적이었던 장벽은 '**교회 통합**'이라는 조건이었다. **교황청**은 **동방 교회가 로마 교황의 수위권을 인정**하고 **통합을 선언할 경우에만 군사 지원을 논의**하겠다는 태도를 고수했다. 이에 따라 1439년, 피렌체 공의회에서 일시적으로 동서 교회 통합이 선언되었지만, 이는 사실상 외교적 제스처에 그쳤다. 콘스탄티노플의 성직자들과 시민들 대부분은 이를 받아들이지 않았고, "믿음을 잃느니 차라리 이슬람의 터번을 보는 것이 낫다"라는 말까지 나올 정도로 강한 반발이 있었다. 결국 비잔틴은 형식적인 통합의 대가로 받은 것은 극소수의 서방 병사들과 소규모 함대뿐이었다.

□ 외부 침입의 선행조건, 내부의 분열

실제로 콘스탄티노플을 지키기 위해 참전한 주요 인물은 **제노바 출신의 장군 조반니 조스티니아니**였으며, 그가 이끄는 700여 명의 병사가 사실상 가장 큰 규모의 원군이었다. 이들은 오스만 대군을 상대로 고군분투했으나, 전세를 바꾸기엔 역부족이었다. 서유럽의 기독교 국가들은 결국, 한때 같은 신앙 공동체였던 동방 교회를 외면했고, **콘스탄티노플은 고립된 채 최후를 맞이**했다.

이 비극은 단순한 군사적 실패가 아니었다. 그것은 하나였던 교회가 분열되고, 진리를 공유하던 문명이 **서로를 적으로 여긴 영적 단절**의 **결과**였다. 신앙은 서로를 하나로 묶는 힘이었지만, 권위와 오만은 그 신앙을 분열의 칼로 바꾸었다. 콘스탄티노플은 결국 포격에 무너졌지만, 그보다 먼저 무너졌던 것은 교회의 연합이었고, 기독교 문명의 연대 의식이었다.

그리고 역사는 그 질문을 우리에게 남긴다.
"형제가 형제를 외면할 때, 신앙은 어디에 있는가?"

4. 배가 산으로 올라가다 - 갈라타 언덕과 젊은 술탄의 발상 전환

1453년 5월, 콘스탄티노플의 성벽 앞에는 믿을 수 없는 광경이 펼쳐졌다. 금각만(Golden Horn)의 잔잔한 수면 너머, **갈라타 언덕**의 나무 덮인 비탈길을 따라 **오스만 제국의 배들이**

설치한 레일 위로 **산을 넘고 있었다.** 이 장면은 단지 기상천외한 시도였을 뿐 아니라, **중세 공성 전술의 한계를** 깨뜨린 **오스만의 상징적인 작전**이었다.

> "배가 산으로 올라간다"라는 것이
> **불가능을 현실로 만든 전술**의 은유로 남게 되었다.

□ 갈라타 언덕과 금각만 - 콘스탄티노플의 천연 요새

콘스탄티노플은 천연의 요새였다. 육지의 삼중 성벽과 함께, 북쪽의 금각만은 바다에서 오는 공격을 막아 주는 **자연 항만이자 해상 장벽** 역할을 했다. 도시 북쪽의 **갈라타 지역**은 제노바 상인들이 장악하고 있었고, 콘스탄티노플과는 비교적 중립적인 관계였다. 비잔틴은 금각만 입구에 거대한 쇠사슬(boom chain)을 설치해 오스만 해군의 접근을 차단했다. **쇠사슬은 부력체에 의해 수면에 고정**되어 있어, 대형 군선이 통과할 수 없었고, **방어선은 완벽해 보였다.**

□ 오스만의 전술 - 배를 산으로 옮긴다는 발상

오스만 제국의 술탄 메흐메드 2세는 단순한 정복자가 아니라 **전술적 상상력과 공학적 실행력을 겸비한 군주**였다. 쇠사슬로 봉쇄된 금각만을 우회하기 위해 그가 선택한 방법은 "배를 육지로 끌어 올려 산을 넘어 바다로 옮기는 것"이었다. 그는 **갈라타 언덕 남쪽에서 북쪽 해안까지** 목재를 깔고 **윤활유를 발라 미끄럼판을 설치**했다. 약 70척의 **소형 군선과 갤리선**이 나무 미끄럼판 위에 놓였고, 수백 명의 병사와 노동자들이 밧줄을 잡고 배를 끌었다.

이 대담한 작전은 단 **하룻밤 사이**에 실행되었다. 콘스탄티노플 시민들은 **금각만 북쪽에 오스만 해군의 배가 떠 있는 광경**을 목격하며 충격에 빠졌다. 이 작전은 단순히 배를 옮긴 것이 아니라, 전쟁의 판을 바꾼 결정적 전환점이었다. 콘스탄티노플의 수비군은 **내부 해역에서도 공격에 노출**되었고, 보급로는 급격히 줄었다. 성벽의 후방과 측면까지 위협받게 되었고, **해상 병력이 분산되며 육지 수비력이 약화**되었다. 결국 이 작전은 전체 포위와 육지와 바다의 입체 공세를 가능케 해주었으며, **성문 돌파의 전초 작전**이 되었다.

그러나 실제로 그 산을 넘은 것은 **상식, 전통, 전쟁의 규범**이었다. **"배는 바다에 있어야 한다"라는 고정관념을 무너뜨린 자만이 성벽을 무너뜨릴 수 있었다.** 갈라타 언덕 위를 넘어간 배들은 단순한 목선이 아니라, **역사의 방향타**였다. 오스만은 기술과 전략의 융합을 통해 문명의 중심을 옮겼고, 콘스탄티노플은 그날 이후 다시는 예전의 이름으로 불리지 않게 되었다.

콘스탄티노플 공성 당시의 술탄 메흐메드 2세
Fausto Zonaro, "Mehmed II at the Siege of Constantinople", Public Domain

갈라타 타워, 사진: 구민성

□ 배후의 과학기술과 물류 능력

이 작전이 가능했던 이유는 단순한 체력이나 수적 우위가 아니라, **세 가지 요소의 조합**이었다. 이는 곧 **군사 기술과 전술 창의성, 심리전의 결정체**였다. 금각만을 통한 내해 진입은 곧 **비잔틴의 심장부를 사방에서 포위할 수 있게 했고,** 수비의 사기를 꺾는 심리적 충격으로 작용했다.

▶ 작전 성공의 3대 요소

요소	설명
공학적 설계	목재 경사로, 윤활유 사용, 배의 하중 분산 구조 설계
물류 운용 능력	나무, 도르래, 바퀴, 인력 분산, 경사도 계산
전략적 시야	적이 가장 믿는 지점을 심리적으로 뒤흔든 기습

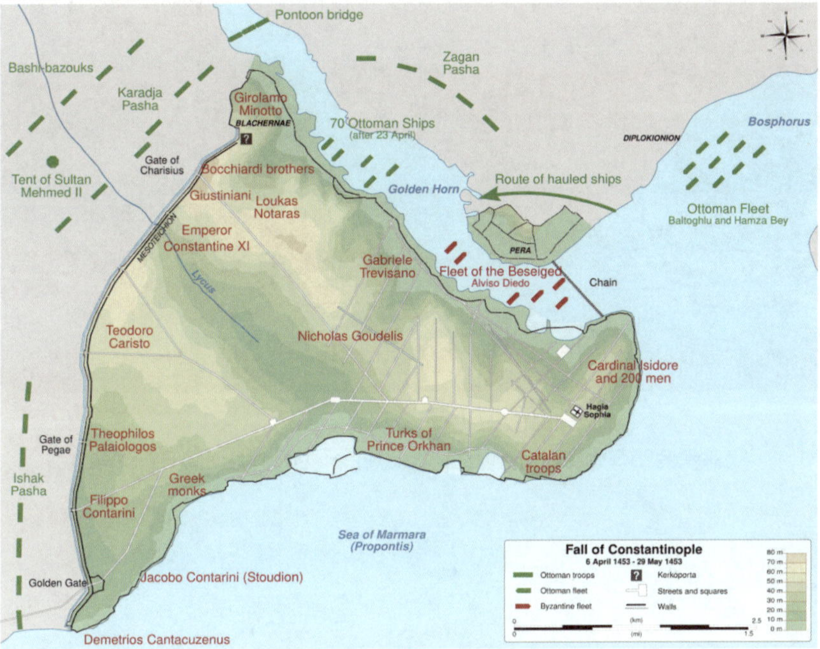

콘스탄티노플 공성전 지도
Sémhur. "Siege of Constantinople 1453 map-en."
Wikimedia Commons. CC BY-SA 4.0.

5. 콘스탄티노플 성의 견고함과 대포의 등장

콘스탄티노플은 천년이 넘도록 동로마, 즉 비잔틴 제국의 심장이었다. 이 도시는 단순한 수도가 아니었다. 그것은 하나의 상징이었고, 신앙과 문명의 중심지였다. 도시를 둘러싼 성벽은 오랜 세월 동안 수많은 적들의 공격을 막아내며 **'난공불락'의 전설**을 써 내려갔다. 특히 육지 방어선을 이루던 **테오도시우스 성벽**은 그 **구조적 완성도와 방어력에서 중세 최고의 방어 체계**로 꼽혔다.

테오도시안 삼중 성벽(육지쪽)
Apaleutos25. Walls of Constantinople. Licensed under CC BY-SA 4.0.

□ 대포가 열어젖힌 성문, 중세의 종말

육지 쪽의 성벽은 삼중 구조로 되어 있었다. 해자를 건너야 도달할 수 있는 외벽, 중간 방어선, 그리고 가장 두껍고 높은 내벽이 겹겹이 도시를 감쌌다. 수많은 망루와 방어 탑, 성문과 비밀통로는 수비병들이 유기적으로 대응할 수 있도록 설계되었고, 실제로 **여러 차례의 외세 침입에도 콘스탄티노플은 함락되지 않았다.** 7세기 이슬람 군대, 불가르족, 러시아 바이킹, 심지어 십자군조차 이 성벽을 정면 돌파하지는 못했다. 성은 단단했고, 그 위에서 수호자들은 자신들이 하나님의 도시를 지키고 있다는 확신이 있었다.

그러나 **1453년, 그 믿음의 성벽이 무너졌다.** 오스만 제국의 젊은 술탄 메흐메드 2세는 이전과는 다른 방식으로 이 도시에 도전했다. 그는 단지 병사들의 용맹이나 숫자의 우세에 의

존하지 않았다. 그가 내세운 것은 '화포', 즉 **대포라는 새로운 무기**였다. 이 무기는 단순한 병기가 아니었다. 중세적인 방어 전략 전체를 무력화시키는 **기술의 혁명**이었다. 특히 오스만은 헝가리 출신의 기술자 우르반을 통해 엄청난 크기의 대포, 이른바 '바실리카 대포'를 제작하였다. 이 대포는 길이가 8미터에 달하고, 직경 약 70~90cm, 무게 500kg이 넘는 석탄(石彈, stone ball)을 발사할 수 있었다. 발사 속도는 느렸지만, 한 발 한 발이 성벽을 송두리째 흔들었고, 기존의 어떤 방어력도 이 충격을 버텨낼 수 없었다.

약 50일에 걸친 포격이 해안 쪽 약한 성벽에 집중되었고, 마침내 콘스탄티노플의 상징과 같았던 성 **로마노스 문 근처의 성벽이 붕괴**되었다. 육군과 해군을 동시에 동원한 오스만군은 무너진 틈으로 몰려들었고, 도시는 끝내 함락되었다. 황제 콘스탄티누스 11세는 최후의 순간까지 전투에 참여하다 전사했고, 수 세기 동안 기독교 세계의 등불이었던 도시는 초승달의 깃발 아래 놓이게 되었다.

이 사건은 단지 한 도시의 멸망이 아니라, 하나의 시대가 종언을 고한 순간이었다. 성벽은 여전히 견고했고, 병사들은 용맹했으며, 시민들의 기도는 간절했지만, **기술과 전략의 패러다임이 바뀌는 흐름 앞에서는 그것조차 무력했다.** 콘스탄티노플은 중세적 신앙과 제국의 마지막 자존심을 지키려 했지만, 대포가 쏘아 올린 포탄은 단지 성벽만을 무너뜨린 것이 아니라, **그 신념의 구조물까지 흔들었다.**

그러나 이 사건을 신앙적으로 바라보면, 또 다른 의미가 떠오른다. **진정한 하나님의 나라는 성벽으로 지켜지는 것이 아니며**, 그분의 뜻은 사람의 건축물이 아니라, 인간의 마음과 역사 가운데 임한다는 것이다. 콘스탄티노플은 무너졌지만, 복음은 무너지지 않았고, 교회는 그 폐허 속에서도 다시 일어섰다. 무너진 도시는 역사의 한 페이지가 되었지만, 하나님께서는 새로운 지평 위에서 또 다른 일을 시작하셨다. 결국 **콘스탄티노플의 성벽이 무너진 것은 중세의 끝**이었고, **새로운 시대의 문이 열린 순간**이었다. 그리고 그 문은 대포의 불길 속에서, 하나님의 섭리를 새롭게 증명하고 있었다.

□ 우르반 대포의 등장과 당시 중국, 동아시아의 화약 기술

1453년, 오스만 제국의 메흐메드 2세가 콘스탄티노플을 공략하기 위해 사용한 대형 주조 대포, 흔히 **'우르반 대포(Orban Cannon)'**라고 불리는 이 무기는 당시 유럽에서 성곽을 무너뜨리는 상징적인 무기로 자리 잡았다. 헝가리 출신 기술자 우르반이 제작한 이 대포는 구경이 70~90cm에 이르렀으며, 무게만 15~20톤에 달해 이동과 재장전이 어려웠지만, 심리적 효과와 위력으로 **성벽을 무너뜨리며** 중세 유럽의 **방어 체계**를 뒤흔들었다.

우르반 대포
Turkish Bronze Bombard Basilic cannon, Public Domain

이와 같은 시기에 동아시아에서도 화약 무기 기술이 활발히 발전하고 있었다. 중국은 화약의 발원지로서 송나라 시절부터 이미 화약 무기를 실전에 투입했으며, 원나라와 명나라에 이르러 화포와 화전(火箭)을 비롯한 다양한 화약 무기를 체계적으로 발전시켰다. 특히 명나라는 《무비지(武備志)》에 화포 제작법과 운용법을 상세히 기록하며 화약 무기 강국으로 자리 잡았다.

일본은 13세기 후반 몽골의 일본 원정을 통해 중국식 화약 무기를 처음 접했지만, 본격적

인 화약 무기의 발전은 **16세기 이후 포르투갈 상인의 조총 도입**으로 시작되었다. 이후 일본은 조총 제작 기술을 빠르게 습득해 전국시대에 대량 생산 체계를 구축했지만, 대형 화포의 제작은 상대적으로 부진했고, 초대형 주조 대포는 제작되지 않았다.

한편, 고려 말 최무선이 화약과 화포를 제작하면서 **한국(조선)에서도 화약 무기**가 본격적으로 도입되었다. 이후 조선은 **화차(火車), 신기전(神機箭), 비격진천뢰(飛擊震天雷) 등 독창적인 화약 무기를 개발**하며 실전에 활용했다. 다만, 주로 해상 방어와 성곽 방어용 무기 중심으로 발전했으며, 유럽식 초대형 주조 대포의 도입 사례는 없었다.

결국, 우르반 대포와 같은 초대형 주조 대포는 유럽 전장에서 성곽 파괴의 혁명적 도구로 등장한 반면에, 동아시아에서는 이미 실용적인 화약 무기가 다양하게 발전하여 방어와 기동전에서 중요한 역할을 하고 있었다. 이처럼 15세기 전후 유럽과 동아시아는 각각의 역사적·지정학적 상황에 따라 화약 무기를 독자적으로 발전시키면서도 서로 영향을 주고받으며 무기체계의 새로운 장을 열어갔다.

6. 콘스탄티노플 이후의 유럽 - 두려움과 탐험, 혁신의 시대

콘스탄티노플이 무너진 후, 유럽은 더 이상 과거의 유럽이 아니었다. 1453년 5월 29일, 이슬람 오스만 제국의 깃발이 성 소피아 대성당 위에 올라갔을 때, 그것은 단지 한 도시의 함락이 아니라, 유럽 문명 내부에서 깊이 침투해 있던 두려움과 변화의 시작을 상징하는 사건이었다. 1453년의 충격은 유럽 전체를 흔들었다. '천 년 제국'이 무너졌다는 것은 그 자체로 신앙의 중심이 사라졌다는 상징이었다. 동시에 유럽의 무역로가 차단되었고, 동방과의 교류가 오스만의 손에 들어가면서 유럽인들은 새로운 길을 모색해야만 했다. 이처럼 **비잔틴 제국의 멸망은 유럽을 두 방향으로 움직이게 했다. 하나는 내면의 개혁, 다른 하나는 바깥 세계로의 팽창**이었다.

□ 지리상의 발견 - 동방으로 가는 또 다른 길

비잔틴의 멸망은 경제적으로도 유럽을 흔들었다. **실크로드와 향신료 무역의 길이 오스만 제국에 의해 장악되자**, 유럽 상인들은 **차단된 동방을 우회**하기 위해 바다로 눈을 돌리기 시작했다. 이는 **"대항해시대"로 불리는 새로운 세계의 개막**이었다. 콜럼버스는 서쪽으로 항해하여 인도를 찾겠다는 시도로 신대륙에 도달했고(1492), 바스코 다 가마는 아프리카 희망봉을 돌아 인도에 도착했다(1498). 이들은 모두 콘스탄티노플 함락 이후 유럽이 처한 절박함에서 출발한 탐험자였다. 그들이 열어젖힌 바다의 문은, 유럽을 다시 세계의 중심으로 이끄는 출발점이 되었다.

□ 르네상스의 개화 - 고대의 빛, 새로운 인간

콘스탄티노플은 고전 문화의 보고였다. 헬레니즘 문명, 고대 로마의 지식, 동방의 문물은 이 도시에 오랫동안 축적되어 있었고, 제국의 멸망은 그 지식의 수호자였던 **비잔틴 학자들이 이탈리아로 이주하는 계기**가 되었다.

그들은 고대 그리스어 문헌과 철학, 수학, 의학, 건축 이론 등을 서유럽에 소개했고, 이 흐름은 곧 **르네상스**(Renaissance)라는 문예부흥의 불꽃으로 번져 갔다. **피렌체, 로마, 베네치아, 밀라노** 같은 도시들은 **인문주의**(휴머니즘)의 중심지가 되었고, 레오나르도 다 빈치, 미켈란젤로, 라파엘로 같은 거장들이 등장해 인간 중심의 세계관을 그려냈다. 콘스탄티노플은 무너졌지만, 그 무너진 폐허 속에서 **인간 정신의 새로운 부활이 시작**된 것이다.

□ 무기와 과학 - 중세로부터의 이탈

1453년의 또 하나의 유산은 **기술의 전환**이었다. 콘스탄티노플 성을 무너뜨린 것은 알라신의 기적이 아니라, **대포였다.** 이 충격은 유럽에 '성벽은 더 이상 안전하지 않다'라는 현실을 일깨워 주었다. 이후 유럽 각국은 병기 제작과 포병 전술에 박차를 가했고, 대포와 총기는 유럽 군사력의 핵심 요소가 되었다.

이 기술 발전은 곧 과학혁명으로 이어진다. **코페르니쿠스, 갈릴레이, 케플러, 뉴턴**으로 이어지는 과학자들은 우주의 중심이 지구가 아니라는 사실, 자연은 수학으로 설명될 수 있다는 사실, 진리는 교황이나 제국이 아니라 '자연의 법칙'에서 발견되어야 한다는 깨달음을 전파했다. 이는 신 중심의 세계에서 인간 이성 중심의 세계로 넘어가는 지적 전환점이었다.

□ 유럽의 팽창과 제국주의의 태동

이제 유럽은 더 이상 위축된 존재가 아니었다. **새로운 대양의 길, 종교개혁으로 다져진 정신, 고대의 지혜로 무장된 사고력, 무기와 항해술이라는 기술적 우위**를 바탕으로 유럽은 전 세계를 향해 팽창하기 시작했다. 16세기 이후, 스페인과 포르투갈은 아메리카와 아프리카, 아시아에 거점을 세웠고, 이어 영국, 프랑스, 네덜란드도 그 흐름에 합류한다. 비잔틴의 멸망이 남긴 트라우마는 유럽인들을 **방어에서 공격으로, 수비에서 탐험으로, 폐쇄에서 확장으로 이끄는 전환점**이 되었다.

□ 맺는말 - 성벽이 무너지자, 정신이 일어섰다.

콘스탄티노플은 무너졌지만, 그 무너진 성벽은 오히려 유럽의 각성을 일으키는 깃발이 되었다. 하나의 문명이 막을 내릴 때, 새로운 문명은 폐허 위에서 시작된다. **1453년은 끝이었지만 동시에 시작이었다.** 교회는 분열되었고, 제국은 몰락했으며, 믿음은 흔들렸지만, 그 속에서 사람들은 새로운 길을 찾았다.

유럽은 그 무너짐 속에서 인간을 다시 바라보았고, 세계를 다시 그리기 시작했다. 콘스탄티노플의 붕괴는 단지 **기독교 제국의 종말이 아니라, 근대 세계를 잉태한 진통**이었다. 그리고 그 진통은 오늘날 우리가 서 있는 세계의 지도를 새로 그리는 시작점이 되었다.

제28장

르네상스와 종교개혁
- 인간 중심 사고와 신앙의 조화

1. 성벽이 무너진 날, 새로운 문이 열리다

1453년, 콘스탄티노플의 성벽이 무너졌다. 천년 동안 난공불락이라 불리던 도성이 대포의 불길에 무너져 내리자, 유럽은 충격에 휩싸였다. 신 중심의 질서가 흔들렸고, 동방 무역로는 차단되었다. 유럽은 바다로 눈을 돌렸고, 십자가가 흔들리자 인간의 이성이 깨어났다.

그 충격은 두 방향으로 이어졌다. 하나는 인간의 창조성과 사유 능력을 되찾으려는 르네상스였고, 다른 하나는 하나님 앞에 선 개인의 신앙을 회복하려는 종교개혁이었다. 서로 달라 보였지만, 두 운동은 신과 인간, 이성과 신앙을 새롭게 이어 주는 다리였다.

2. 종교개혁과 그 배경

15세기 말에서 16세기 초, 유럽은 거대한 격변의 소용돌이 속에 있었다. 중세가 저물고 근세가 막을 올리던 시기, 사람들은 기존의 권위에 의문을 품기 시작했다. 그 중심에는 **로마 가톨릭교회의 권위에 대한 도전**이 있었다.

이미 14세기 후반, 교황이 둘 혹은 셋으로 갈라져 서로 정통성을 주장하던 '서방 교회 대분열'은 신앙의 신뢰를 크게 흔들었다. 특히 1453년 콘스탄티노플 함락 이후, 비잔틴 학자들이 이탈리아로 망명하며 고대 지식이 대거 유입되었다. 르네상스 인문주의는 "진정한 기독교란 무엇인가?"라는 질문을 던지게 했다. 여기에 구텐베르크의 금속활자 인쇄술은 성경과 지식을 폭넓게 확산시켜, 교회 권위 대신 말씀으로 돌아가려는 흐름을 가능케 했다.

1517년, 독일의 신학자 **마르틴 루터**(Martin Luther)는 면죄부 판매를 비판하며 **'95개조 반박문'**을 비텐베르크 성당 문에 내걸었다. 그는 로마서 1장 17절, "오직 의인은 믿음으로 말미암아 살리라"라는 말씀을 붙들고 '오직 믿음(Sola Fide), 오직 성경(Sola Scriptura)'을 외쳤다. 보름스 회의에서 철회를 요구받았을 때, 그는 선언했다.

"내 양심은 하나님의 말씀에 사로잡혀 있다. 나는 여기 서 있다."

루터의 도전은 인쇄술 덕분에 유럽 전역으로 확산되었다. 스위스 취리히의 츠빙글리는 예배에서 성가대와 오르간을 폐지하고 성상과 장식을 철거하는 등 **성경 중심의 단순한 예배 형태를 확립**하였다. 그는 성만찬을 상징적 기념으로 해석하여 루터와 다른 노선을 걸었고, 이 흐름은 후대 개혁교회의 기반이 되었다. 반면 칼빈은 이러한 개혁 전통을 체계적으로 확장하여 기독교 강요를 통해 예정론과 구원 교리를 엄밀하게 정리하였고, 제네바를 엄격한 교회 질서와 교육 체계가 자리한 **개신교 신학의 중심지**로 만들었다. 그의 사상은 스코틀랜드 장로교 · 네덜란드 개혁교회 · 청교도 운동 등으로 이어져 유럽과 신대륙의 종교 · 사회 사상에 장기적 영향을 남겼다.

□ 30년 전쟁과 베스트팔렌 조약

그러나 **종교개혁**은 단순한 신앙 논쟁을 넘어 **정치 · 군사적 대립**으로 번졌다. 1618년, 보헤미아 귀족들이 합스부르크 관리들을 창밖으로 내던진 '프라하 창문 투척 사건'[4]으로 촉발된 전쟁은, 30년 동안 유럽을 피로 물들였다. 독일 인구의 3분의 1이 줄어들 만큼 참혹한 전쟁이었고, 가톨릭과 개신교의 갈등은 결국 유럽 열강의 패권 다툼으로 변질되었다. 1648년 베스트팔렌 조약은 전쟁을 종결짓고, 각 지역 군주가 종교를 선택할 권리를 인정하였다. 이는 교황권 중심 질서의 종말이자 근대 주권 국가 체제의 출발점이었다.

프라하 성 입구, 사진: 구민성

□ 종교개혁과 청교도 이주

종교 갈등은 유럽 대륙에만 머물지 않았다. 영국의 청교도들은 국교회의 강압과 가톨릭적 잔재를 비판하며 자유로운 신앙 공동체를 갈망했다. 그들은 "믿음을 지키는 것이 생존"임을 깨달았고, 마침내 1620년 102명의 **청교도가 메이플라워호**(Mayflower)에 올라 신대륙을 향했다. 한 청교도는 일기에 이렇게 기록했다. **"우리가 떠나는 것은 단지 땅이 아니라, 신앙과**

---

4) 1618년 프라하 창문 투척 사건은 보헤미아에서 벌어진 종교 갈등이 폭발한 순간이었다. 합스부르크 황제 페르디난트 2세가 가톨릭을 강제하며 신교도들의 예배당 사용을 제한하자, 분노한 보헤미아 신교 귀족들은 황제의 대리인들을 성(城)의 창문 밖으로 끌고 가 내던졌다. 프라하 성의 창문에서 벌어진 투척은 곧 보헤미아 반란으로 이어졌고, 이는 독일, 오스트리아, 스페인, 스웨덴, 프랑스까지 얽히는 30년 전쟁(1618~1648)의 불씨가 되어, 유럽 대륙을 폐허로 몰아넣는 긴 전쟁의 서막을 열었다.

삶이 하나 되는 자유의 나라다." 그들의 작은 공동체는 훗날 미국이라는 공화국의 정신적 기초가 되었고, 종교 자유의 이상은 대서양을 건너 제도와 헌법 속에 뿌리내렸다.

3. 르네상스 - 인간과 고전의 재발견

르네상스(Renaissance)는 14세기~16세기 사이 이탈리아에서 시작되어 유럽 전역으로 확산된 문화·지적 부흥 운동이었다. **'재탄생'**을 뜻하는 이 단어는 단순한 예술의 부흥이 아니라, 고대 그리스·로마 문명의 재발견과 **인간 정신의 새로운 출발**을 의미했다.

□ 인문주의와 새로운 시선

르네상스의 핵심 정신은 **'인문주의(Humanism)'**였다. 인문주의자들은 고대 문헌을 탐구하며 인간의 이성과 창조성을 강조했다. 그들에게 인간 연구는 신앙에 대한 도전이 아니라, 창조주가 주신 선물에 대한 탐구였다. 페트라르카가 라틴 문헌을 복원하고, 에라스무스가 헬라어 성경을 편집했으며, 미켈란젤로와 다 빈치, 라파엘로는 인간의 감정과 신체를 예술로 형상화했다. 인문주의는 신과 인간, 신앙과 학문을 새로운 조화로 엮는 다리였다.

□ 르네상스의 예술

르네상스 예술의 가장 큰 특징은 **신 중심 세계에서 인간 중심 세계로의 전환**이었다. 중세의 성화가 천상의 질서와 상징을 표현했다면, 르네상스 예술은 인간의 감정과 현실의 공간을 그려 냈다. 화가와 조각가는 더 이상 익명의 장인이 아니라, 개성과 창의성을 지닌 예술가로 등장했다.

▶ 원근법의 발견과 사실적 공간

브루넬레스키와 마사초가 확립한 선원근법은 평면 위에 깊이와 공간감을 부여했다. '삼위일체(Trinità)'나 '성모와 아기 예수' 같은 작품에서 인물은 더 이상 공중에 떠 있지 않고, 실제 공간 속에 존재하는 듯한 입체감을 얻었다. 이는 신학적 상징의 세계를 과학적 관찰의 세계로 바꾸어 놓은 시도였다.

▶ 인간의 육체와 감정의 해방

미켈란젤로의 〈다비드상〉은 성경의 영웅을 신앙의 상징이 아니라 인간의 이상적 육체로 재해석했다. 근육의 긴장과 시선의 집중은 인간 내면의 의지와 존엄을 표현했다. 이는 "인간은 신의 형상대로 창조되었다"는 신학적 명제를 예술로 구현한 것이다. 레오나르도 다 빈치는 〈모나리자〉와 〈최후의 만찬〉을 통해 인간의 표정, 빛의 반사, 심리의 깊이를 탐구했다. 그의 그림 속 인물은 더 이상 고정된 상징이 아니라, 살아 있는 존재로 등장했다. **라파엘로의 〈아테네 학당〉**은 **르네상스 인문주의의 정수**를 보여 준다. 고대 철학자들이 웅장한 건축 속에서 토론하는 장면은, 신과 인간, 철학과 예술의 조화를 상징한다.

라파엘로의 아테네 학당(바티칸), 사진: 구민성

▶ 고대의 부활 - 라오콘 군상

〈라오콘 군상,Laocoön and His Sons〉은 원래 기원전 1세기경, 로도스 섬의 조각가 아게산드로스(Agesander), 폴리도로스(Polydorus), 아테노도로스(Athenodoros) 3인에 의해 제작된 헬레니즘 후기 조각이다. 1506년, 로마의 포도밭에서 세상에 다시 모습을 드러낸 대리석 조각 한 점이 르네상스 예술가들에게 깊은 충격을 주었다. 그것이 바로 **〈라오콘 군상〉**이었다. 트로이의 사제 라오콘과 두 아들이 바다뱀에게 휘감겨 고통 속에 몸부림치는 장면을 묘사한 이 작품은, 인간의 절망과 투쟁, 그리고 육체의 긴장미를 극한까지 밀어붙인 헬레니즘 조각의 정수였다.

근육의 수축과 비틀림, 얼굴의 절규, 구성의 균형은 르네상스 예술가들에게 '고대의 이상미'가 다시 살아 있음을 일깨웠다. 미켈란젤로는 직접 이 조각을 관찰하며 인체 표현의 원리를 연구했고, 그 경험은 〈피에타〉와 〈최후의 심판〉 속 인물들에게 이어졌다. 〈라오콘 군상〉의 재발견은 단순한 발굴이 아니라, **고전 조형미의 부활과 인간 감정의 해방을 상징한 사건**이었다. 그날 이후 예술은 신의 질서뿐 아니라, 고통 속에서도 존엄을 잃지 않는 인간의 영혼을 조각하기 시작했다.

라오콘 군상(바티칸), 사진: 구민성

▶ 빛과 색채의 탐구

베네치아파 회화의 전통을 완성한 **티치아노(Titian)**는 색채의 대가였다. 그의 붉은색은 생명의 온기를, 황금빛은 영혼의 울림을 상징했다. 그에게 색은 단순한 장식이 아니라 **감정과**

진리의 언어였다. 피렌체의 화가들이 선과 구조, 이성의 질서를 추구했다면 티치아노는 **빛과 색을 통해 인간의 감정과 존재의 깊이**를 그렸다. 그의 붓끝에서 빛은 물질을 감싸며 부드럽게 퍼졌고, 그림자 속에서도 따뜻한 생명의 기운이 흘렀다. **티치아노가 열어준 이 '빛과 색의 회화'는 르네상스 이후 미술의 방향을 완전히 바꾸었다.** 베네치아의 화가들은 그의 색채 감각을 계승하여 형태보다 분위기와 감정을 중시했으며, 이는 곧 바로크 시대에 극적인 명암 대비와 내면 표현으로 꽃피어 났다. 카라바조의 강렬한 어둠과 빛, 루벤스의 생동감 넘치는 색채, 렘브란트의 영적인 빛은 모두 티치아노의 유산 위에서 탄생한 것이다.

이후 색은 점점 더 해방되며 감정과 상상력의 도구가 되었다. 낭만주의는 색을 통해 인간의 격정과 자유를 드러냈고, 인상주의는 순간의 빛과 공기를 포착하며 색 자체를 탐구의 주제로 삼았다. 나아가 **고흐와 고갱**은 색을 내면의 언어로 사용하며 현실을 넘어선 **표현 세계를 개척**했다. 마침내 20세기 현대미술에 이르러 색은 현실 재현을 벗어나 상징과 사유, 존재의 본질을 드러내는 순수한 언어가 되었다. **즉, 티치아노의 색**은 한 화가의 기법을 넘어, **'빛과 색으로 세계를 이해하는' 새로운 미술**의 흐름을 탄생시킨 출발점이었다.

▶ 르네상스의 음악 - 다성의 조화와 인간 감정의 탄생

르네상스의 음악은 중세의 신비로운 성가에서 벗어나 **인간의 감정과 이성의 조화를 노래하기 시작한 시대**였다. 그레고리오 성가가 신을 향한 단선율의 기도였다면, 르네상스 음악은 **다성음악(Polyphony)**으로 여러 성부가 서로 다른 선율을 부르며 조화롭게 어우러졌다. 이로써 소리는 평면적인 선율을 넘어 **입체적 공간감과 감정의 깊이**를 얻게 되었다. 특히 **조스캥 데 프레**와 **팔레스트리나**는 각 성부가 독립적이면서도 전체적으로 완벽한 조화를 이루는 **대위법(Counterpoint)**을 발전시켰다. 대위법은 각 선율이 자기 개성을 유지하면서 서로 충돌하지 않고 화성적으로 어우러지게 하는 작곡 기법으로, 이 시대에 음악이 과학적 질서와 인간 감정의 균형을 모두 갖춘 예술로 성숙하게 했다.

이러한 **다성음악과 대위법**은 이후 **바로크 음악의 감정 표현**과 **고전주의의 조성 체계**로 이어지는 서양 음악 발전의 토대가 되었다. 르네상스가 인간의 이성과 감정의 균형을 노래했다면, **바로크 시대(17~18세기 초)**의 음악은 그 감정을 더욱 강렬하게 드러내며 '극적 표현의 예술'로 발전했다. 바흐와 헨델은 르네상스의 대위법을 웅대한 구조 속에서 완성시켰고, 첼로나 비올(viola da gamba) 같은 현악기가 저음을 연주하고, 그 위에 하프시코드나 오르간이 화음을 쌓아 올려 전체 음향을 완성했다. 이러한 통주저음(通奏低音)은 **하나의 지속된 기초 위에 여러 악기가 감정과 선율을 펼치는 틀**이 되었다. 통주저음 위에 얽히는 선율은 마치 인간의 열정과 신앙, 갈등과 구원의 드라마를 들려주었다. 음악은 더 이상 단순한 조화의 미가 아니라, **감정의 흐름과 인간 내면의 움직임을 그리는 언어**가 되었다.

이후 **고전주의 시대(18세기 후반)**에 들어서면, 감정의 격정을 다듬고 **형식과 균형의 조화**가 강조된다. 하이든과 모차르트, 베토벤은 르네상스의 다성적 사고를 바탕으로 **조성(tonality)**과 **소나타 형식**을 확립하여, 음악을 논리적 구조와 감정의 질서가 공존하는 예술로 완성시켰다. 바로크가 '감정의 폭발'이었다면, 고전주의는 그 감정을 '이성의 질서'로 정제한 시대였다. 즉, 르네상스의 다성음악은 인간의 목소리로 **'조화와 감정'을 동시에 노래하기 시작한 첫 출발점**이었고, 그 울림은 **바흐의 대위법**, **모차르트의 조화**, 그리고 **베토벤의 인간적 열정** 속으로 이어지며 서양 음악사의 근간을 이루게 되었다.

▶ **예술과 신앙의 결합**

르네상스 예술은 인간 중심적이었지만, 결코 신앙을 배제하지 않았다. 오히려 인간의 형상과 감정을 통해 **신의 영광과 창조의 질서**를 드러내려 했다. 교황청의 주문으로 미켈란젤로가 그린 시스티나 성당의 천장화 〈창세기〉와 제단화 〈최후의 심판〉은, 인간 창조와 구원의 드라마를 **우주적 규모의 비전**으로 형상화한 걸작이었다. 손가락을 맞닿게 하는 아담과 하나님의 장면은 단순한 신화가 아니라, 신과 인간의 관계가 만나는 찰나(刹那)를 시각적으로 구현한 상징이었다.

이 장면에서 인간은 피조물이면서도 창조의 파트너로 등장하며, 이는 곧 르네상스의 핵심 정신-"**인간 안에 신의 형상이 존재한다**"-을 시각적으로 완성한 순간이었다. 이와 같은 정신은 **음악에서도 울려 퍼졌다.** 팔레스트리나의 미사곡은 경건함 속에서 인간의 감정과 질서의 조화를 노래하며, 회화와 조각이 시각으로 신과 인간의 만남을 표현했다면, 음악은 **소리로 드러난 신앙의 조화**를 완성했다.

▶ **예술의 유산**

르네상스의 예술은 근대 미학의 출발점이 되었다. 자연과 인간의 조화, 비례와 균형의 탐구, 그리고 예술가의 자율성이라는 개념은 이후 **바로크, 신고전주의, 인상주의**로 이어지며 서구 예술의 기본 틀을 형성했다. 이 시기의 **음악 또한 그 정신을 공유**했다. 화가들이 원근법과 빛을 통해 공간의 깊이를 탐구했다면, 작곡가들은 **다성음악**과 **대위법**으로 소리의 공간을 열었다. 그 조화의 원리는 **바로크의 통주저음(通奏低音)**과 **고전주의의 조성**으로 발전하여, 음악에서도 인간의 감정과 이성이 균형을 이루는 근대적 질서를 완성했다. 결국 르네상스의 예술은 **보이는 세계와 들리는 세계 모두에서 인간 중심의 미학을 완성한 시대**였으며, 그 유산은 이후 수 세기 동안 서양 예술과 음악의 뿌리가 되었다.

□ 인쇄술과 지식의 대중화

1450년경, **요하네스 구텐베르크**(Johannes Gutenberg)가 금속 활자 인쇄술을 발명하면서 르네상스는 결정적인 전환점을 맞았다. 이 기술은 단순한 기술 혁신을 넘어, 지식의 확산 구조 자체를 근본적으로 바꾼 사건이었다. 구텐베르크의 인쇄기는 이전의 필사본보다 수십 배 빠른 속도로 책을 찍어 낼 수 있었고, 동일한 내용의 복제본을 대량으로 생산함으로써 오류를 줄이고 신뢰성을 높였다. 그 결과, **성경과 고전, 철학서, 과학서**가 유럽 전역으로 급속히 퍼져 나가며 지식은 더 이상 성직자나 귀족, 학자 계층의 전유물이 아니게 되었다.

특히 인쇄술은 **민족어 성경의 보급**을 촉진하여 마르틴 루터의 종교개혁이 확산되는 데 결정적인 역할을 했다. 라틴어 중심의 교회 권위는 흔들렸고, 각국의 언어로 쓰인 책을 통해 시민들은 신앙과 학문을 직접 읽고 판단할 수 있게 되었다. 또한 코페르니쿠스, 베살리우스, 갈릴레이 등의 **과학 저술**이 빠르게 출판되고 유통되면서, 경험과 실험을 중시하는 새로운 인식 체계가 형성되었다. 인쇄술은 단지 정보를 전달한 것이 아니라, **지식의 민주화와 과학**

혁명, 근대 시민사회의 태동을 이끈 근원적 동력이었다.

□ 과학과 기술 - 관찰과 실험의 시대

르네상스는 기술 혁신의 시기이기도 했다. 브루넬레스키는 피렌체 대성당의 돔을 거푸집 없이 쌓아 올리며 건축 기술의 새로운 지평을 열었다. 레오나르도 다 빈치(Leonardo da Vinci)는 해부학, 기계공학, 수리학, 비행체 설계까지 미래를 예견하는 메모를 남겼다. 그는 말하였다.

레오나르도 다빈치 자화상
Leonardo da Vinci, Presumed Self-Portrait, Public Domain.

"날개를 가진 자는 언젠가 하늘을 지배하리라."

군사 기술에서도 화약과 대포가 성곽의 개념을 무너뜨렸다. 이는 '중세 성벽의 몰락'이라는 정치 · 군사적 변화를 촉발했다.

□ 해부학, 수리학, 천문학의 도전

예술과 과학은 서로에게 영감을 주었다. 다 빈치는 시신을 해부해 근육과 장기를 기록했고, 그 드로잉은 예술적 아름다움과 과학적 정밀성을 동시에 담았다. 수리학에서는 물의 흐름과 압력을 분석하여 양수 장치와 수차를 고안했으며, 이는 도시의 수로 건설에 응용되었다. 천문학에서는 프톨레마이오스의 천동설을 넘어, 코페르니쿠스가 지동설을 제시하며 우주관의 대전환을 예고했다. 그의 사상은 티코 브라헤의 관측, 케플러의 궤도 법칙으로 이어졌고, 결국 근대 과학혁명의 토대가 되었다.

□ 르네상스의 의미

르네상스는 단순한 학문·예술 운동이 아니었다. 그것은 신 중심 세계관 속에서 인간의 존엄을 재발견하고, 과학과 예술을 융합하여 근대 문명을 준비한 **거대한 전환기**였다. 신과 인간, 고전과 미래가 교차하던 그 시기, 유럽 문명은 새로운 길을 열었다.

4. 르네상스의 걸작 - 바티칸 성 베드로 성당

로마 서북쪽 바티칸 언덕에 서 있는 **성 베드로 대성당**은 단순한 건축물이 아니다. 그것은 인간의 예술과 신앙, 권력과 시간이 서로 맞물려 빚어낸 집약체이며, 오늘날 세계에서 가장 작은 나라 바티칸 시국의 심장이다. 거대한 돔 아래에는 수백 년간 이어진 신학적 논쟁, 예술적 영감, 정치적 갈등이 고스란히 응축되어 있다.

□ 신앙의 권위, 예술의 영광 - 성 베드로 대성당

그 시작은 콘스탄티누스 황제가 기원후 4세기에 세운 첫 성당이었다. 사도 베드로의 순교자리에 세워진 이 성당은 천 년 넘게 **가톨릭 신앙의 중심**이 되었으나, 중세 말에는 심각한 노후화로 무너져 내리고 있었다. 교황 율리우스 2세는 새로운 시대를 상징하는 성당을 짓겠다는 야심을 품고 1506년 재건을 명했다. 그 명령은 단순한 건축 계획이 아니라, 르네상스 예술과 교황권의 권위를 동시에 드러내려는 선언이었다.

브라만테, 라파엘로, 미켈란젤로, 베르니니… 르네상스와 바로크의 거장들이 차례로 참여하며 성당은 완성되어 갔다. 1506년에 시작된 공사는 여러 세대를 거쳐 1626년 교황 우르반 8세 때 봉헌되기까지 120년이 넘는 세월을 필요로 했다. 미켈란젤로의 돔은 브루넬레스키의 피렌체 돔을 계승하면서도 그것을 넘어서는 신앙의 상징이었다. 중앙 제단 아래 묻힌 베드로의 무덤, 그리고 그 위를 덮는 베르니니의 발다키노는 한목소리로 선언한다. **"이곳이 교**

회의 반석이며, 신앙의 중심이다."

바티칸 성베드로성당, 사진: 구민성

□ 권력의 몰락과 바티칸의 재탄생

그러나 아이러니하게도, 가장 장엄한 성당이 완성되던 무렵 교황령은 쇠락했다. 1870년, 이탈리아 왕국이 로마를 병합하며 교황령은 역사 속으로 사라졌다. 교황은 바티칸에 고립되어 스스로를 **"바티칸의 포로"**라 불렀다. 성 베드로 성당은 더 이상 교황권의 정치적 상징이 될 수 없었다. 하지만 1929년 라테란 조약이 체결되면서 성당은 다시 새로운 위상을 얻게 된다. 이 조약을 통해 **이탈리아는 바티칸을 하나의 독립 국가로 인정**하고, 성 베드로 성당을 중심으로 한 0.44㎢의 땅이 주권 국가 "바티칸 시국"으로 탄생하게 된다. 이제 성당은 단지 신앙의 장소가 아니라 국가의 중심이자 교황의 주권을 상징하는 공간이 되었다.

오늘날 수백만 명의 순례객이 이곳을 찾는다. 미켈란젤로의 **피에타** 앞에 서거나, 돔 아래에서 하늘을 올려다보는 순간, 그들은 단순한 건축물이 아닌 **신과 인간의 만남의 장**을 경험한다. 성 베드로 대성당은 르네상스의 걸작이자, 바티칸이라는 국가 정체성의 핵심으로 지금도 살아 숨 쉬고 있다.

Ignazio Danti, 갤러리 천장 프레스코화, 사진: 구민성

5. 르네상스 건축과 고딕 건축의 비교

유럽 건축의 역사에서 **고딕(Gothic)**과 **르네상스**는 두 개의 찬란한 봉우리처럼 솟아 있다. 겉모습은 비슷해 보일 수 있지만, 두 양식은 전혀 다른 시대정신을 담고 있으며, 인간과 신, 세계를 바라보는 관점 자체가 극명하게 달랐다. 고딕은 중세의 어둠 속에서 신의 영광을 높이 올렸고, 르네상스는 인문주의의 눈으로 고전을 복원하며 인간의 비례와 이성을 건축 속에 담아냈다.

□ 하늘을 향한 신앙 - 고딕 건축의 정신

고딕 건축은 12세기 중엽, **프랑스에서 시작**되어 북유럽 전역으로 퍼져나갔다. 그 핵심은 **수직성과 빛**에 있었다. 높이 솟은 첨탑과 뾰족한 아치, 날렵하게 뻗은 플라잉 버트레스(flying buttress)는 마치 인간의 영혼이 신에게 다가가려는 몸짓처럼 하늘로 치솟는다. 내부는 거대한 스테인드글라스 창을 통해 색색의 빛이 쏟아지며, 신비롭고 영적인 분위기를 자아낸다. 고딕 성당은 단지 예배의 공간이 아니라, **하늘나라를 땅에 구현한 건축적 천국**이었다.

신고딕 양식(뮌헨 신시청사), 사진: 구민성

□ 이성을 향한 회귀 - 르네상스 건축의 탄생

이에 비해 **르네상스 건축**은 14세기 말 **피렌체에서 태동**하며, 중세의 위계질서에서 벗어나 인간 중심의 질서를 회복하려 했다. 그들은 고대 그리스와 로마의 유산을 재발견하며, 건축 속에 **비례, 균형, 대칭**의 원리를 되살렸다. 뾰족한 아치 대신 **반원 아치**, 복잡한 리브 볼트 대신 **돔과 평평한 천장**, 플라잉 버트레스 대신 **기둥과 정연한 벽면**이 등장했다. 대표적인 예인 브루넬레스키의 피렌체 대성당 돔은, 기술적 혁신과 미학적 이상이 결합된 르네상스의 상징이라 할 수 있다.

브루넬레스키는 피렌체 대성당의 돔을 설계하면서 완벽한 대칭을 고집하지 않았다. 그는 **중심축을 미세하게 어긋나게** 두었고, 그로 인해 **돔의 하중이 균형**을 이루며 무너짐을 피했다. 사람들은 그 오차를 비웃었지만, 그는 말했다고 전해진다. "인간의 계산이 미치지 못하는 곳에서 신의 손길이 마무리하신다." 그의 설계는 단순한 기술적 성취를 넘어, 인간의 한계와 신의 질서가 공존하는 르네상스 정신의 상징이 되었다. **기술은 완벽**을 향하지만, **예술은 그 여백** 속에서 완성된다.

피렌체 대성당 Bruce Stokes on Flickr CC BY-SA 2.0

□ 빛과 비례, 신과 인간 - 두 세계의 대화

두 양식은 구조적인 목적과 철학적 방향성에서도 차이를 보인다. 고딕 건축은 한계를 넘기 위해 끊임없이 높이 올라갔다. 건축은 인간의 한계를 뛰어넘어 신의 세계에 다다르려는 시도였고, 그 속에 감춰진 복잡한 구조물들은 외부의 장식적 요소로 보완되었다. 반면 르네상스 건축은 **이해 가능한 세계를 만들고자 했다**. 사람의 키, 팔 길이, 시야에 맞춘 크기와 비례를 통해 누구나 이해할 수 있는 공간, 조화로운 세계를 지향했다.

내부 분위기도 다르다. **고딕 성당은 장엄하고 숭고**하며, 사람을 작게 만든다. 천장 아래에서 바라보는 인간은 미미한 존재로 느껴진다. **르네상스 성당**은 반대로, 사람을 중심에 두며, **인간이 그 공간의 주체**라는 인상을 준다. 미켈란젤로가 설계한 성 베드로 성당의 돔 아래에서 있으면, 그 위엄은 거대하지만, 그 공간은 인간을 품으려는 안정감과 질서를 지닌다. **하늘을 향한 고딕의 기도**가 있다면, 르네상스는 **인간과 신이 함께 머무는 공간**을 지향했다.

두 건축 양식 모두 인류의 정신적 진보를 상징한다. **고딕**은 **중세의 신앙심**이 남긴 찬란한 유산이며, **르네상스**는 **인간 이성과 예술적 창의력**이 꽃핀 결과물이다. 한쪽은 위로 솟고, 다른 한쪽은 안으로 깊어진다. 그러나 둘 다 결국, 인간이 이해하려는 세계, 그리고 그 너머에 있는 어떤 거룩함을 향한 **건축적 응답**이었다.

□ 르네상스 건축과 고딕 건축의 비교표

항목	르네상스 건축	고딕 건축
시기	14세기 후반 ~ 16세기 후반	12세기 중엽 ~ 15세기 말
주요 지역	이탈리아 중심 → 유럽 확산	프랑스, 독일, 영국 등 북유럽 중심
사고방식	인간 중심, 합리성, 고전 회귀	신 중심, 수직성, 영적 상승 강조
영향받은 양식	고대 **그리스 · 로마** 건축	**로마네스크** 건축 발전 형태
구조미	**수평적 안정성**, 비례, 대칭	**수직적 상승감**, 빛과 높이 추구
돔 구조	**반구형 돔** (브루넬레스키 돔)	드뭄. 대신 첨탑과 첨두 아치 사용
창 구조	비교적 작고 정연한 사각 창	**화려한 스테인드글라스 창**, 장미창
기둥 · 아치	반원 아치, 고전기둥(도리스, 이오니아 등)	**첨두아치**, 플라잉 버트레스
장식	절제된 조화미, 고전적 조각	풍부한 장식, 신화 · 성인 조각 다수
대표 건축물	피렌체 대성당, 템피에토, 팔라초 루첼라이	노트르담 대성당, 사르트르 대성당, 쾰른 대성당
상징성	인간 중심 세계, 이상적 비례	신성의 높이, 하늘을 향한 영혼

□ 르네상스와 고딕 양식의 조화 - 밀라노 두오모 성당

이탈리아 밀라노의 중심에 우뚝 솟은 두오모 성당은 단순한 건축물이 아니라, **수 세기를 아우른 시간의 층위가 얽힌 상징적인 공간**이다. 이 성당은 유럽 고딕 건축의 정수로 평가받지만, 그 속에는 단일 양식으로 설명할 수 없는 다양한 시대와 지역의 흔적이 녹아 있다.

두오모 성당의 건축은 1386년, 밀라노를 통치하던 **비스콘티 가문**의 주도 아래 시작되었다. 이 시기는 유럽에서 고딕 양식이 절정에 이르던 때였고, 성당은 자연스럽게 국제 고딕 양식(International Gothic)의 영향을 강하게 받았다. 프랑스와 독일, 플랑드르 지방의 고딕

건축 양식을 종합하여, 보다 화려하고 장식적인 형태로 발전한 이 양식은 두오모 성당의 수직성을 강조한 외관, 정교한 첨탑, 그리고 조각상의 숲과 같은 장관을 만들어 냈다. 성당의 외벽에는 무려 **3,400개 이상의 석상**, 그리고 **135개의 첨탑**이 솟아 있으며, 그중 가장 높은 첨탑(108.5m) 꼭대기에는 황금빛 성모 마리아상(Madonnina)이 자리하고 있다. 이 조각상의 존재는 두오모가 단지 미적인 건축물이 아니라, **신앙의 상징이자 도시의 영적 중심**임을 드러낸다.

하지만 두오모는 단일 시대의 작품이 아니다. 건축은 무려 **600년 이상** 계속되었고, 그만큼 여러 건축 양식이 혼재되어 있다. 내부에서는 일부 **르네상스적 요소**—특히 비례감 있는 기둥과 아치—를 찾아볼 수 있으며, 정면은 19세기 초 **나폴레옹 보나파르트**의 지시로 완성되어 **신고전주의 양식**이 스며들었다. 이처럼 두오모는 고딕을 바탕으로 하되, 다양한 시대의 건축적 상상력이 덧입혀진 결과물이다.

밀라노 두오모 성당, 사진: 구민성

또한 이 성당은 건축 재료 면에서도 독특하다. 칸도글리아(Candoglia) 지역의 **연분홍빛**

대리석을 사용하였는데, 이 석재는 성당에 은은한 빛을 주며, 시간대와 날씨에 따라 외관의 색채가 미묘하게 변화한다. 고딕 성당이 어둡고 엄숙하다는 일반적인 인상과 달리, 밀라노 두오모는 밝고 생동감 있는 외관으로 **이탈리아적 고딕의 따스함**을 전한다. 무엇보다도 두오모는 단지 유럽 건축의 집대성이 아니라, **도시 밀라노의 정체성과 시민들의 신앙을 형상화한 결정체**다. 여러 세대의 장인들이 이어받아 완성시킨 이 성당은, 인간의 손으로 시간과 신앙, 예술을 조각해 낸 위대한 집단 창작물이라 할 수 있다.

6. 르네상스 시대 유럽의 언어 - 라틴어에서 영어까지

르네상스는 단순히 예술과 과학의 부흥이 아니었다. 그것은 언어의 지형을 근본적으로 바꾼 거대한 전환이었다. 중세 유럽에서 학문과 신앙, 행정과 외교는 모두 라틴어라는 하나의 틀 속에 갇혀 있었다. **라틴어**는 로마 제국의 유산이자 가톨릭교회의 공식 언어로, 오랜 세월 동안 **지식과 권위의 상징**이었다. 하지만 그것은 동시에 민중과는 멀리 떨어진 언어이기도 했다.

□ 고전 라틴어의 회복과 한계

르네상스 인문주의자들은 중세 라틴어가 본래의 품격을 잃었다고 보았다. 그들은 키케로와 베르길리우스 같은 고전 작가들의 문체를 되살리려 애썼고, 라틴어를 다시 세련되고 정제된 학문의 언어로 만들려 했다. 그러나 역설적으로, 라틴어가 높아질수록 민중은 그 언어와 멀어졌다. 언어는 더 고귀해졌지만, 더 많은 사람들의 입에서는 멀어진 것이다.

□ 민족어의 부상 - 신앙과 문학의 새 언어

바로 이 지점에서 르네상스의 또 다른 혁명이 시작되었다. 사람들은 이제 **자신의 언어로 신앙과 사상을 말하고자** 했다. 이탈리아의 단테는『신곡』을 라틴어가 아닌 이탈리아어로 기록하며, 민족어가 신학과 문학의 도구가 될 수 있음을 보여 주었다.

스페인의 세르반테스는 『돈키호테』를 통해 스페인어 문학을 세계 무대에 올려놓았다. 독일의 루터는 신약성서를 독일어로 번역하여, 구어체였던 독일어를 문어의 품격으로 끌어올렸고, 신앙을 민중의 언어로 되돌려주었다. 프랑스에서는 몽테뉴(Michel de Montaigne)가 『수상록(Essais)』을 통해 개인의 경험과 성찰을 철학적 언어로 승화시켰다. 그의 글쓰기는 라틴어가 아닌 프랑스어로 사유할 수 있음을 보여 주었고, 이는 근대적 자아와 프랑스 문학 전통의 출발점이 되었다.

이 흐름은 곧 **종교개혁의 언어적 토대**가 되었다. 더 이상 성경은 성직자의 전유물이 아니었다. 사람들은 자신의 언어로 말씀을 읽고, 자신의 언어로 기도했다.

□ 영어의 부활 - 셰익스피어와 르네상스 문학

영국 또한 같은 길을 걸었다. 1066년 노르만 정복 이후 영어는 프랑스어와 라틴어에 눌려 지배층의 언어가 되지 못했다. 그러나 르네상스의 바람은 영어를 다시 무대 위로 불러냈다. 윌리엄 셰익스피어는 바로 그 중심에 있었다. 그의 작품은 인간의 욕망과 비극, 희망과 사랑을 영어라는 언어 속에 풀어냈다. 셰익스피어는 1,700개가 넘는 새로운 어휘를 창조하거나 기존 단어를 확장해 사용했으며, 그의 문장은 영어라는 언어 자체의 그릇을 넓혔다. "영어는 셰익스피어 이전과 이후로 나뉜다"라는 말이 나올 정도였다.

토머스 모어의 『유토피아』, 윌리엄 틴데일의 성경 번역 또한 영어가 더 이상 변방의 언어가 아님을 보여 주었다. 이 시기 영어는 민족의 문학 언어이자, 학문과 신앙의 언어로 자리 잡았다.

□ 인쇄술과 언어의 민주화

구텐베르크의 금속 활자 발명은 이 언어 혁명을 실질적으로 가능케 한 기술이었다. 인쇄술은 책을 성직자와 학자의 서재가 아니라 시장과 가정으로 옮겨 놓았다. 책이 대량으로 제작되면서 민족어 문학과 성경이 보급되었고, 문법의 정비와 철자의 통일이 빠르게 진행되었다. 방언은 점차 표준어로 다듬어졌고, 이는 곧 근대 국가의 언어적 기반이 되었다.

□ 언어의 의미 - 민족의 심장

르네상스는 결국 언어를 더 이상 소수 엘리트의 도구로만 두지 않았다. 언어는 민족의 혼이자, 사상의 그릇이며, 공동체를 연결하는 심장의 역할을 하게 되었다. 라틴어는 여전히 학문과 교회의 언어로 유지되었지만, 각국의 민족어는 문학, 종교, 철학의 언어로 자리 잡으며, 오늘날 우리가 사용하는 **유럽 각국의 현대어로 발전하는 토대**를 형성했다. 르네상스는 단지 과거의 고전을 부활시킨 시대가 아니라, 언어를 통해 미래의 문명을 설계한 시대였다. 영어 또한 이 시기에 하나의 지적 언어로서 다시 태어난 것이다.

7. 종교개혁 이후의 기독교 - 복음은 지금 어디에 서 있는가?

기독교의 여정은 늘 **긴장과 변화**의 연속이었다. 초대교회는 핍박받던 소수 공동체였고, 로마 제국에서는 국교의 지위를 얻었으며, 중세에는 유럽 전역을 지배한 거대한 제도 종교가 되었다. 그리고 근세, 종교개혁의 불길 속에서 교회는 분열과 개혁이라는 양면의 길을 동시에 걸었다. 그러나 그 오랜 시간 동안 반복되는 질문은 하나다.

"복음은 지금 어디에 서 있는가?"

□ 종교개혁(1517) - 말씀으로의 귀환

16세기, 루터와 칼뱅은 교회의 부패를 비판했지만 더 근본적으로는 복음의 회복을 외쳤다. **"오직 믿음, 오직 은혜, 오직 성경."** 그 외침은 교회의 권위가 아니라 말씀과 성령이 중심임을 선언하는 것이었다. 인쇄술은 복음을 다시 민중의 언어로 되돌려주었고, 신앙은 개인의 고백으로 살아났다. 그러나 개혁의 불꽃은 곧 또 다른 분열을 낳았다. 루터파, 칼뱅파, 재세례파, 성공회, 장로교, 감리교, 침례교… 복음을 지키려는 각자의 시도는 종종 또 다른 교리와 제도를 낳았고, 교회는 다시 진리의 본질보다 제도와 정체성의 보호에 집착하기 시작했다.

□ 500년이 지난 지금 - 복음은 어디에 있는가?

종교개혁이 일어난 지 500년, 오늘날 개신교는 전 세계적으로 4만 개 이상의 교파로 나뉘어 있다. 건강한 다양성도 있지만, 폐쇄적 집단주의도 여전하다.

- 교회는 여전히 "무엇을 믿느냐"보다 "어디에 속했느냐"를 먼저 묻는다.
- 성경은 넘쳐나지만, 진심 어린 회개와 순종은 드물다.
- 예배는 화려해졌지만, 십자가는 점점 무게를 잃어 간다.
- 이름만 '기독교'인 문화적 관습은 많지만, 예수의 복음과는 멀어진 현실도 있다.

서구에서는 이미 '포스트 기독교 시대'가 도래했고, 청년들은 교회를 떠나고 있다. 교회는 세상의 빛이 되기보다, 종종 **기득권의 성채**처럼 보이기도 한다.

□ 다시 복음 앞에 서야 할 때

예수는 말씀하셨다.
"내 나라는 이 세상에 속하지 아니하였다."(요 18:36)
복음은 제도와 건물에 갇히는 것이 아니다.
지금 우리에게 필요한 것은 단순하다.
복음의 본질로 돌아가는 것이다.

복음은 교리 구조물이 아니라,

예수 그리스도를 믿고 따르는 삶의 방식이다.

교회는 다시금 복음의 전파자이자 회복의 공동체가 되어야 한다.

복음은 분열이 아니라 화해를 부른다.

초대교회는 다양함 속에 하나 됨을 추구했다.

"우리는 몸은 하나요, 성령도 하나요, 주도 하나요,

믿음도 하나요, 세례도 하나"(에베소서 4:4-5)라는 고백처럼,

오늘날 교회는 다시금 공통의 복음 위에 서서 협력과 연합을 도모해야 한다.

말씀과 성령으로 다시 서야 한다.

지금의 교회는 기술과 마케팅, 프로그램으로 넘쳐나지만,

말씀에 대한 갈망과 성령의 실제적 인도에 민감한 공동체는 드물다.

기도와 말씀, 회개와 순종, 십자가의 영성이 회복되어야 한다.

사회 속 빛과 소금으로 살아야 한다.

복음은 구원받은 자의 고백에 머무르지 않고,

세상 속에서 정의와 자비를 실천하는 삶으로 이어져야 한다.

교회는 정치나 문화의 종속물이 아니라,

세상 속에서 하나님 나라를 드러내는 증인이 되어야 한다.

□ 역사 속 반복되는 초대

1000년 전, 동서 교회는 성찬의 방식과 권위 구조를 놓고 갈라졌고,

500년 전, 종교개혁은 구원과 성경 해석을 둘러싼 충돌로 갈라졌으며,

오늘 우리는 다시 "복음은 무엇인가?"를 묻는 시대를 살고 있다.

예수께서 교회에 남기신 기도는 여전히 유효하다.

"아버지여, 아버지께서 내 안에 계신 것 같이
그들도 다 하나가 되게 하옵소서."(요한복음 17:21)

역사는 분열을 반복했지만,
복음은 여전히 우리를 **하나 됨으로 초대**한다.
지금이야말로 교회가 다시 복음의 중심으로 돌아가야 할 때다.
진리와 사랑, 정직과 화해 위에 서는 교회만이,
세상을 향해 이렇게 말할 수 있다.

"하나님 나라가 가까이 왔다."

제29장

중세의 과학자와 기술자들 - 과학과 종교의 교차점

1. 중세 이후 과학과 기술의 발달

중세는 흔히 '암흑기'라 불린다. 그러나 어둠은 완전한 침묵이 아니었다. 돌을 다듬던 석공, 수차를 세우던 수도승, 성곽을 설계하던 기술자들은 신앙과 실용을 함께 붙들며 시대를 지탱했다. 그들의 손끝에서 솟아난 첨탑과 리브 볼트, 물시계와 기계식 시계는 기록되지 않은 이름 없는 과학이었다. 그들의 작은 축적은 르네상스와 과학혁명으로 이어지는 길을 닦았다.

15세기부터 21세기에 이르기까지 과학의 발달은 인류가 **자연과 우주를 설명하는 언어**를 바꾸어 왔다. 신학적 해석에서 출발한 인식은 관찰과 수학, 실험과 데이터의 언어로 전환되었다. 그 여정은 점진적 누적과 혁명적 도약이 교차하는 장대한 흐름이었다.

□ 르네상스와 새로운 시선

15~16세기 유럽은 여전히 아리스토텔레스의 철학, 프톨레마이오스의 천동설, 그리고 기독교 신학이 결합한 세계관을 유지하고 있었다. 1543년, 코페르니쿠스의 『천구의 회전에 관하여』가 출간되었다. 그는 지구가 아닌 태양을 중심에 두었고, 이는 우주관의 근본을 뒤흔든

선언이었다. 케플러는 정밀한 관측을 통해 행성의 궤도가 타원임을 밝혀 천체 운동을 수학화했다. 인간은 신앙만이 아니라 관찰과 계산으로 자연을 읽기 시작했다.

□ 근대 과학의 태동

17세기 과학은 더 이상 철학이나 신학의 부속이 아니었다. 갈릴레오는 망원경으로 하늘을 기록하며 지동설의 근거를 마련했고, 뉴턴은 『프린키피아』(1687)를 통해 만유인력과 운동 법칙을 정립하며 우주를 수학적 법칙의 질서로 설명했다. 데카르트는 이성의 확실성을, 베이컨은 경험과 실험의 반복을 강조했다. 두 길은 합쳐져 과학적 방법론이라는 새로운 사유의 틀을 세웠다.

□ 계몽과 혁명

18세기 **계몽주의**는 **과학과 철학을 결합**하여 인간 이성과 진보에 대한 믿음을 확산시켰다. 디드로와 달랑베르의 『백과전서』(Encyclopédie, 1751~1772)는 지식을 대중에게 열었고, 전기·열·광학·해부학의 기초 연구는 급속히 성장했다. 과학은 귀족적 학문에서 사회 개혁과 인간 해방의 도구로 확장되었으며, 미국과 프랑스 혁명에도 그 정신이 스며들었다.

□ 19세기 과학과 산업

19세기 과학은 산업과 직접 연결되었다. 다윈의 **『종의 기원』**(1859)은 생명의 기원을 **자연적 진화로 설명**했고, 멘델레예프의 주기율표는 물질을 질서 있게 정리했다. 파스퇴르와 코흐는 세균 이론을 확립하며 의학 혁신을 열었고, 패러데이와 맥스웰은 전자기 이론으로 전기 시대를 개막했다. 증기기관, 전신, 철도는 산업혁명과 결합해 국가와 산업 시스템 속에 과학을 뿌리내리게 했다.

□ 20세기 - 도약과 그림자

20세기는 과학의 황금기이자 그림자의 시대였다. 아인슈타인의 상대성이론은 시공간을 새롭게 규정했고, 양자역학은 미시 세계의 불확실성을 드러냈다. **DNA 이중나선 구조 발견**(1953)은 **생명공학의 기초**가 되었고, 컴퓨터와 인터넷은 정보 혁명을 촉발했다. 아폴로 11호의 달 착륙(1969)은 인류의 우주 진출을 상징했지만, 같은 세기의 과학은 원자폭탄으로 전쟁의 파괴력을 극대화하며 윤리적 논쟁을 낳았다.

□ 21세기 - 설계하는 과학

21세기의 과학은 더 이상 이해의 도구에 머물지 않는다. 이제 과학은 **문명을 설계하는 도구**로, 인간의 삶과 사회, 미래를 재구성하는 힘이 되고 있다.

인공지능(AI)은 그 변화를 이끄는 중심에 서 있다. AI는 언어와 창작, 교육과 의료, 금융과 국방에 이르기까지 모든 영역에 확산되며, 인간의 의사 결정과 창조 행위를 보조하거나 대체하고 있다. 2012년 딥러닝의 비약적 성장은 이미지·음성 인식에서 인간을 넘어섰고, 2020년대 들어서는 생성형 AI(ChatGPT, DALL·E 등)가 등장해 언어·이미지·코드·음악을 창작하며 **"인공지능과의 협업"**이라는 새로운 시대를 열었다.

한편, 유전체학과 맞춤의학은 개인의 DNA 정보를 바탕으로 정밀 치료를 가능케 했고, 기후 과학은 인류의 생존 조건을 다루며 지구 온난화와 에너지 전환을 전면 과제로 삼고 있다. 또한 양자 컴퓨터와 뇌-기계 인터페이스 기술은 기존의 계산 능력과 인간-기계 경계를 넘어서는 새로운 패러다임을 열고 있다. 민간 우주여행과 화성 탐사, 제임스 웹 망원경은 우주의 기원과 생명의 비밀을 다시 묻고 있다.

오늘의 과학은 융합의 장에서 해답을 찾고, 통섭의 지평에서 지식을 묶으며, 궁극적으로는 **창조의 문명을 설계**한다. 21세기의 과학은 이해를 넘어 설계로, 관찰을 넘어 창조로 이동하며, 인류가 스스로의 미래를 그려 내는 도구가 되고 있다.

□ 과학 발전 연표 요약

시기	사건	설명
1543	코페르니쿠스의 지동설	지동설 제시 → **우주관의 전복**
1609/1610	갈릴레이, 망원경으로 천체 관측	목성의 위성 발견 → **지동설 지지**
1609/1619	케플러의 행성운동 법칙 발표	타원궤도 제안 → 천문학의 수학화
1628	하비, 혈액순환 이론 발표	생리학 혁신 → 인체 이해 진보
1687	뉴턴, 『프린키피아』 출간	고전역학의 탄생 → **운동·중력 법칙 정립**
1770~80s	라부아지에, 근대 화학 기초 확립	연소이론, 질량보존 법칙 → 화학 혁명
1796	제너, 천연두 백신 개발	세계 최초 백신 → 예방의학 시작
1831	패러데이, 전자기 유도 발견	전기 발전 원리 확립 → 산업혁명 가속
1859	다윈, 『종의 기원』 출간	**진화론** 제시 → 생물학·신학 충돌 야기
1869	멘델레예프, 주기율표 발표	원소의 체계적 분류 → 화학의 근간
1905	아인슈타인, 특수상대성이론 발표	시간·공간 개념 변화, $E=mc^2$
1915	일반상대성이론 완성	중력의 재정의 → 우주론의 혁명
1927	하이젠베르크, 불확정성 원리 제시	**양자역학 확립** → 고전물리학 붕괴
1953	왓슨과 크릭, DNA 이중나선 규명	유전학 혁명 → 분자생물학 토대
1969	아폴로 11호, 인간의 달 착륙	우주 탐사의 상징, 냉전 기술 경쟁 절정
1980~90s	인터넷과 컴퓨터 과학의 발전	정보혁명 → 디지털 사회로의 전환
2003	인간 게놈 프로젝트 완료	**전체 유전자 해독**, 맞춤의학의 출발점
2012	딥러닝 이미지넷, AI 시작	인식 기술의 진보 → AI 실용화 가속
2020년대	생성형 AI (ChatGPT 등) 대중화	언어·이미지·창작 등 복합 인공지능 시대

2. 중세의 기술자들 - 보이지 않는 실천가들

중세는 흔히 '암흑기'라 불리지만, 그 안을 들여다보면 수많은 **이름 없는 기술자들**이 유럽의 도시와 성당, 성곽, 수도 시스템, 그리고 기계 구조물을 하나하나 쌓아 올리고 있었다. 이들은 오늘날의 과학자나 공학자와 달리, 경험과 직관, 현장 기술과 도제식 교육, 그리고 종교적 신념과 군사적 필요에 따라 움직인 **실천가**들이었다.

그들 중에는 건축가, 석공, 목수, 무기 제작자, 시계 장인, 수도 기술자, 수차 장인 등 다양한 분야의 기술자가 포함되어 있었으며, 이들 대부분은 기록에 이름조차 남기지 못한 채 집단의 이름으로만 전해졌다.

□ 하늘을 세운 손들 - 마이스터 빌더

중세 유럽 도시의 중심에는 거대한 성당이 우뚝 솟아 있었다. 노트르담 대성당, 사르트르, 아미앵, 솔즈베리 등 수많은 고딕 성당은 단순한 종교 공간을 넘어 당시 기술의 집약체였다. 이 성당들을 세운 이들은 단순한 석공이 아니라, 하중 계산과 재료 물성, 기하학적 구조를 몸으로 이해한 장인들이었다. 플라잉 버트레스, 리브 볼트, 첨탑은 중세 건축 기술의 핵심으로, 구조공학과 미학이 결합된 결과물이었다. 그 중심에는 **'마이스터 빌더(Master Builder)'**라 불린 **건축 총책임 기술자**가 있었다. 그는 설계와 조직, 시공과 관리, 재료 조달까지 관장하며 성당 건축을 이끌었다. 이들은 대부분 길드(guild)에서 도제 제도를 통해 경험을 쌓아 마이스터로 성장했으며, 수십 년에 걸친 성당 건축의 중심에 서서 도시의 정신과 신앙, 기술을 동시에 세워 나갔다.

□ 전쟁을 준비한 손들 - 마이스터 엔지니어

전쟁은 또 다른 **기술의 진화 무대**였다. 중세의 전쟁은 단순히 칼과 창으로 싸우는 것이 아니라, 성채와 성곽을 짓고 이를 공격하는 공성 무기를 개발하고 운용하는 기술전이기도 했다. 트레뷰셋(trebuchet, 공성 투석기), 발리스타(ballista, 대형 쇠뇌), 공성탑(siege tower)과 같은 **공성 병기는 공학적 원리와 재료 기술의 결정체**였으며, 이를 설계하고 운용한 기술자들은 왕실이나 영주의 직속 엔지니어로서 중요한 역할을 맡았다. 그들은 전쟁터에서 나무, 돌, 금속을 사용해 지렛대와 도르래, 반동의 원리를 실용적으로 구현했으며, 방어 측에서는 높은 성벽, 사다리 방지 구조, 사각지대 최소화 등 물리적 설계를 통해 방어 효율을 높였다. 이러한 성곽과 공성 기술은 이후 현대 **군사공학의 원형**이 되었다.

□ 물과 시간의 기술 - 도시를 살린 숨은 과학

도시의 생존에 있어 중요한 요소 중 하나는 물이었다. 수도승들과 기술자들은 수차를 이용한 동력 장치와 지하 수도관, 우물과 물저장통, 빗물 배수시설 등을 개발하여 도시를 유지하고 발전시켰다. **수도원**은 단순한 신앙의 공간을 넘어 **하나의 기술 실험장**이기도 했다. 수도승들은 시간 측정용 수력 시계, 관개시설, 물레방아 기반 곡물 제분 시스템 등을 통해 자연을 통제하고 활용하는 능력을 한층 끌어올렸다. 또한 13세기부터 **기계식 시계**가 출현하면서 사람들의 삶은 태양이 아닌 기계가 만들어내는 시간에 의해 측정되는 시대로 접어들었다. 시계 장인들은 기어, 태엽, 진자의 원리를 조합하여 **현대 정밀기계의 시초**를 만들었다.

□ 엔지니어 - 보이지 않는 위대한 실천가

이러한 기술자들은 귀족도 농노도 아닌, 도시 길드의 일원이거나 교회와 군주에게 고용된 전문가였다. 그들은 자신의 기술로 성당 하나를 수십 년간 세웠고, 전쟁이 일어나면 공성 무기를 만들었으며, 평화 시에는 **도시를 살리는 물길을 설계**했다. 기록에는 그들의 이름이 남지 않은 경우가 많았지만, 그들의 손끝은 문명을 지탱했다. 그들의 활동은 르네상스와 과학혁명, 근대 기술사의 밑바탕이 되었고, 오늘날의 **엔지니어링**과 건축학, 도시계획학, 기계공학의 **뿌리**가 되었다.

결국 중세의 기술자들은 **'보이지 않는 위대한 실천가'**들이었다. 그들은 신앙과 전통 속에서 자연을 통제하고 구조를 이해하며 실용과 창조를 동시에 이루어냈다. 그들의 도구는 곡괭이와 망치였지만, 그들의 정신은 오늘날 과학기술의 조용한 개척자였다.

3. 과학혁명 - 세계관이 바뀐 시대

16세기 후반에서 17세기 중반에 걸쳐 유럽에서 일어난 **과학혁명**은 단지 새로운 과학 이론이 등장한 사건이 아니라, 인간이 세계와 자연을 인식하는 방식 자체가 **근본적으로 바뀐 시대적 전환**이었다. 이 시기에 이르러 유럽 지식인들은 더 이상 자연을 신의 신비로운 창조물로만 보지 않고, **수학과 실험, 이성적 사고를 통해 이해할 수 있는 질서 있는 체계**로 보기 시작했다. 이는 중세를 지탱했던 **아리스토텔레스의 자연철학과 교회의 권위 중심의 세계관이 무너지고**, 근대 과학의 토대가 세워지는 결정적인 전환점이었다.

□ 고정된 우주에서 움직이는 우주로 - 코페르니쿠스의 도전

과학혁명의 첫 장을 연 인물은 **코페르니쿠스**였다. 1543년, 그는『천구의 회전에 관하여』에서 지구가 우주의 중심이 아니라 태양을 중심으로 회전한다는 지동설(Heliocentric Theory)을 제시했다. 이는 단순한 천문학의 문제가 아니었다. 지구가 중심이 아니라는 사실은 곧 **인간이 우주의 중심이라는 사고방식의 붕괴**를 의미했고, 당대 교회와 신학적 권위에 대한 도전이었다. 코페르니쿠스의 이론은 처음에는 크게 주목받지 못했지만, 이후 **케플러와 갈릴레이**에 의해 관측과 수학을 통해 구체화되고 실증되면서 점차 힘을 얻어 갔다.

□ 관측과 수학이 결합되다 - 케플러와 갈릴레이

17세기 초, 독일의 천문학자 **요하네스 케플러**는 선배였던 튀코 브라헤의 정밀한 관측자료를 바탕으로, **행성의 궤도가 원이 아니라 타원이라는 사실**을 밝혀냈다. 그는 **행성의 운동이 일정한 수학적 법칙을 따른다**는 '케플러의 법칙'을 수립하며 우주를 수학적으로 설명할 수 있음을 증명했다.

한편, 이탈리아의 물리학자이자 천문학자인 **갈릴레오 갈릴레이**는 **망원경을 직접 제작하여 하늘을 관측**하였고, 목성의 위성, 태양의 흑점, 금성의 위상 변화를 발견함으로써 **지동설**

을 **실증적으로 뒷받침**하였다. 갈릴레이는 또한 **물리학 실험을 통해 자유낙하, 관성의 개념** 등을 체계화하며 자연현상이 **수학과 실험을 통해 예측할 수 있는 대상**임을 보여 주었다.

그러나 갈릴레이의 지동설 주장은 교회와 충돌했고, 결국 **1633년 종교재판에서 이론을 철회**하고 **가택연금**을 당하는 처지가 되었다. 그런 상황에서도 그의 업적은 과학의 독립성과 이성의 힘을 대변하는 상징으로 남았다.

□ 우주를 하나의 법칙으로 묶다 - 뉴턴의 통합

과학혁명의 완성자는 단연 **아이작 뉴턴**이었다. 그는 1687년, 『자연철학의 수학적 원리(프린키피아)』를 통해 **운동의 세 가지 법칙과 만유인력의 법칙**을 정립하였다. 뉴턴은 **지상과 천상의 운동을 하나의 수학 공식으로 설명**할 수 있음을 보여 줌으로써, 고대로부터 분리되어 있던 '하늘의 세계'와 '지상의 세계'를 하나의 자연법칙으로 통합하였다. 그의 이론은 **우주 전체가 수학적으로 설명할 수 있는 기계적 구조**라는 관점을 세우는 데 결정적 역할을 했으며, 이후 수백 년간 과학의 기본 틀로 자리 잡았다.

□ 사고방식의 전환 - '왜?'에서 '어떻게?'로

과학혁명은 단지 지식을 넓힌 것이 아니라, **질문하는 방식 자체를 바꾸었다.** 중세의 학문이 "왜 신이 그렇게 창조하셨는가?"라는 목적론적 질문을 던졌다면, 과학혁명 이후의 사고는 **"이 현상은 어떻게 작동하는가?"**라는 구조와 원인에 관한 질문으로 바뀌었다. 즉, 신의 뜻을 찾는 것이 아니라 **자연법칙을 찾는 시대**가 열린 것이다.

□ 과학적 방법의 확립 - 데카르트와 베이컨

과학혁명의 사상적 기반은 **르네 데카르트**와 **프랜시스 베이컨**에 의해 다져졌다. 데카르트는 "나는 생각한다, 고로 존재한다"라는 말로 **인간 이성의 확실성과 회의 정신**을 강조했고,

수학적 분석을 통해 진리를 찾을 수 있다고 보았다. 베이컨은 **실험과 관찰, 반복 검증을 중시하는 귀납적 방법론**을 제시하며, **자연을 이해하는 길은 경험을 통해 얻은 지식뿐**이라고 주장하였다. 이들의 사상은 이후 과학적 방법(scientific method)의 철학적 토대를 제공하며, 근대 과학의 발전에 결정적인 영향을 끼쳤다.

□ 과학혁명의 영향과 유산

과학혁명은 단지 새로운 지식을 만들어 낸 사건이 아니라, 인간이 세계를 이해하고 변화시키는 방식 자체를 근본적으로 바꾼 역사적 전환이었다. 그 파급력은 학문과 기술, 정치와 사회, 심지어 인간이 자신을 인식하는 철학적 방식에까지 미쳤다.

- **근대 과학의 정립**: 천문학, 물리학, 생리학 등 분과 학문의 탄생
- **산업혁명의 지적 기반 제공**: 기계, 동력, 기술 발달에 직접적 영향
- **계몽주의 사상의 촉진**: 이성과 진보, 인간의 존엄성에 대한 신념
- **종교 중심 질서의 약화**: 교회가 진리를 독점할 수 없게 됨
- **교육과 사고방식의 변화**: 과학이 교육과 국가 정책의 중심으로 떠오름

□ 맺음말

과학혁명은 세계에 대한 인간의 태도를 바꾼 혁명이었다. 자연은 신의 신비가 아니라 **인간 이성으로 이해할 수 있는 질서 있는 세계**로 인식되었고, 우주는 무한하고 계산이 가능한 법칙의 공간이 되었다. 코페르니쿠스의 회전하는 지구, 케플러의 타원궤도, 갈릴레이의 관측, 뉴턴의 수학은 모두 인간이 **생각하고 질문하고 실험함으로써 진리에 접근할 수 있다는 믿음**을 확립한 지적 유산이 되었다.

4. 아이작 뉴턴의『자연철학의 수학적 원리』- 우주를 수학으로 설명한 책

1687년, 영국의 과학자 **아이작 뉴턴**은 인류 과학사에서 가장 위대한 책 중 하나인『**자연철학의 수학적 원리**(Philosophiæ Naturalis Principia Mathematica)』, 줄여서『프린키피아』를 출간한다. 이 책은 단지 물리학 이론을 설명한 저작이 아니라, 인간이 자연을 어떻게 바라보고 설명할 것인가에 대한 **근대적 사유의 정점**이었다.

뉴턴은 이 책에서 당시까지 분리되어 있었던 하늘의 운동(천문학)과 지상의 운동(물리학)을 하나의 수학적 원리로 통합함으로써, **우주가 하나의 동일한 법칙 아래 질서 있게 움직인다는 사실**을 증명해 냈다. 이로써 신비롭고 초월적인 자연의 세계는 **인간 이성과 수학의 언어로 분석이 가능한 세계**로 변화했다.

□ 자연을 지배하는 세 가지 법칙

『프린키피아』에서 가장 잘 알려진 내용은 뉴턴이 정립한 **운동의 세 가지 법칙**이다. 이 세 법칙은 단지 '운동을 설명'하는 것이 아니라, **세계가 일정한 규칙과 수학적 원리에 따라 움직인다는 철학적 신념**을 가능하게 했다.

첫째, **관성의 법칙**은 물체는 외부에서 힘이 작용하지 않으면 정지하거나 등속 직선 운동을 계속한다는 것으로, 당시 아리스토텔레스의 "운동은 힘을 계속 받아야 유지된다"라는 생각을 완전히 뒤엎는 원리였다.

둘째, **가속도의 법칙(F=ma)**은 힘이 물체에 어떤 영향을 미치는지를 수학적으로 설명해 준다. 힘이 물체의 운동을 변화시키는 정도가 질량과 가속도에 비례함을 보여 준다. 즉, 질량이 클수록 같은 가속도를 얻기 위해 더 큰 힘이 필요하며, 반대로 같은 힘이라면 질량이 작은 물체가 더 크게 가속된다. 이 단순하지만 강력한 원리는 이후 모든 공학과 역학의 기초가 되었다.

셋째, **작용과 반작용의 법칙**은 어떤 물체가 힘을 가하면, 그 물체 역시 반대 방향으로 같은 크기의 힘을 받는다는 것으로, 물리적 상호작용의 기본 원리를 설명한다.

□ 만유인력의 법칙 - 하늘과 땅을 잇다

『프린키피아』의 또 다른 핵심은 **만유인력의 법칙**이다. 뉴턴은 지구 위에서 사과가 떨어지는 현상과 하늘에서 달과 행성이 움직이는 현상이 **동일한 힘, 즉 중력의 작용**임을 밝혀냈다. 그는 이렇게 말한다. "**모든 물체는 그 질량의 곱에 비례하고, 거리의 제곱에 반비례하는 힘으로 서로 끌어당긴다.**" 이 법칙은 행성이 태양을 도는 이유, 달이 지구를 도는 이유, 조수가 생기는 이유를 한꺼번에 설명할 수 있게 해 주었다. 이처럼 뉴턴은 **케플러의 행성 운동 법칙을 수학적으로 증명**하며, 하늘과 땅이 서로 다른 원리가 아닌 **하나의 보편적 원리에 따라 움직인다는 것**을 보여 주었다.

□ 수학으로 자연을 설명하다

뉴턴의 과학은 철저히 **수학적이었다.** 그는 단순한 관찰이나 경험을 넘어서, **정확한 수학적 계산과 기하학적 원리**로 자연현상을 설명하려 했다. 그는 기존의 유클리드 기하학뿐 아니라, 스스로 발전시킨 미적분법(당시에는 비례관계를 표현하는 '유율법'이라 불렸다)을 통해 복잡한 운동과 궤도를 계산했다.

아이작 뉴턴 초상화
출처: PICRYL, Public Domain

자연은 이제 '왜 그런가'를 묻는 신학적 질문에서 벗어나, **'어떻게 그렇게 되는가?'**를 묻는 과학적 사고로 전환되었다. 뉴턴은 물리학자이자 수학자였고, 기독교인이었으며, 동시에 철학자였다.

□ 과학의 새로운 세계관을 열다

『프린키피아』는 단지 과학을 진보시킨 것이 아니라, **인간이 세계를 이해하는 방식 자체**를 바꾸었다. 중세의 세계는 신의 뜻과 목적 중심으로 설명되었다면, 뉴턴의 세계는 **수학적 법칙에 따라 움직이는 거대한 기계**와 같았다. 이로써 사람들은 우주를 **질서와 법칙의 세계**, 그리고 인간 이성으로 이해할 수 있는 대상으로 보기 시작했다.

뉴턴의 책은 계몽주의의 철학자들에게 깊은 영향을 주었고, 산업혁명으로 이어지는 기술문명의 기반을 마련하였다. 과학은 이제 **교회나 전통의 권위가 아니라, 이성과 실증에 기초하여 진리를 탐구하는 수단**이 되었고,『프린키피아』는 그 사상적 정점이었다.

□ 맺음말

『자연철학의 수학적 원리』는 세계를 이해하는 문을 연 책이었다. 뉴턴은 사과가 떨어지는 일상적인 현상 속에서 우주의 법칙을 발견했고, 이를 수학이라는 언어로 정밀하게 기술함으로써 인간 사고의 지평을 넓혔다. 그의 이론은 물리학의 기초가 되었을 뿐 아니라, **인간 이성이** 신의 뜻을 넘어 **자연을 해석할 수 있다는 새로운 시대의 선언**이기도 했다. 이 책은 과학혁명의 절정이며, 근대 세계관의 출발점이다.

5. 뉴턴의 고전역학에 대한 심각한 도전 - 양자역학

뉴턴의 고전역학은 우리가 일상에서 접하는 세계를 설명하는 데 매우 뛰어난 이론이다. 사과가 떨어지는 현상, 자동차의 움직임, 행성의 공전 등은 모두 뉴턴이 제시한 운동법칙에 따라 정확하게 예측할 수 있다. 이 이론은 '결정론적 세계관' 위에 세워져 있다. 즉, 어떤 물체의 초기 상태(위치와 속도 등)를 정확히 알면, 미래에 그것이 어디에 있을지를 정확하게 계산할 수 있다는 것이다. 뉴턴의 세계는 시계처럼 정밀하고 예측 가능한 세계였다.

하지만 20세기 초, 과학자들이 원자나 전자와 같은 미시적인 세계를 들여다보기 시작하면서, 뉴턴의 이론으로는 설명할 수 없는 수많은 현상들이 발견되었다. 여기서 등장한 것이 바로 **양자역학**이다. 양자역학은 입자들이 때로는 입자처럼, 때로는 파동처럼 행동한다는 **'파동-입자 이중성'**, 에너지가 연속적이지 않고 특정 단위(양자)로만 변할 수 있다는 '양자화', 그리고 관측 전까지 입자의 상태가 확률적으로 존재한다는 중첩 상태 등을 통해 전혀 다른 세계관을 제시한다. 양자역학은 뉴턴 역학처럼 예측이 아니라, "어떤 일이 일어날 확률"을 알려 주는 이론이다.

□ 불확정성 원리

양자역학에서 가장 대표적인 개념 중 하나는 바로 **'불확정성 원리'**이다. 이 개념은 독일의 물리학자 베르너 하이젠베르크가 1927년에 제시했다. 그는 입자의 위치와 운동량(속도 × 질량)을 동시에 정확하게 알 수 없다는 것을 수학적으로 증명하였다. 즉, 입자의 위치를 매우 정밀하게 알면 그 입자가 어디로 움직이고 있는지를 알 수 없게 되고, 반대로 운동 방향과 속도를 정확히 알면 어디에 있는지를 모르게 되는 것이다.

이 원리는 단순히 우리가 측정 장비가 부족해서 생기는 문제가 아니라, 자연 자체가 그런 방식으로 되어 있다는 것을 의미한다. 다시 말해, 미시 세계에서는 정확함 자체가 존재하지 않으며, 오직 **'확률적 예측'**만이 가능하다는 것이다. 즉, 과학은 더 이상 확정적인 답을 주는 것이 아니라, 여러 가능성 중 어떤 것이 가장 '있을 법한가?'를 말해 주는 도구가 되었다.

□ 슈뢰딩거의 고양이 사고실험

이러한 양자역학의 독특한 세계관을 설명하기 위해, 오스트리아의 물리학자 에르빈 슈뢰딩거는 1935년에 하나의 사고실험을 제시했다. 유명한 '슈뢰딩거의 고양이'이다.

그는 이렇게 가정한다. 하나의 밀폐된 상자 안에 고양이 한 마리를 넣고, 그 안에는 일정

확률로 붕괴하는 방사성 원자 하나와, 그 원자의 붕괴를 감지해 독극물을 방출하는 장치가 설치되어 있다. 만약 방사성 원자가 붕괴하면 독극물이 나와 고양이는 죽고, 붕괴하지 않으면 고양이는 살아 있게 된다. 이때 중요한 점은 상자를 열기 전에는 외부에서 고양이의 상태를 알 수 없다는 것이다. 양자역학적으로는, 관측하지 않는 한 원자는 붕괴한 상태와 붕괴하지 않은 상태가 겹쳐 있으며, 따라서 **고양이** 역시 **'죽은 상태'**와 **'산 상태'**가 **동시에 존재**하는 것이다. 이것을 '중첩 상태'라고 부른다.

그러나 상자를 여는 순간, 우리는 고양이가 살아 있는지 죽었는지를 확인하게 되며, 그 즉시 고양이의 상태는 하나로 결정된다. 이것은 마치 입자의 상태가 관측되기 전에는 여러 가능성이 중첩되어 있다가, 관측 순간에 하나로 붕괴하는 양자역학의 핵심 원리를 상징적으로 보여 준다.

□ 양자역학과 소립자 - 보이지 않는 세계의 건축가들

양자역학이 열어젖힌 세계는 단지 전자나 원자처럼 작은 입자들에 대한 설명을 넘어서, **물질을 구성하는 가장 근본적인 단위들**, 즉 소립자(subatomic particles)의 세계로 확장된다. 우리가 고등학교에서 배웠던 원자는 더 이상 물질의 최소 단위가 아니다. 원자 내부에는 양성자와 중성자가 있고, 이들조차 쿼크(quark)로 구성되어 있으며, 전자는 질량을 가진 점 입자로 존재한다. 그리고 이 모든 입자들은 **양자역학의 법칙**에 따라 움직이고 상호작용을 한다.

20세기 중반 이후, 과학자들은 소립자의 세계를 이해하기 위해 입자 가속기를 활용하여 수많은 실험을 수행했고, 그 결과 **표준모형**(Standard Model)이라는 이론 체계를 완성해 나갔다. 이 모델은 우주를 구성하는 기본 입자와 이들 사이의 네 가지 힘(전자기력, 약력, 강력, 중력) 중 **중력을 제외한 세 가지 힘**을 통합적으로 설명한다.

표준모형에서의 입자는 두 종류로 나뉜다. 첫째, **페르미온**(Fermions, 물질 입자)은 쿼크(양성자 · 중성자의 구성요소)와 렙톤(leptons, 전자 · 중성미자 등)으로 구성된다. 둘째, **보존**

(Bosons)은 기본 **힘을 전달하는 입자**들이다. 예를 들어, 광자는 전자기력을, 글루온은 강한 상호작용(강력)을, W 보존과 Z 보존은 약한 상호작용(약력)을 매개한다. 또한, 2012년 실험적으로 존재가 확인된 **힉스 보존**(Higgs boson)은 **입자에 질량을 부여하는 역할**을 한다.

이들 입자는 우리가 일상에서 접하는 사물처럼 위치와 속도가 정해진 고전적인 입체물이 아니다. 오히려 이들은 양자역학적인 특성을 가지며, **존재 방식** 자체가 **확률적인 '구름'**과 같다. 즉, 입자는 어떤 한 지점에 정확히 고정되어 있는 것이 아니라, 특정 공간 안에 있을 **확률이 높은 위치에 분포하는 형태**로 존재한다.

양자 세계에서의 입자들은 몇 가지 독특한 특성을 보인다. 첫째, **중첩**이라는 현상을 통해 **하나의 입자**가 **동시에 두 개 이상의 상태**에 있을 수 있다. 이는 마치 문이 열려 있으면서도 닫혀 있는 것과 같은 상태다. 둘째, 이들의 행동은 **확률적으로** 결정되며, 우리가 할 수 있는 것은 단지 '어디에 있을 가능성이 높은가?'를 예측하는 것뿐이다.

또한, **비국소성**, 즉 **양자 얽힘**이라는 현상도 있다. 이는 두 입자가 멀리 떨어져 있어도 서로 얽혀 있어 한쪽의 상태가 바뀌면 즉시 다른 한쪽도 영향을 받는 현상이다. 마지막으로, **양자 터널링**은 입자가 고전적으로는 절대 넘을 수 없는 장벽을 마치 벽을 뚫고 지나가듯이 통과하는 현상으로, 이에 따라 반도체나 핵융합 등의 현상이 가능해진다.

결국, 양자 세계의 입자들은 **'존재하면서 동시에 존재하지 않을 수 있고'**, **'이곳에 있으면서 저곳에도 있을 수 있는'** 독특한 성질을 지닌다. 이러한 특성들은 직관적으로 이해하기 어렵지만, 실제 자연에서 정확히 관측되며, 현대 기술과 이론 물리학의 근간이 되고 있다.

□ 소립자 연구의 과학적 성과

유럽 입자물리연구소(CERN)의 **LHC(대형 강입자충돌기)**는 양성자를 빛의 속도에 가깝게 가속해 정면충돌시킴으로써 **소립자**들이 어떻게 **상호작용을 하는지를 관측**한다. 이를 통해 빅뱅 직후의 상태를 모사하고, 힉스 보손을 비롯한 입자의 존재를 실험적으로 검증했다. 또한, 중성미자는 거의 질량이 없고, 다른 물질과 거의 상호작용을 하지 않기 때문에 탐지하기 어려운 입자이다. 그러나 최근 실험을 통해 **중성미자**가 **'진동'**한다는 사실이 밝혀졌고, 이는 **표준모형을 넘어서는 새로운 물리학**의 존재를 암시하고 있다.

유럽입자물리연구소(CERN) 대형 강입자 충돌기(LHC)
터널 내부 / Maximilien Brice, CC BY-SA 4.0

▶ 소립자의 응용 - 기술의 혁명

• 의학 분야

양전자 방출 단층촬영(PET)은 전자와 양전자가 충돌해 감마선을 방출하는 소립자 반응을 이용한 영상기술. 종양 진단 및 뇌 활동 측정 등에 사용된다. **입자 치료(Particle Therapy)**는 양성자나 중이온(탄소 이온 등)을 암세포에 직접 조사하여 주변 정상세포의 피해를 최소화하는 고정밀 방사선 치료 기술이다.

• 반도체 및 나노기술

소립자 수준의 정밀 제어 기술은 **양자 터널링**이나 **전자 스핀 조절**을 활용해 **양자컴퓨터**와

나노전자 소자 개발의 핵심이 된다. 전자의 파동성과 양자 상태를 활용하여 고밀도, 저전력, 초고속 정보 처리가 가능해진다.

• **에너지 개발**

핵융합은 **수소 원자핵(양성자)의 결합 반응**을 인공적으로 구현하여, 태양처럼 **청정하고 강력한 에너지**를 얻으려는 기술이다. 두 개의 가벼운 핵이 결합해 더 무거운 핵으로 변할 때 질량의 일부가 에너지로 전환되며, 방사능이 거의 없고 연료가 풍부해 **궁극의 청정에너지**로 불린다. 현재 프랑스 카다라슈에서 진행 중인 **ITER(국제 열핵융합 실험로)** 프로젝트는 이 원리를 지상에서 실현하려는 세계 최대의 국제 협력 연구로, 수소의 동위원소인 **중수소와 삼중수소**를 약 **1억 도의 초고온 플라즈마 상태**로 가열해 결합시키는 실험을 진행 중이다. 성공할 경우 인류는 **수소 기반의 무한하고 안전한 에너지 시대**를 열게 될 것이다.

• **군사 및 우주기술**

고에너지 입자 연구는 **미사일 방어, 위성 탐지, 우주선 차폐** 등 국방 및 항공우주 기술 전반에 폭넓게 응용된다. 입자빔 제어와 플라즈마 물리학에서 얻은 원리는 **지향성 에너지 무기** 나 **고속 요격 시스템**의 기반 기술로 활용되며, 우주 환경에서는 **고에너지 입자와 방사선 충돌로부터 장비를 보호**하기 위한 **신소재 설계**로 이어진다. 또한, **우주 방사선 탐지기**는 입자 검출 기술을 응용하여 우주 공간의 방사선량과 입자 흐름을 실시간으로 분석하며, 이 데이터는 **위성 운용 안정성 확보**와 **유인 탐사 임무의 인체 보호 시스템 설계**에 핵심적으로 사용된다. 아울러 핵융합 및 플라즈마 연구에서 발전한 **고에너지 추진체 기술**은 향후 **이온 엔진, 플라즈마 로켓, 전기추진 시스템** 등 차세대 우주 비행체의 동력원으로 확장될 수 있다.

□ 미래 전망 - 양자 혁명의 길목에서

앞으로 소립자 기술은 **양자 컴퓨터, 양자 암호통신, 고에너지 의학, 맞춤형 치료, 우주 방사선 관리, 지하 암흑물질 탐색** 등 여러 분야에서 핵심 역할을 할 것이다. 이는 인류가 '보이지 않는 것을 다루는 기술'을 획득하고, 그 미세한 세계 속에서 새로운 질서를 창조해 가는 과정이 될 것이다. 소립자의 연구는 과거의 고전 과학에서 닫힌 체계를 여는 문이었고, 미래 사회의 열쇠를 쥔 **미지의 건축가들**이다. 인간은 이제 우주를 이루는 가장 작은 입자들을 통해, 가장 큰 구조를 이해하고, 가장 깊은 질문에 응답하려는 여정에 들어섰다.

2025년 10월 발표된 **노벨 물리학상은 양자 혁명의 방향**을 상징적으로 보여 준다. 올해의 수상자인 존 클라크(John Clarke), 미셸 드보레(Michel H. Devoret), 존 마티니스(John M. Martinis)는 "**전기 회로**에서 **거시적 양자 터널링과 에너지 양자화**를 실험적으로 입증한 공로"로 수상을 했다. 이 실험은 단순한 성공 그 이상이다. 양자역학이 더 이상 '원자보다 작은 세계'에만 제한된 이론이 아니라, 인간이 직접 설계하고 제어할 수 있는 **'거시적 장치'**에서도 그대로 **적용될 수 있음**을 분명히 증명해 냈기 때문이다.

즉, **양자 세계와 인간 기술의 세계**가 처음으로 **직접 연결**된 결정적 **전환점**이었다. 이 발견은 **양자 컴퓨터, 양자 센서 등 미래 기술**의 **기초**를 열었으며, 과학계에서는 이를 "양자 세계를 실험실로 끌어내린 순간"으로 평가한다. 따라서 2025년 노벨 물리학상은 이렇게 선언한다.

"양자 혁명은 이미 시작되었고,
이제는 이론이 아니라 기술로 구현되는 단계에 들어섰다."

6. 소립자 세계의 철학적 · 신학적 시사점

소립자의 세계는 **인간의 직관을 초월하는 비선형적, 비결정론적 세계**다. 이는 우리로 하여금 **"존재란 무엇인가?"**, "우리가 경험하는 세계는 진짜 실재인가, 아니면 가능성의 투영인가?"를 묻게 한다.

전통적으로 서양 형이상학은 실체(substance)를 강조하며 고정된 존재를 전제해 왔다. 그러나 양자역학과 소립자 이론은 **존재가 본질적으로 확률적이며, 관계적이며, 비가시적일 수**

있음을 말한다. 모든 존재는 독립된 실체라기보다는, 다른 것들과의 **상호작용 속에서 드러나는 현상적 실재**에 가깝다. 즉, **관계 속에 존재한다는 관점**은 성경에서 말하는 인격적 하나님과 피조물 간의 관계 구조, 삼위일체의 존재 방식과도 신비롭게 닮았다. 신학적으로도 흥미로운 함의가 있다.

- **창조**: 하나님은 세계를 질서정연한 기계로 만들지 않으시고, **열린 가능성과 자유의 여지를 둔 구조**로 만드셨다. 양자역학은 그런 가능성의 세계를 과학적으로 보여 준다.

- **섭리**: 하나님은 모든 것을 미리 정해 놓은 결정론적 기계의 조작자가 아니라, 자유와 우연의 틈 속에서도 **자신의 뜻을 이루시는 섭리자**로 이해될 수 있다. 이는 기도와 응답, 개입과 기다림, 은혜와 심판의 문제를 더욱 풍부하게 사유할 수 있게 한다.

- **믿음**: 신앙은 '확실히 아는 것'이 아니라, 보이지 않는 것을 '확신하는 것'이다. "믿음은 바라는 것들의 실상이요 보지 못하는 것들의 증거니…"(히브리서 11: 1)라는 말씀은 양자역학적 세계의 불확실성과 오히려 절묘하게 맞닿아 있다.

□ 맺음말

요약하면, **뉴턴의 고전역학**은 예측할 수 있는 **확정적인 세계를 설명하는 이론**이라면, **양자역학**은 관측하기 전까지는 모든 것이 가능성으로 존재하는 **불확실성의 세계**를 다루는 이론이다. **불확정성 원리**는 자연이 본질적으로 **확률적**임을 보여 주고, 슈뢰딩거의 고양이는 그것을 현실적인 비유를 통해 시각적으로 설명한 대표적인 예이다. 양자역학은 단순한 이론을 넘어서, 우리가 세계를 바라보는 방식 자체를 근본적으로 바꾸어 놓았다.

제30장

스페인과 포르투갈
- 알안달루스와 레콩키스타

1. 711년 이후의 이베리아 반도: 무어인의 침공과 레콩키스타

서기 711년, 북아프리카에서 온 **무어인(베르베르와 아랍 연합군)**은 지브롤터 해협을 건너 **이베리아반도를 침공**했다. 그들의 진격은 눈부시게 빨랐고, 단숨에 반도의 대부분을 장악하며 스페인과 포르투갈에 약 8세기 동안 이슬람 문명이 깊게 뿌리내리는 계기가 되었다.

□ 코르도바의 빛 - 이슬람 문명의 황금기

무어인의 정복은 단순한 군사적 점령을 넘어 건축, 과학, 농업, 철학, 의학 등 여러 분야에서 이베리아 사회에 깊은 영향을 주었다. **코르도바**(Córdoba)는 10세기에 이르면서 유럽 최대의 도시 중 하나로 성장했으며, 300개가 넘는 목욕탕과 수천 권의 책을 갖춘 도서관, 포장도로, 거리 조명까지 갖춘 문명의 중심지로 자리 잡았다.

□ 십자가의 그림자 - 북부 왕국들의 저항과 레콩키스타의 불씨

그러나 북쪽의 기독교 소왕국들은 이를 달리 바라보았다. 레온, 아스투리아스, 나바라, 카스티야, 아라곤, 포르투갈 등은 점차 힘을 모아 이슬람 세력에 맞서 싸우는 **'레콩키스타(재정**

복 운동)'를 전개했다. 이 투쟁은 단순한 영토 회복을 넘어 "이슬람에 빼앗긴 그리스도의 땅을 되찾는다"는 종교적 사명을 띤 전쟁이었다.

이슬람과 기독교는 이베리아반도에서 단순히 충돌만 한 것이 아니었다. 때로는 공존하며 서로의 문화를 융합하기도 했는데, 이러한 흔적은 오늘날까지 이어지고 있다. 무데하르 양식(Mudéjar style)의 건축물은 이슬람 장식과 기독교 구조가 절묘하게 결합된 사례이며, 톨레도(Toledo)는 유대인, 기독교인, 이슬람 학자들이 함께 번역과 철학을 나누던 '지식의 용광로'였다.

1492년, 그라나다의 함락으로 **레콩키스타**(Reconquista, 스페인어로 '재정복')가 마무리되면서 이슬람의 마지막 토후국이 사라졌다. 같은 해, 콜럼버스가 아메리카 대륙으로 항해를 떠났고, 스페인은 가톨릭 왕국의 이름으로 세계 정복을 향해 발걸음을 내디뎠다. 그러나 그 발걸음은 수백 년간의 이슬람 지배 아래 남겨진 문명의 흔적 위에 놓여 있었음을 잊어서는 안 된다.

스페인과 포르투갈은 이슬람 문명과의 대립과 공존을 통해 오늘날의 정체성을 형성했다. 그 땅의 교회 탑 아래에는 때로 미나렛이 있었고, 기독교 수도원의 벽 뒤에는 이슬람 과학의 숨결이 배어 있었다. 이러한 이중 구조 속에서 형성된 라틴 가톨릭 세계의 변형된 르네상스는 이후 아메리카 대륙 정복의 문화적 밑바탕이 되었다.

2. 지브롤터를 건넌 초승달 - 711년 이슬람의 침공

서기 711년, 아프리카 북부의 끝자락에서 바람이 불어왔다. 검은 망토를 휘날리며 지중해의 물결을 가르던 이슬람 군선들이 지브롤터 해협을 건넜다. 배 위에는 타리크 이븐 지야드(Tariq ibn Ziyad) 장군이 있었다. 그의 이름은 훗날 **지브롤터**(Gibraltar, 아랍어 Jabal Ṭāriq)라는 지명에 남겨졌다. 이 이름은 아랍어 **'자발 타리크(Jabal Ṭāriq)'**, 즉 **'타리크의 산(Mount of Tariq)'**에서 비롯되었다. 타리크가 처음 상륙한 곳은 거대한 석회암 절벽으로 이루어진 요새 같은 산이었는데, 그는 그곳에 진지를 세우고 스페인 본토로 진군할 준비를 했다. 이후 이 산은 그의 이름을 따라 불리게 되었고, 세월이 지나며 스페인어와 라틴어 발음으로 변형되어 오늘날의 **Gibraltar**(스페인 내 영국령)가 된 것이다.

이 침공은 단순한 전투가 아니었다. 이는 이베리아 반도의 문명을 뒤바꾸는 문명 간 충돌이었고, 동시에 새로운 문화의 전이가 시작되는 순간이었다. 타리크는 무려 7천 명의 병사들과 함께 스페인 남부에 상륙했고, 기독교계 서고트 왕국의 내부 혼란을 틈타 빠르게 내륙으로 진격했다.

□ 타리크의 결단 - 불타는 배와 전진의 맹세

전설에 따르면, 상륙 직후 타리크는 자신이 타고 온 배들을 불태웠다고 한다. "이제 우리는 오직 전진뿐이다. 바다에는 돌아갈 길이 없고, 앞에는 정복할 땅이 있을 뿐이다." 그의 이 말은 후세에 이르러 **결단의 상징**, **종교적 사명감**, 그리고 **무슬림 전사의 이상화된 영웅상**으로 회자된다.

□ 과달레테의 함성 - 서고트 왕국의 붕괴

같은 해 7월, 현재 스페인 남부 안달루시아(Andalucía) 지방의 **과달레테 전투**(Battle of Guadalete)에서 **서고트 왕 로데리크**(Roderic)는 **전사**했고, 무어인들은 **수도 톨레도**(Toledo)를 비롯해 **주요 도시**들을 순차적으로 **장악**했다. 이슬람의 확장은 번갯불처럼 빠르게 진행되었다. 그들은 단순히 무력으로가 아니라, 기존 질서에 혼란을 틈타 정교하게 행정과 문화, 언어, 종교까지 자리 잡아 갔다.

이슬람 군은 단순한 정복자가 아니었다. 그들은 코란을 따르는 새로운 법과 신념, 과학과 학문을 함께 가져왔고, 종래의 기독교 세계관과 충돌하면서도 때로는 관용과 융합을 통해 새로운 질서를 만들기도 했다.

□ 새로운 질서, 알 안달루스의 탄생

이로써 이베리아 반도는 단숨에 기독교 왕국에서 이슬람의 칼리프령 일부로 편입되었고, 알 안달루스(Al-Andalus)라는 새로운 이름 아래, 유럽에서도 이례적인 이슬람 통치 지역이 되었다. 북쪽에 남은 소규모 기독교 왕국들은 산악 지대에 틀어박혀 **레콩키스타**라는 긴 저항의 불씨를 당기기 시작했다. 그러나 이 땅에서 시작된 이슬람의 행보는, 단지 침공이나 점령의 역사로만 읽혀서는 안 된다. 그것은 **아프리카와 유럽, 이슬람과 기독교, 고대와 중세 사이의 문명 교차점**에서 벌어진 새로운 사건이었다.

3. 코르도바의 찬란한 달빛 - 이슬람 문명의 절정기

어두운 중세라고 불리던 시기, 유럽의 많은 도시는 질병과 전쟁, 미신과 무지에 휩싸여 있었다. 그러나 스페인 남부의 코르도바(Córdoba)에서는 달빛 아래에서 지식이 꽃을 피우고 있었다. **10세기경, 코르도바는 인구 50만 명**을 자랑하던 **유럽 최대의 도시** 중 하나였다.

□ 지식의 도시, 코르도바

현재의 스페인 코르도바는 단순한 행정 중심지를 넘어, **이슬람 황금기 문명이 유럽에 뿌리내린 상징적인 도시**였다. 알 안달루스를 다스리던 우마이야 왕조의 후손, 압드 알 라흐만 3세(Abd al-Rahman III)는 이곳을 수도로 삼고 칼리프를 자처하며, 동방의 바그다드에 견줄 만한 서방의 중심지를 건설하고자 했다.

□ 관용의 전통과 공존의 문화

도시에는 수백 개의 목욕탕, 병원, 공공 도서관, 대학교와 번역원이 존재했고, **밤에는 가로등이 거리를 밝혔다.** 당시 파리나 런던에는 없던 이 문명의 빛은, 단지 건축의 아름다움이 아니라 **지성과 관용, 공공 서비스의 실현**이었다. 도서관에는 수십만 권의 문헌이 있었고, 이슬람 학자들은 의학, 천문학, 철학, 수학, 시문학에 이르기까지 동서양 고전을 아랍어로 번역하며 새로운 지식을 창조해 냈다. 후대에 등장한 유대인 철학자 마이모니데스(Maimonides)는 알 안달루스 학문 전통의 계승자였고, 마요르카 출신의 라몬 류이(Ramon Llull)는 이 지식의 유산을 라틴 학문 세계와 연결하는 가교 역할을 했다. 이와 더불어 알 자르깔리(Al-Zarqali) 같은 이슬람 학자들은 천문학과 수학을 심화시키며 코르도바의 빛을 이어 갔다.

이슬람 세계가 지닌 관용의 전통은 **'디미(Dhimmi, 보호민)' 제도**를 통해 유대인과 기독교인에게 일정한 종교 자유를 허용했다. 물론 완전한 평등은 아니었지만, 종교적 박해로부터 비교적 자유로운 공간은 **톨레도와 코르도바 같은 도시에서 특별한 문화적 융합**을 가능하게 했다.

□ 달빛의 신비, 코르도바 대모스크

가장 상징적인 건축물인 코르도바 대모스크(Mezquita de Córdoba)는 이 시대 문명의 정수를 보여 준다. 붉은 벽돌과 백색 대리석이 교차하는 말발굽형 아치, 수백 개의 기둥이 숲처럼 펼쳐진 내부는 이슬람 신비주의와 건축미학의 절정이었다. 훗날 이 모스크는 가톨릭 대성당으로 개조되었지만, 원형은 여전히 '달빛 아래의 천국'이라는 별명처럼, 중세 이베리아에서 피어난 황홀한 문명의 자취를 간직하고 있다. 이 시대, 코르도바의 달빛은 단지 자연의 빛이 아니었다. 그것은 **무지의 밤을 가르는 지성의 등불이었고**, 다양한 문명이 서로에게 귀를 기울이며 만들어 낸 **관용과 공존의 상징**이었다.

4. 레콩키스타, 십자가의 반격 - 북쪽 기독교 왕국의 반격

코르도바의 황금빛이 유럽 남단에서 빛나고 있던 동안, 피레네 산맥 북쪽에서는 잊혀졌던 기독교 왕국들이 바위처럼 꿋꿋이 남아 있었다. **아스투리아스, 레온, 나바라, 아라곤, 카**

스티야, 그리고 **포르투갈**. 이들은 무어인의 진격을 피해 산악 지대로 후퇴했지만, 단지 피한 것이 아니라 **믿음을 품고 다시 시작한 공동체**였다.

□ 피레네의 불씨 - 펠라요와 첫 승리

8세기 중반, 펠라요(Pelayo)라는 이름의 귀족이 아스투리아스에서 작은 저항을 시작했다. **722년** 피레네 산맥의 서쪽 끝자락 **코바동가(Covadonga)의 전투**는 규모로 보자면 미미했으나, 그 의미는 실로 엄청났다. 기독교 세계는 이 싸움을 "신이 함께한 첫 승리"로 기억하며, 언젠가 다시 무슬림의 땅을 되찾겠다는 영적 결의(Reconquista)를 다짐했다.

이 싸움은 단순한 영토 전쟁이 아니었다. 이슬람에 의해 점령당한 그리스도의 땅을 회복하는 '성전'이었다. 수 세기 동안 기독교 왕국들은 내부 분열과 이슬람 세력과의 일시적 동맹 속에서도, 꾸준히 남하했다. 그리고 레콩키스타의 긴 여정은 8세기부터 무려 15세기 말까지, **무려 700년간 이어졌다.**

□ 성전의 길 - 톨레도와 라스 나바스 데 톨로사

특히 11세기 이후, 카스티야와 아라곤 왕국이 힘을 키우며 반격의 선봉에 섰고, **1085년 톨레도 탈환**, **1212년 라스 나바스 데 톨로사 전투에서의 대승**은 전환점을 가져왔다. 이 전투는 기독교 연합군이 이슬람의 알모하드 왕조를 꺾은 사건으로, 그 이후 이슬람 세력은 빠르게 남쪽으로 밀려났다.

그러나 이 싸움은 단지 검과 방패만으로 이뤄진 것이 아니었다. **수도사들과 순례자, 기사들과 농민들,** 심지어는 교황의 축복 아래 파견된 **성전 기사단들**이 함께 했다. 특히, 성 야고보의 무덤이 있는 스페인 북서부 산티아고 데 콤포스텔라는 유럽 전역의 순례자들을 이끌었으며, 이를 기반으로 탄생한 산티아고 기사단(Orden de Santiago, Order of Santiago)은 신앙과 군사적 기사도의 결합체로서 레콩키스타의 상징적 표상이 되었다.

□ 그라나다의 새벽 - 믿음의 승리와 관용의 종말

13세기 초까지 이베리아 반도의 대부분은 다시 기독교 세력의 손에 들어왔다. 남쪽의 그라나다 토후국(Emirate of Granada)만이 외로운 이슬람의 요새로 남았고, 이마저도 **1492년**, 카스티야의 이사벨 여왕과 아라곤의 페르디난드 왕이 연합한 **가톨릭 왕국의 대군에 의해 무너진다.**

□ "전쟁이었지만, 믿음이었다."

레콩키스타는 단순히 기독교의 승리나 이슬람의 후퇴로 요약될 수 없다. 그것은 **믿음과 문명, 전통과 통치 체제의 충돌이었고**, 또한 **서구 기독교 문명이 이슬람 문화 속에서 되찾은 정체성의 이야기**였다. 그러나 동시에, 이 과정은 유대인과 무슬림에 대한 배제, 종교재판, 문화적 단절이라는 어두운 그림자도 함께 남겼다. 수백 년 동안 공존했던 다문화 사회는 하나의 신앙 아래 통일된 듯 보였지만, 그 통일은 관용의 사라짐이라는 대가를 동반했다.

5. 공존과 갈등의 도시들 - 톨레도, 세비야, 그라나다

이베리아 반도의 도시들은 단순한 행정구역이 아니었다. 그곳은 곧 **문명이 충돌하고 섞이고 때로는 화해했던 실험실**이었다. 중세의 도시 톨레도(Toledo), 세비야(Sevilla), 그라나다(Granada)는 그 대표적인 무대였다. 각 도시에는 **모스크와 교회, 회당이 나란히 서 있었고**, 그 틈에서 사람들의 신앙, 언어, 철학이 서로를 비추며 나란히 있었다.

□ 톨레도 - 지혜의 다리

톨레도는 이슬람 통치 시절부터 고대 로마의 유산과 기독교 수도교 전통이 남아 있던 도시였다. 그러나 1085년 카스티야 왕국에 의해 재정복된 후, 이 도시는 유럽에서 가장 특별한 **학**

문 중심지로 변모했다. **"톨레도 번역 운동"**이라 불리는 이 거대한 문화 프로젝트는, 아랍어로 보존된 그리스 철학과 과학 서적을 **라틴어로 번역**하여 유럽 전역에 퍼뜨리는 작업이었다.

기독교 수도사, 유대인 학자, 무슬림 지식인이 **같은 책상에 앉아 같은 문장을 옮기며**, 문명 간 다리를 놓았다. 아리스토텔레스, 갈레노스, 플라톤은 다시 유럽으로 돌아왔고, 이로 인해 **스콜라 철학과 르네상스 사상의 기초가 마련**되었다.

톨레도 Photo by Alexander Andrews on Unsplash, Free for use.

□ 세비야 - 꽃피운 이슬람 정원, 그리고 십자가의 그림자

세비야는 12세기 알모하드 왕조 시절, 알 안달루스의 행정·상업·문화의 중심지로서 번영했다. 히랄다(Giralda) 탑은 원래 모스크의 미나렛(기도탑)이었고, 오늘날 대성당의 종탑으로 변형되었지만 그 건축적 아름다움은 여전히 이슬람의 흔적을 담고 있다. 이 도시는 정원과 물의 도시였다. 무데하르 양식(Mudéjar style)으로 장식된 궁전과 뜰, 그리고 향기로운 주간 시장은 기독교 귀족들조차 이슬람의 정교한 생활 문화를 선망하게 만들었다. 그러나 세비야는 레콩키스타 이후 **종교적 정화 작업**의 무대가 되기도 했다. 무슬림과 유대인이 강

제 개종을 강요당하고, 거부할 경우 추방되거나 이단 심문을 받았다. 이렇듯 한 도시는 어느 날 **문화의 정원**이었다가, 다른 날에는 **심문의 법정**으로 돌변할 수 있었다.

□ 그라나다 - 석류빛 성 위에 걸린 마지막 초승달

그라나다는 이슬람의 마지막 성채였다. 1238년부터 1492년까지 존속한 나스리드 왕조(Nasrid dynasty)는 북쪽 기독교 세력에게 조공을 바치며 살아남은 독립국이었다. 그러나 정치적으로는 약해졌을지 몰라도, **문화적으로는 오히려 더욱 섬세하고 아름답게 무르익었다.**

그 중심에는 **알함브라 궁전**이 있었다. '붉은 성(Al-Hamra)'이라는 이름처럼, 이 요새는 사막의 모래빛이 아닌 피 묻은 정열의 벽처럼 붉게 빛났고, 내부의 아라베스크 문양과 흐르는 물줄기, 시를 새긴 회랑들은 인간이 만들어 낼 수 있는 **가장 고요한 아름다움**을 구현했다. 그러나 1492년, 그라나다는 **이사벨 여왕과 페르디난드 왕**의 연합군에 항복했고, 이슬람 통치는 종말을 맞았다. 왕 보아브딜은 성을 떠나며 마지막으로 뒤돌아보고, 어머니는 말했다.

"남자답게 싸우지 못했으면, 여자처럼 울지도 말아라."

알함브라 궁전, Photo by Sebastiaan Been via Pexels.com

그라나다는 그렇게 종말을 맞았지만, **그 건축물과 시문학은 결코 사라지지 않았다.** 오히려 이후 유럽의 문예 부흥기에 영향을 주며, 이슬람과 기독교의 공존 가능성을 기억하게 해주는 상징으로 남게 된다.

□ 이슬람 유산 위의 새로운 항해

1492년, 그라나다가 함락되던 바로 그해, 또 하나의 배가 이베리아 반도를 떠났다. 크리스토퍼 콜럼버스가 이끄는 세 척의 배는 서쪽 바다를 향해 나아갔다. 한 문명이 막을 내린 그 시점에, 또 하나의 문명이 바다를 건너 **새로운 정복과 개척의 시대**를 열고 있었다. 이베리아 반도의 가톨릭 왕국은 이제 더 이상 **지중해의 변방**이 아니었다. 그들은 **대서양의 주역**, 더 나아가 **전 지구적 제국**의 기획자가 되어가고 있었다. 그러나 그 새로운 출발의 발판은 완전히 새로워진 것이 아니었다. 그것은 **무너진 이슬람 문명의 토대 위에 지어진 것이었다.**

6. 이슬람이 남긴 '보이지 않는 유산'

8세기부터 15세기까지 약 800년간 이베리아 반도를 다스린 이슬람은 단순한 외래 세력이 아니었다. 그들은 **농업 기술, 수리 체계, 수학과 천문학, 지리 지식, 항해술, 지도 제작술, 그리고 교육 시스템**을 남겼다.

이슬람의 천문학은 **항법과 항로 계산**에 결정적이었고, **아라비아 숫자와 십진법**, 아스트롤라베(astrolabe, 항법 · 천체고도 측정 기구 등의 도구는 포르투갈과 스페인의 항해자들에게 바다 위 '지도 없는 항해'를 가능케 했다. 콜럼버스는 그라나다의 함락을 알리는 승전가를 들으며 출항했고, 포르투갈의 바르톨로메우 디아스는 그보다 조금 앞서 **희망봉을 돌았다.** 바스코 다 가마는 인도 항로를 열었고, 마젤란은 태평양을 가로질렀다. 이들의 모든 항해는 단순한 용기가 아니라, **이슬람 문명의 유산 위에 세워진 과학적 기반** 덕분이었다.

□ "신의 이름으로 세계를 정복하라"

레콩키스타의 종결과 함께 형성된 **가톨릭 제국의 정체성**은 이제 세계를 향한 정복의 동기가 되었다. **이슬람을 물리쳤던 그 열정과 이념이**, 이제는 **아메리카 원주민, 아프리카 토착민, 아시아의 이교도**를 향해 칼을 들게 했다. 하지만 아이러니하게도, 이 정복의 도구는 바로 **이슬람에서 배운 것들이었다.** 이베리아 반도의 가톨릭 왕국은 이슬람에게서 배운 것을 활용하여 이슬람을 뛰어넘고, 그 문명을 바탕으로 **'서구 세계 질서'의 주인이 되어 갔다.**

□ 문명은 사라지지 않는다, 흡수될 뿐이다

그라나다의 폐허 위에 세운 성당, 모스크의 미나렛을 개조한 종탑, 아라비아어를 따라 설계된 수도원 정원. **문명은 전복되었지만, 완전히 파괴되지 않았다.** 그것은 형태를 바꾸고, 이름을 바꾸고, 권력자의 언어로 새롭게 정의되었지만, 그 본질은 여전히 **유럽의 정신 속 어딘가에서 살아 있었다.** 1492년 이후의 스페인과 포르투갈은 마치 **잊은 듯한 기억 위에 궁전을 세운 이방인들**과 같았다. 그들은 이슬람을 몰아냈지만, 이슬람이 남긴 지식과 기술, 미학과 사유는 그들 자신도 인식하지 못한 채 내면에 흡수되어 있었다.

□ 그리고 지금, 우리에게 남겨진 유산

오늘날 스페인의 **알함브라 궁전**은 여전히 그 정교한 아라베스크 무늬와 수학적 비례 속에 한 시대의 예술과 과학, 신앙이 공존했던 흔적을 간직하고 있다. **톨레도의 회당**, **코르도바의 대모스크** 역시 서로 다른 신앙과 언어, 건축양식이 한 공간에 공존했던 **문화 융합의 상징**으로 남아 있다.

그 속에서 우리는 묻는다.
"문명은 정말로 정복될 수 있는가?"
"무엇이 진정한 승리이며, 무엇이 기억되어야 할 유산인가?"

정복자는 시대마다 바뀌었지만, **지식과 예술, 관용의 정신**은 완전히 사라지지 않았다. 정권은 무너지고 제국은 교체되었으나, 이슬람의 학문과 건축, 천문학과 철학은 라틴 세계를 거쳐 **근대 유럽의 사유 체계 속으로** 스며들었다. 지금 우리가 사용하는 수학의 숫자 체계, 별자리의 이름, 약학과 광학의 원리, 그리고 건축의 대칭과 조화의 개념 속에도 그 흔적은 여전히 살아 있다.

'지중해에서 대서양으로' 넘어간 문명의 여정은 결국 그 출발선 위에 **이슬람 문명이라는 보이지 않는 기초석**이 놓여 있었음을 일깨워 준다. 문명은 무너지지만, **지식과 관용의 유산은 정복되지 않는다.**

7. 스페인과 포르투갈 건축의 양식과 구조

유럽 대륙의 중심부, 특히 프랑스와 독일, 이탈리아를 중심으로 형성된 전통적인 건축 양식은 고딕과 르네상스, 바로크와 신고전주의로 이어지는 연속성과 조화성을 특징으로 한다. 이들 지역은 기독교 문화권 내에서 일관된 미학적 규범과 비례 원칙, 그리고 로마적 전통을 바탕으로 건축 양식을 발전시켜 왔다. 이에 반해, **스페인과 포르투갈은 지정학적 위치와 역사적 흐름** 속에서 **이슬람 문화, 지중해 기후, 해양 제국의 상징성**이라는 독특한 요소들을 수용하면서도, 고유의 건축미를 창조하였다.

□ 빛과 무늬의 융합 - 스페인과 포르투갈의 건축 미학

스페인은 오랜 세월 이슬람의 지배를 받았고, 그로 인해 기독교 건축에도 **무슬림 건축의 아치, 스투코, 타일 장식 등의 영향**이 자연스럽게 융합되었다. 이러한 혼합양식은 '무데하르(Mudéjar)' 양식이라 불리며, 이는 유럽 중심부의 일관된 고딕·르네상스 전통과 뚜렷이 구분된다. 포르투갈은 대항해시대의 주역으로, 항해와 바다를 주제로 한 **마누엘(Manuelino)** 양식을 창출하였다. 이 양식은 해양 탐험과 식민지 제국의 상징을 건축에 반영하며, 유럽 내

에서도 유례없는 조형미를 보여 준다.

또한, 두 나라 모두 **색채감과 장식성에 대한 감각이 강하며**, 북유럽처럼 회색 석조의 중후함보다는 **화려한 타일, 복합 문양, 밝은 채도**를 선호하는 경향을 보인다. 이는 단순히 미적 취향을 넘어, 기후와 지역 정체성, 역사적 상징성을 반영한 문화적 표현이다.

□ 환경에 적응한 구조의 지혜 - 남유럽 건축의 독창성

스페인과 포르투갈은 단순히 외관이 다른 것이 아니라, **건축 구조 자체에서**도 유럽 중심부와 본질적으로 구분되는 특징을 지닌다. 북유럽 및 중앙유럽의 건축은 눈과 비, 추운 기후에 적응된 구조로, 높은 천장과 급경사 지붕, 그리고 이중 창을 통해 보온과 방습에 초점을 맞춘다. 또한 하중을 견디기 위한 두꺼운 석조 벽과 수직적 상승감을 강조한 고딕 구조가 널리 퍼져 있다.

반면 스페인과 포르투갈은 **지중해성 기후와 더운 여름, 이슬람 문화의 영향**, 그리고 **지진의 위협**에 구조적으로 적응해 왔다. 스페인 건축은 중정을 중심으로 한 **파티오 구조**를 적극적으로 활용하여 내부 통풍과 그늘을 확보하였고, 말굽형 아치나 얇은 기둥을 통해 건물의 시각적 개방감과 유연성을 확보하였다. 이러한 구조는 벽체가 아닌 기둥과 아치의 하중 분산을 통해 구조적 안정성을 확보하는 방식이다.

포르투갈은 특히 **1755년 리스본 대지진** 이후, 세계 최초의 본격적 **내진 건축 구조**인 '폼발린 케이지(Pombaline Cage, 포르투갈 총리 폼발 후작의 이름에서 유래)'를 도입하였다. 이는 **목재 격자형 내진 프레임**을 석조 벽 내부에 삽입하여, 지진의 수평 진동을 흡수하고 충격을 분산시키는 구조적 혁신이었다. 이러한 내진 구조는 당시로서는 유례없는 선진 기술이었으며, 이후 도시 전체(리스본 바이샤 지구)가 **격자형 도시 계획과 함께 재건**되었다는 점에서 구조와 도시계획이 통합된 드문 사례로 평가된다.

또한 포르투갈은 아줄레주(타일)를 단순한 장식이 아닌, 외벽 보호 및 열 차단의 기능성 재료로 적극 활용하였다. 이는 북유럽의 석조벽보다 얇고, 축열·방수 특성을 높인 복합 재료 방식이라 할 수 있다.

포르투 까르무 성당 외벽 아줄레주 벽화, 사진: 구민성

□ 알함브라의 아치에서 아줄레주의 벽화까지

이베리아 반도의 건축은 그 자체로 **서로 다른 문명들의 대화**이다. 한쪽 끝에는 이슬람의 정교한 아치가, 다른 한쪽에는 가톨릭의 장엄한 돔이 있다. 이 땅의 돌 위에는 **신앙과 권력, 예술과 기술이 맞부딪히고 스며든 흔적**이 새겨져 있다. 711년 무어인의 침공 이후, 이베리아의 건축은 **전쟁과 공존, 정복과 융합의 역사**를 겹겹이 품었다. 그라나다의 **알함브라 궁전**은 빛과 그림자의 조화 속에 이슬람 미학의 정수를 담았고, **마드리드 왕궁**은 유럽 바로크의 외피 아래 스페인 고유의 중정 구조와 실용성을 간직했다. **리스본의 제로니무스 수도원과 벨렝탑**은 대항해시대의 신앙과 제국의 비전을 돌에 새긴 기념비이며, 수많은 성당과 건물의 벽면을 덮은 **아줄레주**는 바다와 하늘, 인간의 이야기를 그린 **타일의 성경**이 되었다. 이베리아 반도의 건축은 이렇게 서로 다른 세계가 만나 **하늘을 향한 기도와 바다를 향한 도전**을 하

나의 예술로 승화시킨, 문명 교차의 살아 있는 기록이다.

▶ 마드리드 왕궁 (Palacio Real de Madrid)

스페인의 수도 마드리드에 위치한 왕궁은 외형적으로는 **프랑스식 바로크와 신고전주의 건축의 영향**을 받았지만, 구조적으로는 **스페인 특유의 중앙 안뜰(Patio) 구성**과 강력한 방재 설계를 반영하고 있다. 거대한 4면 건축이 중정을 감싸는 구조는 내부 채광과 통풍을 확보하면서도, 내부의 각 실을 기능적으로 분할할 수 있게 하였다. 외벽은 석조로 구성되어 중후하면서도 위엄 있는 인상을 주며, 내부는 화려한 채색과 장식이 가득하다. 스페인의 건축이 **외관은 유럽식**이지만, **내부 공간 구성은 스페인 고유 전통을 계승**하고 있음을 보여 주는 대표적 사례다.

▶ 그라나다 알함브라 궁전 (Alhambra)

알함브라는 스페인 남부 그라나다에 위치한 이슬람 궁전으로, **건축 구조와 양식이 모두 유럽 전통과는 전혀 다른** 독립적인 예술세계를 보여 준다. 중심에는 '사자의 중정'(Patio de los Leones)이라는 안뜰이 있으며, 그 주위를 얇은 기둥과 말굽형 아치가 둘러싸고 있다. 천장은 나무나 스투코로 복잡하게 장식되어 있으며, 전체 건축은 마치 물과 정원을 감싸는 구조적 예술로 설계되었다. 특히 알함브라는 **자연과 건축의 경계를 허물며, 빛과 물, 그림자의 조화를 극대화하는 공간 구성**이 특징적이다. 유럽 중세 고딕 성당이 하늘로 뻗는 구조라면, 알함브라는 **내면과 수평, 정적 공간의 미학**을 강조한다.

▶ 리스본 제로니무스 수도원과 벨렝탑 - 대항해시대를 새긴 돌의 기도문

포르투갈 리스본의 벨렝(Belém) 지구에 자리한 제로니무스 수도원(Mosteiro dos Jerónimos)은 대항해시대의 정점을 기념하는 대표적 건축물이다. 16세기 초, 포르투갈 왕 마누엘 1세(King Manuel I)의 명으로 착공된 이 수도원은, 위대한 항해자 바스쿠 다 가마(Vasco da Gama)가 인도 항로를 개척한 역사적 사건을 기념하고, 그 성공을 신에게 감사하는 뜻으로 지어졌다. 수도원의 이름은 '성 제롬(Jerome)'을 수호성인으로 삼은 데서 유래하였으며, 수도승들은 이곳에서 오랜 세월 동안 **항해자들의 무사 귀환과 국가의 안녕을 위해 기도**하였다.

이 거대한 수도원의 건축은 마누엘 양식(Estilo Manuelino)의 최고봉으로 평가된다. 마누엘 양식은 포르투갈에서만 꽃피운 독자적 건축 양식으로, 고딕의 구조 위에 르네상스의 조화미, 무데하르(이슬람)의 섬세한 장식성을 덧붙인 복합 양식이다. 그러나 무엇보다도 이 양식의 핵심은 **해양 상징의 조형화**에 있다. 제로니무스 수도원의 회랑과 정문, 기둥에는 **밧줄, 닻, 조타륜, 산호, 해초, 십자가 등 항해와 기독교를 상징하는** 수많은 요소들이 **섬세하게 새겨져 있으며**, 이 모든 조각은 단지 미학을 넘어서 **신앙과 제국의 기원을 설명하는 조용한 설교문**처럼 작동한다.

리스본 제로니무스 수도원, 사진: 구민성

제로니무스 수도원에서 걸어갈 수 있는 가까운 거리에 위치한 **벨렘탑(Torre de Belém)** 역시 이 시대의 정신을 함께 나누는 건축적 쌍둥이와 같다. 벨렘탑은 1514년부터 1520년 사이, 리스본 강변의 태주강 하구를 방어하기 위한 **군사 요새이자 등대**로 건립되었다. 그러나 이 탑의 기능은 단지 군사적 방어에 그치지 않는다. 실제로 벨렘탑은 **많은 항해자들이 대서양과 인도양으로 출항하기 전, 마지막으로 바라본 리스본의 상징**이자, 귀환하는 이들이 가장 먼저 목격한 귀향의 표식이었다.

벨렘탑 역시 마누엘 양식으로 지어졌으며, 외관에는 **무어식의 말굽형 아치, 고딕의 창살**

장식, 르네상스식 박공, 그리고 해양 상징 조각들이 조화를 이루고 있다. 특히 탑의 외벽에는 로프 장식과 조타륜, 그리스도 기사단의 십자가(Cruz da Ordem de Cristo)가 새겨져 있어, 제로니무스 수도원과 마찬가지로 **국가의 신앙과 항해 정신이 돌에 새겨진 형태**로 구현되어 있다.

리스본 벨렘탑, 사진: 구민성

제로니무스 수도원과 벨렘탑은 단순한 건축물이 아니다. 이 둘은 함께 **건축을 통해 제국의 정체성을 정의하고, 항해와 기도, 무역과 믿음을 하나의 세계관으로 엮은 석조 기록물**이라 할 수 있다. 한쪽은 기도와 영혼의 중심이 되었고, 다른 한쪽은 무기와 지도, 그리고 나침반의 지점이 되었다. 제로니무스 수도원과 벨렘탑이 오늘날까지도 나란히 서 있는 것은, **하늘을 향한 신앙과 바다를 향한 도전이 함께 기록된 이베리아 반도의 유산**이 지금도 유효하다는 것을 증명한다.

▶ 포르투갈 아줄레주 (Azulejo)

아줄레주는 포르투갈 건축을 상징하는 **다채로운 타일 예술**이자, **건축 재료의 일환**으로 기능한다. 주택 외벽, 성당 내부, 역사의 벽화, 학교 벽면 등 거의 모든 공공 및 종교 건축에 아줄레주가 사용된다. 이는 단순한 장식을 넘어서, **건물의 구조를 보호하고, 내부 온도를 조절**

하며, 이야기를 전달하는 매개체로 사용된다. 특히 리스본의 상 벤투 수도원이나 포르투 역에는 성경 이야기나 역사적 전투 장면이 타일로 그려져 있어, **건축이 곧 교육과 예술, 신앙의 수단**이 되었음을 보여 준다.

□ 맺음말

스페인과 포르투갈의 건축은 유럽의 변방이라는 지리적 위치와, 이슬람과 아프리카, 그리고 해양 세계와의 접촉이라는 복합적 역사 속에서 **독자적인 미학과 구조를 발전**시켜 왔다. 이들의 건축은 단순한 양식적 차이를 넘어, **다문화적 융합, 기후 적응력, 지진 대응, 종교적 상징의 통합**이라는 면에서 현대 건축이 추구하는 **융합적·지속가능한 철학의 전신**이라 할 수 있다. 즉, 스페인과 포르투갈 건축은 '양식의 다양성'이 아니라, **문명과 공간의 융합이라는 깊은 질문**을 우리에게 던지고 있다.

8. 유럽의 끝, 세계의 시작 - 스페인과 포르투갈의 문명적 궤적

포르투갈과 스페인은 근세 유럽 국가 중에서도 **독특한 정체성과 발전 경로를 걸었다.** 그들의 역사 속에는 단순한 중세 가톨릭 국가 이상의 층위가 존재하며, 이베리아 반도의 지리와 이슬람과의 오랜 공존, 그리고 대항해시대로 이어지는 바다의 개척이 타 유럽 국가들과의 차별성을 만들어냈다.

□ 이슬람 문명과의 깊은 공존 - 유럽 속의 '알 안달루스' 기억

스페인과 포르투갈은 유럽에서 **가장 오랫동안 이슬람 문명과 마주했던 국가들**이다. 8세기부터 15세기 말까지 약 700년간, 이베리아 반도 남부는 '알 안달루스'라는 이름으로 이슬람 문명권에 속해 있었다. 이 시기 동안 코르도바, 톨레도, 세비야, 그라나다 등은 **기독교, 이슬람, 유대교가 공존한 다문화 도시**였으며, 예술과 과학, 철학과 건축이 융합되며 찬란한 문

명을 꽃피웠다.

이러한 경험은 다른 유럽 국가들과 구별되는 **혼성적 문화 토양**을 남겼다. 무데하르(Mudéjar) 양식의 건축, 아라베스크 문양, 물을 활용한 정원 미학, 대화 중심의 학문 문화는 오늘날까지도 스페인과 포르투갈 문화에 깊은 흔적으로 남아 있다. 이는 **이슬람과 기독교의 문명적 충돌과 동시에 공존의 흔적**이라는 점에서, 동유럽이나 북유럽의 단일문화 기반과는 본질적으로 다르다.

□ 가장 먼저 도달한 대양 - 유럽에서 '먼저' 근대를 연 해양 제국

15세기 후반, 레콩키스타가 마무리되자 **스페인과 포르투갈은 시선을 바다로 돌렸다.** 단일 국가로 통일된 힘, 이슬람과의 오랜 대결을 통해 쌓은 항해 기술, 지중해 너머의 무슬림 세계에 대한 지식은 곧 **대항해시대의 개막**으로 이어졌다.

포르투갈은 엔리케 항해 왕자(Henry the Navigator)를 중심으로 아프리카 서해안 항로를 개척했고, 바스코 다 가마는 인도 항로를 통해 동방 무역의 문을 열었다. **스페인**은 콜럼버스의 아메리카 항해(1492)를 통해 신대륙을 발견하고, 아스테카와 잉카 문명을 정복하여 **은과 금의 제국**을 이루었다. 다른 유럽 국가들이 종교개혁과 국내 전쟁, 중앙집권 강화를 위한 시간에 집중하고 있을 때, 포르투갈과 스페인은 **세계의 바다와 대륙을 선점**하며 제국을 세우고 있었다.

□ 종교적 일체화의 극단 - '가톨릭 세계화'의 선봉

포르투갈과 스페인은 종교개혁에 적극적으로 저항한 **가톨릭의 수호자들이자, 교황의 세계 선교 명령을 직접 수행한 국가**였다. 특히 1492년 스페인의 그라나다 함락, 1494년 토르데시야스 조약(Treaty of Tordesillas) 이후 두 나라는 **"신대륙은 곧 가톨릭의 대지"라는 사명감** 아래 복음 전파와 제국 확장을 병행했다.

스페인은 라틴아메리카 전역에서 **성직자·정복자·관리자 삼중 구조**를 만들어 선교와 식민 통치를 동시에 수행했고, 포르투갈은 인도 고아, 브라질, 아프리카 해안에서 **예수회 중심의 선교 체계**를 통해 신앙을 전파했다. 이러한 종교 중심의 세계 전략은 이후 프랑스, 영국, 네덜란드가 추구한 상업 중심 식민 정책과는 확연히 다른 모습이었다. 포르투갈과 스페인은 '하나님의 제국'이자 '황제의 신민'을 만드는 **종교-제국 일체형 모델**을 지향했다.

□ 유럽 속의 변방이자 세계의 중심

이베리아 반도는 **지리적으로 유럽의 서남쪽 끝에 위치한 변방**이었다. 중세 동안 프랑크 왕국이나 신성로마제국, 이탈리아 도시국가에 비해 문화적 중심지는 아니었다. 그러나 대항해시대 이후, **세계지도의 중심은 대서양**으로 이동했고, **포르투갈과 스페인은 그 한가운데**에 서게 되었다.

이러한 **지리적 약점의 전환**은 이들 국가의 역사관에도 큰 영향을 미쳤다. 내부적으로는 **가톨릭 왕국의 종교적 순수성**을 유지하면서도, 외부로는 **세계의 여러 문명**과 접촉하고, 흡수하고, 변형시키는 **강한 흡인력**을 발휘했다. 그 결과, 포르투갈과 스페인은 **유럽 중심주의**를 유지하면서도, **유럽 바깥 문명의 요소**를 받아들이는 **이중 정체성**을 갖게 되었다. 이는 그들의 언어, 음식, 예술, 사고방식 속에 고스란히 남아 있다.

□ 다문화의 흔적 위에 놓인 단일성의 강박

스페인과 포르투갈은 과거 **다문화 사회였지만**, 레콩키스타 이후 **종교적·문화적 단일화 정책**을 강하게 추진했다. 유대인 추방령(1492), 무슬림 강제 개종(1502), 이단 심문(Inquisition)은 그들의 사회를 **종교적으로 동질화된 통일국가**로 만들었다.

하지만 그 속에는 여전히 **아랍어 단어, 안달루시안 리듬**, 무데하르 양식(Mudéjar), **식민지 언어의 흔적**이 숨 쉬고 있었다. 이 모순은 오늘날까지도 스페인·포르투갈 사회의 정체성

논쟁(카탈루냐, 바스크 문제, 브라질-포르투갈 문화 분기 등)으로 이어지고 있다.

□ "경계에 있었기에, 세계를 먼저 보았다"

스페인과 포르투갈은 **유럽의 끝에서 세계의 시작을 열었다.** 그들은 이슬람과의 충돌과 융합, 가톨릭 일체 주의와 다문화 사회의 공존, 유럽 중심 세계관과 해양 제국의 보편주의 사이에서 **복합적인 문명 층**을 만들어 냈다. 그 결과, 근세 유럽의 중심부 국가들과는 다른 시선, 다른 문화 감수성, 다른 세계 전략을 갖게 되었고, 이는 오늘날까지도 이들 국가의 정치, 예술, 종교, 외교에서 독특한 색채를 남기고 있다. 그들은 경계에 있었기에, 경계 너머를 먼저 볼 수 있었다. 유럽의 끝이었던 이 땅, 바로 그곳에서 세계의 시작이 열렸다. 그것은 결코 우연이 아니었다.

제31장

나침반과 바람의 제국
- 항해술과 지도 제작의 혁신

1. "육지 위의 재편 - 항해시대가 오기 전, 유럽은 이렇게 다시 짜였다"

로마 제국의 몰락 이후, 유럽은 칼과 신앙이 새로운 질서를 세운 **게르만 왕국들의 시대**로 들어섰다. 서기 800년 혼돈 속에서 **샤를마뉴의 제국**이 잠시 통합의 꿈을 이루었으나, 다시 조각난 유럽은 봉건적 질서로 흩어졌다. 귀족과 기사, 그리고 교회가 권력을 나누며 중세적 사회 구조가 형성되었다. 그러나 바이킹과 마자르, 이슬람 세력의 침입은 이 세계를 끊임없이 흔들었다. 9~12세기, 상업과 도시가 되살아나며 유럽은 다시 **움직이기 시작했다**. 십자군 전쟁은 전쟁이자 교류였고, 유럽은 동방의 문명과 물질, 지식을 흡수하며 바깥세상을 인식하기 시작했다. 이탈리아와 북유럽의 도시들은 무역 네트워크(한자동맹)를 이루어 경제적 활력을 얻었다. 봉건제의 균열 속에서 **왕권과 국가 개념이 형성**되었고, 백년전쟁은 근대 국가의 기초를 다졌다. 그 모든 변화의 끝에서, 유럽은 더 이상 땅에 머물지 않았다. **나침반과 별, 바람의 신호**를 따라 새로운 세계를 향해 나아갈 준비를 마쳤다.

□ 혼돈의 시작 - 로마의 몰락과 게르만 왕국들 (5~9세기)

로마가 무너졌을 때, 서유럽은 아무것도 정리되지 않은 채 **깨어진 대지처럼 흩어져 있었다.** 제국은 더 이상 존재하지 않았고, 법은 사라졌으며, 황제의 명령은 아무도 따르지 않았다. 그 자리를 차지한 것은 칼과 피로 질서를 만들려는 **게르만족의 왕국들**, 그리고 **진리와 신을 내세운 교회**였다.

서기 **5세기부터 9세기까지**, 유럽 대륙은 마치 퍼즐처럼 흩어진 조각들이 제각기 움직이고 있었다. 프랑크족은 갈리아에 자리를 잡았고, 고트족은 이베리아 반도를 장악했으며, 롬바르드족은 이탈리아 북부를 다스렸다. 그러나 이들 중 누구도 로마의 자리를 완전히 대신하지는 못했다.

□ 통합의 꿈 - 샤를마뉴와 카롤링거 제국 (8~9세기)

그 혼돈의 가운데, 하나의 왕국이 **거대한 꿈을 품고 일어섰다.** 그것이 바로 **프랑크 왕국**, 그리고 그 왕 중 가장 위대한 이름, 샤를마뉴(Charlemagne)였다. 그는 이탈리아를 넘고, 게르만족을 복속시키고, 로마 교황의 손으로 **"황제"라는 옛 이름을 되찾았다.** 서기 **800년**, 그는 로마의 대성당에서 **카롤링거 제국**을 선포했지만, 그 제국은 그의 손자들 아래에서 다시 조각나고 만다. 그러나 **그의 이름은 유럽의 통합이라는 꿈의 기초가 되었다.** 이 이상은 곧 '하나의 유럽'이라는 중세적 상상력을 낳았고, 훗날 유럽연합(EU)까지 이어지는 역사적 뿌리가 되었다.

□ 봉건의 질서 - 귀족과 교회의 지배 (9~11세기)

샤를마뉴 이후, 유럽은 다시 작아졌다. 하지만 이번엔 전보다 더 복잡한 방식으로 나뉘었다. 귀족들이 자신의 땅을 다스리며 충성을 맹세하고, 기사들은 군사력으로 봉사를 약속했다. **봉건제도**, 그것은 약속과 계약, 그리고 의무로 엮인 중세 유럽의 권력 체계였다. 한편, **가톨릭 교회**는 점차 뿌리를 내리고 있었다. 교황은 로마의 옛 권위를 스스로 계승한다고 주장했고, **성직자들은** 왕들보다 더 넓은 **땅과 권력**을 가지게 되었다. 모든 언어가 갈라지고, 문화가 혼란스러웠던 그 시기에도 **라틴어 성경과 미사**, 그리고 **수도원 교육**은 유럽 전역을 하나로 묶는 **정신적 지주**가 되었다.

그러나 이 새로운 질서는 **외부의 위협**에 노출되어 있었다. 북쪽에서는 **바이킹**이 바다를 타고 내려왔고, 동쪽에서는 **헝가리계 마자르족**이 말을 타고 쳐들어왔으며, 남쪽에서는 **이슬람 세력이 지중해를 장악**하고 있었다.

□ 상업과 도시의 부활 (10~12세기)

그 모든 위협 속에서도, 유럽은 조금씩 **자신의 형태를 회복**해 나갔다. 10세기와 11세기를 지나면서 **왕권이 회복되고, 상업이 되살아나며, 도시가 다시 태어났다.** 이탈리아의 도시국가들, 프랑스의 샹파뉴 시장, 독일의 한자동맹 도시들은 이제 **수공업과 무역의 중심지**로 변모했고, **교역로는 다시 유럽 전역**을 잇기 시작했다.

그리고 그 변화의 가장 결정적인 전환점이 십자군 전쟁(1096~1270)이었다. 십자군은 단순한 종교 전쟁이 아니었다. 그것은 **서유럽인들이** 집단적으로 **대외로 나아간 최초의 시도**였고, **지중해를 통해 동방과 접촉한 계기**였다. 그들은 예루살렘을 되찾기 위해 나아갔지만, 그 여정에서 **비잔틴의 고대 지식, 이슬람 세계의 의학과 천문학, 동방의 향신료와 직물**을 목격했다. 그리고 그 경험은 유럽 내부에 **열정과 갈망을 심어 주었다.**

더 멀리 가야 한다.
더 많이 알고 싶다.
더 많이 가져와야 한다.

□ 항해의 문턱 - 나침반과 바람의 시대 (13~15세기)

그렇게 **13~15세기**, 이탈리아의 도시국가들(베네치아, 제노바)이 지중해를 무대로 무역망을 확대했고, **한자동맹**은 북해와 발트해를 잇는 상업 제국으로 성장했다. 한자동맹(Hanseatic League, 독일어: die Hanse)은 중세 후반기부터 근세 초기에 걸쳐 북유럽과 발트해 지역의 독일계 도시들이 중심이 되어 형성한 상업 및 방어 동맹이다. 약 13세기부터 17세기까지 활동하였으며, 상업의 자유, 해상 무역 보호, 경제적 이익의 확대를 목적으로 탄생하였다. 단순한 무역 조합을 넘어서 하나의 도시 네트워크이자 국제적 경제 연합체로 발전하였고, 유럽 중세 경제사에서 매우 중요한 위치를 차지한다. 이 도시 연합은 항구와 무역로를 통해 대륙 내부와 바다를 하나의 경제망으로 엮었고, 이는 훗날 항해시대의 **'해상 제국' 모델의 전조**였다.

대학이 생기고, **중산 계층**이 생기고, **국가라는 개념**이 서서히 **형성되기 시작**했다. 봉건제 속에서 힘이 분산되었던 유럽의 왕정은 백년전쟁(1337~1453)을 거치며 새로운 성격을 띠게 되었다. 전쟁은 프랑스와 영국 모두에게 막대한 희생을 강요했지만, 동시에 왕이 군사와 재정을 직접 통제해야 하는 필요를 드러냈다. 프랑스에서는 왕권이 강화되어 중앙집권이 진전되었고, 영국은 대륙의 영토를 잃었지만 장미전쟁을 거쳐 튜더 왕조가 들어서며 새로운 국가 체제를 세웠다. 백년전쟁은 단순한 왕위 계승 다툼에서 비롯되었으나, 그 배후에는 **봉건 질서와 영토 구조의 모순,** 플랑드르 직물 산업과 영국 양모 무역 같은 **경제적 이해관계**가 얽혀 있었다. 따라서 이 전쟁은 단순한 왕실 간의 분쟁을 넘어 유럽 사회 구조 전체를 뒤흔든 충돌이었다. 그 결과 프랑스에서는 중앙집권 국가의 기초가 다져졌고, 영국은 해양으로 눈을 돌리며 향후 해양 제국으로 나아갈 토대를 마련했다.

결국 이 전쟁은 **'국민'이라는 집단 정체성과 왕을 중심으로 한 근대 국가 개념**을 탄생시켰으며, 중세에서 근대로 넘어가는 거대한 문턱을 열어젖힌 사건이었다. 그러나 모든 것은 여전히 **땅 위에 머물러 있었다.** 모든 상상은 **육지의 끝**에서 멈췄고, 바다는 여전히 **두려움과 신화의 공간**이었다.

그때 누군가가 **손에 나침반을 들었다.** 그리고 하늘의 별을 보고, 바람을 읽고, **'저 너머로 나아갈 수 있다'는 믿음**을 품었다. 그리하여, **항해시대는 단지 기술의 결과가 아니라, 유럽 재편의 산물**이었다. 그들은 오랜 시간 혼돈을 겪고, 질서를 세우고, 다시 무너졌다가 일어나며, **바다를 향할 준비를 마쳤다.** 로마 이후 천년의 시간을 지나, 유럽은 육지 위에서 자신을 다시 만든 후, **나침반을 따라 세계를 향해 항해하기 시작**한 것이다.

2. "나침반이 북쪽을 가리켰을 때, 제국은 바다로 향했다"

어느 날 나(시대를 초월하는 역사의 증언자)는 폐허가 된 로마의 거리에서 길을 잃은 듯한 느낌을 받았다. 위대한 제국은 더 이상 존재하지 않았고, 황제의 옥좌는 먼지 속에 묻혀 있었다. 그날은 **서기 476년**, 게르만 장군 오도아케르(Odoacer)가 어린 황제 **로물루스 아우구스툴루스**를 궁전에서 쫓아낸 날이었다. 그것은 단 한 번의 폐위였지만, 천년의 영광이 무너지는 소리였다.

도시는 침묵했고, 병사들은 흩어졌으며, 법은 더 이상 황제의 인장을 받지 않았다. 그러나 로마는 완전히 죽지 않았다. 그녀의 유산은 수도사들의 손에 들린 양피지로, 교황의 가슴에 품은 십자가로, 그리고 떠나간 군단의 도로 위를 걷는 상인의 발걸음으로 남아 있었다. 그리고 그로부터 또 다른 천년이 흘렀을 때, 나는 **콘스탄티노플의 최후의 날**을 목격했다. **1453년 5월**, 대포의 포성이 성벽을 갈라내고, 오스만의 깃발이 성소피아의 돔 위에 올라갈 때, 나는 알았다.

"이제 로마는 완전히 사라졌구나."
하지만 그 자리를 대신한 새로운 황제들은
칼을 들고 육지를 지배하는 자들이 아니었다.
그들은 **돛을 펴고 바람을 지배하는 자들**이었다.

처음 그것을 본 것은 **리스본의 부둣가**였다.
지평선 너머를 향해 출항하는 조그마한 배.
선원들은 두려움과 설렘을 품고 있었고,
그들의 손에는 하나의 기이한 물건이 쥐어져 있었다.

나침반.

작은 자석 바늘 하나가 북쪽을 가리키는 그 장치는, 인간의 마음에 “이 바다 저 너머에도 땅이 있을지 모른다”는 희망을 불어넣었다. 그렇게 **포르투갈의 항해 왕자 엔리케**(Infante Dom Henrique)는 아프리카의 끝을 돌고, **바스코 다 가마**는 인도에 도착했다. 바다는 더 이상 미지의 공포가 아니었다. **지도는 그려지기 시작했고, 세계는 좁아지기 시작했다.**

뒤이어 **스페인**이 움직였다. 그들은 나침반을 믿고 서쪽으로 나아갔고, 마침내 아메리카 대륙에 도달했다. 콜럼버스(Christopher Columbus), 마젤란(Ferdinand Magellan) 그리고 수많은 정복자들이 바람을 등에 업고 신대륙에 발을 디뎠다. 그들은 십자가를 들었고, 대포를 실었고, 유럽의 이름으로 땅을 소유했다. 그날 이후, **세상은 더 이상 원래의 세상이 아니었다.** 그리고 조용히, 그러나 치밀하게 바람을 이해한 이들이 있었다.

네덜란드. 그들은 거대한 상선과 정교한 항로를 만들었다. 동인도회사(VOC, 1602 설립)는 하나의 기업이었지만, 그것은 **제국**이었다. 향신료의 냄새가 암스테르담의 항구를 채웠고, 금화는 바람보다 빠르게 세계를 돌았다. 암스테르담은 17세기 ‘세계의 창고’라 불리며, 근대 금융과 주식회사의 발상지가 되었다. 그러나 결국, 바람 위의 왕좌에 앉은 것은 **영국**이었다. 그들은 **해상시계**로 시간을 지배했고, **무역풍과 편서풍을 꿰뚫어 본 시선**으로 바다를 통제했다.

“해가 지지 않는 나라.”
그 이름은 단순한 과장이 아니었다.
그들의 국기는 인도, 호주, 아프리카, 북미,
그리고 카리브해까지 펴져 있었고,
그 모든 것은 나침반이 가리킨 북쪽과 바람의 방향을 따른 결과였다.

나는 깨달았다.
로마는 육지를 정복한 제국이었다.
그러나 **나침반이 발명된 후, 세계는 바다에서 다시 그려졌다.**

이제는 **바람을 읽는 자가 제국의 왕관을 쓴다.**
지도는 다시 쓰였고, 문명은 그에 따라 움직였다.
바람은 말이 없었지만, 그 바람을 품은 돛은 세계사의 방향을 바꾸었다.
그리고 그 모든 시작은,
작고 가느다란 **나침반 바늘이 떨리던 순간**이었다.

3 나침반과 바람의 제국들 - 항해술과 세계지도

유럽은 13세기 이후 봉건제의 분권적 질서를 조금씩 넘어 **국가적 통합**을 향해 나아갔다. 프랑스와 영국은 백년전쟁(1337~1453)을 통해 **'왕이 국가를 대표한다'**는 새로운 정치 질서를 확립했고, 독일은 신성로마제국의 틀 속에서 분열된 제후국들로 남았지만 북부 도시들은 한자동맹을 통해 해상 무역을 주도했다. 이와 달리, 이베리아 반도의 스페인과 포르투갈은 오랜 레콩키스타(이슬람 세력 축출 전쟁)를 거치며 군사적 역량과 종교적 결집력을 동시에 다졌다. **포르투갈**은 **아비스 왕조** 아래에서 중앙집권적 **왕권이 안정**되었고, 엔리케 항해왕의 주도로 해양 기술과 항해 훈련을 국가적으로 지원했다. 스페인은 카스티야와 아라곤의 통합, 1492년 그라나다 정복을 통해 하나의 왕국으로 통일되었고, 강력한 **'가톨릭 군주'**의 권위 아래에서 대서양을 향한 **국가적 역량을 집중**할 수 있었다.

이처럼 **중앙집권적 왕정, 종교적 결속, 해양 지리적 이점**을 갖춘 스페인과 포르투갈은 유럽 국가들 중 가장 먼저 바다로 나아갈 준비가 되어 있었으며, 항해시대의 첫 문을 열게 되었다. 하늘의 별을 따라 걷던 인간은 바다로 나아가며 **새로운 길을 찾아야 했다.** 육지를 벗어난 항해는 단순한 용기가 아니라, **정확한 방향과 바람의 계산**이라는 과학의 산물이 되어야 했다. 그리고 그 변화의 시작에 **작고 검은 바늘 하나**, 바로 나침반(compass)이 있었다.

□ 바늘 하나가 지도를 바꿨다

나침반
Compass Free Stock, Public Domain

나침반의 기원은 기원전 중국으로 거슬러 올라간다. 송나라 시대(11세기경)의 항해사들은 자철석을 이용해 바늘의 방향을 고정했고, 이를 선박의 항법 도구로 처음 적용했다. 이 기술은 이슬람권(아랍 · 페르시아) 항해지식과 결합해 12-13세기 유럽 해양에 확산되었고, **항로 탐사의 패러다임이 바뀌었다.** 송나라 이후 아랍 상인들은 이를 '바다의 바늘'이라 불렀고, 이슬람의 천문학 지식과 결합시켜 지중해로 전파했다. 이전까지는 **해안선을 따라 이동하거나 천문 항법에 의존했던 항해술**이, 이제는 **안개 낀 바다 한복판에서도** 목표 방향을 잃지 않고 나아갈 수 있게 된 것이다.

4. 바람과 항해, 그리고 기술의 혁명

단순히 방향만의 문제가 아니었다. 15세기부터 17세기까지 이어진 **대항해시대**를 열게 된 것은 **'바람을 읽는 기술'**과 **'선박 설계 기술'**이었다.

포르투갈은 아프리카 서해안을 따라 **편서풍**과 **무역풍**의 흐름을 이해하며 점차 남하했고, 카라벨(Caravel)이라 불리는 가볍고 빠른 소형 선박은 적은 인원으로도 광대한 바다를 횡단하기에 알맞았다. 특히 라틴 세일(lateen sail)은 역풍에도 전진할 수 있게 하여 대양 항해의 가능성을 열었다. 당시 항해자들은 선미(후방 갑판)에서 **아스트롤라베(천문항법기구)**, **해시계**, **사분의** 등의 측량 기구를 사용했고, 지도 제작자들은 **프톨레마이오스**의 지구 구형설을 참고해 구면 좌표 체계를 도입했다.

이제 바람의 방향, 조류의 흐름, 별의 고도, 자침 편차(자기편차, magnetic declination)는 국가의 운명을 결정짓는 과학이 되었다.

□ 지도 위의 야망 - 바다를 지배하라

15세기 후반, 포르투갈과 스페인은 땅이 아니라 바다에서 영토를 나누기 시작했다. 1494년의 **토르데시야스 조약**은 두 나라가 지구를 반씩 나누어 갖는 기초가 되었으며, 이 조약은 당시 이미 알려진 땅이 아닌 앞으로 발견될 땅을 대상으로 한 것이었다. 이처럼 무모한 선언이 가능했던 것은 항해술과 지도 제작 기술에 대한 자신감 때문이었다. 실제로 그들은 수십 년 만에 아메리카, 인도, 아프리카, 동남아시아, 그리고 16세기 중엽에는 일본에까지 도달했다.

"세계를 본 자가 세상을 가진다." 이는 단순한 기술의 문제가 아니라 정보와 권력, 종교와 제국, 사명과 정복의 문제였다.

□ 동서의 만남과 왜곡된 세계

이 시기 **지도**는 단순한 지리 정보가 아니라 이데올로기의 도구였다. **프톨레마이오스**의 세계지도는 유럽 중심의 세계관을 반영했고, 포르투갈의 칸티누 세계지도(Cantino Planisphere)는 실제 항해 경험을 바탕으로 제작된 최초의 정밀 해도 중 하나였다. 중국에서는 명나라 말기에 곤여만국전도(坤輿萬國全圖)가 제작되었는데, 이는 서양의 구면 지리 개념을 받아들여 만든 지도로서 동서양이 서로의 세계를 본 최초의 사례였다. 이 지도는 처음으로 유럽과 아시아, 아프리카, 아메리카가 하나의 구형 지구 위에 공존한다는 인식을 제공했다.

그러나 모든 지도에서 '중심'은 항상 그 지도 제작자의 문명에 있었다. 즉, 세계의 모습은 기술이 결정했지만, 그 중심은 권력이 결정했다.

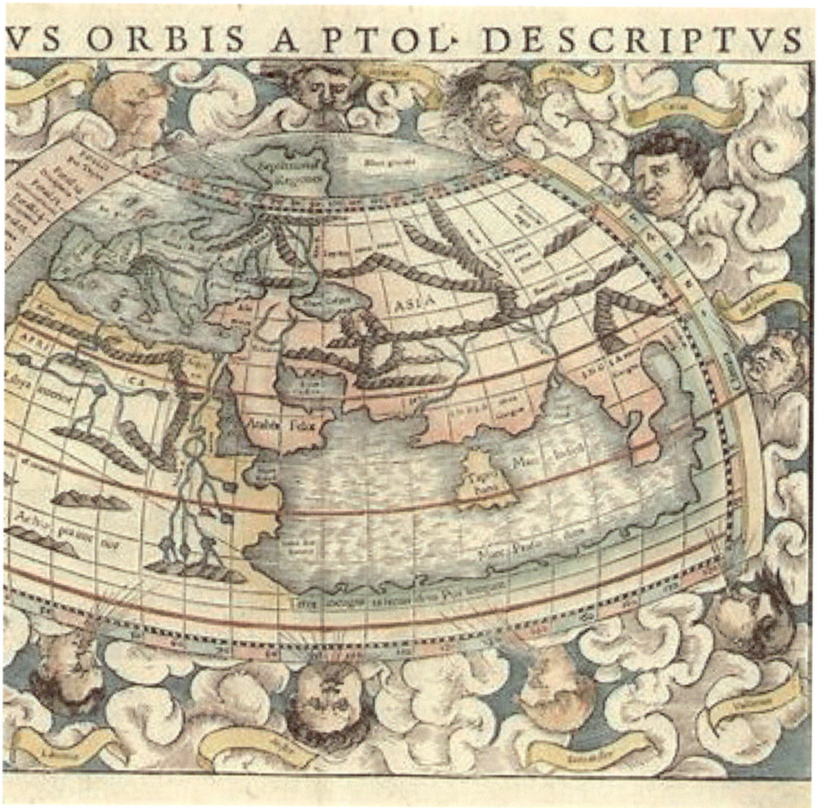

프톨레마이오스 지도
세바스티안 뮌스터(1540) 제작.
Wikimedia Commons. Public Domain.

제32장

신항로 개척
- 콜럼버스, 마젤란, 바스코 다 가마

1. 15세기, 유럽의 바다가 열렸다

15세기, 유럽은 닫힌 세상에서 벗어나 열린 세계로 향하기 시작했다. 이 출발점에는 새로운 항해 기술, 변화된 세계 인식, 그리고 **세 사람의 이름**이 자리했다. **콜럼버스**(스페인 후원), **바스코 다 가마**(포르투갈), **마젤란**(포르투갈 출신으로 스페인 국왕의 후원을 받은 항해자) 이들은 각기 다른 항로를 선택했지만, 모두 동방으로 향하는 바닷길을 찾아 나섰다는 점에서는 같았다.

□ 콜럼버스(Christopher Columbus) - 서쪽으로 간 동방의 길

1492년, 이사벨 여왕의 후원으로 서쪽 항로 탐사에 나선 콜럼버스는 인도를 목표로 했지만 예상치 못한 대륙, 아메리카에 도착했다. 그가 도달한 곳은 오늘날의 카리브 해, 산살바도르 섬이었지만, 그는 죽는 날까지 '이곳이 인도'라고 믿었다. 콜럼버스는 새로운 대륙을 발견한 것이 아니라, 유럽의 세계관을 뒤흔든 존재였다.

"그는 아시아로 가려 했고, 미국에 도달했으며,
자신은 인도에 도착했다고 믿었다."
- 역사학자 A. J. P. 테일러

□ 바스코 다 가마(Vasco da Gama) - 희망봉을 돌아 인도로

1497~1499년, 포르투갈 왕 마누엘 1세의 명을 받아 아프리카 대륙을 돌아 인도로 향했다. 그는 아프리카 동해안의 스와힐리 항구들을 거쳐 말라바르 해안의 칼리컷(Calicut)에 도착하여, 육상 실크로드를 대체하는 해상 향신료 무역로를 개척했다. 그의 항해는 유럽과 인도의 거리를 좁혔고, 포르투갈 동방 제국 건설의 시발점이 되었다. 또한, 그의 항해는 단순한 무역이 아니라 군사적 지배와 제국주의의 서막이었다.

"우리가 가져온 것은 향신료가 아니라, 대포였다."
- 바스코 다 가마의 인도에서의 행동을 묘사한 기록 중

□ 마젤란(Ferdinand Magellan) - 지구는 하나로 연결된다

1519년, 스페인의 후원으로 세계 일주 항해를 시작했다. 남미 남단의 해협(오늘날 마젤란 해협)을 통과해 태평양에 진입했으나, 필리핀에서 전사했다. 그의 부하 엘카노(Juan Sebastián Elcano)가 항해를 완수하면서, 지구가 하나의 연결된 구체임을 입증했다.

"우리는 지구를 완전히 돌았다. 이제 세계는 예전과 같지 않다."
- 엘카노의 보고서 중에서

□ 항해의 끝은 새로운 세계의 시작

콜럼버스, 바스코 다 가마, 마젤란으로 대표되는 **대항해 시대의 항해**는 단순히 바다를 건넌 사건이 아니라, **인류가 지구를 하나의 세계로 인식하기 시작한 문명사적 전환점**이었다. 그들의 항로는 바다의 경계를 지우고, 세계의 지도 위에 새로운 시대의 좌표를 그려 넣었다. 이 세 사람의 항해는 단순한 '항해 기록'을 넘어 다음과 같은 역사적 전환을 가져왔다.

- **지리적 통합**: 유럽, 아프리카, 아메리카, 아시아가 연결되었다.
- **식민지 확장**: 무역 중심에서 제국 중심으로 전환되었다.
- **선교와 무역의 이중성**: 십자가와 대포가 함께 움직였다.
- **지도의 재편**: '세상 끝'이 사라지고 '지구 전체'가 하나의 좌표 안으로 들어왔다.

『존 카보트의 캐러벨 매튜 복제선』,

1497년, 존 카벗(John Cabot)이 캐나다 동부 해안으로 항해할 때 사용했던 배, 매튜(Matthew)의 실물 크기 복원선. 이 배는 카라벨(caravel)이라고 불리는 대항해시대의 대표적인 해양 실용선이다.

2. 콜럼버스의 아메리카 발견 - 닫힌 세계의 끝에서 열린 바다로

15세기 말, 유럽은 오랜 고립과 공포를 벗어나 새로운 지평을 꿈꾸기 시작했다. 오스만 투르크가 콘스탄티노플을 함락하고, 동방으로 향하는 육로가 막히자, 사람들은 바다에서 길을 찾고자 했다. 땅끝이라 여겨졌던 대서양 너머, 그곳에 또 다른 인도가 있을 수 있다는 가설은 망상처럼 들렸지만, 그것을 믿고 항해에 나선 자가 있었다. 그는 제노바 출신의 상선 선장, 크리스토퍼 콜럼버스였다.

콜럼버스는 동쪽으로 가기 위해 서쪽으로 나아가야 한다고 주장했다. 사람들은 그를 미친 사람이라 여겼지만, 스페인의 가톨릭 왕들, 이사벨 여왕과 페르디난드 왕은 그에게 후원을 결정했다. 1492년 8월 3일, 세 척의 작은 배—산타 마리아, 핀타, 니냐—가 스페인의 팔로스 항을 떠났다. 긴 항해였다. 물자도 줄어들고, 선원들은 반란을 논의했고, 지평선은 며칠째 아무것도 보여 주지 않았다.

그러던 10월 12일 새벽, 수평선 너머로 깃발 같은 나뭇잎이 일렁이는 모습이 나타났다. 그것은 산살바도르라는 작은 섬이었고, **콜럼버스**는 마침내 **인도에 도달했다고** 믿었다. 그러나 그것은 인도가 아니었다. 그는 아메리카 대륙의 작은 입구에 불과한 섬에 도착한 것이었고, 인류의 지리 인식은 그날 이후 완전히 바뀌게 된다. 콜럼버스는 그 섬에서 만난 원주민들을 **'인디언(Indios)'**이라 불렀고, 유럽의 국기와 십자가를 꽂았다. 그는 그들의 순수함을 기록하며, 동시에 그들을 유럽 문명의 일부로 흡수해야 할 대상으로 간주했다. 그러나 그들의 세계는 이미 존재하고 있었고, 수천 년 동안 그들만의 질서와 신앙, 농업과 무역, 전통과 신화를 이루어 살아오던 자들이었다.

그 이후의 역사는 잘 알려져 있다. 유럽은 금과 향신료, 영광을 향해 이 대륙으로 몰려들었고, 아즈텍과 잉카는 무너졌으며, 바다 건너 온 사람들은 총과 병균과 성경을 함께 가져왔다. **아메리카는 발견된 것이 아니라, 다시 이름 붙여진 것**이었다. 콜럼버스는 죽는 날까지 자신이 인도에 도달했다고 믿었다. 그러나 그가 정말로 도달한 것은 지리상의 인도나 경제적 부가 아니라, **유럽인의 세계관을 재편하는 충격의 지점**이었다. 그는 바다 너머에 새로운 길이 있다는 것을 증명했고, 그 길은 인류에게 기회의 문이자 재앙의 문이 되었다.

그의 항해는 새로운 세계의 시작이었으나, 동시에 **한 세계의 종말**이었다. 인류는 다시는 그 전의 세계로 돌아갈 수 없었고, 지구는 이제 하나의 무대로 엮이기 시작했다. 콜럼버스의 이름은 전설로 남았지만, 그 발자국은 고통과 영광을 함께 새기며 오늘날까지도 논쟁과 숙고의 대상이 되고 있다.

3. 콜럼버스 이후, 아메리카에 발을 디딘 사람들 - 발견에서 정복으로

1492년, 콜럼버스가 대서양을 건너 도달한 카리브해의 작은 섬은 유럽인들에게 신대륙으로 향하는 문을 열었다. 그러나 이 문을 지나 진정으로 아메리카 대륙 본토에 발을 디딘 것은 그 뒤를 이은 탐험가들이었다. 1497년, 영국의 **존 카보트**(John Cabot)는 북대서양을 건너 오늘날 **캐나다의 뉴펀들랜드**에 **상륙**했다. 그는 유럽인으로서 북미 대륙에 도달한 최초의 인물로 기록되었지만, 그의 항해는 후속 탐험 없이 역사 속으로 사라졌다.

그로부터 3년 뒤인 1500년, 포르투갈의 페드로 알바레스 카브랄(Pedro Álvares Cabral)은 대서양 항해 도중 남아메리카 브라질의 해안에 도달한다. 이 '우연한 발견'은 곧 포르투갈 식민지의 시작이 되었고, **브라질**은 수백 년간 **포르투갈의 지배** 아래 놓이게 된다. 콜럼버스가 도달한 땅이 인도가 아니라는 사실을 밝혀낸 인물은 바로 이탈리아의 아메리고 베스푸치(Amerigo Vespucci)였다. 그는 1499년과 1501년, 남미 대륙을 따라 항해하며 그곳이 '미지의 대륙'임을 주장했고, 그의 이름을 딴 '아메리카'라는 지명은 이후 모든 유럽 지도에 남게 되었다.

□ 정복자의 시대 - 코르테스와 피사로

탐험은 곧 정복으로 이어졌다. 1519년, 스페인의 **에르난 코르테스**(Hernán Cortés)는 **멕시코 베라크루스** 해안에 상륙했다. 그는 단지 금을 찾으러 온 것이 아니었다. 제국의 명령과 교회의 십자가, 그리고 '하나님의 이름'을 등에 업은 정복자였다. 그가 마주한 것은 텅 빈 황무지가 아니라, 20만 명이 넘는 인구를 가진 호수 위의 도시, 테노치티틀란을 수도로 한 **아즈텍 제국**이었다. 코르테스는 예언에 혼란을 겪던 아즈텍의 왕 모크테수마 2세를 인질로 잡고, 원주민 동맹과 함께 제국을 무너뜨렸다. 그러나 이 정복의 진정한 무기는 총과 말만이 아니었다. 유럽에서 건너온 **천연두와 홍역**이 **원주민을 몰살**시켰고, 피와 제사의 제국은 불타는 신전 속에서 역사 속으로 사라졌다.

피사로(Francisco Pizarro)는 1532년 남아메리카로 향해 **잉카 제국**을 무너뜨린다. 그는 코르테스처럼 제국을 붕괴시키고, 안데스 산맥의 황금 문명을 정복한다. 이후 스페인은 남미 전역에서 금과 은을 약탈했고, 교회는 복음을 전하며 신대륙을 '문명화'하기 시작했다.

□ 신대륙, 유럽의 식민지로 재편되다

스페인은 콜럼버스를 시작으로 멕시코, 페루를 중심으로 라틴아메리카 전역에 식민지를 세웠다. 성당과 엔코미엔다(encomienda)제도를 통해 원주민의 노동력을 착취했고, 수많은 문화와 언어가 소멸했다. 가톨릭이 신전 위에 세워졌고, 제국은 신의 이름으로 폭력을 정당화했다. 포르투갈은 브라질을 사탕수수와 아프리카 노예무역의 중심지로 삼았다. 이로 인해 오늘날 브라질은 라틴아메리카 유일의 포르투갈어권 국가로 남게 되었다.

프랑스는 16세기 말부터 캐나다 동부의 세인트로렌스 강 유역에 정착지를 형성했다. **퀘벡과 몬트리올**을 중심으로 **모피 무역**이 활발히 이루어졌고, 일부 선교사들은 원주민과 우호적인 관계를 유지하며 복음을 전했다.

영국은 1607년 버지니아의 제임스타운을 시작으로 13개 식민지를 북미 동부에 세우고, **청교도**들은 1620년 **플리머스에 도착**하여 종교적 자유와 자치 정치를 실현하려 했다. 그러나 확장은 원주민과의 충돌을 피할 수 없었고, 피로 얼룩진 개척사가 이어졌다.

네덜란드는 허드슨 강 유역에 뉴네덜란드를 세우고 **뉴암스테르담(훗날 뉴욕)**을 **건설**했으나 곧 영국에 정복당했다. 스웨덴 또한 뉴스웨덴을 세웠지만 역시 짧은 기간 후 네덜란드에 흡수되었다.

4. 브라질이 포르투갈 언어를 사용하는 이유 - 어느 인디오의 독백

물결처럼 넘실대는 대서양의 바람은 오늘도 뜨겁게 밀려들었다.
깊은 바다의 저편에서 돛을 단 배가 수평선을 가르며
다가오던 그날도, 이 바람은 분명 이와 같았으리라.
그날, 1500년 4월의 한순간, 우리는 처음으로 하얀 돛과
낯선 깃발을 보았다.
숲은 아직 이른 아침 안개에 젖어 있었고,
강가에서는 아이들이 고기를 잡고 있었다.
노래하듯 속삭이던 정글의 소리는 이내 침묵으로 바뀌었고,
하늘 아래 모든 생명이 멈춘 듯했다.

나는 투피족의 젊은 전사였다.
바나나잎으로 만든 바구니를 들고 바닷가를 걷던 나는,
저 하얀 날개 같은 구조물이 바다 위에 떠 있는 것인지,
하늘에서 내려온 것인지 알 수 없었다.
그리고 곧 그 배에서 창백한 피부, 긴 옷을 입은 사내들이
내려오기 시작했다.
그들은 "파드레(Padre)!"라 외치며 하늘을 가리켰다.

그들이 우리를 '인디오'라고 불렀고,
스스로를 '포르투게스'라 했다.
우리는 처음엔 서로의 말을 이해하지 못했다.
그들은 몸짓으로 말을 했고,
우리는 노래와 손바닥에 그린 그림으로 대답했다.
그러나 시간이 흐르며, 그들이 가져온 소리
—낯선 악센트, 굴곡진 리듬—

포르투갈어라는 이름의 언어가,
점차 우리의 삶을 감싸기 시작했다.
그 언어는 처음엔 '기도'와 함께 왔다.
검은 옷을 입은 사제들은 나무 십자가를 세우고,
하늘을 향해 라틴어로 기도했지만,
이내 포르투갈어로 바꾸어 우리에게 말을 걸었다.
그들은 "Deus(하나님)는 너희를 사랑하신다"라고 말했다.
아이들은 그 말을 외우기 시작했고,
아침마다 "Bom dia"라 인사했다.

그 후 농장이 생겼고, 아프리카에서 온 또 다른 피부색의
사람들이 사슬에 묶여 함께 이 땅에 내렸다.
그들도 곧 포르투갈어로 지시를 받았고,
같은 언어로 울고, 노래하고, 웃었다.
정글 깊은 곳에서 들리던 우리의 고유한 말,
세이바 나무 아래에서만 속삭이던 조상의 언어는
점점 사라졌다. 대신, 우리는 같은 말을 사용하게 되었다.
피는 다르지만, 언어는 하나였다.

시간이 지나 왕의 대리인은 사라지고,
새로운 독립의 깃발이 세워졌다.
우리는 이제 스스로를 '브라질인'이라 불렀다.
하지만 그 목소리는 여전히 포르투갈어였다.
언어는 사라진 왕국의 그림자 같았다.
그러나 동시에, 그것은 우리 모두의 연결고리가 되었고,
이 넓은 대지 위를 흐르는 강처럼,
우리 안에서 다시 태어난 언어가 되었다.

나는 이제 노인이다. 내 손자들은 포르투갈어로 꿈을 말하고,
내 어머니의 언어는 오래된 나무껍질에 새겨진 흔적처럼 남아 있다.
그러나 나는 안다. 그들이 가져온 언어는, 단순한 말이 아닌,
이 땅에 새겨진 또 하나의 시간의 흐름이었다는 것을.

5. 캐나다 퀘백주의 프랑스어 사용

16세기 중반, **프랑스 탐험가 자크 카르티에**는 북아메리카 동부, 오늘날의 캐나다 **퀘벡 지역에 도착**하여 세인트로렌스강 유역을 탐사하였다. 이후 1608년, 사뮈엘 드 샹플랭이 퀘벡시를 설립하면서 프랑스의 북미 식민지인 **누벨프랑스**가 본격적으로 시작된다. 이 시기부터 프랑스인들이 퀘벡 지역에 대규모로 정착하며, 프랑스어를 일상 언어로 사용하고 **가톨릭 신앙과 프랑스적 제도를 도입**하였다. 프랑스어는 행정, 교육, 종교, 무역 등 식민지 사회의 전반에 걸쳐 기본 언어로 자리 잡게 된다.

그러나 1759년 프렌치-인디언 전쟁 중, 영국군은 아브라함 평원 전투에서 프랑스군을 격파하고 1760년 퀘벡을 점령하였다. 이후 1763년 파리 조약에 따라 프랑스는 북미 대부분의 식민지를 영국에 양도하고, 퀘벡은 공식적으로 영국령이 된다. 그럼에도 영국은 퀘벡 지역 주민들의 프랑스어 사용과 종교적 · 법률적 관습을 고려하여 1774년 퀘벡 법을 제정하였다. 이 법은 가톨릭 신앙과 프랑스 민법, 프랑스어 사용을 공식적으로 허용하며, 퀘벡 내 프랑스어 문화가 지속될 수 있는 기반을 마련하였다.

이후에도 퀘벡 주민들은 언어와 정체성을 지키기 위한 노력을 계속해 왔으며, 특히 20세기 후반에는 **퀘벡 민족주의 운동**과 함께 **프랑스어를 보호하려는 정책**이 **강화**되었다. 그 대표적인 사례가 1977년 제정된 'Bill 101(퀘벡 공용어법)'으로, 이 법은 프랑스어를 퀘벡 주의 행정, 교육, 공공 서비스, 기업 활동 전반의 유일한 공식 언어로 지정하고, 영어와의 균형보다 프랑스어의 우선 보호에 중점을 두었다.

이러한 역사적 흐름 속에서 **퀘벡**은 오늘날 캐나다에서 **유일하게 프랑스어를 공용**어로 사용하는 주로 남게 되었으며, 북미 최대의 프랑스어 문화권으로 자리매김하고 있다.

유럽의 최서단 포르투갈 호카 곶, 사진: 구민성
'여기서 땅이 끝나고, 바다가 시작된다'라는 문구가 남아 있다.

포르투갈 호카 곶에 새겨진 말처럼, **'여기서 땅이 끝나고, 바다가 시작된다'**는 선언은 곧 인류 역사의 방향 전환을 의미했다. 그날 이후, 유럽은 더 이상 대륙의 변방이 아니었고, 세계사의 무대 중심이 되었다.

6. 신항로 이후의 유럽 - 제국주의 시작 전까지

15~17세기, 유럽은 바다를 넘어 세계로 뻗어 나가면서도 동시에 내부적으로는 격렬한 변화와 경쟁 속에 있었다. 이 시기는 단순한 '탐험의 시대'가 아니라, 각 국가가 서로 다른 방식으로 힘을 축적하며 '제국'이 되기 위한 준비를 하던 시기였다.

□ 영국 - 해양 패권을 준비한 나라, 시민혁명으로 제도를 바꾸다

15세기 후반, 영국은 아직 유럽의 중심이 아니었다. 스페인과 포르투갈이 신항로 개척으

로 세계의 부를 쓸어 담고 있을 때, 영국은 해안의 작은 나라에 불과했다. 그러나 그들은 한 가지를 깨닫고 있었다. **"바다를 지배하는 자가 세계를 지배한다."** 엘리자베스 1세는 해군력을 강화했고, 1588년 스페인의 무적함대를 격파하며 영국은 바다 위에 자신들의 이름을 새겼다. 하지만 영국이 진정으로 강해진 이유는 바다 때문만이 아니었다. 그들은 **'나라의 운영 방식'** 자체를 바꾸었다.

17세기 초, 국왕 찰스 1세는 의회의 동의 없이 세금을 징수하고, 잉글랜드 국교회를 가톨릭에 가까운 방식으로 운영하며 예배 형식과 의식을 국민에게 적용하려 했다. 그는 "왕은 신이 세운 존재이며, 그 권위는 신성하다"는 논리로 절대 권력을 주장했다. 그러나 이에 맞선 것은 칼이나 군대가 아니라, 법과 원칙을 주장하는 **의회와 청교도 세력**이었다. 그들은 분명히 선언했다.

"왕도 법을 따라야 한다."

긴장과 갈등은 결국 폭발했고, 1642년 왕당파와 의회파의 내전이 시작되었다. 이것이 바로 '영국 시민혁명(청교도 혁명)'이다. 이 전쟁은 단순한 무력 충돌이 아니었다. **'신권적 절대 왕정'과 '의회 중심의 민주적 통치'**가 정면으로 **충돌한 역사적 전환점**이었다. 그리고 그 전쟁의 중심에서 의회군을 이끈 인물이 바로, 청교도 출신의 장군 **올리버 크롬웰**이었다.

1649년, 세계는 충격을 받는다. **영국은 자신들의 국왕, 찰스 1세를 공개 재판 후 처형했다.** "왕이 법을 어기면, 왕도 처벌받는다." 인류 역사상 최초로 '국민이 왕을 심판한 순간'이었다. 이후 영국은 공화국을 선포했다. 비록 크롬웰이 사실상 독재자가 되었지만, "국가 권력은 국민의 동의에 기반해야 한다"는 인식은 사라지지 않았다. 크롬웰 사후 잠시 왕정이 복구되었지만, 예전과 같은 절대왕권은 더 이상 존재할 수 없었다.

▶ 올리버 크롬웰 - 왕을 무너뜨렸지만, 스스로 또 다른 권력이 된 혁명가

크롬웰은 유럽 역사에서 가장 복합적인 평가를 받는 인물 중 하나이다. 그는 무엇보다 **왕**

도 법 앞에 평등해야 한다는 신념 아래 절대왕권에 맞서 싸운 혁명가였다. 찰스 1세를 재판 후 처형함으로써 왕권신수설을 무너뜨리고, **법치주의와 의회 중심의 통치 원리를 현실로 끌어낸 최초의 인물**이었다. 이러한 변화는 단순한 정권 교체가 아니라, "국가 권력은 국민과 법에서 나온다"는 **현대 민주주의의 핵심 사상**을 제시한 사건이었다. 그는 공화주의의 가능성을 실험하며, 향후 입헌군주제와 의회민주주의가 자리 잡을 수 있는 **토대를 마련한 인물**로 평가된다.

그러나 **현실은 이상과 달랐다.** 그는 의회가 분열과 세력 다툼으로 혼란을 거듭하자 "나라를 살리기 위해서는 강력한 통치가 필요하다"고 판단했다. 결국 그는 의회를 해산하고, 군대를 기반으로 한 정권을 수립했다. 이는 사실상 **군사독재 체제**였다. 왕을 몰아낸 뒤, 또 다른 형태의 '절대 권력'이 탄생한 것이다. 아이러니하게도 그는 **자유를 위해 싸웠지만, 자유를 제한할 수밖에 없는 자리**에 올랐다. 이 때문에 크롬웰은 "모순적인 지도자"라는 평가를 받는다.

그럼에도 그의 개인적 삶은 사치와 부패와는 거리가 멀었다. **도덕적으로는 매우 청렴했고, 왕이 되라는 제안을 거절**했으며, 개인의 이익보다 국가의 개혁을 우선시했다. 하지만 **정치적으로는 매우 권위적**이었고, 반대 세력에 대해 단호하게 대응하였다. 이러한 **'도덕적으로 청렴하지만 정치적으로는 강압적인'** 성격은 그에 대한 평가를 더욱 복잡하게 만든다.

흥미로운 사실은, **크롬웰의 통치가 결국 실패했음에도 오히려 영국을 더 강하게 만들었다는 점**이다. 그의 군사정권은 오래 지속되지 못했고, 사후 혼란 끝에 왕정이 복구되었지만, 복귀한 왕은 더 이상 예전처럼 절대 권력을 행사할 수 없었다. 왜냐하면 **영국 사회**는 이미 **'왕도 법 위에 있을 수 없다'는 경험**을 체득했기 때문이다.

▶ 명예혁명과 권리장전 - 칼 없이 왕을 바꾸다

크롬웰이 만든 공화정은 오래가지 못했지만, 한 가지 분명한 변화를 남겼다. **"왕이 곧 국가"라는 절대적 사고방식에 균열이 생긴 것**이다. 이후 왕과 의회는 계속해서 충돌했고, 영국 사회는 **"누가 나라의 주인인가?"**라는 질문을 놓지 않았다. 특히 제임스 2세가 가톨릭 정책을 강하게 밀어붙이자 국민의 불안은 극에 달했다. 그는 법보다 위에 서려 했고, 의회를 우회하여 권력을 강화하려 했다. 이때 영국은 놀라운 선택을 한다. **"왕을 바꾸되, 전쟁 없이 바꾸자."**

의회는 영국 왕실 혈통인 **네덜란드의 윌리엄과 메리**를 초청해 **새로운 국왕**으로 세우기로 결정했다. 이는 단순한 정권 교체가 아니라, **왕권보다 의회가 우위에 선다는 역사적 선언**이었다. 1688년, 윌리엄이 군대를 이끌고 상륙했을 때, 제임스 2세는 저항하지 못하고 도망쳤다. 피 한 방울 거의 흘리지 않고 왕이 교체된 이 사건은 **'명예혁명(Glorious Revolution)'**이라 불리게 되었다. 이 혁명의 본질은 단지 왕을 몰아낸 것이 아니라, **"왕도 법을 넘어설 수 없다"**는 원칙을 **국가의 중심**에 세운 것이었다.

이 경험은 1688년 **명예혁명**으로 이어졌고, 마침내 **입헌군주제와 의회민주주의가 완성**되었다. 결국 크롬웰은 완전한 성공도, 완전한 실패도 아니었다. **그는 제도를 완성한 사람이 아니라, 길을 연 사람이었다.** 그가 무너뜨린 것은 단지 한 명의 왕이 아니라, **'왕이 곧 국가'라는 사고방식 자체**였다. 바로 그 균열 위에, 근대 영국의 자유와 민주주의, 그리고 세계 최초의 의회 중심 국가가 세워졌다. 혁명 후 제정된 **권리장전(Bill of Rights)**은 분명히 선언했다.

- 국왕은 법 위에 있지 않다.
- 세금과 법률은 반드시 의회가 결정한다.
- 국민의 권리는 국가가 보호한다.

영국은 유럽 최초의 '입헌군주제' 국가가 되었다. 이 혁명들은 총과 배보다 더 강력한 무기였다. 프랑스가 "강한 왕"으로 나라를 다스릴 때, 영국은 **"강한 시스템"**을 만들었다. 왕은 바뀔 수 있지만, 제도는 무너지지 않았다. 그 결과 영국은 안정적인 정치 → 활발한 상업 → 금융 발달 → 산업혁명 → 해군력 강화 → 세계 제국이라는 거대한 흐름을 만들어 냈다. 다른 나라는 왕이 나라를 이끌었지만, 영국은 **'국가 시스템'이 나라를 이끌었다.** 이것이 바로 영국이 스페인도, 프랑스도, 네덜란드도 아닌 **"세계 최초의 글로벌 제국"**이 될 수 있었던 근본 이유였다.

□ 프랑스 - 육지를 지배한 왕, 문화를 지배한 나라

17세기 후반, 루이 14세(1661~1715)의 통치기는 **프랑스 절대왕정**의 정점이었다. 프랑스는 지리적으로 해안에 위치했음에도 불구하고 해양 진출보다 **유럽 대륙**에서의 **영향력 확보를 더 중시한 국가**였다. 루이 14세는 "짐이 곧 국가다"라고 선언하며 왕권을 신성한 권위로 격상시켰고, 귀족의 권한을 철저히 억제하며 프랑스를 **유럽에서 가장 중앙집권적인 국가**로 재편했다.

그가 건설한 베르사유 궁전은 단순한 왕궁이 아니라, 지방 귀족들을 궁정으로 불러내어 **권력의 중심을 '왕 옆'**으로 묶어 버리는 **정치 장치**였다. 이 시기 프랑스어, 예법, 건축, 패션, 예술은 유럽 상류층의 표준이 되었고, "문화의 패권"이 곧 프랑스의 소프트 파워가 되었다. 동시에 프랑스는 당시 유럽에서 가장 강력한 **육군**을 보유하며 유럽 대륙의 패권을 장악했고, 외교 무대에서도 중심 국가로 자리 잡았다.

프랑스 역시 북미(퀘벡)와 인도 일부 지역에 식민지를 세우며 바다로 진출했지만, 본질적으로는 "해양 제국"이 아닌 "육상 제국"이었다. 루이 14세는 스페인 · 영국 · 오스트리아 등과 끊임없는 **대륙 전쟁**을 벌였고, 그 과정에서 막대한 자원을 소모했다. 결국 **프랑스는** 유럽 대륙에서는 **'가장 강한 왕의 나라'**였지만, **대서양** 세계에서는 **'가장 늦은 적응자'**가 되었다. 프랑스는 강력했지만, 영국처럼 제도와 경제를 유연하게 발전시키지 못했다. 영국은 의회와 법을 기반으로 국가를 운영했지만, 프랑스는 끝까지 **'제도'보다 '왕'을 더 믿는 국가**였다. 이 선택의 차이가 훗날 **해양 패권과 제국주의 경쟁에서 결정적인 격차**를 만들어 냈다.

□ 독일과 이탈리아 - 분열된 천재들의 땅

신성로마제국이라 불린 **독일 지역**은 겉으로는 거대한 제국처럼 보였지만, 실제로는 300개가 넘는 공국, 주교령, 자유도시로 갈라진 **느슨한 연합체**였다. 이러한 분열 구조는 중세 후반부터 이미 고착되어 있었고, 황제라 해도 각 영주에게 명령을 강제할 수 있는 실질적 권한은 거의 없었다. 그럼에도 15세기 말에서 16세기 초, **합스부르크 왕가가 황제** 자리를 차지하면서 **유럽에서 가장 강력한 가문**으로 부상한다. 그들의 왕궁은 오스트리아 빈의 호프부르크(Hofburg) 궁전이었고, 이곳은 이후 수 세기 동안 유럽 정치의 심장부가 되었다.

합스부르크는 **"전쟁보다 결혼"**을 통해 영토를 넓힌 왕가였다. 1496년, 오스트리아의 막시밀리안 1세가 스페인 왕가와 혼인 동맹을 맺으며 **스페인 계승권**을 확보했고, 그 손자인 카를 5세(재위 1519~1556)는 오스트리아, 스페인, 네덜란드, 이탈리아 북부, 보헤미아, 헝가리, 그리고 아메리카 식민지까지 손에 넣어 **"유럽에서 해가 지지 않는 제국"**을 **최초**로 실현했다. 그러나 제국은 지나치게 방대했고, 서유럽의 스페인과 중부유럽의 오스트리아는 이해관계가 크게 달랐다. 결국 카를 5세는 제국을 하나로 유지하지 못하고 스스로 두 갈래로 나누어 상속했다. 이로써 합스부르크는 스페인을 중심으로 한 **'스페인 합스부르크'**와 오스트리아를 중심으로 한 **'오스트리아 합스부르크'**라는 두 왕조로 분리되었다.

하지만 두 왕조 모두 권력을 가문 내부에 묶어 두려는 욕심이 지나쳤다. 16세기 후반부터 합스부르크는 사촌끼리는 물론, 삼촌-조카, 고모-조카 결혼 등 **극단적인 근친혼을 반복**했다. 그 결과 17세기부터 왕들의 건강과 정신 능력이 급격히 약화되었고, 통치력도 눈에 띄게 떨어졌다. 가장 극적인 사례가 스페인 합스부르크의 마지막 왕 **카를로스 2세**(재위 1665~1700)였다. 그는 턱 기형, 신체 장애, 지적 장애를 겪었으며 결국 **후손을 남기지 못했다.** 그의 사망은 곧바로 스페인 왕위 계승 전쟁(1701~1714)을 촉발하며 유럽 전체를 전쟁의 소용돌이에 빠뜨렸다. 합스부르크는 결혼으로 제국을 넓혔지만, 지나친 친족결혼이 오히려 제국을 약화시킨 **역설적 결과**를 남겼다.

30년 전쟁(1618~1648)의 중심에도 오스트리아 합스부르크가 있었다. 그들은 독일 전역을 가톨릭으로 통일하고 황제의 권력을 강화하려 했지만, 이는 **개신교 제후들의 강력한 저항**을 불러일으켰다. 같은 합스부르크 계열인 스페인 왕가도 형제 국가로서 전쟁에 개입해 지원했지만, 이미 대서양 식민지 경쟁에서 힘을 소진하고 있어 결정적인 역할을 수행하지는 못했다. 결국 합스부르크는 독일 내부의 다양한 민족, 종교, 이해관계를 통합하지 못한 채 **"형식**

적인 제국"만 유지했을 뿐이며, 실제로는 중앙집권도, 통일된 전략도 만들지 못했다. 이 모순은 30년 전쟁에서 폭발했고, 독일 전역이 폐허가 되면서 황제의 권위는 크게 무너졌다.

독일에는 뛰어난 철학자, 과학자, 기술자, 상인 등 **수많은 인재**가 있었지만, 국가가 하나로 뭉치지 못했기 때문에 해양 진출이나 식민 경쟁에서 기회를 잡지 못했다. **문화적 잠재력은 세계 최고**였지만, **정치적 분열이 그 힘을 제약**한 것이다.

이탈리아 또한 비슷한 길을 걸었다. 베네치아, 제노바, 피렌체 같은 도시국가들은 중세와 르네상스 시기에 해상무역과 금융을 주도하며 유럽 경제를 움직였지만, 대서양 항로가 열리면서 지중해 무역의 시대가 끝나자 **급격히 영향력이 약해졌다.** 게다가 이탈리아는 프랑스와 스페인이 서로 싸우는 전쟁터가 되었고, 스스로 힘을 키울 시간도, 통일을 이룰 기회도 갖지 못했다.

이처럼 독일과 이탈리아는 문화와 재능은 넘쳤지만, "하나의 목소리로 말할 수 있는 통합된 국가"가 아니었기 때문에 근대의 제국 경쟁에서 자연스럽게 밀려날 수밖에 없었다. 역사는 종종 **천재 개인**보다, 그 천재들을 하나로 묶어 낼 수 있는 **시스템과 통합 능력이 더 중요**하다는 사실을 보여 준다.

□ 신항로 이후의 유럽 - 제국주의가 태어나기까지

콜럼버스가 대서양을 건너간 순간, 유럽의 역사는 조용히 방향을 틀기 시작했다. 수천 년 동안 문명과 부의 중심이었던 **지중해는 더 이상 세계의 심장이 아니었고,** 새로운 길이 열린 **대서양이 유럽의 미래를 뛰게 만드는 동력**이 되었다. 신대륙에서 쏟아져 들어온 금과 은, 카리브해와 브라질의 사탕수수 농장에서 생산된 설탕과 담배, 인도와 동남아에서 가져온 향신료, 그리고 그 모든 노동을 떠받친 아프리카 노예 무역이 하나의 거대한 흐름으로 연결되면서 **'대서양 삼각무역'**이라는 새로운 경제 시스템이 탄생했다.

이 무역 구조는 단순한 상품 교환이 아니었다. 유럽의 상업 자본과 금융 시스템은 폭발적으로 성장하며, 유럽 경제는 더 이상 지역 안에서만 움직이지 않고 **전 세계를 연결하는 네트워크** 속에서 움직이기 시작했다. 무엇보다 중요한 변화는, 이 무역이 '경제 활동'을 넘어 '국가 전략'이 되었다는 점이다. 유럽 국가들은 무역 회사를 단순한 기업이 아니라 **전쟁과 식민지 지배를 위한 도구**로 활용하기 시작했다. 네덜란드의 동인도회사(VOC)와 영국의 동인도회사(EIC)는 군대와 함대를 보유했고, 세금을 걷고, 전쟁을 수행하며, 해외 영토를 직접 통치했다. 이 시점부터 유럽에서는 "무역 = 군사력 = 국가의 힘"이라는 공식이 성립하였다.

대서양은 단순한 바다가 아니었다. 그것은 **부, 군사력, 정보, 기술, 제도**가 흐르는 길이었다. 이 길을 손에 넣은 자가 세계를 움직였고, 그 길을 잃은 자는 역사의 무대에서 사라졌다. **"바다를 지배한 나라가 곧 세계를 지배한다"**는 공식이, 이 시기에 비로소 현실이 되었다.

□ 러시아 - 유럽의 변방에서 북방 제국, 그리고 혁명으로

유럽의 서쪽이 대서양을 향해 문을 열고 있었던 때, 북동쪽의 넓은 숲과 초원은 아직 잠들어 있었다. 그곳이 러시아(Russia)였다. 16세기 이전의 러시아는 거대한 땅을 가졌지만 움직임은 느렸고, 농노제와 봉건 구조 속에 갇혀 있었다. 남쪽 볼가강 일대에는 몽골 제국의 후손이자 투르크화된 유목 세력 타타르(Tatars)가 세력을 유지하며 러시아의 남하를 막고 있었다.

때로 역사는 한 순간에 방향을 바꾼다. **1547년**, 이반 4세(Ivan IV)는 러시아 군주 최초로 **'차르(Tsar)'—즉, Caesar에서 유래한 황제의 칭호**를 사용하며 제국화를 선언했다. 그는 중앙집권을 강화하고 1552년 카잔 칸국(Kazan Khanate), 1556년 아스트라한 칸국(Astrakhan Khanate)을 정복했다. 이는 단순한 영토 확장이 아니라 **바다로 나아가기 위한 초석**이었다. 내륙 국가였던 러시아가 처음으로 남쪽 수로를 확보한 것이다. 그러나 여전히 핵심은 하나였다.

러시아는 '얼지 않는 항구'를 원했다.

부동항이 곧 생존이고, 바다로 향한 문이었다.

▶ 러시아와 튀르키예(Russia vs. Türkiye)의 충돌

러시아가 가려고 하는 그 길목을 이미 장악한 세력이 있었다. 튀르키예의 오스만 제국(Ottoman Empire)였다. 오스만은 1475년 크림(Crimea)지역을 장악하고 흑해(Black Sea)의 출입구를 쥐고 있었다. 러시아가 남쪽으로 내려오는 순간, 두 제국은 부딪힐 수밖에 없었다. **1571년**, 오스만군은 모스크바를 공격하여 불태웠고, **1572년 러시아는 반격**했다. 이후 17세기 한 세기 동안 우크라이나(Ukraine) · 카프카스(Caucasus) · 흑해 연안은 두 제국의 전선이 되었으며, 이를 상징하는 대표적 전쟁이 츄히린 전쟁(Chyhyryn Campaigns, 1678-1681)이었다.

1678년 전투에서 오스만군은 메흐메드 4세(Mehmed IV)가 지휘권을 행사하고, 카라 무스타파 파샤(Kara Mustafa Pasha)가 공격을 총괄했다. 러시아 측은 방어선을 조직해 약 12만 명의 병력을 투입했으나, 오스만은 최대 20만 명으로 추정되는 대군을 이끌고 츄히린 요새로 다가왔다. 요새는 공성 · 역공 · 야간 기습이 반복되는 소모전으로 변했고, 방어군은 여러 차례 성벽이 무너져도 재구축하며 버텼다. 결국 도시 일부는 함락되고 불탔으며, 양측은 2만 명이 넘는 사상자를 남긴 채 후퇴와 재집결을 반복했다.

4년간 이어진 공방 끝에 츄히린은 완전히 파괴되었고, 우크라이나 남부는 더 이상 단일한 지배자가 존재하지 않는 경계지대로 남았다. 그러나 결과는 단순히 요새의 함락이 아니었다. **러시아는 흑해로 향하는 길목에 오스만이라는 '벽'을 확인**했고, 그 벽을 **반드시 넘어야 한다는 결론**에 도달했다. 츄히린은 패배 속에서도 러시아 남하정책의 방향을 더욱 분명하게 만든 전쟁이었다. 훗날 표트르 대제의 개혁, 크림 전쟁, 흑해 진출, 아조프(Azov) · 세바스토폴 점령 등으로 이어지는 긴 흐름의 출발점이 츄히린이었다.

정복과 항쟁, 진격과 저항—이 대립은 단순한 국경 싸움이 아니라 **러시아의 남하 정책 vs.**

오스만의 흑해 지배권이라는 구조적 충돌이었다. 세기 말, 드디어 흐름이 기울기 시작한다. 표트르 대제(Peter the Great)의 근대 개혁 이후, 러시아는 유럽식 관료제·해군·군사 체제를 갖추었고 **1696년 아조프(Azov) 요새를 확보**하며 마침내 흑해로 향한 첫 문을 열었다. 아직 좁은 문이었지만—결국 문은 열렸다.

▶ 제국의 성장과 균열

18~19세기 러시아는 폭발적으로 팽창했다. 발트해·흑해·폴란드·시베리아를 넘어 태평양까지 이어진 거대한 제국. 그러나 안쪽에서는 균열이 더 빨리 자라났다. 크림 전쟁(1853-1856)에서 영국·프랑스·오스만 연합군에 패하며 러시아는 뒤늦게 현실을 직시했다. 개혁이 필요했고, **1861년 알렉산드르 2세(Alexander II)**는 농노해방을 단행했지만 가난·노동착취·산업격차·민족문제가 얽히며 오히려 더 깊은 불안이 쌓여갔다. 제국은 넓어졌지만, 균열도 같이 자라났다. 러시아는 강대국이었으나 내부는 언제 무너져도 이상하지 않을 만큼 피로했다.

▶ 이후 1차대전과 제정 러시아의 붕괴

1914년 제1차 세계대전으로 러시아는 끝 없는 전쟁의 수렁으로 빨려 들어갔다. 전선의 패배, 물자 고갈, 혹독한 겨울, 기근과 파업—모든 불만이 국가 중심으로 모여들었다. 제국은 더 이상 자신을 지탱하지 못했다. **1917년 2월 혁명(February Revolution)** 로마노프 왕조는 무너졌고, 차르는 퇴위했다. 그러나 임시정부는 전쟁을 멈추지 않았고, 국민은 더 이상 그들을 지지하지 않았다. 그때 새로운 목소리가 등장했다.

토지, 빵, 평화.
러시아 국민이 듣고 싶어 하던 단 세 단어.

▶ 러시아 혁명과 소련의 탄생

레닌(Vladimir Lenin)이 이끄는 볼셰비키(Bolsheviks) 세력은 1917년 10월 혁명으로 수도 페트로그라드(Petrograd)를 장악하며 권력을 잡았다. 제정은 끝났고, 혁명이 국가가 되기 시작했다. 하지만 새로운 체제는 곧바로 안정되지 않았다. 적군(Red Army)과 백군(White Army)의 충돌—러시아 내전(1918-1922)이 이어졌고 승부는 결국 볼셰비키의 승리로 끝났다. 그리고 1922년, 역사는 새 이름을 갖는다.

U.S.S.R.(Union of Soviet Socialist Republics)
소비에트 사회주의 공화국 연방

러시아는 제국을 벗고, 새로운 세계 질서를 향한 실험을 선택했다.
왕의 나라에서 혁명의 나라로—
유럽 변방의 늑장은 결국 세계사의 중심으로 걸어 나왔다.

러시아는 한 번도 멈추지 않았다.
다만 형태를 바꾸며 계속 앞으로 나아갔다.

□ 이제 유럽의 무대는 '대륙'이 아니라 '세계'가 된다

17세기까지 유럽은 주로 대륙 내부에서 서로 싸우며 세력 균형을 조정해 왔다. 그러나 바다를 통해 얻은 부와 경험이 누적되면서, 유럽의 시선은 점차 내부에서 외부로, 국경에서 바다로, 그리고 대륙에서 전 세계로 확대되었다. 유럽은 자신들이 구축한 체제와 문화, 군사력과 경제력을 이제는 **세계 곳곳으로 확장할 준비**를 하고 있었던 것이다.

그리고 마침내 18세기와 19세기, 유럽은 전 세계를 무대로 삼는 '제국주의 시대'로 들어선다. 이제 세계의 중심은 더 이상 한 대륙이 아니었고, **지구 전체가 하나의 무대**가 되었다. 역사는 더 이상 유럽 내부의 다툼이 아니라, **"유럽 vs 세계"의 이야기**로 확장되기 시작했다. 이것이 바로 **신항로 개척 이후, 제국주의**가 본격적으로 **시작되기 직전까지의 유럽**이 걸어온 길이었다.

제33장

제국주의의 시작과 고고학의 탄생 - 탐험에서 지배로

1. 땅을 파헤치는 제국들 - "과거를 지배하면, 미래도 지배할 수 있다."

1799년 여름, 아프리카 북단의 **사막 한복판.** 나폴레옹 보나파르트는 프랑스 대포를 앞세워 이집트에 입성했다. 그의 눈은 피라미드나 스핑크스를 향해 있지 않았다. 그는 **현재를 정복하러 왔지만, 동시에 과거를 점령**하러 온 것이었다. 이집트 원정에 동행한 병사들 중 일부는 총을 들었고, 또 다른 일부는 베르톨레, 몽주, 드농 같은 학자들이었다.

그들은 무기를 대신해 줄자, 필기구, 고대 문자에 대한 연구서를 들고 왔다. 그리하여 군인과 학자들이 함께한 정복의 행렬은, **"탐사(Exploration)"라는 이름으로 포장된 약탈과 수집**으로 이어졌다. 그러던 중, **로제타(Rosetta, 아랍어: 라시드)라는 작은 항구 도시**에서 프랑스 공병대원이 우연히 하나의 돌판을 발견한다. 3종의 문자—**히에로글리프**(Hieroglyphs), **데모틱**(Demotic), **그리스어**(Greek)가 나란히 적힌 이 돌판은 이집트의 잠든 과거를 여는 **암호의 열쇠**였다. 훗날 '**로제타석**'이라 불리는 이 돌은 단지 언어 해독의 도구를 넘어, **유럽이 자신들의 문명적 우월을 입증하려는 상징물**로 변모했다.

2. 제국주의 - 산업의 그림자, 지배의 욕망

19세기 후반부터 20세기 초, 유럽의 강대국들은 앞다투어 세계 곳곳으로 뻗어 나가며 식민지를 건설했다. 이는 단순한 정복 전쟁이 아니라, 경제 · 정치 · 군사 · 사상적 배경이 어우러진 복합적 흐름이었다. 이 시기에 등장한 세계사적 흐름은 '제국주의(Imperialism)'로 불리며, 강대국이 힘을 바탕으로 약소국을 지배하거나 영향력을 행사하려는 정책을 의미한다.

□ 제국주의의 발생 배경

제국주의는 산업혁명의 여파에서 비롯되었다. 18세기 후반 영국에서 시작된 산업혁명은 공장과 기계를 급속도로 발전시켰고, 대량 생산 체제로 전환된 유럽 경제는 더 많은 **원료**와 판로(시장)가 필요하게 되었다. 그러나 유럽 내부에서 자원과 시장을 충족하기 어려워지자, 시선은 아프리카 · 아시아 · 라틴아메리카로 향했다.

또한 유럽 국가 간의 **경쟁심**도 **제국주의를 촉진**했다. 나폴레옹 전쟁 이후 상대적 안정기를 맞이한 유럽은 각국이 군사력과 국력을 과시하는 방식으로 식민지를 확장해 갔다. 한 국가가 새로운 땅을 점령하면, 경쟁국들도 이를 따라 확장을 시도했고, 이는 식민지 확보 경쟁으로 이어졌다.

무기와 군함의 발달도 중요한 요인이었다. 기관총, 철갑함, 증기선 등의 등장은 기술적 우위를 만들어냈고, 상대적으로 기술력이 부족한 지역을 빠르게 제압할 수 있게 했다. 기술력은 정복의 수단이 되었고, 유럽은 이를 근거로 문명적 우월주의에 빠져들었다. 많은 유럽인들은 자신들의 통치가 미개한 민족을 계몽하고 발전시키는 것이라 여겼으며, 이를 '백인의 의무(White Man's Burden, 1899년 러디어드 키플링 시에서 유래)'로 정당화했다.

□ 제국주의 국가들의 형성과 식민지 확대

이러한 배경에서 유럽의 주요 강대국인 영국, 프랑스, 독일, 벨기에, 네덜란드, 이탈리아 등은 아프리카와 아시아, 오세아니아에 속속 진출하기 시작했다. 특히 **아프리카**는 '미지의 대륙'이라 불리며 제국주의 국가들의 관심을 집중시켰다. 1884~1885년, 유럽 열강은 베를린 회의를 열어 **아프리카 대륙을 서로 나누어 갖기로 합의**했고, 이로써 유럽 국경선처럼 경계가 그어진 식민지 지도가 형성되었다. 영국은 남아프리카, 나이지리아, 케냐 등을 차지했고, 프랑스는 알제리, 서아프리카 지역을, 벨기에는 콩고 자유국이라는 이름으로 잔혹한 지배를 시행했다.

아시아에서도 상황은 비슷했다. 영국은 인도를 '황제의 보석'이라 부르며 가장 핵심 식민지로 삼았고, 미얀마와 말레이반도, 홍콩 등으로 영향력을 확장했다. 프랑스는 베트남, 캄보디아, 라오스를 포함하는 **인도차이나 반도**를 지배했고, 네덜란드는 오래전부터 인도네시아를 식민지화하고 있었다. 이탈리아는 리비아와 동아프리카로, 독일은 남서아프리카와 태평양의 여러 섬으로 진출했다.

□ 식민지 지배의 이유와 방식

19세기 제국주의 시대에 유럽 열강이 식민지를 차지한 이유는 단순한 영토 확장 욕망을 넘어, **산업혁명 이후의 경제 구조, 국제 경쟁, 군사 전략, 그리고 문명 우월 의식이 복합적으로 작용한 결과**였다. 즉, 제국주의는 단일한 목적의 정책이 아니라, **경제·정치·군사·문화가 결합된 체계적 지배 구조**로 전개되었다.

- **경제적 이유**: 산업혁명으로 폭발적으로 늘어난 생산력은 **값싼 원료 확보와 제품 판매 시장의 확대**를 요구했다. 식민지는 값싼 노동력과 자원을 제공했으며, 본국의 산업 제품은 다시 식민지에서 소비되었다. 이로써 식민지는 '공급지이자 소비지'로서 제국 경제의 순환 고리를 완성했다.

- **정치적 이유**: 식민지 보유는 **국력과 위신의 상징**이었다. 유럽 열강은 해외 식민지 경쟁을 통해 국제 무대에서의 우위를 과시했고, 정부와 왕실은 이를 **국민 통합과 충성심 결집의 수단**으로 이용했다.

- **군사적 이유**: 해군 기지를 확보하거나 전략적 요충지를 점령하는 데 식민지가 활용되었다. 특히 영국은 인도양과 수에즈 운하, 지중해를 잇는 **해상 네트워크**를 구축하며 제해권을 강화했다.

- **문화적 이유**: 기독교 선교와 유럽 문명의 전파는 '문명화의 사명(Civilizing Mission)'이라는 이름으로 포장되었다. 실제로는 **인종적 우월주의와 문화적 동화 정책**이 식민 지배를 정당화하는 이념적 도구로 작용했다.

□ 제국주의의 영향

식민지 지배는 피지배 국가에 엄청난 고통을 안겼다. 자원은 강제로 수탈되었고, 현지 문화와 전통은 억압되거나 파괴되었다. 많은 지역에서 강제노동, 세금 수탈, 종교 탄압, 인종차별이 일상화되었다. 한편, 유럽 국가들 사이의 식민지 경쟁은 긴장을 고조시켰고, 이는 결국 **제1차 세계대전**의 원인 중 하나로 작용했다. 현대에 이르러서도, 식민 지배의 잔재는 정치적 불안정, 경제적 불균형, 언어·교육 정책 등 여러 방면에 남아 있으며, 많은 개발도상국들이 여전히 식민주의의 유산을 극복하려 노력하고 있다.

3. 유럽 국가의 식민지 개척 배경

유럽 국가들의 식민지 개척은 단순한 해외 팽창이 아니라, 경제적 욕구, 정치적 경쟁, 종교적 사명, 기술의 발전, 사상적 우월감이 복합적으로 작용한 결과였다. 15세기 대항해시대 이후, 스페인과 포르투갈이 먼저 전 세계적 지배를 시작했지만, 17세기부터는 영국과 프랑스가 본격적으로 뒤를 이었고, 독일은 19세기 후반에야 식민 경쟁에 뛰어들었다.

그러나 유럽의 패권 경쟁은 바다 위에서만 벌어진 것이 아니었다. 18세기 말, 프랑스 혁명 이후 혼란을 틈타 등장한 나폴레옹 보나파르트(Napoléon Bonaparte)는 식민지와 대륙을 동시에 지배하려는 야심을 품었다. 그는 프랑스 국내의 혁명적 에너지를 흡수해 유럽 전역으로 전쟁을 확산시켰고, 1804년 황제로 즉위한 뒤에는 프랑스의 국력을 총동원하여 '**대륙 봉쇄령**(Continental System)'을 선포하며 영국을 경제적으로 고립시키려 했다.

나폴레옹의 전쟁은 단순한 영토 확장이 아니라, **식민지와 대륙 패권을 동시에 장악하려는 새로운 형태의 제국주의 실험**이었다. 그는 이집트 원정(1798)을 통해 동방 무역로를 장악하려 했고, 유럽 대륙의 각 왕국을 재편하여 프랑스 중심의 질서를 구축하려 했다. 그러나 러시아 원정의 실패(1812)와 영국 해군력의 우위는 그의 야망을 좌절시켰고, 결국 워털루 전투(1815)에서 패배하며 몰락했다.

나폴레옹의 시대는 유럽 국가들이 **식민지 경쟁과 대륙 정치가 어떻게 맞물렸는지**를 잘 보여 준다. 그의 패배 이후 열린 빈 회의(1815)는 '세력 균형'을 내세워 유럽의 질서를 다시 짰고, 이는 이후 19세기 **신제국주의 시대**까지 이어지는 국제 정치의 틀을 제공했다. 이 세 나라는 각기 다른 정치 체제와 국가 전략에 따라 식민지의 위치, 지배 방식, 문화 정책에서 뚜렷한 차이를 보였다.

□ 영국 - 해상 패권과 자유무역 중심의 식민제국

영국은 16세기 말 해양 탐험과 북미 정착으로 식민 활동을 시작했고, 17세기 동인도회사와 삼각무역을 기반으로 무역 제국으로 성장했다. 1707년 잉글랜드와 스코틀랜드가 '연합법'으로 통합되어 '그레이트브리튼 왕국'이 출범했으며, 이는 식민지 개척과 해상 무역에서 공동의 국익을 추구하기 위한 전략적 결합이었다. 통합 후 영국은 스코틀랜드의 인력과 자본을 흡수해 산업혁명과 식민 확장의 동력을 확보했다.

18세기 이후 영국은 인도, 아프리카, 동남아시아, 오세아니아 등으로 식민지를 확장하며, **민간 자본 중심의 식민지 개척 방식**이 뚜렷했다. 식민지마다 정치적·경제적 필요에 따라 직할 식민지, 자치령, 보호령, 조차지 등 다양한 지배 형태가 적용되었다. 북미의 13개 식민지는 후에 독립하였지만, 캐나다는 자치령으로 전환되어 왕실과 연결된 형태를 유지했다. 오스트레일리아와 뉴질랜드 역시 백인 정착민 중심의 자치령으로 발전했으며, 인도는 동인도회사를 통한 간접 통치를 거쳐 1858년부터는 총독이 통치하는 직할 식민지가 되었다. 아프리카에서는 케냐, 나이지리아, 수단, 남아프리카 등이 보호령 혹은 직할 식민지로 운영되었고, 홍콩은 1842년부터 99년간 조차지로 확보되어 동아시아 통상·군사 거점이 되었다.

이 시기 영국의 제국 전략을 결정적으로 강화한 사건이 바로 수에즈 운하(Suez Canal)의 개통이었다. 1869년 프랑스의 페르디낭 드 레셉스가 주도한 운하 건설은 지중해와 홍해를 잇는 새로운 해상로를 열어, 영국의 인도 항로를 약 7,000km 단축시켰다. 영국은 1875년 이집트의 재정난을 틈타 **수에즈 운하 회사 주식을 인수**하며 운하의 실질적 지배권을 확보했다. 이후 수에즈는 "**제국의 생명선(The lifeline of the Empire)**"이라 불리며, 인도와 아시아 식민지를 잇는 전략적 통로이자 군사적 관문으로 기능했다. 수에즈 운하는 곧 **영국 해상 패권의 핵심 축**이 되었으며, 이후 20세기까지 중동 지역에 대한 영향력 유지의 기반이 되었다.

19세기 후반, 특히 빅토리아 여왕 시대(1837~1901)를 거치며 영국은 세계 전역에 걸쳐 식민지를 소유하게 되었고, 이는 곧 "**해가 지지 않는 나라(The empire on which the sun never sets)**"라는 상징적인 표현으로 불리게 되었다. 이 말은 영국령이 아시아, 아프리카, 아메리카, 오세아니아, 유럽 등 전 세계 모든 대륙에 퍼져 있어, 언제나 지구상의 어딘가에서는 태양이 떠 있다는 뜻으로, 영국 제국의 압도적 규모와 위상을 상징하였다.

영국은 식민지에 영어, 영국법, 교육제도를 도입하고, 일부 지역에서는 의회를 허용하거나 자치를 인정함으로써 비교적 유연한 통치 체제를 구축했다. 이를 통해 영연방이라는 협력 체계를 발전시켜 식민지 독립 이후에도 정치·경제적 연계를 유지하는 데 성공하였다. 이처럼 영국은 단순한 강제 통치를 넘어서, 정치적 유산과 문화적 영향력까지 확장하는 세계 제국의 모델을 실현한 대표적인 국가였다.

□ 프랑스 - 국가주의와 문화 동화를 기반으로 한 문명 제국

프랑스는 루이 14세 시대부터 식민지 개척을 본격화했고, 절대왕정의 중앙집권 아래 식민지를 국력 강화의 수단으로 삼았다. 특히 프랑스어 · 문화 · 법률 체계를 강제 이식하는 **동화주의(assimilation)**를 핵심 전략으로 삼아, 피지배민을 프랑스적 정체성 속에 흡수하려 했다. 이러한 문화 동화 정책, 즉 동화주의는 피지배민을 '야만'에서 '문명'으로 끌어올린다는 명분 아래 추진되었으며, 식민지를 단순한 지배 대상이 아니라 프랑스 국가 정체성에 편입시키려는 정치적 · 이념적 의지를 내포하고 있었다.

프랑스의 초기 식민지 개척은 17세기 북미의 퀘벡과 카리브해 제도에서 시작되었으며, 18세기에는 인도와 서아프리카 해안에 상업 거점을 두고 활동을 확대해 나갔다. 그러나 본격적인 영토 식민지화는 19세기 중반 이후에야 본격화되었다. 1830년, 프랑스는 북아프리카 알제리를 침공하며 대륙 기반 식민제국 건설의 첫발을 내디뎠다. **알제리**는 단순한 점령지를 넘어, **프랑스 본국의 일부로 간주**되며 유럽계 정착민이 대거 이주하는 **식민지**로 발전하였다. 이어 1881년에는 튀니지, 1912년에는 모로코를 각각 보호령으로 설정하며 북아프리카 전역을 프랑스 영향권 아래 두었다.

한편, 사하라 이남 아프리카에서도 프랑스의 식민 확장은 빠르게 진행되었다. 1880년대 후반 베를린 회의 이후, 프랑스는 서아프리카 내륙으로 진출하여 세네갈, 말리, 코트디부아르, 부르키나파소, 베냉 등지를 식민지로 편입하였다. 이 지역들은 프랑스령 서아프리카 연방(AOF, Afrique occidentale française)이라는 행정 단위로 묶여 파리의 직접 통제를 받았으며, 식민 행정관과 군대가 지역 질서를 장악하였다. 중앙아프리카와 에콰토리얼 아프리카(적도를 기준으로 한 아프리카 중앙 지역)도 같은 방식으로 흡수되어, **광대한 프랑스 식민제국**이 **사하라 이남**에 형성되었다.

아시아에서도 프랑스는 적극적인 확장에 나섰다. 1860년대부터 프랑스는 베트남 남부 지역에 군사적 거점을 확보한 뒤, 1887년 프랑스령 인도차이나 연방을 출범시켰다. 이 연방에는 베트남, 라오스, 캄보디아가 포함되었으며, 프랑스는 이 지역에서 철도, 항만, 교육기관을 설치하며 자신들의 행정 질서를 이식하였다. 인도차이나 지역은 농산물, 고무, 광물 자원의 공급지였을 뿐 아니라, 프랑스의 '동방 문명화' 구상의 실험장이기도 했다.

제1차 세계대전 이후, 프랑스는 승전국으로서 중동 지역에서도 식민지를 확대할 기회를 얻었다. 국제연맹의 위임통치령 제도에 따라, 프랑스는 시리아와 레바논을 위임받아 사실상 보호령처럼 운영하였다. 이 지역에서도 프랑스는 학교, 병원, 행정기관을 설치하고, 기독교 엘리트를 중심으로 프랑스어 교육을 시행하였다. 이는 훗날 시리아 · 레바논 지역의 친프랑스 지식인층 형성에 큰 영향을 끼쳤다.

프랑스 식민제국은 1950~60년대에 걸쳐 급속히 해체되었다. 특히 1962년, 수십만 명이 희생된 알제리 전쟁 이후 알제리가 독립하면서 프랑스 제국의 구조적 기반은 무너졌다. 그럼에도 프랑스는 문화적 영향력을 유지하고자 했으며, 프랑스어 사용 국가들 간의 협력체인 프랑코폰(Francophonie) 공동체를 조직하여 교육, 문화, 언어를 통한 유대를 지속하고 있다. 오늘날에도 여러 **아프리카 국가**들과 동남아 일부 지역에서 **프랑스어는 행정 언어**로 사용되며, 프랑스식 법제와 교육제도는 식민 유산으로 남아 있다.

□ 독일 - 후발 제국주의 국가의 군사적 · 기술 중심 식민지 운영

독일은 1871년 통일 이후 뒤늦게 제국주의 경쟁에 뛰어들었다. 오랫동안 수많은 공국으로 나뉘어 있었던 독일은 **프로이센의 비스마르크**가 전쟁과 외교로 분열된 독일 연방을 하나로 묶으면서 비로소 **근대적 국민국가로 등장**했다. 그러나 이 시점에는 이미 영국과 프랑스가 전 세계 식민지를 선점한 상태였기에, 독일은 "늦게 도착한 제국(후발 제국)"이 될 수밖에 없었다. 초기에는 비스마르크가 해외 팽창에 신중했으나, **1884년 베를린 회의**를 주도하여 아프리카 · 태평양 식민지를 공식적으로 확보하면서 독일은 본격적으로 **제국주의 체제에 합류**했다.

독일 식민지는 **군사적 질서, 과학적 조사, 행정 기술**을 기반으로 운영되었으며, 이는 짧지만 매우 체계적이고 강압적인 통치의 특징을 드러냈다. 독일은 아프리카에서 카메룬, 토고, 탄자니아, 나미비아 등을 식민지화하였다. 이 중 독일령 남서아프리카(나미비아)에서는 헤레로족과 나마족을 대상으로 1904~1907년에 집단 학살이 벌어졌으며, 이는 20세기 홀로코스트 이전에 발생한 현대적 의미의 인종청소로 평가된다. 태평양 지역에서도 독일은 마셜 제도와 파푸아뉴기니 일부를 식민지로 삼았으며, 중국에서는 칭다오(청도)를 포함한 산둥 반도를 99년간 조차하여 **해군 기지와 상업 거점**으로 활용하였다. 독일은 식민지를 단순한 영토가 아니라 군사 실험과 과학적 조사, 자원 수탈의 **"기술적 실험장"**으로 활용했다는 점에서 기존 제국들과 다른 성격을 보였다.

그러나 독일의 식민지는 제1차 세계대전 패전과 함께 대부분 상실되었고, 그 통치는 30년이 채 되지 않을 만큼 짧았다. 짧았지만 그 통치는 군사적 강압과 인종주의에 기반했기 때문에 식민지 사회에 깊은 상처를 남겼고, 오늘날 나미비아 학살 청산 문제는 여전히 국제적 사과와 배상을 둘러싼 논의 대상이 되고 있다. 독일의 사례는 **늦게 통일된 국가**가 기술과 군사력을 앞세워 제국을 건설하려 했지만, **통합된 전략과 장기적 비전의 부재**가 결국 제국을 짧고 **폭력적인 실험**으로 끝나게 만들었다는 **역사적 교훈**을 보여 준다.

4. 근대 고고학의 태동 - 유물을 향한 열정인가, 민족의 꿈인가?

19세기, 유럽은 산업혁명과 제국주의의 확산 속에서 **'과거의 소유'를 통한 정체성 경쟁**에 들어섰다. 산업혁명은 증기선과 철도를 통해 세계의 거리를 좁혔고, 제국의 탐험가와 군대는 아시아와 아프리카의 심장부로 들어갔다. 식민지 확장은 단지 경제적 착취를 넘어, '문명화 사명'을 내세운 **문화적 정당화의 논리**를 필요로 했다. 고고학은 그 논리를 뒷받침하는 학문으로 등장했다.

19세기 중엽, 과학의 진보는 고고학을 단순한 모험이 아닌 **학문적 탐사**로 변화시켰다. 지질학의 층위 개념, 인류학의 비교 연구, 연대 측정의 시도들이 등장하면서 땅속의 유물이 **국가의 역사적 근거**가 되기 시작했다. 한편, 나폴레옹의 이집트 원정(1798)은 군사적 실패였지만, 학문적으로는 **근대 고고학의 출발점**이었다. 프랑스 학자들은 로제타석을 비롯한 유물들을 본국으로 가져갔고, 이는 유럽 각국에 "과거를 발굴해야 한다"는 열풍을 불러일으켰다.

이 시기 고고학은 학문과 제국의 욕망이 결합된 도구였다. 박물관은 제국의 전리품 창고로, 발굴은 민족적 정당성을 증명하는 행위로 변했다. 특히 독일·프랑스·영국 등은 서로 경쟁하듯 고대 문명의 중심지—이집트, 메소포타미아, 에게해—에서 '기원 찾기 전쟁'을 벌였다. 그 결과, 고고학은 유럽이 자신을 '문명의 후계자'로 자리매김하기 위한 **정치적 무대**가 되었고, '유물'은 단순한 돌이나 금속이 아니라 **국가의 정체성과 우월성을 상징하는 증거물**이 되었다.

□ 하인리히 슐리만 - 유년의 꿈, 제국의 신화

"나는 일곱 살 때『일리아드』를 읽고, 트로이를 찾기로 결심했다." 슐리만의 말은 낭만적이었지만, 여정은 제국주의적이었다. 독일 출신 상인이었던 그는 무역으로 부를 쌓고 언어에도 능통했으며, 결국 고대 신화의 도시 트로이를 찾아낸 고고학자가 되었다.

1870년대, 그가 튀르키예 히사를릭 언덕을 파헤칠 때 사람들은 의심했지만, 도자기와 석조 구조물의 발견은 이내 시선을 바꾸었다. 그의 발굴은 단지 트로이의 재발견이 아니었다. 그것은 게르만 민족의 정체성을 위한 상징적 뿌리를 찾는 행위였다. 특히 "헬레네의 보물(일명 '프리아모스의 보물')"이라 불린 황금 유물을 아내에게 씌운 사진은 고고학사의 아이콘이자, 민족주의 신화를 연출한 장면이 되었다. 비록 학계는 "발굴이라기보다 파괴였다"고 비판했지만, 그의 삽질은 수많은 국가가 '자신의 과거'를 찾기 위해 경쟁하는 시대의 서막을 열었다.

□ 학문인가, 민족 신화의 창조인가?

슐리만의 트로이 이후, 그리스는 미케네와 티린스를, 독일은 바빌론과 니네베를, 프랑스는 룩소르와 팔미라를, 영국은 이집트와 메소포타미아를 향해 삽을 들었다. 고고학은 발견을 넘어, 민족의 기원을 정당화하는 서사 도구가 되었다.

□ 맺음말

슐리만은 탐험가였을까, 아니면 역사를 소유하려는 시대의 대변인이었을까? 그의 발굴은 단순한 과학적 탐사가 아니라, **인류가 과거를 통해 자신을 증명하려 한 열망의 서사**였다. 그의 손끝에서 드러난 트로이는 유산의 복원이자, 동시에 **기억을 지배하려는 문명의 의지**였다.

그 순간 유럽인들은 이렇게 말하고 있었다.
"우리는 과거의 후계자이며, 그 유산을 소유할 자격이 있다."

그 믿음은 고고학의 열정으로, 또 제국주의의 논리로 이어졌다. 박물관의 유물들은 그 손끝에서 태어나 오늘날까지 '소유된 기억'으로 남아 있다. 그리고 그 유물들 위에 쌓인 먼지 속에서 우리는 다시 묻는다.

"발굴이란 무엇을 드러내기 위한 것인가?"
"과거를 되찾는 일은, 혹시 또 다른 지배의 형태는 아니었는가?"

5. 로제타석 발굴의 배경과 의의

1799년, 나폴레옹의 이집트 원정(1798~1801)에 동행한 프랑스군 공병 장교 부샤르(Pierre-François Bouchard)는 나일강 하류 **로제타**(Rashid) 근처 성채 공사 중 검은 짙은 회색의 그라노디오라이트(Granodiorite) 비석 하나를 발견했다. 이 원정에는 과학자 · 언어학자 · 지리학자 등 학술조사단이 함께했기에, 이 돌은 단순한 전리품이 아니라 학문적 보물로 주목받았다. 비석에는 세 가지 문자—상형문자(히에로글리프), 민중문자(데모틱), 그리스어—가 병기되어 있었고, 기원전 196년 프톨레마이오스 5세의 즉위를 기념하는 칭송문이 기록되어 있었다.

□ 역사적 의의

로제타석은 **고대 이집트 상형문자 해독의 열쇠**가 되었다. 이미 해독된 그리스어를 단서로 삼아 프랑스의 장-프랑수아 샹폴리옹(Jean-François Champollion)이 해독에 성공하면서, 피라미드와 신전, 무덤 벽화에 새겨진 방대한 기록의 의미가 드러나기 시작했다. 이로써 이집트 문명 연구는 비약적으로 발전하였다. 1822년, 샹폴리옹은 해독에 성공한 순간 "내가 해냈다!"라고 외쳤고, 쓰러질 만큼 격정에 휩싸였다. 이는 단순한 학문적 발견을 넘어, 고대 이집트의 잠든 기억을 여는 문명의 순간이었다. **토머스 영**(Thomas Young) 은 로제타석의 **데모틱-그리스어 대응**, **카르투슈**(파라오의 이름을 감싸 표기한 타원형 테두리)의 기능, 일부 **음가**(phonetic value)를 먼저 짚어 냈다. 그러나 **콥트어**에 정통했던 샹폴리옹은 상형문자의 **복합 체계(표의+표음)**를 꿰뚫어 **체계적 해독**으로 완성했다. 공로의 **선후 · 범위는 다르지만 상호 보완**이었다는 점이 오늘의 공통 견해다.

그러나 로제타석은 1801년 영국이 프랑스를 이집트에서 몰아내면서 대영박물관으로 옮겨졌고, 오늘날까지도 이집트 정부가 반환을 요구하고 있다. 따라서 로제타석은 학문적 성취의 상징이자 동시에 제국주의 시대 문화재 약탈 문제를 대표하는 유물이 되었다.

□ 언어학과 문명 연구의 혁명

로제타석의 해독은 단순한 문자 풀이가 아니라, **'침묵하던 문명이 말을 하기 시작한 사건'**이었다. 상형문자가 해독되자 피라미드의 벽화, 신전의 비문, 파피루스 문서 등 수천 년 동안 이해되지 못했던 기록들이 차례로 해석되었다. 그 결과 고대 이집트의 종교 의식, 왕들의 족보와 전쟁, 세금 제도, 수학과 천문학, 의학 지식, 심지어 일상생활과 사랑 노래까지 "살아 있는 역사"로 되살아났다.

이것은 고대 문명 연구 방법을 근본적으로 바꿔 놓았다. 그전까지 이집트는 그리스 역사가 헤로도토스나 로마 사료의 시각을 통해 간접적으로만 이해되었으나, 로제타석 해독 이후 이집트가 "자기 언어로 말하는 주체"가 되었다. 세계사에서 한 문명의 내적 목소리를 되찾아 준 사례는 매우 드물다. 따라서 로제타석은 고고학 · 언어학 · 역사학이 결합된 **최초의 진정한 "학제 간 문명 재구성" 성공 사례**로 평가된다.

"Rosetta Stone" 사진

6. 크노소스 궁전 발굴 - 지중해에서 되살아난 최초의 유럽 문명

1900년, 영국 고고학자 아서 에반스(Sir Arthur Evans)는 크레타 섬의 헤라클리온 인근에서 크노소스 유적을 본격적으로 발굴하기 시작했다. 그가 발견한 것은 단순한 궁전이 아니었다. 수백 개의 방, 복잡하게 연결된 통로, 정교한 벽화, 상하수도 시설, 고대 문자 등… 마치 살아 있는 도시처럼 조직된 구조는 세계 고고학계를 충격에 빠뜨렸다.

이곳은 기원전 1900~1400년 사이 번성한 미노아 문명(Minoan Civilization)의 중심지로, 고대 그리스보다도 수백 년 앞선 시기의 고도로 발달된 청동기 문명이었다. 에반스는 이 문명을 **미노타우로스 신화에서 유래해 '미노아'**라 명명했다. 이는 이후 **그리스 문명이 시작된 것이 아니라 계승된 것**임을 보여 주는 중요한 전환점이 되었다.

□ 발굴의 학문적 의의 - 유럽 최초의 고급 문명 확인

크노소스는 도시 규모, 행정 조직, 상수도·하수도 시스템, 종교적 제의 장소, 저장고 등에서 체계화된 문명 구조를 보여 주며, **유럽 최초의 도시 문명**으로 인정받는다. 이는 그동안 메소포타미아나 이집트 중심으로 여겨졌던 문명사의 균형을 지중해로 확장시켰다.

▶ 선문자 문명의 발견 - 선형 A와 선형 B

궁전에서는 미노아인들이 사용한 두 종류의 고대 문자, 선형 A(Linear A)와 선형 B(Linear B)가 발견되었다. 이후 선형 B는 고대 그리스어의 초기 형태로 해독되며 **미케네 문명**에서 사용한 **초기 그리스어로 확인**되었다. 반면에, **선형 A는 미노아 문명이 사용한 언어**로 추정되며, **미해독 상태인 미스테리한 언어**이다.

▶ 미술과 종교 상징의 복원

크노소스의 벽화는 자연과 동물, 춤과 제의 장면 등 평화롭고 풍요로운 삶의 모습을 보여 준다. 이는 이집트나 아시리아의 군사 중심 미술과는 다른 **예술적 성격과 신앙 구조**를 지닌

문명을 보여 준다. 특히 황소 숭배, 미궁 구조, 제사 의례 등은 그리스 신화와도 밀접한 연관성을 갖는다.

▶ 그리스 문명의 선형적 진화론에 도전

크노소스 발굴은 "그리스 문명이 독자적으로 발생했다"는 기존 학설에 반기를 들며, **그리스는 미노아와 미케네라는 선행 문명을 흡수·계승하며 발전했다**는 문명 전이론(傳移論)의 증거가 되었다.

▶ 성경 고고학에 간접적 기여

크레타와 미노아 문명은 고대 가나안·히타이트·이집트 문화권과도 교역을 하며 영향을 주고받았다. 크노소스 발굴을 통해 이 시대의 **해양 교역, 문자 사용, 제사 시스템, 도시 구조**를 파악함으로써, 성경 시대 주변국 문화의 비교 연구에도 토대가 마련되었다.

□ 크노소스보다 더욱 순수한 미노아 문명 - 아크로티리

플라톤은 그의 저서 『티마이오스』와 『크리티아스』에서 **"아틀란티스"**라는 신비한 제국을 언급한다. 그는 이 문명이 기원전 약 9,000년 전 존재했으며, 뛰어난 해양력과 풍부한 자원, 고도로 발달한 건축과 기술을 갖추었다고 기록한다. 그러나 어느 날 "하룻밤 사이에" 대지진과 홍수로 인해 바닷속에 가라앉아 사라졌다고 말한다. 오랫동안 아틀란티스는 신화로 여겨졌지만, 20세기 들어 고고학과 지질학이 발전하면서 새로운 단서가 나타났다. 그 중심에 바로 **산토리니 섬의 아크로티리(Akrotiri) 유적**이 있다.

기원전 1600년경, 산토리니에서 인류 역사상 가장 강력한 화산 폭발 중 하나가 일어났다. 폭발력은 히로시마 원자폭탄의 수천 배에 달했다. 원래 둥그런 원형이었고, 중앙에 1500m 높이의 화산이 있었던 섬의 중심부는 붕괴해 거대한 해저 400m의 칼데라가 형성되었다. 화산재와 해일은 에게해 전역을 뒤덮었고, 당시 번영하던 미노아 해양문명은 치명적인 타격을 입었다. 바로 이 시점부터, 미노아의 중심지였던 크노소스마저 급격히 쇠퇴하고, 그 자리를

미케네 문명이 차지하게 된다.

화산 폭발 전의 산토리니 모습, Created with DALL · E by OpenAI.

현재의 산토리니 섬(중심부 붕괴 상태), 사진: 구민성

미노아의 제2 도시 아크로티리는 이 대폭발로 순식간에 매몰되었다. 하지만 바로 그 덕분에 수천 년간 보존된 도시가 발굴되며, 플라톤이 묘사한 "해양 제국, 높은 기술력, 급작스러운 멸망"이라는 키워드와 놀라운 유사성을 보여 주었다.

- **해양 중심의 부유한 문명** → 미노아 문명과 일치

- **강력한 선박과 무역 네트워크** → 아크로티리 벽화의 선단 그림
- **기술과 예술의 정점** → 다층 건물, 상하수도, 벽화
- **대규모 자연재해로 하루아침에 사라짐** → 테라 화산 폭발과 동일
- **동심원 구조의 도시와 수로 시스템** → 플라톤의 아틀란티스 묘사와 동일

학자들 중 일부는 플라톤이 직접 미노아 문명을 알지 못했더라도, 이 재앙의 기억이 세대를 거쳐 전승되고 과장되어 신화되었을 가능성을 제기한다. 즉, **아틀란티스는 완전히 허구가 아니라, 미노아 문명의 붕괴에 대한 집단기억일 수 있다는 것**이다. 중요한 점은, 아크로티리는 단순한 "아틀란티스의 후보지"가 아니라, **실제로 플라톤이 말한 '기술적으로 발달한 바닷속 도시'의 현실적 모델**에 가장 근접한 유적이라는 사실이다. 오늘날 과학자들은 "아틀란티스는 실제 있었는가?"라는 질문보다 "플라톤이 말한 문명 붕괴의 원형은 무엇인가?"를 묻고 있고, 그 **해답에 가장 가까운 장소**가 바로 이 **산토리니의 아크로티리**이다.

아크로티리는 우리에게 전설과 역사의 경계가 얼마나 얇은지를 보여 준다. 문자로 기록된 신화조차도, 그 뿌리는 실제 역사적 사건과 자연재해일 수 있다. 신화는 상상에서 태어나지 않았다. 오히려, **상상을 넘어서는 현실이 신화를 만든 것**이다.

크노소스 궁전은 기원전 약 2000년경 1차 궁전이 세워지고, 기원전 1700년경 대지진 후 재건되며 2차 궁전 시대(전성기)에 들어갔다. 그러나 기원전 1450년경부터 미케네인들의 침입과 내부 혼란으로 미노아 문화는 점차 변형되었고, 크노소스는 미케네 스타일로 재건되며 혼합 문명으로 바뀌었다. 반면 아크로티리는 **기원전 1600년경 화산 폭발 직전까지 미노아 전성기의 문화를 '외부 침입 없이' 유지**하고 있었다. 화산 폭발로 도시가 매몰되면서, 미케네나 다른 문명에 의해 문화가 변형될 기회조차 없었다.

그래서 학계는 말한다.

"크노소스가 '미노아의 궁전'이라면,

아크로티리는 '미노아의 일상과 도시 전체를 보여 주는 살아있는 시간 캡슐'이다."

아크로티리 유적(산토리니), 사진: 구민성

□ 미노아의 바다, 블레셋의 해안 - 에게해 문명의 잔향을 따라

고대 크레타 섬에서 꽃피운 **미노아 문명**은 에게해를 지배한 최초의 해양 문명이었다. 크노소스 궁전의 정교한 구조와 생동감 있는 벽화, 선형 A 문자, 황소 숭배 제의는 이 문명이 단지 물질문명이 아니라 **예술과 신앙, 제의가 공존했던 복합적 문명**임을 보여 준다. 이들은 선박과 교역을 통해 이집트, 시리아, 키프로스 등과 연결되었고, 에게해와 동지중해를 하나의 네트워크로 엮어 낸 **해양 교역의 창시자**였다.

그러나 기원전 15세기 무렵, 이 찬란한 문명은 갑작스러운 붕괴를 맞았다. 크레타의 일부 궁전은 불에 타올랐고, 미케네인들이 이 지역을 점령하면서 미노아 문명의 흔적은 본토 그리스로 일부 흡수되었다. 그로부터 다시 수 세기 후, 기원전 1200년경 또 다른 전환이 닥친다. 우리는 4장과 9장에서 바다로부터 정체불명의 무리가 들이닥쳐 **지중해 전역을 흔들었던 사건을 기억한다**. 이들은 후에 이집트인들이 "해양 민족(Peoples of the Sea)"이라 부른 집단들이었다.

□ 블레셋의 등장

이집트 람세스 3세의 메디네트 하부 사원 벽화에는 배 위에서 전투를 벌이고 해안에 상륙한 해양 민족들의 모습이 생생히 그려져 있다. 그중 하나가 **'펠레셋**(Peleset, Prst)'이라 불린 집단이며, 이들이 성경에 등장하는 블레셋인(Philistines)의 기원으로 널리 알려져 있다. 그들은 이집트 침입에 실패한 후 가나안 남부 해안, 오늘날의 팔레스타인 지역에 정착하여 **가자(Gaza)**, 아스글론, 아스돗, 에그론, 가드 등 5대 도시를 형성했다.

고고학은 이들의 정체를 말없이 증언한다. 블레셋 초기 도시에서 출토된 도자기는 붉은색과 검은색을 혼합한 독특한 양식으로, 후기 미케네 도기와 놀라울 정도로 닮아 있다. 이는 이들의 뿌리가 에게해 계통 문화에 닿아 있음을 보여 준다. 고대 DNA 연구는 블레셋인의 초기 세대에서 **남유럽 기원**의 유전적 흔적을 확인했으며, 이후 세대를 거치며 가나안 지역인들과 점차 동화되었음을 밝혀냈다.

▶ 블레셋의 전사 골리앗의 신체적 특징

블레셋인이 기골이 장대하다는 인식은 **성경의 기록**과 고고학·유전학 연구를 통해 일정 부분 사실로 확인되고 있다. 대표적인 블레셋인으로 **골리앗이 등장**하는데, 그는 키가 장대하고 57킬로그램에 달하는 철갑옷을 착용한 거대한 전사로 묘사된다. 사해 두루마리는 4규빗 1뼘(약 2m), 마소라 본문은 6규빗 1뼘(2.9m)으로 기록한다. 그의 창 자루는 베틀 채 같다고 표현되며, 이는 단지 한 인물의 과장이 아니라 블레셋 민족 전체의 강인한 신체 조건과 전사적 문화를 상징적으로 보여 준다.

이러한 묘사는 고고학적 발굴 결과와도 상당 부분 일치한다. 이스라엘의 아스글론 지역에서는 블레셋인의 유골이 발견되었고, **초기 이주 세대의 유골**은 현지 가나안인들보다 평균적으로 더 **크고 건장한 골격을 지닌 것**으로 **분석**되었다. 특히 이주 2세대의 유전자를 분석한 결과, **남유럽이나 에게해 지역과 유사한 유전적 특징**이 나타났으며, 이는 **블레셋인이 외부에서 유입된 해양 민족의 후손**이라는 가설을 뒷받침한다. 다만 이들의 유전적 특성은 시간이 지나면서 점차 가나안 지역 주민들과 융합되었고, 수 세기 후에는 외형상 큰 차이를 보이지 않게 되었다. 이러한 변화는 블레셋이 **초기**에는 **강한 이방적 정체성을 유지**했으나, **점차 지역 사회에 동화**되어 간 과정을 보여 준다.

이와 관련된 대표적인 연구는 2019년 Feldman 등이 발표한 논문(*"Ancient DNA sheds light on the genetic origins of the Philistines"* - Science Advances)으로, 고대 DNA 분석을 통해 블레셋인의 기원과 정착 과정을 과학적으로 밝힌 것이다. 이 연구는 블레셋인이 단순한 성경 속 전쟁 민족이 아닌, **실질적인 인류 이동과 문화 융합의 한 축**이었다는 점을 보여주는 **중요한 자료로 평가**된다.

□ 미노아와 블레셋 건축과 종교의 유사성

블레셋 초기 도시의 중앙 안뜰 배치 구조는 크노소스 궁전의 공간 구성을 연상시키며, 풍요 제의와 해양적 상징도 미노아 문명과 유사한 점이 많다. 고대 전승에서 블레셋인의 조상이 크레타(카프토르)에서 건너왔다는 기록은 단순한 신화라기보다, 실제 문명 전이의 기억이 전승된 사례일 가능성이 크다.

□ 맺음말 - 문명의 지층을 되돌려준 열쇠

크노소스 궁전의 발굴은 단순히 오래된 건축물의 복원이 아니라, **"유럽 문명의 시작점이 어디였는가?"**라는 질문에 새로이 답을 제시한 발견이었다. 에게해를 중심으로 펼쳐졌던 선문명은, 이후 고대 그리스의 철학과 예술, 정치 시스템의 뿌리가 되었고, 지중해 세계가 얼마나 일찍부터 서로 영향을 주고받았는지를 입증해 주었다. 또한 이 발굴은 고고학이 단지 유물을 찾는 것이 아니라, **문명의 망각된 기억을 회복하는 작업임을 증명하는 상징적 사건**이 되었다.

7. 제국주의와 발굴 경쟁

19세기~20세기 초, 제국주의 절정기의 유럽 열강들은 식민지 확장과 함께 문화적 · 역사적 우위를 차지하려 했다. 고고학은 단순한 학문이 아니라, 제국의 권력과 정당성을 과시하는 수단이 되었다. 발굴은 외교 전략, 박물관 위상, 민족주의 선전에 깊이 얽혀 있었고, 수많은 유물들이 현지인의 동의 없이 유럽으로 반출되었다. 대표적으로 **영국은 아시리아의 니네베 유적, 프랑스는 이집트의 룩소르, 독일은 바빌론과 페르가몬, 이탈리아는 로마와 유럽 내 유적**을 중심으로 활동하였다.

□ 대영제국 - 카터의 횃불, 투탕카멘의 금

1922년, 이집트 룩소르 근처, **왕가의 계곡(Valley of the Kings)**.
그 땅 아래 잠든 '소년 왕'의 비밀이 처음 모습을 드러냈을 때,
하워드 카터(Howard Carter)는
손에 횃불을 들고 낮은 석실로 들어갔다.

그 순간 그는 말했다.
"무엇이 보이십니까?"
"놀라운 것들(Wonderful things)입니다."
그곳은 투탕카멘(Tutankhamun)의 무덤, 그리고
제국주의 고고학의 '절정이자 위기'를 상징하는 공간이었다.

투탕카멘은 생전엔 무명의 파라오였지만, 죽은 뒤엔 **영국의 과학과 통치, 제국의 문화적 정당성을 보여 주는 신화**로 변모했다. 황금 가면, 왕좌, 쌍용(혹은 두 마리 합성 동물 머리 장식) 머리의 침상… 그 모든 유물들은 곧 **대영박물관의 상징**이 되었고, 카터와 후원자 카나본 경(Lord Carnarvon)은 "이집트 문명의 계승자"라는 찬사를 받았다.

그러나 **이집트인들은 침묵 속에 있었다.**
그들에게는 **영광이 아니라 약탈**이었다.

□ 독일 제국 - 바벨론의 문을 가져가다

동시에, **독일 제국은 바빌론을 파고 있었다.** 그 중심에는 로버트 콜드웨이(Robert Koldewey)라는 고고학자가 있었다. 1899년, 그는 현재의 이라크 바그다드 남쪽에서 **바벨론 유적지**를 발굴하며, 이슈타르 문(Ishtar Gate)을 발견한다. **벽돌마다 파란 유약(琉璃), 상징 동물들—용과 사자**가 새겨져 있던 그 문은 왕궁으로 가는 '행렬의 길(Processional Way)'의 일부였다. 그러나 콜드웨이는 그것을 통째로 해체하고, 독일로 옮긴다.

1913년, 베를린의 **페르가몬 박물관**에서 **이슈타르 문은 부활**한다.
그러나 그 재조립된 문은 **이방 땅에서,**
이방인의 자본과 권위 아래 서 있었다.
독일은 이를 통해 "**우리도 로마나 영국 못지않은 문명 계승자**"라는
상징을 확보했다.

□ 프랑스 - 팔미라의 유산, 제국의 이름으로

한편 **프랑스는 레반트 지역,**
특히 시리아와 팔미라(Palmyra)에 눈을 돌렸다.
18세기부터 이어진 탐험과 문서화 작업은

19세기 들어 식민 정책과 결합되었고,
프랑스는 자신들을 로마의 계승자라 여기며
팔미라를 "기독교 이전 고대 문명의 중개 지점"으로 해석했다.

특히 **1920년 프랑스 위임통치령 시기,**
팔미라 유적지에 대한 광범위한 발굴과 복원이 이뤄졌고,
그 유물들은 **루브르 박물관**에 전시되었다.
심지어 팔미라 출신 여왕 제노비아(Zenobia)는
프랑스 언론에서 "동방의 잔 다르크"로 묘사되기도 했다.

그러나 그 이면에는,
팔미라의 땅을 점령한 프랑스 군대,
그리고 시리아 민중의 침묵이 있었다.
고대의 영광은 프랑스의 위신으로 변환되었고,
발굴은 곧 정복의 일부가 되었다.

□ 맺음말 - 발굴이 곧 선전(宣傳)이었다

영국은 금으로 장식된 무덤을 열었고,
독일은 청색 벽돌의 성문을 옮겼으며,
프랑스는 사막 속 여왕의 흔적을 수집했다.
그들은 고고학이라는 이름 아래,
문명을 소유하고, 전시하며,
역사 해석의 권리를 독점했다.
그러나 그 순간에도,
그 땅의 진짜 후손들은 관람객이 아니라
자신의 역사를 유리 너머에서 바라보는

침묵의 증인이었다.

8. 동아시아의 제국주의 고고학 - 광개토대왕비 탁본 논란

1890년대 후반, 만주 집안(集安)의 압록강가에 서 있던 광개토대왕비는 일본인들에 의해 '재발견'되었다. 그들은 단순한 고고학자가 아니라, 조선과 만주로 세력을 확대하려는 제국주의적 의도를 가진 군인·정치가·학자들이었다. 일본은 비석의 글자를 떠내기 위해 여러 차례 탁본을 만들었는데, 문제는 바로 그 과정에서 발생했다. 비문의 일부 글자가 지나치게 진하게 강조되거나, 반대로 마모된 부분이 다른 형태로 복원된 탁본들이 등장한 것이다. 이 탁본은 이후 일본이 고대 한반도 지배의 증거로 삼은 결정적 자료가 되었다.

논란의 핵심은 비문 속의 한 구절이었다. 비문은 "倭(왜)가 바다를 건너와 백제와 신라를 침략했고, 신라는 고구려에게 도움을 요청하였다"는 취지로 쓰여 있다. 즉 원래 문맥에서 '왜'는 분명히 **침략자**였다. 그러나 일본은 이 문장을 의도적으로 뒤집어 "왜가 이미 한반도 남부를 지배하고 있었고, 신라는 왜에게 조공을 바쳤다. 고구려는 그 지배권을 무력으로 빼앗았다"는 식으로 해석했다. 다시 말해 **'침략자 왜'** → **'지배자 왜'**로 **의미를 왜곡**한 것이다. 이 해석은 훗날 일본이 주장한 '임나일본부설(일본이 고대부터 한반도를 지배했다는 이론)'의 핵심 근거로 사용되었다.

하지만 여기서 멈추지 않았다. 20세기 중반 이후, **중국** 역시 새로운 방식으로 **광개토대왕비를 재해석**하기 시작했다. 중국은 고구려가 만주 지역을 중심으로 활동했다는 사실에 주목하며, 고구려를 "중국 고대 지방정권의 하나"로 규정하려 했다. 이를 위해 중국 학자들은 광개토대왕비의 표현 중 "조공(朝貢)"이나 "속민(屬民)"과 같은 단어에 주목하며, 고구려가 주변 세력에게 조공을 받거나 상하 관계를 형성했다는 점을 오히려 **'중국식 조공 체제'의 일부**로 해석하였다. 심지어 일부 연구에서는 **고구려가 중국의 제후국**처럼 행동했다고 주장하기도 했다. 중국은 이러한 해석을 뒷받침하기 위해 자신들이 소장한 탁본 자료와 비석 실측 결과를 근거로 삼았으며, 이후 국가 차원의 **'동북공정(東北工程)'** 프로젝트를 통해 고구려사를 "중국 역사"로 편입하려는 시도를 공식화하였다.

이처럼 광개토대왕비를 둘러싼 해석 전쟁은 일본과 한국만의 문제가 아니었다. 일본은 탁본과 번역을 통해 "고구려 이전에 일본이 조선을 지배했다"고 주장했고, 중국은 실측과 연구 보고서를 통해 "고구려는 중국 내부의 소수민족 왕조"라고 주장했다. 같은 비석, 같은 글자를 두고도, 각국은 자신들의 정치적 목적에 맞게 문장을 선택하고, 강조하고, 때로는 삭제하거나 덧칠하며 **'역사 해석의 주도권'을 두고 경쟁**했다. 광개토대왕비는 더 이상 단순한 고구려의 유산이 아니었다. 그것은 동아시아 제국주의와 민족주의가 서로의 '과거 소유권'을 주장하기 위해 벌인 **해석 전쟁의 전장**이었다. 이 사건은 분명히 말해 준다.

"문화재는 돌덩이가 아니라,
기억과 정체성을 둘러싼 권력이다."
"누가 그 기억을 해석하는가에 따라,
역사는 전혀 다른 모습으로 다시 태어난다."

9. 문화재 전시 - 제국의 박물관들

□ "과거는 여기 있다" - 박물관의 시대

19세기 후반에서 20세기 초, 유럽 제국의 수도마다 거대한 박물관이 세워졌다.

대영박물관(British Museum), 루브르(Louvre), 베를린 페르가몬 박물관(Pergamon). 이들은 단순한 전시 공간이 아니라, **제국이 세계의 과거와 현재, 권력과 지식을 독점적으로 수집한 총본산**이었다. 메소포타미아의 쐐기문자, 이집트의 미라와 황금 가면, 그리스 파르테논 조각(엘긴 마블), 바빌론의 이슈타르 문, 아프리카 청동기, 중국과 인도의 불상들.

박물관은 말없이 선언했다.

"우리는 땅만이 아니라,

시간과 문명까지 정복했다."

□ 대영박물관 - 엘긴 마블과 로제타석

영국 런던의 심장부, 대영박물관.

그곳의 가장 중심적인 전시실에는 두 가지 유물이 놓여 있다.

하나는 **그리스 파르테논 신전에서 가져온 '엘긴 마블'**.

다른 하나는 **이집트에서 획득한 '로제타석'**.

이 두 유물은 **문화적 해석의 권리를 주장하는 도구**였다.

엘긴 마블은 "영국이 고대 그리스를 계승했다"는 상징이 되었고,

로제타석은 "이집트 문명의 언어를 해독한 것은 영국이다"라는

문명 해독자의 자부심을 드러냈다.

□ 루브르 - 나폴레옹의 박물관

프랑스의 루브르는 원래 왕궁이었다.

하지만 나폴레옹 이후,

그것은 **전쟁의 전리품 박물관**으로 탈바꿈한다.

이집트, 시리아, 메소포타미아에서 가져온 유물들은

프랑스 제국이 '지식과 예술의 중심'이라는 환상을 창조했다.

팔미라의 여왕 **제노비아 석상**,

수메르의 서판, 바빌론의 수레 부조…

루브르는 **전시장이 아니라, 연출된 무대**였다.

그 무대 위에서 고대의 왕과 여신은,
프랑스 시민을 향해 **침묵 속의 교육**을 수행했다.

□ 베를린 페르가몬 - 옮겨진 신전의 비애

독일의 페르가몬 박물관에는
실제 고대 도시의 일부가 통째로 복원되어 있다.
바빌론의 **이슈타르 문**,
페르가몬 제단(Zeus Altar),
밀레투스 시장 문…
콜드웨이와 독일 제국은
고대 문명을 '박제된 체험 공간'으로 재구성함으로써,
자국의 근대성을 역사 속으로 연결시키는
'문화적 자기 연출'을 완성했다.
그러나 바벨론은 그곳이 아니었고,
이스라엘 회당의 기도는 이미 멎은 지 오래였다.

□ 박물관은 전리품인가, 교육의 장인가?

박물관은 현대인의 시선으로 보면
'지식과 교육의 공간'으로 인식된다.
그러나 그것이 어떻게 모여졌는가,
누구의 동의로 모였는가를 묻는다면
대답은 복잡해진다.

오늘날의 박물관은
과거의 유물뿐 아니라 **제국의 그림자**도

함께 전시하고 있다.
유리장 속의 황금 가면은 묻고 있다.

"당신은 나를 왜 여기 두었는가?"
"나는 누구의 기억 속에 있어야 하는가?"

과거는 단지 보존되는 것이 아니라,
누가 그것을 기억하고 말하느냐에 따라,
새롭게 태어나는 것이다.

10. 현대의 고고학 - 반성과 윤리

1970년, 유네스코는 **중요한 선언**을 남겼다. 『불법적 문화재의 수입·수출 및 소유권 이전 금지 협약』이었다. 그 조약은 단순히 박물관의 소장품 문제를 다룬 것이 아니었다. 제국의 그림자 속에서 반출된 수많은 유물들이 이제 제자리로 돌아가야 한다는, **인류의 양심에 대한 호소**이자 약속이었다. 협약은 분명했다. 전쟁과 식민지 지배, 불공정한 거래 속에서 유출된 문화재는 반환 대상이며, 그 소유권은 무엇보다 '출처 국가'의 권리가 우선한다는 것이다. 이 원칙은 도덕적 주장을 넘어 국제법으로 자리 잡았고, 그때부터 세계 곳곳에서 유물의 귀환이 실제로 이루어지기 시작했다.

오늘날 우리는 신문 지면에서 이런 소식을 종종 접한다. 영국이 바빌론의 쐐기문자 석판을 되돌려주었다는 기사, 미국이 앙코르의 신상을 고국으로 돌려보냈다는 소식, 프랑스가 베냉에 청동상을 반환했다는 보도, 독일이 베닌 브론즈를 나이지리아로 보내기 시작했다는 역사적 장면. 이 장면들은 단순히 박물관 전시품의 이동이 아니라, 제국이 남긴 상처를 치유하는 작은 의식(儀式)과도 같았다. 특히 가장 상징적인 사례가 바로 **엘긴 마블스**

(Elgin Marbles)[5] 논쟁이다. 이는 19세기 초, 영국 외교관 엘긴 경(Thomas Bruce, 7th Earl of Elgin)이 오스만 제국 치하의 아테네에서 파르테논 신전의 조각군을 떼어 내 런던으로 반출한 사건에서 비롯되었다. 이 조각들은 현재 대영박물관에 전시되어 있으나, 그리스는 오스만의 '허가'가 점령자의 권한 남용이었음을 지적하며 반환을 요구한다. 반면 영국은 합법적 취득과 보존을 이유로 맞서고 있다. 아테네에 최첨단 시설의 아크로폴리스 박물관이 세워진 이후에도 반환은 이루어지지 않았으며, 이는 문화재 귀환 문제에서 '법적 소유권'과 '도덕적 정당성'이 충돌하는 대표적 사례로 남아 있다.

그러므로 오늘날의 고고학은 과거의 고고학과 다르다. 과거가 권력과 제국의 전리품으로 전시되던 시대가 있었다면, 이제는 반성과 협력의 자리에서 다시 쓰이고 있다. 발굴은 더 이상 한 국가의 소유를 늘리는 일이 아니다. 땅을 파헤치는 것보다 중요한 것은, 그 땅에 얽힌 사람들의 기억과 권리를 함께 존중하는 것이다.

새로운 고고학은 이렇게 말한다.
"우리는 과거를 누구의 관점에서 보고 있는가?"
"발굴은 타인의 역사를 침범하는 것이 아니라,
관계를 발견하는 일이 될 수 없을까?"
돌 하나를 옮기기 전에,
그 돌을 기억하는 사람들의 이야기를 먼저 들어야 한다.
박물관의 유리 진열장 속에서 황금 가면은 묻는다.

"나는 왜 여기에 있는가?
나는 누구의 기억 속에 있어야 하는가?"

---

5) 엘긴 마블스는 아테네 아크로폴리스의 파르테논 신전 장식 조각 가운데 약 절반에 해당하는 부분을 떼어 간 것이다. 신전 사방을 둘러싸던 **프리즈(띠 부조) 160m 중 약 75m**, 신전 외벽을 장식한 **메토프(사각 부조판) 92점 중 15점**, 그리고 삼각형 지붕 부분인 **동·서 페디먼트(박공) 조각 일부**가 포함된다. 현재 이 조각들은 런던 대영박물관에 전시되어 있으며, 나머지 절반은 아테네 아크로폴리스 박물관에 보존되어 있다.

제국은 떠났지만, 기억은 여전히 남아 있다.
그 기억을 누구와 어떻게 나눌 것인지는, 이제 우리 세대의 몫이다.

11. 클레오파트라의 무덤은 어디에 있는가?

클레오파트라가 자신의 무덤을 의도적으로 은밀히 준비했는가 하는 문제는, 고대 사료에 명확히 기록된 사실은 아니지만 역사적 맥락 속에서 매우 설득력 있는 가설로 받아들여지고 있다. 플루타르코스의 『안토니우스 전기』에는 그녀가 이미 마르쿠스 안토니우스를 장례 지낸 뒤, 스스로를 위한 "화려하고 왕족다운 무덤"을 마련하고 있었다는 대목이 등장한다. 이는 단순한 장례 준비를 넘어, **위치를 은폐**하려는 정치적 의도를 짐작하게 한다.

□ 알렉산드리아 - 고대 세계의 상징

클레오파트라가 통치하던 **알렉산드리아**는 단순한 항구 도시가 아니었다. 바다를 향해 곧게 뻗은 격자형 도로와 대리석 기둥 회랑이 도시 전체를 가로지르며, 파로스 등대가 수평선 위로 솟아오른 **고대 세계의 상징**이었다. 그리스식 도서관과 이집트식 신전이 한 도시에 공존했고, 특히 해안선을 따라 길게 이어진 왕궁 지구는 마치 바다 위에 떠 있는 궁전처럼 보였다. 정원, 인공 수로, 연회장과 별궁이 서로 연결된 이 공간은 그녀가 시저와 안토니우스를 맞이하며 **정치적 연출을 펼쳤던 거대한 무대**였고, 도시 전체가 왕권과 문명을 선전하는 거대한 건축 작품이었다.

기원전 30년, 알렉산드리아에서 **자살로 생을 마감한 클레오파트라**. 로마는 곧 이집트를 속주로 편입하고, 파라오 왕조의 흔적을 지우려 했다. 만약 그녀의 무덤이 공개적으로 드러났다면, 로마는 그것을 패자의 상징으로 조롱하거나 파괴했을 개연성이 높았다. 그렇기에 그녀는 무덤의 위치를 철저히 숨기려 했다는 가설은 충분히 역사적 개연성을 가진다.

□ 타포시리스 마그나의 비밀 - 현대 고고학이 찾는 여왕

최근 가장 주목받는 후보지는 알렉산드리아 서쪽 해안의 타포시리스 마그나(Taposiris Magna)다. 오시리스 신전이 자리한 이곳은, 자신을 여신 이시스의 현신으로 여겼던 클레오파트라의 종교적 정체성과 강하게 연결된다. 도미니카 공화국 출신 고고학자 캐슬린 마르티네스 박사는 이 상징성에 착안해 2005년부터 발굴을 진행해 왔다.

또한 알렉산드리아의 왕궁 지구는 세월이 흐르며 지진과 해수면 상승으로 인해 상당 부분이 **지중해 아래**에 잠겼다. 수중 고고학자들이 바닷속에서 **스핑크스, 기둥, 신전 잔해, 궁전 벽체 등을 발견**하면서 고대 기록 속 "바다에 잠긴 궁전"이 실제로 존재했음이 입증되었다. 따라서 **클레오파트라의 무덤** 역시 이 왕궁 지대 인근이나 그 연장선의 **지하 구조**에 지어졌을 가능성이 제기된다. 다시 말해, 무덤을 숨긴다는 것은 단순한 은폐가 아니라, 바다와 건축을 이용한 고도의 정치적 연출이었을 수 있다.

2022년에는 길이 1.3km, 깊이 13m에 이르는 지하 터널이 발견되었고, 2024년에는 왕관을 쓴 여성의 흉상, 이시스 상징이 새겨진 유물, 수백 개의 금화가 발굴되었다. 아직 무덤 자체가 확인된 것은 아니지만, 이곳이 클레오파트라와 안토니우스의 합장 무덤일 가능성을 높이는 단서들이 속속 드러나고 있다.

2025년 5월, **마르티네스는** 카이로에서 열린 언론 브리핑과 학술 콘퍼런스에서 **중요한 발표를 했다.** 그녀는 다음과 같이 말했다.

"우리는 신전 아래 깊은 곳에 아직 **열리지 않은**
묘실이 존재한다는 명확한 증거를 발견했다."
"이곳은 왕족 또는 특별한 인물을 위해 만든
장례 공간일 가능성이 매우 높다."
"우리는 지금 **단지 입구 바로 앞**까지 와 있다."

이 발언은 전 세계 학계와 언론을 뒤흔들었다. 많은 학자들은 즉시 "만약 클레오파트라의 무덤이 실제로 발견된다면, **투탕카멘 이후 인류 역사상 가장 큰 고고학적 발견이 될 것**"이라고 평가했다. 마르티네스의 이 선언은 20년 넘게 지속된 그녀의 발굴 작업이 **결정적 단계에 도달했음을 의미**하며, 현재 이 지역은 이집트 정부의 전폭적인 지원 아래 집중 조사되고 있다.

□ 클레오파트라의 죽음과 유언장 - 마지막 파라오의 메시지

그녀의 죽음 또한 여전히 **수수께끼**다. 이 문제는 단순한 고고학적 호기심이 아니라, 제국 말기의 정체성과 저항을 읽는 열쇠이기도 하다. 전통적으로는 독사에 의한 자살설이 전해지지만, 학자들은 독극물 주입이나 로마 측 개입 가능성도 제기한다. 만약 그녀의 유언장이나 실제 무덤이 발견된다면, 이는 단순한 역사적 사실 확인을 넘어 로마와의 마지막 대결이자, 프톨레마이오스 왕조의 유산을 증언하는 상징적 사건이 될 것이다. 그녀는 프톨레마이오스 왕조 중 유일하게 이집트어로 소통했던 파라오였고, 이는 이집트 민중과의 통합을 상징하는 정치적 메시지이기도 했다. 따라서 **유언장이 존재한다면, 그리스어로 작성되었을 가능성이 높지만,** 동시에 **이집트 종교 전통과 관련된 구절**이나 **기도문은 이집트어로 병기**되었을 수도 있다.

결국 클레오파트라는 단순히 패망한 여왕이 아니었다. 그녀는 죽음조차 정치적 상징으로 연출하며, 제국의 압박 속에서 왕조의 마지막 자존심을 지켜내려 했다. 언젠가 그 무덤이 발견된다면, 그것은 돌과 모래 속의 고고학적 발견을 넘어, 고대 이집트와 헬레니즘 문명의 마지막 불꽃과 맞닥뜨리는 일이 될 것이다.

타포시리스 마그나 오시리스 신전 남쪽 내부 전경,
사진: Koantao, CC BY-SA 3.0 라이선스
Wikimedia Commons

V

기술, 전쟁, 그리고 새로운 질서

제34장

산업혁명
- 기계문명의 탄생

1. 불꽃이 깨어나는 순간

18세기 중엽, **영국**에서 시작된 **산업혁명**은 인류 문명의 구조를 근본적으로 바꾸어 놓았다. 증기기관의 발명은 동력의 개념을 새롭게 정의했고, 기계화는 오랜 세월 인간의 손에 의존하던 수공업을 대신하여 공장 체계를 세우고 도시화를 촉진했다.

그 불꽃은 더 이상 제단 위에서 신에게 바쳐지지 않았다. 제철소의 거대한 화덕 속에서 쇳덩이를 녹이고, 증기기관의 심장에서 맥박처럼 고동치며, 방직공장의 어두운 지하에서 회전체를 돌리던 불꽃은 이제 인간의 손아귀에 쥐어진 창조와 파괴의 힘으로 변모했다. 교회의 첨탑보다 높은 굴뚝은 새로운 신앙의 상징처럼 솟아올랐고, 노동자의 손은 기도보다 먼저 기계를 작동시켰다. 인류는 더 이상 신의 불꽃이 아니라, 자신들의 불을 붙들고 미래를 예측하기 시작했다. 그 출발점에, **맨체스터**가 있었다.

2. 산업혁명의 배경과 의의

산업혁명은 단지 몇 가지 발명이 우연히 일어난 사건이 아니었다. 중세 말 도시와 시장의 성장은 교역망을 확장시켰고, 대항해시대의 세계 무역은 자본을 축적하게 했다. 농업혁명은 식량을 늘리고 인구를 지탱했으며, 잉여 노동력을 도시로 몰아넣었다. 과학혁명과 계몽사상은 자연을 이해하고 다룰 수 있다는 자신감을 심어주었고, 기술 실험은 정당한 탐구로 자리잡았다.

뉴커먼 기관(1712)은 광산 배수에 활용되었지만 연료 소모가 지나치게 많아 확산에 한계가 있었다. 제임스 와트는 1769년 **응축기를 본체와 분리하는 개량**을 통해 열효율을 비약적으로 높였고, 증기를 **범용 동력원**으로 탈바꿈시켰다. 이는 인류가 사람과 동물, 바람과 물살에 의존하던 시대를 넘어, **스스로 동력을 길러내는 법**을 터득한 결정적 전환점이었다. 증기는 광산을 파내고 방직기를 돌리며, 철도를 달리게 했다. 그렇게 공장은 마을을 도시로 바꾸었고, 도시의 굴뚝은 대륙을 가로지르는 전선(戰線)처럼 솟아올라 세계의 균형을 흔들었다. 1870~1914년의 이른바 **제2차 산업혁명**은 **철강·전기·화학·석유**라는 네 축을 중심으로, **연구실-공장-시장**을 하나의 체계로 묶어 근대 산업 국가의 표준을 완성했다.

산업혁명은 노동의 방식을 바꾸었을 뿐 아니라, 사회의 구조와 인간의 사고 자체를 바꾸었다. 가내 수공업은 공장제 기계공업으로 대체되었고, 농촌 인구는 도시로 몰려들었다. 자본가와 노동자라는 새로운 계층이 등장하며 사회는 긴장으로 요동쳤고, **노동 운동과 사회주의 사상**이 움트는 토양이 되었다. 동시에 민주주의와 보통 선거의 확대, 사회주의와 자유주의의 충돌, 식민지 확장과 제국주의 경쟁이 뒤엉키며 근대 세계의 질서를 만들어 갔다.

3. 영국, 프랑스, 독일 - 역사적 발전과 산업화의 준비

18세기 말 산업혁명은 단번에 시작된 사건이 아니었다. 각 나라가 오랜 세월에 걸쳐 쌓아온 정치·경제·사회적 기반이 서로 다른 방식으로 결합하며, 각기 다른 속도로 산업화의 길에 들어섰다. 영국은 해양 제국과 자유주의 전통 위에서 가장 먼저 불길을 지폈고, 프랑스는 문화적 역량과 계몽사상의 토대에도 불구하고 절대왕정과 사회 불평등의 그림자 속에서 늦게 산업화에 나섰다. 독일은 분열된 상태로 출발했지만, 교육과 기술, 군사적 조직력의 축적을 바탕으로 통일 이후 급격히 산업 강국으로 도약했다. 이처럼 세 나라는 서로 다른 조건 속에서 산업혁명을 준비하고 맞이했으며, 그 차이가 훗날 유럽의 정치·경제적 균형에도 큰 영향을 미치게 된다.

□ 영국 - 해양 제국과 자유주의의 선구자

영국은 17세기 명예혁명을 통해 왕권을 제한하고 의회 중심의 정치 질서를 확립함으로써, 안정된 법치와 민간 자본의 활력을 보장받는 체계를 마련하였다. 이는 산업 자본 형성과 금융 제도의 발달을 촉진하였으며, 1694년 설립된 영국 은행과 주식회사 제도는 상공업과 무역을 견인하는 핵심 동력이 되었다.

해상 강국으로 부상한 영국은 대서양 삼각무역과 식민지 개척, 해군력 강화를 통해 산업에 필요한 원료를 조기 확보하고 광활한 시장을 개척하였다. 특히 1707년 스코틀랜드와의 연합 이후 인구와 자본, 기술 인력이 통합되면서 국가적 시너지가 크게 높아졌다. 또한 내륙의 풍부한 석탄과 철광 자원, 잘 발달된 운하와 항만의 조화는 산업혁명이 싹틀 수 있는 지리적·자연적 토대를 제공하였다.

사회적으로는 봉건 귀족보다 **지주 계층(gentry)과 신흥 자본가가 주도권**을 잡으며, 인클로저 운동을 통한 토지 개량과 농업 혁신, 도시화, 기술 개발이 활발히 전개되었다. 이러한 구조 속에서 1760년대 영국은 세계 최초로 산업혁명을 개시하였고, 인류 역사상 전례 없는 생산성의 비약과 경제 구조의 대전환을 이루어 냈다.

□ 프랑스 - 문화강국이자 절대왕정의 그림자

프랑스는 루이 14세의 통치 아래 중앙집권적 절대왕정 체제를 완성하고, 궁정 문화와 예술의 중심지로 자리 잡았다. 국가 주도의 중상주의 정책(콜베르주의)은 초기 산업 육성에 기여했지만, 끊임없는 전쟁과 사치, 불합리한 세금 제도는 재정 위기와 계급 갈등을 심화시켰다.

경제 구조는 여전히 농업 중심에 머물렀고, 일부 도시에서 상공업이 성장했음에도 불구하고 귀족과 왕실의 특권 체계가 민간 자본의 활력을 억제하였다. 농민들은 과중한 세금과 봉건적 부담을 감내해야 했고, 제3계급(평민)의 불만은 점차 누적되어 결국 사회적 폭발로 이어졌다.

그럼에도 불구하고 프랑스는 과학, 예술, 철학(특히 계몽사상)의 중심지로서 산업화의 문화적 기반을 넓혀 갔다. 18세기 후반에는 점진적인 산업 발전과 함께 **기술학교 설립**이 이루어졌으며, 새로운 사상과 지식은 산업 혁신의 지적 토양을 마련하였다. 그러나 정치 체제의 경직성과 사회 불평등 구조는 끝내 1789년 프랑스 혁명으로 폭발했고, 이로 인해 산업화는 영국보다 뒤늦게 본격화될 수밖에 없었다. 다만 프랑스는 **에콜 폴리테크니크(1794)** 등 **국가 주도 엘리트 공학 교육**을 통해 이론·측정·표준화의 역량을 축적했고, 이는 19세기 후반 **기계·토목·화약·철도 공학**의 질적 기반이 되었다.

□ 독일 - 분열 속의 축적, 통일을 향한 기술 국가의 기틀

18세기 이전 독일 지역은 수백 개의 연방국으로 나뉘어 신성로마제국(Holy Roman Empire, 962-1806)이라는 느슨한 연합체를 이루고 있었고, 강력한 중앙정부는 존재하지 않았다. 그러나 이 분열된 정치 구조 속에서도 각 지역은 교육과 과학, 출판 문화, 실업교육 체계를 꾸준히 발전시켰으며, 루터교와 계몽주의 전통은 이성적 학문과 기술 중심의 사고를 자극했다.

특히 프로이센은 프리드리히 대왕 시대에 계몽적 절대주의를 표방하며 군사력과 관료제, 공공교육, 인프라 개발에 국가 역량을 집중하였다. 독일 전역은 자본의 집중도나 시장 규모에서 영국·프랑스에 미치지 못했으나, 라인강과 엘베강 주변의 중공업 지대와 상업 중심지

들은 점진적으로 성장했다. 더불어 **독일식 고등교육 체계**와 기술자 양성 제도는 산업화의 인적 기반을 조용히 축적하고 있었다.

이처럼 독일은 영국이나 프랑스처럼 빠른 속도로 산업혁명을 경험하지는 못했지만, 철저한 준비와 구조적 역량의 누적을 통해 19세기 후반 통일과 함께 단숨에 산업 강국으로 도약할 수 있는 토대를 갖추게 되었다. 그 과정은 '늦게 시작했지만 더 치밀하게 준비한 산업화'의 전형이었다. 독일은 **공과대학(Technische Hochschule)** 과 **지멘스-크루프**로 대표되는 기업-연구 연계를 통해 **전기·화학·기계** 분야의 '심층 공학'을 축적했고, 통일(1871) 이후 **관료제·철도망·관세동맹**이 이를 **대규모 산업정책**으로 결속시켰다.

4. 산업혁명 이후 제1차 세계대전까지의 문명 전개 흐름

18세기 중엽 영국에서 시작된 산업혁명은 단순히 몇 가지 기계 발명의 나열에 그치지 않았다. 그것은 전 지구적 문명 구조를 근본부터 새롭게 재편하는 거대한 전환점이었다. 증기기관이 공장을 움직이자, 인간의 삶은 더 이상 자연의 리듬에 묶이지 않았고, 도시와 사회, 정치와 국제관계까지 새로운 질서 속으로 편입되었다. 그리고 이 변화의 파도는 결국 1914년, 인류 최초의 세계 전쟁인 제1차 세계대전이라는 격랑으로 터져 나왔다.

□ 기술·과학의 비약적 발전

산업혁명의 출발점은 무엇보다도 **기술**이었다. 제임스 와트의 증기기관 개량은 인간이 처음으로 자연의 에너지를 제어하여 동력화한 사건이었고, 이는 방직기, 기계식 펌프, 철도, 증기선으로 이어졌다. 19세기 중후반에는 전기의 발명(에디슨), 화학의 체계화(멘델레예프, 파스퇴르), 내연기관(다임러, 벤츠), 통신 기술(전신, 전화, 라디오)까지 새로운 발명이 연이어 등장하며, 이른바 제2차 산업혁명이 전개되었다. 과학은 이제 실험실에 머무르지 않고, 공장 공업 기술로 연결되었으며, 기술은 단순한 도구가 아니라 사회 구조 전체를 변형하는 힘으로 성장했다.

□ 경제적 구조 변화

기계의 등장은 생산력의 비약적 향상을 가져왔고, 이 성장은 곧 시장 확대와 원료 확보라는 과제를 낳았다. 유럽의 자본가들은 자국을 넘어 세계로 진출했고, 자본주의는 농업 중심 사회를 넘어 산업·금융 중심 사회로 전환되었다. 부르주아 계급은 정치·경제적 주도권을 장악하며 전통 귀족을 대체했고, 아시아·아프리카·라틴아메리카는 원료 공급지와 상품 시장으로 편입되며 식민지 경제 체제가 본격적으로 자리 잡았다.

□ 사회적 갈등의 고조

그러나 생산력의 발전이 모두에게 축복이 되지는 않았다. 1811년 영국 노팅엄셔에서 시작된 **러다이트 운동(Luddite Movement)**은 단순히 기계를 부순 사건이 아니었다. 그것은 산업혁명이 몰고 온 거대한 변화 속에서, 인간이 "무엇으로 존재하는가"라는 질문을 던진 몸부림이었다. 기계는 더 빠르고 정확하게 일했지만, 그 속에서 인간은 점점 기능의 일부로 전락해 갔다. 손끝의 기술과 장인의 자부심은 기계의 톱니와 벨트에 자리를 내주었고, 노동은 생계의 수단을 넘어 인간 정체성의 근본을 위협받았다.

이 시기에 많은 철학자와 사상가들은 **"노동이란 무엇인가, 인간이란 무엇인가"**라는 질문을 던졌다. 노동은 단순히 생존을 위한 활동이 아니라, 인간이 세계와 관계 맺는 방식이며, 자아를 실현하는 과정이라는 생각이 싹텄다. 그러나 기계문명은 그 노동을 효율과 생산성이라는 잣대로 환원시켰다. 결국 산업혁명은 인간의 존엄이 '기계와의 경쟁 속에서 어떻게 지켜질 수 있는가'라는 물음을 인류 앞에 던진 것이었다.

공장 중심의 체계 속에서 농촌 인구는 도시로 몰려들었지만, 노동자들은 저임금·장시간 노동, 열악한 위생 환경에 시달렸다. 이러한 현실은 곧 사회적 갈등을 낳았다. 1848년 발표된 『**공산당 선언**』은 자본주의의 모순을 폭로하며 **마르크스주의**라는 새로운 정치적 충격을 던졌다. 노동자 계급은 점차 조직화되어 노동조합, 파업, 보통 선거 운동을 통해 사회 변화의 주체로 떠올랐다.

□ 정치적 격동

산업화의 물결은 정치 질서에도 큰 충격을 주었다. 도시 중산층과 노동자들의 정치 참여 요구는 입헌주의와 보통 선거로 이어졌고, 19세기 후반에는 유럽 각국에서 **의회제와 정당 정치가 정착**되기 시작했다. 동시에 민족주의의 불길은 구 제국의 균열을 촉진했다. 독일과 이탈리아는 통일에 성공하며 새로운 강대국으로 부상했으나, 오스트리아-헝가리와 오스만 제국 같은 다민족 제국은 내부의 분리주의로 흔들렸다. 자유주의와 민족주의는 제국 해체의 이념적 불씨가 되었고, 이는 곧 유럽 전역의 불안정을 예고했다.

□ 제국주의의 세계화

19세기 후반, 산업화된 열강들은 원료와 시장 확보를 위해 앞다투어 식민지 확장에 나섰다. 1884년 베를린 회의를 계기로 아프리카 대륙은 지도 위 선으로 분할되었고, 인도·동남아·중국은 반(半)식민지로 전락했다. 이 과정에서 유럽 중심의 세계 질서가 완성되었으며, '총, 균, 쇠'라는 무기와 제도를 앞세운 유럽 문명은 지구적 지배 구조를 구축했다.

5. 한편, 아메리카 대륙은? - 미국 산업의 폭발적 성장

19세기 후반, 유럽이 제국주의 경쟁에 몰두하고 있던 그 무렵, 대서양 건너편 아메리카 대륙에서는 또 하나의 산업 문명이 조용히, 그러나 폭발적으로 성장하고 있었다. 미국은 남북전쟁을 통해 연방 체제를 정비하고 노예제를 폐지한 뒤, 정치적 통합을 이룩하자마자 곧바로 산업화의 흐름을 전면적으로 수용하고 가속하기 시작했다. 그러나 그 전개 방식은 단순한 유럽의 모방이 아니었다. 광활한 대륙과 풍부한 자원, 이민자들이 이룬 유동적 사회 구조를 기반으로, 미국은 독자적 산업혁명의 길을 걸어갔다.

□ 대륙의 자원과 이민이 만든 산업의 기반

무엇보다 **미국의 가장 큰 강점**은 **공간과 자원**이었다. 동부의 석탄 지대, 중서부의 철광과 곡물 생산지, 서부의 광산과 목축지, 남부의 농업 지대까지—미국은 자국 안에서 거의 모든 산업 원료를 자급할 수 있었다. 여기에 미시시피강을 중심으로 한 내륙 수로망, 그리고 19세기 후반 대륙을 가로지르는 철도망의 완성은 국가 내부의 시장 통합과 자원 순환을 가능케 했다.

이 시기 미국은 세계에서 가장 빠르게 인구가 증가하던 나라였다. 그 중심에는 **유럽에서 몰려든 수많은 이민자**들이 있었다. 그들은 도시의 공장, 철도 건설 현장, 탄광과 제철소, 유리 공장과 도축장에서 노동하며 새로운 사회적 유형을 만들어 갔다. 노동은 고되고 임금은 낮았지만, 미국은 그들에게 **"상승의 사다리"**를 제공했다. 교육과 기회, 경쟁과 이동이 공존하는 역동적인 사회가 형성되었고, 이는 곧 **'아메리칸 드림'**이라는 상징으로 자리 잡았다.

□ 기술 혁신과 새로운 문명의 탄생

기술 혁신은 미국 산업혁명의 또 다른 원동력이었다. 에디슨은 전기의 빛으로 도시의 밤을 낮으로 바꾸었고, 헨리 포드는 자동차를 단순한 교통수단이 아니라 시간 단위 분업 체계의 상징으로 바꾸어 놓았다. 벨의 전화, 웨스팅하우스의 전류 시스템, 모건의 금융 자본은 모두 산업을 단순히 생산력 향상에 머무르지 않고, 도시의 구조와 삶의 방식, 시간의 감각마저 변화시키는 힘으로 만들었다.

이렇듯 미국의 산업혁명은 단지 공장에 기계가 도입된 사건이 아니었다. 그것은 새로운 공간에서 새로운 인간상을 빚어낸 문명적 전환이었다. 도시 노동자, 기술자, 관리자, 경영자, 소비자라는 새로운 사회적 유형이 형성되었고, 공장은 더 이상 단순한 노동의 현장이 아니라 사회적 이동과 교육, 계층 재편의 장이 되었다.

그러나 **산업화의 그늘도 명확히 존재**했다. 노동은 규격화되고 시간은 기계처럼 통제되었으며, 도시 빈민가와 위생 문제, 아동 노동과 임금 착취는 심각한 사회 문제로 떠올랐다. 특히 거대 독점 기업의 탄생은 '자유 경쟁'이라는 미국적 이상과 현실 사이의 간극을 드러냈고, 이는 **반독점법 제정, 진보주의 운동, 노동조합 조직화**로 이어졌다.

결국 미국은 산업혁명을 통해 유럽과는 또 다른 산업 문명의 유형을 완성했다. 유럽이 식민지와 제국의 논리를 통해 외부로 산업을 확장하고 있었다면, 미국은 자국의 광활한 대륙을 산업의 논리로 정복하고 있었다. 내부의 공간, 이민과 노동의 유입, 기술과 자본의 결합은 **"공화국 위에 세워진 산업 국가"**라는 새로운 정체성을 만들어냈다. 그리고 이 정체성은 곧 미국이 세계를 향해 눈을 돌릴 준비가 되었음을 의미했다.

따라서 미국의 산업혁명은 단지 기계와 연기의 시대가 시작되었다는 의미가 아니었다. 그것은 새로운 문명의 형식과 질서가 등장했음을 보여 주는 사건이었고, 이후 20세기 세계사의 주역으로 미국이 떠오르는 토대가 되었다. 또한 1903년 **라이트 형제의 동력 비행**은 미국식 실용주의 공학이 **'하늘의 산업화'**로 확장될 전조였다. 비행기는 곧 정찰 · 통신 · 전술 기동의 매개가 되어, 1차대전에서 **항공과 산업의 결합**을 가속했다.

6. 산업혁명에서 제1차 세계대전까지, 세계를 바꾼 발명들

18세기 중반 영국에서 시작된 산업혁명은 단지 생산 도구의 변화를 뜻하지 않았다. 그것은 인간이 **노동, 에너지, 시간, 공간을 바라보는 방식 자체**를 근본적으로 바꾸는 **거대한 전환점**이었다. 그 중심에는 수많은 발명들이 있었으며, 이들은 새로운 기계를 만드는 데 그치지 않고, 인간의 삶을 재구성하고 세계 질서를 다시 짜는 힘이 되었다.

□ 증기기관에서 시작된 동력의 혁명

그 출발점에는 **증기기관**이 있었다. 제임스 와트가 개량한 증기기관은 인류가 처음으로 자연의 에너지를 저장하고, 원하는 때에 동력으로 사용할 수 있게 한 발명이었다. 이 엔진은 곧 광산과 방직공장, 철도 차량과 증기선에까지 퍼져, 인간이 더 이상 바람이나 근육에 의존하지 않고 **기계를 통해 지속적 생산을 이어 가는 시대**를 열었다.

이러한 동력 혁명과 더불어 **방직기계와 자동화 기술**도 발달했다. '스피닝 제니'와 '워터 프레임' 같은 기계들은 가내 수공업을 대체하며 섬유 산업의 중심을 공장으로 옮겼다. 이제 사람들은 집에서 실을 잣는 대신, 정해진 시간에 공장에 나가 기계의 속도에 맞춰 일해야 했다. 노동은 '시간'이라는 단위로 계량되고, 인간의 삶은 점차 기계의 리듬에 맞춰 통제되기 시작했다.

□ 철과 전기의 시대 - 산업 문명의 완성

19세기 초 **철도와 증기선**은 세계의 속도를 바꿔놓았다. 조지 스티븐슨의 증기기관차는 도시와 항구, 공장을 빠르게 연결했고, 철도는 곧 하나의 국가를 하나의 거대한 시장으로 통합하는 도구가 되었다. "거리"는 더 이상 장벽이 아니었고, 철로는 인류의 활동을 넓히는 **새로운 동맥**이 되었다.

여기에 19세기 중반, 베서머 전로(Bessemer Converter)가 철을 값싸게 대량 생산할 수 있는 길을 열었다. 철은 곧 도시의 골격이 되고, 철도와 교량, 무기와 건축의 기초가 되었으며, 국가의 힘은 철강 생산량으로 계산되기 시작했다.

가장 눈부신 전환은 **전기의 시대**였다. 1870년대 후반 에디슨의 백열전구는 도시의 밤을 낮으로 바꾸었고, 교류 전류 체계(웨스팅하우스, 테슬라), 전신과 전화(벨), 전기기관차와 전동차는 정보와 사람, 물자를 전례 없이 빠르게 이동시켰다. 전기는 단지 불을 밝히는 기술이 아니라 **도시 문화와 노동 구조, 생활의 리듬 자체를 바꾸는 혁명**이었다.

이와 동시에 **의학과 화학**이 발전했다. 파스퇴르와 코흐의 세균 이론은 위생 개념을 바꾸었고, 백신과 소독법의 보급은 공중보건을 가능하게 했다. 멘델레예프의 주기율표, 합성 의약품, 화학비료는 농업과 의료, 식품 생산까지 바꾸며 기술을 인간의 삶 깊숙이 침투하게 만들었다.

□ 기술과 전쟁 - 산업발전의 그림자

여기에 **자동차의 발명**은 또 하나의 획을 그었다. 칼 벤츠의 내연기관 자동차(1885)는 '스스로 움직이는 수레'의 꿈을 현실로 만들었고, 헨리 포드의 '모델 T'(1908)는 대량 생산 체계와 함께 자동차를 중산층의 일상 속으로 끌어들였다. 인간은 이제 더 멀리, 더 빠르게, 더 자유롭게 이동하는 존재가 되었고, 교외 생활과 출퇴근 문화, 도심 교통망은 모두 자동차가 만든 새로운 풍경이었다.

Fig. 59. — Machine à balancier de Watt.

v. Tuyau de prise de vapeur; T, tiroir; J, cylindre; H, condenseur; PE pompe d'épuisement; WY pompe alimentaire de la chaudière UX pompe d'alimentation de la bâche R; p Z régulateur; dd excentrique; ABCD parallélogramme; GM bielle et manivelle; V volant.

와트의 증기기관

Old Book Illustrations-Public Domain

Machine à balancier de Watt

그러나 이 모든 발전은 **파괴의 가능성**을 함께 품고 있었다. 노벨의 다이너마이트는 건설을 도왔지만 전쟁의 폭발력을 키웠고, 맥심 기관총은 전장의 풍경을 완전히 바꾸었다. 전기, 철강, 통신, 독가스, 잠수함, 철도 수송력, 공장식 총동원 체제… 20세기 초 산업은 군사와 결합되며 기술은 곧 무기가 되었다.

1914년, 이러한 기술 문명이 마침내 **제1차 세계대전이라는 인류 최초의 총력전**으로 폭발했다. 산업혁명의 발명품들은 공장과 도시를 넘어 전선으로 투입되었고, 과학은 더 이상 문명의 진보만을 상징하지 않았다. 그것은 동시에 **인류 스스로에게 겨눈 칼**이 되어 있었다.

7. 발명의 중심, 유럽과 미국의 차이점

18세기 중엽, 산업혁명의 불길은 영국에서 타올랐다. 하지만 그것은 어느 한 사람의 발상이 아니라, 오랜 시간 누적된 상업, 과학, 자본, 정치 제도의 결실이었다. 유럽은 중세 말부터 봉건 질서를 벗어나 상공업 중심 도시를 형성했고, 르네상스와 과학혁명, 계몽주의를 거치며 기술을 두려워하기보다 실험하고 제도화하는 문화를 만들어왔다.

□ 산업혁명의 기원을 이룬 유럽의 토대

그 결과, 증기기관과 방직기, 철도 기술, 철강 제련 등 산업혁명 1기의 핵심 발명들은 대부분 영국과 유럽 대륙에서 이루어졌다. 제임스 와트의 증기기관, 하그리브스의 스피닝 제니(방적기계), 조지 스티븐슨의 기관차, 헨리 베서머의 제강법 등은 모두 18세기 후반에서 19세기 초 유럽 사회의 필요와 구조 속에서 태어난 산물이었다.

당시 유럽은 식민지 무역을 통해 자본을 축적했고, 상업과 금융 제도가 정비되어 있었으며, 상공인을 중심으로 한 새로운 시민 계급이 기술 발명을 후원할 수 있는 사회적 기반을 갖추고 있었다. 특히 영국은 특허 제도, 풍부한 석탄 자원, 발달한 항만 교통망, 기술자 양성

시스템 등에서 독보적인 조건을 지니고 있었다.

□ 대서양을 건넌 발명 - 미국식 실용주의의 부상

그러나 시간이 흐르며 발명의 중심은 점차 대서양을 건너 미국으로 이동하기 시작한다. 19세기 후반, 미국은 남북전쟁을 거쳐 연방 체제를 정비하고, 철도망과 전신망을 빠르게 구축하며 거대한 산업 국가로 도약했다. 그 핵심에는 유럽에서 건너온 이민자들의 노동력, 광활한 자원과 대륙 시장, 그리고 기업 중심의 연구·개발 구조가 있었다.

미국은 단지 유럽의 기술을 모방하는 데 그치지 않았다. 오히려 그것을 바탕으로 새로운 방식의 대량 생산 체계와 상업화 구조를 구축하면서, 삶의 방식 자체를 설계하는 산업 문명을 만들어냈다. 에디슨의 전구와 전력 시스템, 벨의 전화기, 포드의 자동차 조립라인, 모건의 금융 산업은 모두 기술을 '국민 생활의 기반'으로 정착시키려는 미국적 실용 정신의 산물이었다.

이에 비해 **유럽**은 이 시기에도 여전히 **기초과학, 의학, 화학, 군사 기술** 등 이론 중심 분야에서 강점을 보였다. 멘델레예프의 주기율표, 파스퇴르의 백신, 코흐의 세균론, 독일 제국의 전기화학·무기 기술 등은 과학과 기술의 학문적 융합을 대표한다. 즉, 19세기 말 세계의 구도는 '**과학은 유럽이, 응용은 미국이 주도한다**'는 이원적 구조로 재편되고 있었다. 유럽은 연구소와 대학을 중심으로 깊이를 추구했고, 미국은 기업과 시장을 중심으로 속도와 확산을 추구했다.

□ 산업혁명의 선구자 유럽과 미국의 기술 발전

그리고 20세기 초, 이 두 기술 문화는 제1차 세계대전이라는 거대한 충돌 속에서 처음으로 총력전의 기술 구조로 결합되었다. 독일의 화학무기, 영국의 장거리 통신, 프랑스의 철도 수송, 미국의 대량 무기 생산은 각자의 기술 문명을 전쟁 속에서 시험하게 만드는 수단이 되었다.

이러한 차이는 오늘날 항공산업에서도 여전히 드러난다. 민간 항공기의 양대 제조사인 에어버스와 보잉은 서로 다른 설계 철학을 고수한다. **에어버스**는 유럽적 전통을 반영하여 이론적 정밀성과 전자적 안전 논리를 우선시하며, 플라이바이와이어(Fly-by-Wire) 시스템과 전자식 브레이크 같은 **첨단 전기·전자 제어 기술**을 적극적으로 도입했다. 반면 **보잉은 미국적 실용주의**에 따라 조종사의 직관과 기계적 신뢰성을 중시하며, **기계식·유압식 전통**을 오랫동안 유지하였다. 두 회사의 항공기 설계 개념은 단순한 기업 전략의 차이를 넘어, 산업혁명 이후 유럽과 미국이 구축해 온 기술 문화의 차이가 오늘날까지도 이어지고 있음을 보여 주는 대표적 사례라 할 수 있다.

요약하면, 산업혁명의 기술은 유럽에서 태어났고, 미국에서 자라났다. 유럽은 이론과 제도, 학문과 지식으로 문명을 설계했고, 미국은 그 문명을 상품화하고 일상화하며, 기계와 전기로 사회를 재구성했다. 그리고 이 두 세계의 기술적 결실은 마침내 제1차 세계대전이라는 문명 내부의 충돌로 수렴되며, '기술이 인류를 구할 것인가, 파괴할 것인가'라는 물음을 세계 전체가 함께 마주하게 되었다.

8. 산업혁명의 선구자, 철 - 불의 기술로 태어난 문명의 뼈대

철(Iron)은 인류 문명에서 오래 사용된 금속 중 하나이지만, 오늘날 우리가 아는 '산업의 중추'로서의 철은 고대의 그것과는 근본적으로 다르다. 인류가 철을 통해 결정적인 전환점을 맞이한 것은 다름 아닌 산업혁명기의 제련 기술 도약 덕분이었다. 철은 단순히 자연이 준 광물이 아니라, 고온의 불과 인간의 지식이 만나 새롭게 태어난 문명의 산물이었다.

□ 온도에 따라 상태가 변하는 물질의 비밀 - 철이 강해지는 이유

철의 특징은 **온도에 따라 분자 구조가 달라진다**는 점이다. 상온에서는 체심입방구조(BCC)의 '페라이트' 형태로 존재하지만, 약 912도 이상에서는 면심입방구조(FCC)의 '오스테

나이트'로 바뀌고, 1,394도를 넘어서면 다시 원래 구조로 되돌아간다. 이러한 구조 변화는 열처리나 냉각 속도에 따라 강도, 경도, 연성 등 물성을 자유롭게 조절할 수 있게 해 주며, 철을 **'가공할 수 있는 강인함'**을 가진 특별한 금속으로 만들었다. 산업혁명 이후 철이 건축, 기계, 철도, 무기 등 다양한 분야의 핵심 소재로 자리 잡을 수 있었던 것도 이 때문이다.

그러나 철이 처음부터 이렇게 다루기 쉬운 재료였던 것은 아니다. 메소포타미아, 이집트, 히타이트 등지에서 철이 사용되긴 했으나 대부분은 하늘에서 떨어진 운철(운석 철)을 연마한 수준에 불과했다. 기원전 2천 년 무렵 히타이트인들이 철광석을 직접 제련하기 시작하면서 진정한 철기의 시대가 열렸지만, 당시에는 고온을 유지할 수 있는 용광로 기술이 부족해 철을 완전히 녹이지 못했다. 그 결과 '스폰지 철'을 망치로 두드려 불순물을 제거하는 방식으로 무기를 제작해야 했고, 이는 청동기에 비해 실용성은 높았지만 대량 생산에는 한계가 있었다.

□ 불의 연금술 - 산업혁명이 탄생시킨 철의 제국

이 한계를 무너뜨린 것이 바로 산업혁명이었다. 18세기 초, 영국의 에이브러햄 다비가 석탄을 정제한 코크스를 연료로 사용하는 제련법을 개발하면서 제철 산업은 새로운 전환점을 맞이했다. 코크스는 숯보다 높은 온도에서 안정적으로 연소할 수 있어 대형 용광로에서 철광석을 효과적으로 녹여낼 수 있었다. 이어 1856년 헨리 베서머가 고안한 **'베서머 전로'**는 공기를 불어넣어 탄소와 불순물을 빠르게 제거하는 방식으로, 수일이 걸리던 **제강 과정을 단 몇 시간 만에** 끝낼 수 있게 했다. 균일하고 강인한 강철이 대량으로 생산되자 철도와 증기기관차, 대형 선박과 교량, 고층 건물의 골조가 차례로 세워졌다. 인간 문명의 외형은 철의 날개 위에서 급격히 변화하기 시작한 것이다.

오늘날에도 철은 여전히 세계 산업의 중심에 있다. 현대 철강은 건축, 자동차, 선박, 기계, 에너지, 군수 산업에 이르기까지 거의 모든 분야에서 사용된다. 현대의 철은 단순한 원소가 아니라, 합금과 열처리 기술을 통해 고강도강(High-Strength Steel), 스테인리스강, 내열강,

고망간강 등 다채로운 소재로 재탄생하고 있다. 그것은 초고층 빌딩, 항공기 기체, 원자력 발전소, 심지어 우주 발사체의 구조재로까지 확장되며 철이 여전히 산업 문명의 뼈대임을 증명한다.

결국 철은 자연이 주는 자원이기 이전에, 인간이 불과 기술로 길들여 낸 문명의 산물이었다. 산업혁명은 철에게 날개를 달아 주었고, 철은 그 날개로 인류를 새로운 세계로 실어 나르기 시작했다. 우리가 서 있는 도시의 건물, 우리가 타고 이동하는 기차와 배, 그리고 일상 속 수많은 기계 속에는 여전히 뜨겁게 살아 숨 쉬는 철의 흔적이 깃들어 있다.

9. 1차 세계대전 이전까지의 자동차 개발사

인류가 오랫동안 꿈꿔온 **'스스로 움직이는 수레'**는 산업혁명의 불꽃 속에서 마침내 현실로 모습을 드러냈다. 자동차의 등장은 단순한 교통수단의 탄생이 아니라, 인간이 기계와 동력을 결합하여 **새로운 문명**을 만들어 가는 여정이었다. 그 과정은 18세기 후반의 실험적 증기차에서 시작되어, 20세기 초반의 대량 생산 자동차에 이르기까지 약 150년에 걸친 끊임없는 시도와 사회적 수용의 역사였다.

18세기 후반 프랑스에서는 니콜라 조제프 쿠뇨가 증기기관을 장착한 3륜 자동차를 제작했다. 비록 속도가 느리고 조작이 복잡하여 실용화에는 실패했지만, 인간이 말이나 바람의 힘이 아닌 기계 동력으로 움직일 수 있다는 가능성을 증명한 사건이었다. 19세기 초중반에도 여러 발명가들이 증기자동차를 시도했지만, 무게와 열효율, 운전 편의성에서 한계가 컸다.

돌파구는 내연기관의 등장이었다. 1860년 에티엔 르누아르가 가스 엔진을 개발한 뒤, 1876년 독일의 니콜라우스 오토는 이를 개량해 4행정 사이클 엔진(오토 사이클)을 완성했다. 이 발명은 이후 가솔린 자동차의 표준이 되었고, 자동차 산업의 심장 역할을 담당하게 된다.

1885년에는 카를 벤츠가 오토 엔진을 장착한 세계 최초의 실용적 3륜 가솔린 자동차를 제작했다. 그의 아내 베르타 벤츠는 이 차량을 몰고 100km 이상을 주행해 대중 앞에 실용성을 입증했다. 같은 시기 다임러와 마이바흐도 4륜 가솔린 자동차를 개발하며, 독일은 세계 자동차 산업의 태동기를 이끌었다. 이들의 성취는 이후 '메르세데스-벤츠'라는 이름으로 결실을 맺으며 유럽 자동차 기술의 상징이 되었다.

1890년대 들어 자동차는 유럽과 미국 전역에서 주목받기 시작했다. 증기차, 전기차, 가솔린차가 경쟁했지만, 결국 연료 공급의 편의성과 긴 주행거리 덕분에 가솔린 자동차가 우위를 점했다. 1893년, 미국에서는 듀리어 형제가 최초의 미국산 가솔린 자동차를 제작했고, 1895년 미국 최초의 자동차 경주에 참가하며 상업적 가능성을 입증했다. 영국에서는 오랫동안 자동차의 운행을 제한했던 '붉은 깃발 법(Red Flag Act)'이 1896년 폐지되면서 비로소 자동차 산업이 합법적으로 성장할 토대가 마련되었다.

20세기 초, 자동차는 상류층의 호기심을 넘어 실용적 교통수단으로 변모했다. 1903년, 헨리 포드는 디트로이트에 회사를 세우고 1908년 '모델 T'를 출시했다. 튼튼하고 저렴하며 운전이 쉬운 이 차량은 대중의 열렬한 지지를 받았다. 아직 조립라인 도입 전이었지만, 곧 이어질 대량 생산 혁명의 전조였다. 자동차는 이제 '실험의 산물'에서 '산업의 주체'로 전환된 것이다.

1차 세계대전 직전, 자동차는 군사적 활용성까지 입증되었다. 기마병과 마차 대신 정찰차, 구급차, 군용트럭이 등장했고, 특히 포드 모델 T는 군용으로 개조되어 미군의 전쟁 차량으로 전선에 투입되었다. 이는 자동차가 단순한 민간의 편의 수단을 넘어, 국가 전략과 전쟁 수행의 자산으로 자리 잡았음을 보여 주었다.

결국, 1차 세계대전 이전까지의 자동차 개발사는 기술, 상상력, 산업, 군사가 교차하는 문명의 전환기였다. 인간은 더 빠르고, 더 멀리, 더 많은 것을 실어 나르며 세계를 재구성하기 시작했다. 자동차는 단순한 기계가 아니라, **'움직임을 지배하는 문명'**의 상징이었고, 곧 20세기 산업 사회의 아이콘으로 자리 잡게 되었다.

1939년 포드 모델 T
Public Domain Pictures.net

10. 복잡한 동맹 체계와 전쟁의 불씨

19세기 말, 유럽의 지도는 마치 팽팽히 당겨진 활시위처럼 긴장으로 가득 차 있었다. 산업 혁명이 만들어낸 기술과 자본의 힘은 국가들의 경쟁을 가속화했고, 그 결과 각국은 불안정한 세력 균형 속에서 동맹을 맺기 시작했다. 독일 제국의 비스마르크 체제 이후, 독일 · 오스트리아 · 이탈리아의 **삼국동맹**과 영국 · 프랑스 · 러시아의 **삼국협상**이 서로 맞서며 유럽은 두 개의 대진영으로 나뉘었다. 이 동맹 구조는 작은 분쟁 하나가 곧 전체 열강의 전쟁으로 번질 수 있는 불안정한 시한폭탄과도 같았다.

비스마르크는 통일 독일의 안정을 위해 세심한 외교 전략을 구사하며 프랑스를 고립시키고, 러시아와 오스트리아 사이의 균형을 유지하려 했다. 그러나 그가 실각한 뒤 독일 외교는 점차 공격적 성향으로 바뀌었고, 카이저 빌헬름 2세의 제국주의적 팽창정책은 유럽 열강 간의 불신을 더욱 깊게 만들었다. 영국은 독일의 해군력 증강에 위협을 느껴 해군 경쟁에 돌입했고, 프랑스와 러시아는 상호 방위 조약을 통해 독일을 견제했다. 유럽의 외교 지도는 복잡하게 얽힌 거미줄처럼 변해 갔고, 그 속에서 한 나라의 결정이 곧 다른 나라의 전쟁 선언으로 이어질 수 있는 위험한 구조가 완성되었다.

특히 **발칸 반도**는 **"유럽의 화약고"**라 불렸다. 오스만 제국의 쇠퇴로 권력이 공백이 된 이 지역은, 슬라브 민족주의의 열망과 러시아의 범슬라브 정책, 오스트리아의 팽창주의적 이해관계가 얽혀 있었다. 세르비아는 독립을 넘어 남슬라브 국가들의 통합을 꿈꾸었고, 이는 곧 오스트리아-헝가리 제국의 불안을 자극했다. 이러한 갈등의 심장부에서 1914년 6월, 사라예보에서 오스트리아 황태자 프란츠 페르디난트가 세르비아 청년 가브릴로 프린치프에게 암살당한 사건은, 이미 켜켜이 쌓인 긴장을 폭발시키는 도화선이 되었다.

산업혁명 이후 150년간 인류는 과학기술의 진보와 제국주의의 팽창, 자유에 대한 열망과 사회적 불평등의 심화, 민족의 자각과 제국의 불안정이라는 이율배반 속에서 살아왔다. 이 시기는 마치 하나의 거대한 용광로 같았다. 기술은 문명을 발전시켰지만, 동시에 전쟁의 효율성을 극대화하는 도구로 진화했다. 기관총, 철도, 전신, 철갑함, 화학무기 등은 전쟁의 양상을 근본적으로 바꾸었고, 인간의 기술력은 곧 파괴력으로 전환되었다. 새로운 문명의 질서를 빚어내는 듯 보였으나, 그 뜨거운 열기 속에서는 결국 파괴라는 비극이 응고되고 있었다.

제1차 세계대전은 그 폭발이었다. 그것은 단순한 정치적 충돌이 아니라, 산업화된 인간 사회 전체가 겪은 첫 번째 **구조적 붕괴**였다. 수십 년간 축적된 기술과 산업, 군사 체계가 총동원되어 인류 역사 최초의 **총력전**을 만들어 냈다. 이 전쟁은 과학기술과 산업의 결합이 인간 문명을 얼마나 치명적으로 변형시킬 수 있는지를 보여 준 첫 사례였으며, 근대의 '진보'라는 신념이 동시에 '파괴'의 얼굴을 가지고 있음을 드러냈다.

제35장

두 차례 세계대전
- 불타오른 세계와 재건

1. 전쟁은 왜 하는가?

역사를 돌이켜 보면 전쟁은 국가 간 이해관계의 충돌, 영토 문제, 자원 확보, 민족주의, 이념 대립 등 다양한 이유로 발생해 왔다. 그러나 근대 이후의 전쟁은 단순한 영토 정복을 넘어, 산업화와 민족주의, 자본과 이념, 그리고 세계 질서 재편이라는 복합적 요인이 얽힌 거대한 총력전으로 변모했다. 이 시기 전쟁은 **'산업의 전쟁'**이었다. 철과 석탄, 철도와 통신망이 병참의 핵심이 되었고, 과학기술의 진보가 전장의 효율적 파괴로 이어졌다. 각국은 군사력뿐 아니라 공업력과 자원, 금융 체계, 국민의 심리까지 총동원해야 했고, 전쟁은 더 이상 군인만의 싸움이 아니라 사회 전체가 움직이는 체계적 투쟁이 되었다. **제1차 세계대전**은 **제국주의 경쟁과 동맹 체제가 부른 폭발**이었고, **제2차 세계대전**은 전쟁이 남긴 상처 위에 **독재와 극단주의가 성장**하며 다시 터져 나온 **파국**이었다. 전쟁은 언제나 힘의 논리가 극단으로 치달은 결과였으며, 동시에 전후의 평화를 모색하는 새로운 질서 창출의 계기이기도 했다.

□ 보불 전쟁과 삼국동맹의 형성

1870년 여름, 프랑스와 프로이센 사이에서 발발한 보불 전쟁(Franco-Prussian War)은 유럽의 힘의 균형을 근본적으로 바꾸어 놓았다. 프로이센은 남독일 국가들과 연합해 프랑스를 압도했고, 1871년 1월 패전한 프랑스의 상징적 공간인 베르사유 궁전 거울의 방에서 빌헬름 1세가 **독일 황제**로 즉위함으로써 독일 제국이 탄생했다. 프랑스는 알자스-로렌을 빼앗기고 막대한 배상금을 지불해야 했으며, 이 패배의 상처는 이후 세대를 거쳐 독일에 대한 복수심으로 이어졌다.

독일의 급부상은 곧 유럽의 세력 균형을 뒤흔들었다. 프랑스는 잃어버린 영토와 명예를 되찾기 위해 기회를 엿보았고, 독일은 이러한 위협에 대비해야 했다. 비스마르크는 프랑스를 고립시키기 위해 외교 전략을 펼쳤고, 그 결과 1882년 **독일·오스트리아-헝가리·이탈리아의 삼국동맹**이 결성되었다. 이는 단순한 협력 관계가 아니라, 어느 한 나라가 공격을 받을 경우 나머지가 군사적으로 지원하는 상호 방위 체제였다.

이로써 유럽은 두 개의 거대한 진영으로 나뉘게 되었다. 프랑스는 독일을 견제하기 위해 영국·러시아와 손잡아 **삼국협상**을 구성했고, 삼국동맹과 삼국협상이 맞서는 구도는 작은 분쟁도 대규모 전쟁으로 번질 수 있는 불안정한 구조를 고착시켰다. 19세기 말 유럽은 겉으로는 평화로운 듯 보였지만, 실상은 언제든 폭발할 수 있는 화약고로 변해 가고 있었다. 이러한 체제는 '유럽의 세기적 평화'로 불리던 100년간의 균형 시대를 끝내고, 새로운 대규모 충돌의 서막을 열었다.

2. 제1차 세계대전 - 제국주의의 충돌과 불안정한 동맹 체제

1914년 여름, 유럽의 거리는 평화로워 보였다. 카페의 음악은 흘렀고, 기차는 제시간에 도착했지만, 그 이면에는 이미 불신과 긴장이 짙게 깔려 있었다. 결국 6월 28일, 사라예보에서 오스트리아 황태자 프란츠 페르디난트가 세르비아 청년의 총에 맞아 쓰러지면서, 위기는 폭발했다.

□ 유럽의 화약고 - 불안한 동맹과 제국의 경쟁

유럽은 이미 두 개의 거대한 진영으로 나뉘어 있었다. 독일 · 오스트리아 · 이탈리아의 **삼국동맹**과 영국 · 프랑스 · 러시아의 **삼국협상**은 평화의 보증이 아니라, 작은 사건도 대륙 전체의 전쟁으로 확전시키는 불안정한 덫이었다. 식민지 경쟁과 군비 경쟁, 발칸 민족주의의 분출은 그 덫에 불씨를 던졌고, 마침내 유럽은 전면전으로 빠져들었다.

전쟁은 **'총력전'**이었다. 참호와 기관총, 독가스, 대포가 만든 새로운 전장은 수개월 내 종결을 기대하던 계산을 무너뜨리고, 4년간의 교착 상태로 이어졌다. 수많은 병사들이 참호 속에서 희생되었고, 유럽 사회 전체가 전쟁의 소용돌이에 휘말렸다.

□ 미국의 참전과 러시아의 이탈 - 균형이 무너진 전선

전세를 근본적으로 바꾼 계기는 미국의 참전(1917)이었다. 독일이 무제한 잠수함 작전을 재개하며 민간 선박까지 공격하자, 이는 국제 해양법을 정면으로 위반하는 행위로 간주되었다. 이어 영국 정보국이 가로챈 '짐머만 전보(Zimmermann Telegram)'-독일이 멕시코와 손잡고 미국을 공격하면 잃어버린 영토를 되찾게 해 주겠다는 제안-가 폭로되면서, 미국 여론은 급격히 반독일로 기울었다. 결국 **미국**은 **중립을 포기**하고 연합국 편에 서게 되었고, 신선한 병력과 물자가 지쳐 있던 연합군에 결정적인 활력을 불어넣었다.

한편 동부 전선에서는 **러시아 혁명**으로 상황이 급변했다. 1917년 볼셰비키 정권이 들어선 러시아는 브레스트-리토프스크 조약(Treaty of Brest-Litovsk)을 체결하며 전선에서 이탈했고, 독일은 동부 병력을 서부로 이동시켜 최후의 공세를 시도했다. 그러나 미군이 본격 투입된 연합군의 반격 앞에 독일의 시도는 실패로 끝났다.

□ 패전과 휴전 - 제국의 붕괴와 새로운 세계의 서막

전선의 실패와 더불어 독일 국내의 불만도 폭발 직전이었다. 장기간의 전쟁은 국민을 지치게 했고, 식량난과 파업, 해군 반란이 이어졌다. 결국 1918년 11월, 황제 빌헬름 2세가 퇴위하고 망명하면서 독일은 공화국을 선포하고 휴전을 요청했다.

1918년 11월 11일, 프랑스 콩피에뉴 숲에서 휴전 협정이 체결되었고, 4년 3개월간 지속된 세계대전은 막을 내렸다. 이어 1919년 체결된 **베르사유 조약**은 독일에게 가혹한 배상과 군사 제한을 부과하며 전쟁을 공식적으로 종결시켰다. 이 조약으로 독일은 1871년 보불전쟁 이후 차지했던 알자스-로렌 지역을 프랑스에 돌려주어야 했다. 이는 프랑스에게는 반세기만의 설욕이자 민족적 자존심 회복이었지만, 독일에게는 굴욕과 상실감을 더욱 깊게 새겨 넣는 결정이었다.

제1차 세계대전의 종결은 단순한 군사적 패배가 아니라, 전쟁 장기화로 인한 민중의 피로, 국내 정치의 혼란, 그리고 세계 강대국 간의 역학 변화가 복합적으로 작용한 결과였다. 이 전쟁은 20세기 국제질서를 뒤흔든 거대한 전환점이었으며, 이후 세계는 이전과 전혀 다른 길로 접어들게 되었다. 패전국 독일의 절망과 불만은 결국 또 다른 전쟁의 씨앗이 되었고, "전쟁을 끝내기 위한 전쟁"은 아이러니하게도 인류를 더 큰 전쟁의 문턱으로 이끌었다.

3. 제2차 세계대전 - 이념, 민족주의, 그리고 팽창주의의 비극

전쟁은 우연히 일어난 것이 아니었다. 그것은 수십 년 동안 축적된 불만과 증오, 복수심, 경제적 절망, 그리고 국제사회의 무력함이 한꺼번에 폭발한 결과였다. **제2차 세계대전**은 제1차 세계대전의 미완의 결산이자, 20세기 초 인류가 맞이한 가장 **거대한 이념의 충돌**이었다.

□ 베르사유 조약의 상처 - 패전국의 굴욕이 부른 복수의 불꽃

1919년 체결된 베르사유 조약은 독일에게 전쟁의 모든 책임을 지우며, 가혹한 배상금과 군비 제한, 영토 축소를 부과했다. **독일**은 알자스-로렌을 프랑스에 반환하고, **해외 식민지를 모두 잃었으며,** 군대 규모는 10만 명으로 제한되었다. 그 결과 국가 경제는 마비되고, 초인플레이션이 사회를 뒤흔들었다. 1920년대 바이마르 공화국은 좌우 극단 세력의 대립 속에서 흔들렸고, 국민의 자존심은 깊이 상처받았다. 패전의 굴욕과 불안한 민주주의는 훗날 히틀러가 권력을 장악하는 토양이 되었다.

□ 세계 대공황과 극단주의의 부상 - 무너진 자유주의, 떠오른 전체주의

1929년 미국에서 시작된 **대공황**은 전 세계를 **경제적 절망**으로 몰아넣었다. 산업은 붕괴하고 실업자가 거리를 메웠으며, 자유주의 경제에 대한 신뢰가 무너졌다. 이 틈을 타 독일의 **나치즘**, 이탈리아의 **파시즘**, 일본의 **군국주의**가 **급부상**했다. 이들은 모두 내부의 혼란을 외부 침략으로 돌파하려 했다. 독일은 "생활공간(Lebensraum)"을 확장하겠다고 외쳤고, 일본은 "대동아공영권(大東亞共榮圈)"을 내세워 아시아를 침략했으며, 이탈리아는 제국의 부활을 꿈꾸었다. 극단적 민족주의는 정치 선전과 선동, 대중 동원의 기술을 통해 전쟁을 정당화하는 이념으로 변질되었다.

□ 국제연맹의 무력함과 강대국의 방관 - 전쟁을 막지 못한 평화의 기구

제1차 세계대전 이후 국제평화를 위해 만들어진 **국제연맹**은 실질적 **제재 능력이 없었다.** 1931년 일본의 만주 침공, 1935년 이탈리아의 에티오피아 침략, 1936년 독일의 라인란트 재무장은 모두 형식적 비난만 있었을 뿐이었다. 영국과 프랑스는 전쟁을 피하려는 유화정책으로 히틀러의 침략을 묵인했고, 그 결과 독일은 오스트리아를 합병(1938)하고 체코슬로바키아를 분할 점령했다. 세계는 이미 다시 불길로 향하고 있었다.

□ 독일의 폴란드 침공 - 전면전의 시작과 독소 불가침 조약

1939년 8월, 독일과 소련은 **독소 불가침 조약(Molotov-Ribbentrop Pact)**을 체결했다. 비밀 조항에는 폴란드를 분할하고 발트 3국과 핀란드, 루마니아 일부를 소련의 세력권으로 두겠다는 내용이 포함되어 있었다. 히틀러는 동부 전선을 확보한 뒤 9월 1일 폴란드를 침공했다. 이에 영국과 프랑스가 독일에 선전포고하며, 제2차 세계대전이 공식적으로 발발했다. 이후 소련은 9월 17일 폴란드 동부로 진군했고, 핀란드와의 겨울전쟁(1939~1940)을 일으켜 세력권을 확장했다. 세계는 다시 전면전의 소용돌이에 빠져들었다.

□ 바르바로사 작전 - 동부전선의 거대한 전환점

1941년 6월, 히틀러는 불가침 약속을 깨고 **바르바로사 작전(Operation Barbarossa)**을 개시했다. **300만 명이 넘는 병력**이 **소련을 침공**하며 인류 역사상 **최대 규모의 지상전**이 벌어졌다. 초기에는 독일군이 키예프와 민스크를 함락시키며 승승장구했지만, 혹한과 보급난, 그리고 소련의 거대한 인력 동원 앞에 독일의 진격은 모스크바 전투에서 멈췄다. 이후 스탈린그라드(1942~43)와 쿠르스크 전투(1943)에서 소련이 반격에 성공하며 전세가 역전되었다. 이 실패는 독일 전쟁 기세를 꺾는 결정적 분기점이 되었고, 이후 소련은 베를린으로 진격했다.

□ 일본의 군국주의 - 아시아를 삼킨 제국의 야망

한편 메이지 유신 이후 **일본은 '부국강병'**을 내세워 근대화를 추진하며 제국주의 노선을 걸었다. 청일전쟁과 러일전쟁의 승리로 자신감을 얻은 일본은 한반도 병합과 만주 진출로 세력을 넓혔다. 1920~30년대 경제 위기와 간토 대지진의 혼란 속에서 군부가 정권을 장악했고, 국민을 천황 숭배와 '팔굉일우(八紘一宇, 온 세상을 한 지붕 아래에 둔다)' 이념으로 통제하며 전쟁 체제를 구축했다. 1931년 만주사변, 1937년 중일전쟁, 그리고 1941년 12월 7일 **진주만 공격**으로 태평양 전쟁이 시작되었다.

일본은 단기간의 승리를 노렸지만, 오히려 미국을 참전시키며 스스로 파멸의 길로 들어섰다.

□ 전쟁의 종말 - 핵과 냉전의 문을 연 비극

유럽에서는 1945년 5월 8일, 독일이 무조건 항복하면서 전쟁이 끝났다. 그러나 태평양 전쟁은 계속되었다. 1945년 8월, 미국은 히로시마와 나가사키에 원자폭탄을 투하했고, 소련은 만주에 진입하여 일본군을 공격했다. 더 이상 버틸 수 없었던 일본은 8월 15일 항복을 선언했고, 9월 2일 도쿄만 **미주리 호**에서 항복 문서에 서명하며 인류 최대의 전쟁이 끝났다. 하지만 평화는 오지 않았다. 전쟁의 폐허 위에서 세계는 곧 **미국과 소련의 냉전 체제**로 재편되었다.

□ 맺음말 - 전쟁은 총보다 먼저 인간의 마음에서 시작된다

제2차 세계대전은 단순한 국가 간 충돌이 아니었다. 그것은 이념, 인종, 공포, 경제적 불평등이 결합된 **인류 전체의 내면적 전쟁**이었다. 히틀러, 무솔리니, 일본 군국주의는 한 시대의 상징이었지만, 그들을 만든 것은 불안한 민중의 심리와 정치의 실패였다. 홀로코스트와 같은 대학살은 단지 한 체제의 범죄가 아니라, 인간이 '타인'을 악으로 규정할 때 어디까지 타락할 수 있는지를 보여 주는 거울이었다. 그것은 나치의 인종주의 이데올로기, 경제적 · 사회적 불만을 돌릴 희생양, 국민을 결집시키려는 정치적 계산이 결합된 결과였다. 히틀러와 나치는 유대인을 독일 사회의 모든 불행의 원인으로 지목했고, 전쟁 속에서 이를 **'최종 해결책**(Final Solution)'이라는 이름으로 실현했다. 그 결과 약 **600만 명의 유대인이 학살**되었으며, 집시 · 장애인 · 슬라브계 민간인 · 소련 전쟁포로 등까지 포함하면 **총 희생자는 1천만 명**을 넘었다. 이 끔찍한 범죄는 인류 역사에 씻을 수 없는 상처를 남겼다. 이 대학살은 인류 역사 전체에 대한 도전이자, 전쟁이 남긴 가장 깊은 상처였다. 전쟁의 포화는 멈췄지만, 그 기억은 인류가 다시는 같은 길을 걷지 않도록 경고하고 있다.

나가사키의 원폭 투하 구름(1945.8.9.)
Public Domain

4. 두 차례의 세계대전과 항공기의 발전

두 차례의 세계대전은 인류에게 깊은 상처를 남겼지만, 동시에 **항공공학과 항공산업의 비약적 발전**을 이끌어 낸 결정적 계기였다. 전쟁은 하늘을 새로운 전장으로 바꾸었고, 생존을 위한 경쟁은 기술 혁신을 가속시켰다. 프로펠러기에서 제트기로, 목재와 천에서 금속과 복합재로, 기계식 조종에서 유압, 전자식 제어로의 전환이 모두 이 시기를 통하여 기초가 완성되었다. 전쟁의 파괴가 끝난 자리에서 인류는 그 기술을 다시 평화의 하늘로 돌려세웠다. 그 시작은 아주 오래전, 하늘을 향한 한 사람의 상상에서 비롯되었다.

□ 다 빈치의 상상과 라이트 형제의 도전

하늘을 날고자 한 인간의 꿈은 르네상스의 천재 **레오나르도 다 빈치**에게서 시작되었다. 그는 새의 날개를 관찰하며 공기의 흐름과 양력을 연구하고, **날개를 상하로 움직여 양력과 추진력을 동시에 얻는 방식**의 기계를 설계했다. 비록 이와 같은 방식의 오르니톱터(ornithopter)는 실제로 비행하지는 못했지만, 비행의 원리를 **공학적으로 이해하려는 최초의 시도**였다. 그로부터 400여 년 뒤, 1903년 **라이트 형제**는 인류 최초의 동력 비행에 성공했다. 목재와 천으로 만든 '플라이어(Flyer)'는 12초간 36미터를 날았고, 인류는 처음으로 하늘을 지배했다. 이때부터 하늘은 인간의 상상력과 기술이 만나는 새로운 공간이 되었다.

□ 항공기 - 두 차례 세계대전에서 전쟁의 핵심 무기 전술체계로

제1차 세계대전은 인류 역사상 **항공기**가 처음으로 **전장에 투입된 전쟁**이었다. 처음에는 정찰과 관측 임무에서 출발했지만, 곧 기관총과 폭탄이 장착되면서 비행기는 전투기와 폭격기로 발전하였다. '하늘의 기사'로 불린 조종사들의 공중전은 단순한 개인의 대결이 아니라, 국가의 기술력과 조직력의 경쟁이었다. 이 시기를 거치며 항공기의 구조는 나무와 천에서 금속과 엔진 중심으로 바뀌었고, 하늘은 더 이상 관찰의 공간이 아니라 **공격과 방어가 동시**에 벌어지는 새로운 **전장**이 되었다. 이때 탄생한 **공중전(Aerial Combat)** 개념은 이후 모든 전쟁의 양상을 근본적으로 바꿔 놓았다.

제2차 세계대전으로 접어들면서 항공공학은 완전히 새로운 차원으로 도약했다. **제트엔진, 레이더, 자동항법장치, 여압 객실** 등 현대 항공기의 기본 기술이 모두 이 시기에 완성되었다. 하늘은 이제 전략의 중심 무대가 되었고, 기술자들은 단순한 제작자가 아니라 전쟁의 향방을 바꾸는 과학자가 되었다. 제2차 세계대전에서 항공기는 단순한 지원 병기가 아니라, **전쟁의 주도권을 결정**하는 **핵심 무기체계**가 되었다. 이 전쟁은 "누가 하늘을 지배하느냐"에 따라 육해전의 결과가 달라졌다.

1940년 영국 본토 항공전(Battle of Britain)에서는 독일 공군의 공습(Blitz)에 맞서 영국이 스핏파이어(Spitfire)와 **레이더 탐지망**을 결합해 방어에 성공하였다. 이 전투는 세계 최초의 본격적인 **방공전 승리**로 기록되며, **'제공권 상실은 곧 침공 실패'**라는 전략 원리를 확립하였다. 이어 1944년 노르망디 상륙작전(D-Day)에서 연합군은 상륙 하루 전부터 수천 대의 폭격기로 독일의 철도와 통신망을 마비시켜 지상군의 진격로를 확보하였다. 공중지배권 확보 없이는 어떠한 지상작전도 불가능하다는 사실이 이때 명확히 증명되었다.

한편, 태평양 전선에서는 항공모함이 전쟁의 주역으로 부상했다. **1942년 미드웨이 해전**에서 항공모함에서 발진한 함재기들이 일본의 주력 항모 4척을 격침시키면서 전세가 역전되었다. 이 한 번의 공습은 해상 함포전의 시대를 끝내고, **항공력 중심의 해양지배 체계**를 열었다.

특히 1944년 전쟁 후반에 등장한 **보잉 B-29 슈퍼포트리스**(Superfortress)는 항공기 기술의 정점을 상징했다. 고공 비행을 위한 여압식 동체, 원격조종 포탑, 중앙식 화력통제 시스템을 갖춘 이 장거리 폭격기는 당시로서는 전례 없는 정밀성과 신뢰성을 자랑했다. 히로시마와 나가사키에 투하된 4,500Kg 이상에 달하는 원자폭탄 역시 이 기종을 통해 운반되었으며, 이는 항공 기술이 단순한 비행을 넘어 **역사를 바꾸는 힘**으로 발전했음을 보여 준다. 이때 축적된 공학적 경험은 전쟁 후 민간 항공산업으로 이어져, 드 하빌랜드의 '코멧(Comet)'과 보잉의 '707'로 대표되는 제트 여객기의 시대를 여는 토대가 되었다.

Boeing B-29 Superfortress "Doc"
photo © Alan Wilson / CC BY-SA 2.0

□ 제트 여객기의 시대 - 드 하빌랜드와 보잉 707

전쟁이 끝난 뒤, 하늘은 파괴의 무대에서 평화의 통로로 바뀌었다. 1952년 영국에서 제작한 **드 하빌랜드 코멧(Comet)**은 세계 최초의 제트 여객기로 등장했으나, 사각형 창문 주변에서 응력집중이 발생해 두 차례 공중폭발 사고가 일어났다. 이 사건 이후로 항공기 창문은 타원형 구조로 설계가 변경되었고, 항공기 구조 설계의 전환점이 되었다. 이후 피로시험(Fatigue Test), 비파괴검사(NDT), 손상허용설계(Damage-Tolerance Design) 개념이 정립되었고, 항공기는 더 이상 경험이 아닌 **과학적 신뢰성 데이터를 근거로** 설계되기 시작했다.

이 교훈을 기반으로 미국 **보잉사**는 1958년 **보잉 707** 기종을 출시했다. 보잉 707은 처음 상용화된 제트 여객기로, 항공기의 제트 시대를 연 혁신적인 기종이었다. 기존 프로펠러기보다 빠르고 높은 고도로 비행할 수 있었으며, 제트 엔진 4기를 장착해 속도와 신뢰성을 크게 높였다.

□ 초음속 여객기 콩코드의 개발과 퇴역

초음속 항공기는 음속보다 빠르게 나는 비행기를 말한다. 일반적으로 마하 1(약 시속 1,225km) 이상의 속도를 낸다. 제트엔진의 발달로 1950년대부터 본격적으로 실용화되었으며, 군사 분야에서는 F-16, F-22, F-35 같은 전투기들이 대표적이다. 민간 분야에서는 콩코드 여객기가 초음속으로 운항했던 사례가 있다. 초음속 항공기는 빠른 기동성과 전투 능력에서 강점을 갖지만, 많은 연료 소모와 기체 발열 등의 문제점도 있다.

▶ 콩코드의 운항과 사라진 이유

1970년대 초, 영국과 프랑스가 공동으로 개발한 콩코드(Concorde)는 인류가 상업적으로 음속의 장벽을 넘어선 첫 여객기였다. 최대 마하 2.04(약 2,180km/h)로 비행할 수 있었던 콩코드는 1976년부터 파리-뉴욕, 런던-뉴욕 노선을 정기적으로 운항하며, **대서양을 약 3시간 반 만에 횡단**했다. '시간을 단축한 항공기'로 불리며 과학기술의 상징이 되었고, 당시 왕복 항공권 요금은 약 12,000달러(한화 약 1,200만 원)에 달했다. 이는 일반 퍼스트클래스보다 훨씬 높은 금액이었지만, 빠른 이동 시간을 중시하는 기업인과 유명 인사들에게는 매력적인 선택이었다. 그러나 콩코드의 기술적 성취는 오래 지속되지 못했다. **높은 연료 소비, 제한된 수익성, 소음 규제, 그리고 치명적인 사고**가 겹치면서, 그 찬란한 초음속의 시대는 불과 27년 만에 막을 내렸다.

▶ 기술의 한계와 운항의 제약

콩코드는 초음속 비행 중 발생하는 고온의 공기 마찰에 견디기 위해 티타늄 대신 **내열 알루미늄 합금**을 사용했으며, 마하 2로 비행할 때 기체 표면 온도는 **섭씨 120도 이상**까지 상승했다. 이로 인해 동체는 비행 중 약 **20cm가량 팽창**했고, 이를 보상하기 위한 **정밀한 열팽창 구조 설계**가 필수적이었다. 그러나 이러한 고속 성능을 유지하기 위해 엔진은 **일반 여객기의 3~4배에 달하는 연료**를 소모했다. 높은 연료비와 100명 남짓한 한정된 좌석 수는 수익성을 크게 낮췄고, 이륙과 착륙 시의 **강한 굉음**과 초음속 돌파 순간 발생하는 '소닉붐(Sonic Boom)'은 지상에서 폭발음처럼 들려 환경 규제의 대상이 되었다. 특히 미국 내륙에서는 초음속 비행이 전면 금지되어, 콩코드는 사실상 **대서양 횡단 노선에만 한정된 채 운항**해야 했고, 그 결과 시장 확대와 상업적 지속성은 점점 더 어려워졌다.

▶ 파리 사고와 초음속 여객기의 종말

콩코드의 상징적인 몰락은 2000년 7월 25일 발생한 **에어프랑스 4590편 추락 사고**였다. 당시 파리 샤를드골 공항을 이륙하던 콩코드는 활주로에 떨어진 **콘티넨탈항공 DC-10 항공기의 티타늄 파편**을 밟으면서 **타이어가 폭발적으로 파열**되었다. 그 조각이 시속 300km 이상의 속도로 튀어 올라 **날개 아래의 5번 연료탱크를 강타·관통**, 연료가 분출되며 인근 전선 단락에 의해 화재가 발생했다. 한쪽 엔진이 꺼지고 기체는 좌측으로 기울어 추락, 탑승자 109명과 지상 인원 4명이 모두 사망했다. 사고 이후 프랑스 항공사고조사국(BEA)은 타이어 구조와 탱크 보호 설계를 개량할 것을 권고했고, 실제로 모든 콩코드에 **연료탱크 내 보호 라이너와 강화 타이어**가 장착되었다. 그러나 승객들의 불안감과 고유가, 9·11 테러 이후의 항공 경기 침체가 겹치면서 콩코드는 다시 하늘로 돌아갈 수 없었다. 2003년, **에어프랑스와 영**

국항공은 동시에 운항 종료를 선언했고, 초음속 여객기의 시대는 막을 내렸다.

▶ 새로운 시대를 향한 도전

콩코드는 비록 사라졌지만, 초음속 여객기의 꿈은 완전히 꺼지지 않았다. 현재 미국의 **Boom Supersonic**이 개발 중인 '**오버처(Overture)**', 그리고 NASA와 록히드마틴이 공동 개발하는 '**X-59 Quiet Supersonic Transport**'는 복합재 동체, 저소음 엔진, 그리고 소닉붐 저감 기술(Quiet Boom)을 적용해 환경 규제를 충족하려 하고 있다. 콩코드는 단순히 빠른 비행 수단이 아니라, 인간이 시간과 거리의 한계를 넘어서려 한 **기술 문명의 실험**이었다. 그러나 그 실험은 속도보다 더 근본적인 가치, 즉 **경제성·환경·안전성·지속 가능성** 앞에서 멈춰 섰다. 콩코드의 여정은 실패가 아니라, 미래 항공 기술이 나아갈 방향을 제시한 하나의 **귀중한 교훈**으로 남아 있다.

영국항공 Concorde 216의 마지막 비행 Public Domain

□ 복합재료의 혁명 - 탄소섬유로 만든 항공기

1970년대 유럽연합의 **에어버스사**는 경량화를 위해 **A300B4** 기종에 혁신적으로 접착구조(Bonding)를 적용했으나, 접착부가 떨어지는 문제가 발생했다. 그러나 이 실패는 복합재 연구를 촉진시켜, **탄소섬유강화플라스틱(CFRP)**의 시대를 열었다. 오늘날 **보잉 787 드림라이너**와 **에어버스 A350 XWB**는 동체와 날개, 꼬리날개, 심지어 엔진의 팬 블레이드까지 탄소섬유로 제작된다. 탄소섬유는 알루미늄보다 40% 가볍고, 강도는 7배 이상 높으며, 부식과 피로에 강하다. 이로써 항공기는 더 멀리, 더 적은 연료로, 승객은 더욱 편안하게 비행할 수 있게 되었다.

□ 실시간 결함 데이터 전송 - 하늘과 지상의 연결

현대 항공기는 비행 중에도 스스로 상태를 진단한다. 항공기 **데이터통신시스템(ACARS)**과 **위성통신(SATCOM)**을 통해 엔진, 유압, 전기, 항공전자 계통의 중요 결함 데이터가 24시간 근무하는 지상의 **정비통제센터**로 실시간 전송된다. 정비 기술팀은 항공기가 착륙하기 전에 이미 결함 원인을 분석하고, 필요한 **부품과 인력**을 도착지에 미리 배치해 신속한 정비를 수행한다.

□ 신기술과 지능의 융합

오늘날의 항공기는 탄소섬유 구조, 전자제어, **광섬유 네트워크**, 그리고 데이터 시스템이 결합된 **지능형 통합체**다. 조종사는 이제 복잡한 조작 없이도 정밀 착륙장치(Autoland System)를 통해 자동으로 착륙할 수 있으며, 비행 중 항공기는 스스로 상태를 진단해 **결함 정보를 컴퓨터에 저장**한다. 정비기술자는 조종석에 표시되지 않은 미세한 이상까지 항공기 내부 컴퓨터에서 확인하고, **사전 분석을 통해 선제적인 조치**를 취할 수 있다. 라이트 형제가 바람 속에서 날갯짓을 실험하던 시대로부터 120년, 인류는 이제 **기계와 지능이 하나로 융합된 하늘의 시대**를 맞이했다.

5. 2차 대전 이후의 재건과 평화

2차 세계대전이 끝난 후, 전쟁으로 파괴된 유럽과 아시아는 경제적으로나 사회적으로 큰 피해를 보았다. 이를 복구하기 위해 미국을 비롯한 연합국들은 유럽의 경제 부흥을 돕기 위해 마셜 플랜을 시행해 공장과 인프라를 재건했다. 독일과 일본도 점차 경제를 회복하며 민주주의 체제를 도입했다. 동시에, 다시는 전쟁이 일어나지 않도록 **유엔(UN)이 창설**되어 **국제 분쟁을 조정하고 평화를 유지**하는 기구로 활동을 시작했다. 이렇게 전쟁의 상처를 딛고 국제사회는 경제 재건과 평화를 위해 힘을 모았다.

□ 세계대전이 인류에게 남긴 교훈

2차 세계대전이 끝난 후, 유럽과 아시아는 초토화된 잿더미 위에 서 있었다. 도시와 공장은 무너졌고, 사회는 깊은 상처를 입었다. 그러나 곧 재건의 길이 시작되었다. 미국과 연합국은 유럽의 회복을 위해 마셜 플랜을 시행하여 공장과 인프라를 다시 세웠고, 독일과 일본은 폐허 속에서 경제를 회복하며 민주주의 체제를 도입했다.

또한, 인류는 같은 비극을 반복하지 않기 위해 새로운 국제질서를 모색했다. 1945년, 국제연합(UN)이 창설되어 분쟁을 조정하고 평화를 지키는 기구로 자리 잡았다. 항공 산업 분야에서도 국제민간항공기구(ICAO)가 만들어져 하늘길의 안전과 평화를 위한 규칙을 마련했다. 전쟁의 폐허를 딛고, 세계는 경제와 제도를 재건하며 협력의 길을 모색하기 시작한 것이다. 또한 전쟁에서 등장한 레이더, 제트기, 로켓 기술은 전후 민간 항공과 우주 개발의 기초가 되었다. 파괴의 기술은 동시에 새로운 시대의 문을 열어젖힌 셈이었다.

두 차례의 세계대전은 인류가 스스로 불러온 가장 참혹한 비극이었다. 그 경험을 통해 인류는 문명과 폭력, 과학과 윤리, 국가와 인간 사이의 균형이 얼마나 쉽게 무너질 수 있는지를 깨달았다. 무엇보다, 전쟁은 더 이상 군인들만의 싸움이 아니었다. 그것은 국민 전체를 끌어들이는 총력전이었으며, 전쟁터에 서지 않은 수많은 민간인들이 폭격, 학살, 기아, 질병으로 목숨을 잃었다. 과학의 발전은 전쟁을 잔혹하고 무차별적인 양상으로 바꾸었고, 히로시마와 나가사키의 핵폭탄은 '승리'라는 단어마저 무의미하게 만드는 충격을 남겼다.

또한, 세계대전은 외교 실패의 대가를 보여 주었다. 제1차 세계대전은 오스트리아 황태자의 피살 사건이 복잡한 동맹 체계를 자극하면서 순식간에 확전되었고, 제2차 세계대전은 히틀러의 야욕을 초기에 제지하지 못한 국제연맹의 무능함과 유화정책이 전쟁을 키웠다. 이는 국제사회에서 신뢰와 책임 있는 외교가 얼마나 중요한지를 일깨워 주었다. 이념과 증오가 문명을 얼마나 쉽게 파괴할 수 있는지도 드러났다. 나치 독일의 인종주의는 수백만 명의 유대인을 조직적으로 학살했고, 일본의 군국주의는 아시아 각지에서 참혹한 전쟁범죄를 저질렀다. 인류는 특정 민족이나 이념을 절대화할 때, 문명이 얼마나 빠르게 야만으로 퇴보할 수 있는지를 똑똑히 목격했다.

그러나 고통의 역사 속에서도 인류는 새로운 가치를 배웠다. 전쟁의 참상을 목도한 세계는 "다시는 같은 비극이 반복되어서는 안 된다"라는 결의를 모았다. 그 결의는 UN 창설, 세계인권선언, 전쟁범죄 재판으로 이어졌다. 고통은 평화를 배우는 교사가 되었고, 공존을 모색하는 성숙한 발걸음을 가능케 했다.

결국 세계대전이 남긴 교훈은 이 한마디로 요약된다. **"전쟁은 결코 해답이 아니며, 인류는 평화를 위해 기억하고 연대해야 한다."** 기억하지 않는 자는 같은 실패를 반복한다. 평화는 단순히 전쟁이 없는 상태가 아니라, 끊임없는 노력을 통해 유지되는 살아 있는 질서다. 그리고 그 질서는 오늘을 사는 우리에게도 여전히 유효하다. 전쟁의 기억은 과거가 아니라, 현재와 미래를 비추는 거울이기 때문이다.

제36장

전후 국제질서
- 냉전과 자국 우선주의

1. 냉전 시대의 시작

2차 세계대전이 끝난 뒤, 승전국이었던 미국과 소련은 전 세계의 질서를 두고 서로 경쟁하게 되었다. 미국은 자본주의와 민주주의를, 소련은 공산주의와 사회주의를 대표하면서 서로 다른 이념으로 대립했다. 전쟁 중에는 공동의 적(독일과 일본)을 상대했지만, 전쟁이 끝나자 서로의 체제와 이념, 그리고 영향력을 확장하려는 경쟁이 본격적으로 시작되었다. 유럽에서는 독일을 두고 동서로 나누어 통치하는 문제, 경제 재건 지원 방식, 핵무기 경쟁 등이 갈등을 심화시켰다.

이렇게 **미국과 소련**이 직접 싸우지는 않았지만, 군사력과 경제력, 외교로 서로를 견제하면서 **'차가운 전쟁'**, 즉 냉전이 시작되었다. 제2차 세계대전이 끝났을 때, 총소리는 멎었지만 세계는 결코 평화롭지 않았다. 총칼 대신 이념과 정보, 기술과 우주가 새로운 전선이 되었고, 자유주의와 공산주의를 대표한 미국과 소련은 서로의 체제를 부정하며 하늘과 우주를 무대로 경쟁을 이어 갔다.

그 첫 장면 중 하나가 베를린이었다. 1948년, 소련은 서방이 점령한 서베를린을 고립시키기 위해 육로와 수로를 모두 봉쇄했다. 도시는 삽시간에 숨이 막혔다. 식량과 석탄이 끊기자 시민들은 절망에 빠졌고, **"하늘길이 끊기면 도시가 굶주린다"**는 말이 현실이 되었다. 그러나 미국과 영국은 하늘을 열었다. 수개월 동안 27만 회가 넘는 항공기가 베를린 상공을 드나들며 밀가루와 연료를 실어 날랐다. 아이들은 공수기에서 떨어뜨린 작은 초콜릿을 손에 쥐며 희망을 배웠다. 이는 단순한 군수 작전이 아니라, **누가 하늘을 지배하느냐가 곧 도시의 생존을 결정하는 시대가 도래했음**을 보여 준 사건이었다. 베를린 공수 작전은 총탄 없는 첫 냉전 전투였고, 사람들의 일상 속에서 냉전이 어떻게 시작되었는지를 각인시켰다.

2. 제2차 세계대전 이후 영토의 재편

1945년, 제2차 세계대전이 끝났다. 그러나 남겨진 것은 단순한 승패가 아니었고, 그 순간부터 세계는 더 이상 예전과 같지 않았다. 국경은 무너졌고, 제국은 해체되었으며, 민족은 갈라졌다. 총성이 멎은 뒤, 지도 위에는 새로운 선들이 그어지기 시작했다. 그 선들은 단순한 선이 아니었다. 수백만 명의 삶과 기억, 갈등과 타협이 그 속에 얽혀 있었다.

□ 분단된 독일과 변화한 유럽의 국경

유럽은 가장 극적으로 변화한 무대였다. 독일은 완전히 패망했고, 그 땅은 연합국에 의해 네 조각으로 나뉘었다. 미국, 영국, 프랑스, 소련은 각자의 점령지를 배정받았고, 이 분할은 결국 독일을 두 개의 나라로 쪼개놓았다. 서쪽에는 자유주의 체제를 따르는 서독이, 동쪽에는 공산주의 체제의 동독이 세워졌다. 수도 베를린조차 이념의 경계선 위에 놓였고, 훗날 사람들은 이 도시 한복판에 세워진 콘크리트 장벽을 "냉전의 상징"이라 부르게 되었다.

이 변화는 독일뿐만이 아니었다. 폴란드도 국경을 옮겨야 했다. 전쟁 동안 독일에 빼앗겼던 서쪽 땅을 되찾았지만, 그 대가로 동쪽의 옛 땅을 소련에 내주어야 했다. 이에 따라 수백만 명의 독일인, 폴란드인, 우크라이나인들이 낯선 땅으로 이주해야 했고, 고향은 지도 위에서 사라졌다. 그렇게 **유럽**은 **자유와 독재**, **자본주의와 공산주의가 맞서는 이념의 최전선**으로 변해 갔다.

□ 분단의 상처 - 아시아와 중동, 그리고 탈식민의 시작

한편, 전쟁의 또 다른 격전지였던 아시아 역시 거대한 변화를 맞이하고 있었다. 일본은 전쟁의 패배로 제국의 권리를 모두 상실했다. 대만, 한반도, 만주, 동남아시아 일대는 더 이상 일본의 것이 아니었다. 그중에서도 한반도는 특수한 분단을 겪게 되었다. 북위 38도를 경계로, 북쪽은 소련이, 남쪽은 미국이 주둔하면서 각각 다른 체제를 이식했고, 결국 1948년에는 두 개의 정부가 성립되었다. 대한민국과 조선민주주의인민공화국. 하나의 민족, 두 개의 나라가 되었다.

"38선을 사이에 두고 형제는 남과 북으로 갈라졌다.
그 선은 한낮의 도로 위에는 아무것도 아니었지만,
밤이 되면 철조망과 군인이 그어 놓은 국경이 되었다."

중국 또한 전쟁의 종결과 함께 새로운 길로 나아갔다. 한때 항일 전선에서 함께 싸웠던 국민당과 공산당은 다시 내전에 돌입했고, 결국 1949년, 마오쩌둥이 이끄는 공산당이 중국 본토를 장악하였다. **국민당은 대만**으로 물러났고, 중국은 육지와 섬에서 또 하나의 분단을 맞게 되었다.

동남아시아의 풍경도 달라졌다. 오랫동안 유럽 열강의 식민지로 남아 있던 인도차이나, 인도, 인도네시아 등은 점차 독립의 깃발을 세우기 시작했다. 제국의 그림자는 퇴장했고, 그 자리를 채운 것은 민족의 이름이었다. 인도는 1947년 독립을 맞았고, 뒤이어 미얀마, 인도네시아, 베트남 등지에서도 해방의 물결이 일었다. 그러나 독립은 곧바로 평화를 의미하지 않았다. 식민지의 붕괴와 함께 남겨진 경계선과 갈등은 곧바로 내전과 분쟁으로 이어졌다.

중동에서는 더욱 복잡한 일이 벌어졌다. 1948년, 유대인들은 팔레스타인 땅에 이스라엘이

라는 새 나라를 세웠고, 아랍 세계는 이를 인정하지 않았다. 전쟁이 벌어졌고, 난민이 생겼으며, 하나의 땅을 둘러싼 갈등은 오늘날까지 이어지는 긴장의 뿌리가 되었다.

아프리카는 아직 제국의 손아귀에 있었지만, 전쟁 이후의 세계 분위기는 식민지 유지가 더 이상 정당화될 수 없다는 분위기로 기울어가고 있었다. 수십 년 동안 이어진 지배에 균열이 가기 시작했고, 독립운동의 불씨는 하나둘씩 피어오르기 시작했다.

이처럼 제2차 세계대전은 단순한 전투의 승패가 아니라, 세계지도의 판을 다시 짠 사건이었다. 각국은 영토를 잃고 얻었으며, 국경은 새롭게 그어졌고, 수많은 사람들이 고향을 떠났다. 전쟁은 끝났지만, 그 전쟁이 남긴 지도 위의 상처는 아직도 아물지 않았다. 전쟁 이후 세계는 새로운 출발을 맞이했지만, 그 **출발선은 평등하지 않았다.** 오늘날 우리가 마주하는 세계지도는 그렇게 탄생한 것이다. 그것은 수많은 고통과 결단, 타협과 배제의 산물이며, 그 안에는 아직도 치유되지 못한 기억들이 조용히 숨 쉬고 있다.

3. 냉전의 골이 깊어진 이유

냉전은 단순히 미국과 소련이 서로 다른 체제와 이념을 주장한 갈등이 아니었다. 시간이 지나면서 그 대립은 군사·경제·사상·일상의 모든 영역으로 스며들었고, 결국 인류 전체를 양분하는 구조로 고착되었다.

첫째, **핵무기 경쟁** 때문이다. 히로시마와 나가사키에 원자폭탄이 투하된 뒤, 소련은 1949년에 첫 핵실험에 성공했다. 이어서 수소폭탄과 대륙간탄도미사일(ICBM) 개발 경쟁이 이어지면서 양국은 언제든 세계를 파괴할 수 있는 무기를 손에 쥐게 되었다. '공포의 균형'이라 불린 이 상황은 전쟁을 막기도 했지만, 동시에 인간이 만든 무기가 인류 전체를 위협하는 역설을 드러냈다.

둘째, **유럽의 분단**이었다. 독일은 동서로 갈라졌고, 수도 베를린 한복판에 세워진 장벽은 냉전의 심장을 가르는 콘크리트가 되었다. "동쪽에서 자유를 찾아 서쪽으로" 수많은 사람들이 탈출하려 했고, 총탄과 철조망은 인간의 꿈을 막아섰다. 베를린 장벽은 단순한 벽이 아니라, 자유와 억압이 서로를 향해 맞부딪히던 상징이었다.

셋째, **경제와 군사동맹 경쟁**이다. 1949년 미국은 NATO(북대서양조약기구)를 창설하여 서유럽 국가들을 묶었고, 이에 맞서 소련은 1955년 바르샤바 조약기구를 결성하여 동유럽을 결집시켰다. 한쪽 진영의 군사적 움직임은 즉각 다른 쪽의 대응을 불러왔고, 세계는 블록화된 세력 균형 속에 갇혀갔다.

마지막으로, **갈등이 유럽을 넘어 아시아와 제삼세계까지 확산**되었다. 한반도에서 한국전쟁(1950-1953)이, 동남아시아에서 베트남전쟁(1955-1975)이 벌어졌다. 이 전쟁들은 단순한 지역 분쟁이 아니라, 자유주의와 공산주의가 대리전을 치르는 무대였다. 총성이 울린 곳은 지구촌의 변두리였지만, 그 배경에는 늘 워싱턴과 모스크바의 그림자가 드리워져 있었다. 이처럼 냉전의 골은 점점 깊어졌고, 지구는 다시금 거대한 갈등의 무대가 되었다.

□ 한국전쟁의 발발 이유

한국전쟁은 1950년 6월 25일 새벽, 북한군의 전면 남침으로 전쟁이 발발했다. 이는 단순한 국지전이 아니라, **UN 안보리가 '침략'으로 규정**하며 국제전 양상으로 확산된 사건이었다. 그러나 그 배경에는 단순한 국지적 갈등을 넘어 냉전의 구조가 응축되어 있었다.

- **분단된 한반도의 대립**: 제2차 세계대전 후 한반도는 북위 38도선을 기준으로 소련군과 미군에 의해 분할 점령되었다. 이후 북한에는 공산주의 정권(김일성), 남한에는 민주주의 정부(이승만)가 세워졌다.

- **냉전 체제의 영향**: 미국과 소련은 세계를 무대로 영향력을 확장하려 했고, 한반도는 그

충돌의 최전선이 되었다.

- **북한의 무력 통일 시도**: 김일성은 한반도 전체를 공산화하려는 목표로 군사력을 증강했고, 소련과 중국의 지원을 받아 남침을 감행하였다.

□ 동서 베를린과 남북 분단

독일과 한반도는 모두 제2차 세계대전 이후 냉전 체제 속에서 분단되었다. 베를린 장벽과 38선은 단순한 경계가 아니라, 자유와 공산 체제의 대립을 상징하는 선이었다. 한 도시와 한 민족이 갈라진 이 두 사례는 냉전의 상징적 장면으로 기억되며, 오늘날까지도 전쟁과 이념이 남긴 깊은 상흔을 보여 준다.

4. 2차 대전 이후 국가의 독립과 영토의 변경

2차 세계대전이 끝난 후, 전 세계는 거대한 해방의 물결과 함께 새로운 경계의 고통을 맞이했다. 유럽 열강의 지배를 받던 아시아와 아프리카의 식민지들은 민족 자결주의와 독립운동의 기세를 타고 차례로 깃발을 올렸다. 인도(1947), 인도네시아(1945), 필리핀(1946) 등은 대표적인 독립 사례였다. 해방은 환희였지만, 그 기쁨은 오래가지 못했다. 경계가 새로 그어질 때마다, 그곳에는 곧 분쟁과 유혈이 뒤따랐다.

유럽에서는 전쟁 후 지도가 다시 그려졌다. 독일은 패전국이 되어 동서로 분단되었고, 폴란드는 서쪽으로 국경이 이동했으며, 발트 3국은 소련에 흡수되었다. 일본 역시 제국의 영토를 잃고 한반도, 대만, 남양 군도 등에서 손을 뗄 수밖에 없었다. 이 과정에서 몇몇 국가는 특별한 길을 걸었다. 이스라엘은 홀로코스트의 참극을 딛고 1948년 독립을 선포하며, 유대인의 국가 건설이라는 오랜 꿈을 이루었다. **아르메니아와 조지아**는 제1차 세계대전 직후 잠시 독립을 경험했지만 곧 소련에 편입되었고, 제2차 세계대전 후에도 해방을 얻지 못했다.

이들은 1991년 소련이 해체되면서 비로소 다시 독립국으로 설 수 있었다.

결국 제2차 세계대전은 단순히 전쟁의 종식이 아니라, **제국주의의 붕괴와 식민지 해방, 냉전의 시작, 그리고 새로운 국경선의 형성**이라는 복합적 변화를 불러왔다. 전쟁이 멎자 곧 새로운 긴장과 갈등이 자리 잡았다.

□ 튀르키예와 그리스의 영토 분쟁

제2차 세계대전 이후, 그리스와 터키 사이의 영토 갈등은 단순한 해양 경계를 넘어섰다. 에게해의 2,400여 개 섬과 암초, 그리고 **키프로스 문제**까지 포괄하는 복잡한 분쟁으로 이어졌다. 이는 단순한 영토 다툼이 아니라, 지정학·역사·민족·종교·자원 문제까지 얽힌 다층적 갈등이었다.

그리스는 연합국의 결정으로 1947년 이탈리아령 도데카네소스 제도를 넘겨받으며 에게해에서 입지를 강화했다. 그러나 이들 섬은 터키 해안과 불과 수 킬로미터밖에 떨어져 있어, 터키는 이를 안보 위협으로 간주했다. 그리스는 UN 해양법협약(UNCLOS, 1982)을 근거로 섬들도 독립적 관할권을 가진다고 주장했지만, 터키는 국제 해양법을 비준하지 않았고, 영해 확대를 '전쟁 행위'로 간주한다고까지 선언했다. 1996년의 **이미아(카르다크) 무인도 사건**은 이 갈등이 언제든 실제 전쟁으로 비화할 수 있음을 보여 주었다. 양국 해군은 충돌 직전까지 갔고, 미국과 NATO의 중재로 간신히 사태가 수습되었다. 그러나 이 사건은 에게해 분쟁이 단순한 해양 문제를 넘어 양국의 민족주의와 자존심이 걸린 문제임을 드러냈다.

분쟁의 또 다른 핵심은 **키프로스**(Cyprus, 사이프러스)였다. 1974년, 그리스계 군부의 쿠데타에 대응해 터키가 북부를 군사 점령하면서 섬은 둘로 갈라졌다. 북부에는 국제적으로 인정받지 못하는 '북키프로스 터키 공화국(TRNC)'이 세워졌고, 남부는 키프로스 공화국으로 남았다. 오늘날까지도 섬 중앙에는 '그린 라인(Green Line)'이라는 UN 완충지대가 이어지고 있으며, 수도 니코시아는 세계 유일의 분단 수도로 남아 있다. 콘크리트 장벽, 철조망,

1970년대 모습 그대로 멈춰 선 폐허의 거리들은 지금도 분단의 상처를 증언하고 있다.

결과적으로 튀르키예와 그리스의 갈등은 단순한 섬 몇 개의 문제가 아니라, **에게해 전체의 해양 관할권, 동지중해 에너지 자원, 그리고 키프로스 민족 분쟁**까지 얽힌 복합적 사안이다. 같은 NATO 회원국임에도 수십 년간 군사적 긴장과 외교 갈등이 반복되고 있으며, 이는 지중해 지역의 불안정성을 상징적으로 보여 준다.

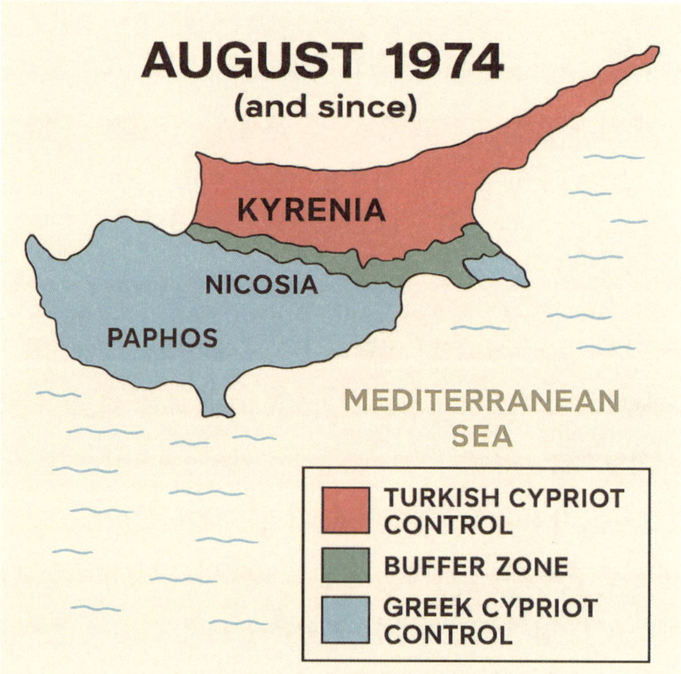

키프로스(사이프러스) 분쟁지도
Created with DALL · E by OpenAI.

5. 2차 대전 이후에도 식민지 해방이 안 된 나라

2차 세계대전 이후 수많은 아시아와 아프리카 민족들이 독립을 쟁취했지만, 여전히 식민지 상태나 준식민지 상태로 남은 지역도 있었다. 제국주의의 그림자는 쉽게 거두어지지 않았다.

□ 미완의 탈식민지, 제국의 그림자

대표적인 예가 **홍콩과 마카오**였다. 홍콩은 여전히 영국의 식민지로 남아 1997년에야 중국에 반환되었고, 마카오는 1999년까지 포르투갈의 지배 아래 있었다. 반환은 독립이라기보다는 주권의 재이전이었으며, 두 지역은 '일국양제(一國兩制)'라는 독특한 체제 아래에서 새로운 역사를 맞이했다.

팔레스타인은 더욱 복잡했다. 1948년 이스라엘의 독립과 함께 시작된 중동전쟁은 팔레스타인인들에게 국가 대신 난민 신분을 안겨주었다. 오늘날까지도 팔레스타인은 완전한 독립 국가로 인정받지 못하고 있으며, 이는 현대 국제 분쟁의 가장 오래된 뿌리 가운데 하나로 남아 있다.

그 밖에도 **프랑스의 해외 영토(뉴칼레도니아, 프랑스령 폴리네시아)**, **영국령 지브롤터와 포클랜드 제도**, **미국령 괌** 등은 여전히 독립하지 못한 채 강대국의 전략적 요충지로 남아 있다. 이는 20세기 중반의 탈식민지화가 완결되지 않았음을 보여 준다.

"모든 민족은 자기 운명을 스스로 결정할 권리가 있다"는 유엔 헌장의 원칙은 선언되었지만, 현실의 국제정치 속에서는 여전히 힘의 논리가 남아 있었다.

□ 아르메니아와 조지아의 국가 형성과 수난사

아르메니아는 기원전 6세기경 귀족 세력이 통합되며 왕국을 이루었고, 기원전 190년 아르타크세스 1세가 세운 아르메니아 왕국은 티그라네스 대왕 시기 대제국으로 성장했다. 301년에는 로마보다 먼저 기독교를 국교로 선포한 세계 최초의 나라가 되었으나, 로마와 페르시아 사이의 경계에서 끊임없는 전쟁을 겪었다. 428년에는 사산 왕조에 의해 왕국이 폐지되었고, 이후 아랍 · 튀르크 · 몽골 · 오스만 · 러시아의 지배를 차례로 받았다. 20세기에 이르러 제1차 세계대전이 발발하자, 오스만 제국은 독일과 오스트리아-헝가리와 함께 동맹국 진영에 가담하였다.

그러나 전쟁의 혼란 속에서 제국 지도부는 아르메니아인들이 러시아와 내통할 것이라는 의심을 이유로 대규모 강제 이주를 단행했다. 1915년 시작된 이 과정에서 수십만에서 많게는 150만 명에 이르는 아르메니아인들이 고향에서 추방되어 시리아 사막과 메소포타미아로 끌려갔으며, 그 과정에서 굶주림, 질병, 학살로 목숨을 잃었다. 어린이와 여성조차 보호받지 못했고, 카르스와 반 호수 일대, 그리고 데이르에조르(Deir ez-Zor) 강제 수용지에서의 집단 학살은 오늘날까지 인류사의 가장 참혹한 비극중 하나로 기억된다. 이 아르메니아 대학살은 단순한 전시 조치가 아니라 한 민족의 정체성과 생존을 송두리째 뒤흔든 사건이었으며, 기독교를 최초로 국교화했던 아르메니아 민족은 다시금 신앙과 생존 사이의 깊은 시련을 겪어야 했다.

조지아(고대 이베리아 왕국)는 기원전 4세기경 국가 체제를 갖추었고, 337년 미리안 3세가 기독교를 국교로 받아들였다. 조지아 교회와 수도원은 단순한 종교 기관을 넘어 민족 정체성과 저항의 보루였다. 그러나 이후에도 아랍, 셀주크, 몽골의 침입에 시달렸고, 19세기에는 러시아 제국에 병합되었다. 20세기 초, 소련의 붉은 군대에 의해 소비에트 사회주의 공화국으로 편입되면서 독립성을 상실했다.

두 나라는 모두 기독교를 정체성의 중심으로 삼아 외세의 지배 속에서도 문화를 지켜왔다. 교회와 수도원은 민족의 기억을 이어 주는 성채였으며, 예배는 단순한 신앙 행위가 아니라 존재를 확인하는 선언이었다. 소련이 해체된 1991년, 이들은 마침내 다시 독립을 얻었지만, 오랜 수난의 기억은 지금도 역사와 정치의 밑바탕에 남아 있다.

6. 2차 대전 이후의 국제질서 변화

2차 세계대전이 끝난 이후, 세계 정세는 급격하게 재편되었다. 전쟁의 폐허 속에서 미국과 소련은 각기 자유주의와 공산주의 진영의 대표 국가로 부상하며, 냉전이라는 새로운 형태의 대결 구도가 형성되었다. 이 시기를 통해 세계는 두 개의 진영으로 나뉘어 정치, 경제, 군사

면에서 대립과 경쟁을 이어 갔다.

1945년 이후 독일은 동서로 갈라졌고, 한반도 역시 남북으로 분단되었다. 냉전 초기, 베를린 봉쇄와 한국전쟁 같은 사건은 체제 대결이 단순한 외교적 갈등이 아니라 인간의 삶과 도시의 생존을 뒤흔드는 문제임을 보여 주었다. 동시에 유엔과 같은 국제기구가 전후 질서를 관리하고자 시도했지만, 강대국의 경쟁은 이미 세계 곳곳으로 번져 나가고 있었다.

1960년대에 들어서면서 **식민지 해방이 본격화**되었다. 아시아와 아프리카에서 새로운 국기들이 속속 게양되었고, 세계는 탈식민화 시대를 맞았다. 그러나 독립이 곧 안정은 아니었다. 정치적 공백과 경제적 혼란 속에서 내전과 쿠데타가 빈발했다. 한편, 미·소의 대결은 핵무기와 우주 개발로 확산되었고, 1962년 쿠바 미사일 위기는 인류가 핵전쟁 문턱까지 다가섰음을 극적으로 드러냈다.

1970년대에는 데탕트라 불린 긴장 완화의 바람이 불었다. SALT(전략무기제한협정)와 헬싱키 협약은 양 진영이 공존의 가능성을 모색한 시도였다. 그러나 중동전쟁과 석유파동(1973, 1979)은 국제 경제를 요동치게 했고, 동시에 제3 세계 국가들은 비동맹 운동을 통해 독자적인 목소리를 내기 시작했다.

1980년대 들어 미국의 레이건 행정부는 **군비 경쟁을 다시 강화**하며 '신냉전'의 그림자를 드리웠다. 그러나 소련 내부의 경제난과 아프가니스탄 전쟁의 수렁은 체제를 흔들었고, 고르바초프의 페레스트로이카와 글라스노스트는 동유럽의 민주화 물결과 맞물리며 거대한 전환을 예고했다. 1989년 베를린 장벽이 무너지고, 1991년 소련이 해체되면서 반세기 가까이 이어졌던 냉전은 마침내 종식되었다.

1990년대의 세계는 단극 체제였다. 미국이 초강대국으로 부상해 걸프전(1991)을 주도했고, NATO는 동진을 시작했다. 유럽연합(EU)은 1993년 출범하며 통합의 실험을 본격화했고, 1995년 창설된 WTO는 세계화의 가속을 이끌었다. 인터넷과 정보통신 혁명은 인류가 처음으로 '하나의 지구촌'이라는 감각을 체험하게 만들었다.

□ 유럽연합의 명과 암, 그리고 현재

유럽연합(EU)은 "다시는 유럽 대륙에서 전쟁이 일어나지 않게 하자"는 절박한 열망 속에서 태어났다. 석탄과 철강을 공동 관리하는 경제 협력체로 출발했으나, 정치 · 외교 · 문화 · 법률을 아우르는 초국가적 연합체로 성장했다. 단일시장과 유로화는 경제 효율성과 경쟁력을 높였고, 국경 없는 이동과 공동 규범은 유럽 시민들의 삶을 크게 바꾸어 놓았다.

그러나 이상은 언제나 현실과 충돌했다. 2016년 국민투표로 결정되고, 2020년 공식 탈퇴가 이루어진 브렉시트는 통합이 당연하지 않음을 보여 주는 분기점이었다. 각국은 **공동 규범**보다 **자국 우선주의**를 앞세우기 시작했고, 난민 정책과 기후 대응, 군사 협력에서 EU의 균열은 점점 두드러졌다. 영국은 독자 노선을 택했으나 스코틀랜드 독립 문제와 북아일랜드 갈등으로 또 다른 불안을 맞이했다.

▶ 유럽의 세 축 - 영국 · 프랑스 · 독일이 마주한 공통된 현실

오늘날 유럽의 중심을 이루는 세 나라, **영국 · 프랑스 · 독일**은 서로 다른 길을 걸어왔지만, 놀랍게도 닮은 위기를 겪고 있다. 한때 "**해가 지지 않는 나라**"라 불리며 세계의 바다를 지배했던 영국은, 이제 브렉시트 이후 분열된 섬이 되었다. 산업혁명의 본고장이었지만, 금융 중심지의 자부심은 공급망 혼란과 정치 불신 속에 흔들리고 있다. 한편, 유럽의 심장부에서 "나폴레옹의 후예들"이 일으킨 프랑스는 여전히 문화와 철학의 중심이지만, 거리의 시위와 사회 갈등이 그 찬란한 이념의 그림자를 드리운다. 자유 · 평등 · 박애의 기치는 여전히 높이 걸려 있으나, 현실의 복지 부담과 정치 분열은 이상을 지탱하기 어렵게 만들고 있다.

그리고 라인 강을 따라 "**질서와 기술의 나라**"로 불리던 독일은, 더 이상 유럽의 견인차가 아니다. 제조업의 황금기는 쇠퇴하고, 에너지 의존과 고령화가 겹치며 "**독일의 영광은 저물었다**"는 냉정한 평가마저 들린다. 산업과 복지의 균형을 이루던 모델국가의 시스템은 새로운 세계 질서 속에서 방향을 잃고 있다. 세 나라는 모두 한때 세계의 중심이었지만, 지금은 **정치적 통합의 약화, 경제 성장의 둔화, 사회적 분열의 심화**라는 공통된 현실 앞에 서 있다. 그들의 위기는 단지 경제의 문제가 아니라, **정체성과 가치의 균열**에서 비롯된 문명의 피로이기도 하다. 공통적인 문제는 다음 네 가지로 요약된다.

- **정치적 통합 능력의 약화** - 다문화 사회로 변화하는 과정에서 세속적 법과 종교적 신념(특히 이슬람 율법, *Sharia*) 간의 충돌이 커졌다. 각국 정부는 포용과 규제 사이에서 균형을 잃었고, 이로 인해 사회 통합의 기반이 흔들리고 있다. 이러한 분열은 극우 포퓰리즘의 확산으로 이어지며 정치적 타협 능력을 더욱 약화시키고 있다.

- **경제 성장의 둔화와 복지 부담의 확대** - 고령화, 노동력 감소, 글로벌 경쟁 심화로 인해 세 나라 모두 성장 동력이 약해지고 있다. 복지 지출은 꾸준히 늘어나지만 세수는 줄어들어, 청년층의 좌절과 중산층의 세금 부담이 사회 불만으로 번지고 있다.

- **투자 위축과 재정 건전성의 악화** - 에너지 전환 비용, 고금리, 지정학적 불안이 겹치며 산업 경쟁력은 약화되고 있다. 정부는 경기 부양과 재정 건전성 사이에서 방향을 잡지 못하고, 기업은 불확실성 속에 투자를 미루고 있다.

- **포퓰리즘의 확산** - 남유럽의 일부 국가는 재정 위기와 복지 확대 포퓰리즘(populism)으로 크게 흔들렸고, 유로존의 긴축 정책은 회원국 간 연대를 약화시켰다. 냉전 이후 자유무역과 다자 협력을 기초로 유지되던 국제질서는 21세기 들어 **포퓰리즘의 확산**으로 균열을 보이기 시작했다. 포퓰리즘은 원래 "대중의 의지를 직접 반영한다"는 정치적 수사였으나, 시간이 지나면서 제도적 합의를 불신하고 즉각적 대중 감정과 요구를 직접 정책으로 연결하는 방식으로 변질되었다. 포퓰리즘은 **좌파에서는 복지 확대**, **우파에서는 반이민·국수주의**로 나타나는 등, 이념의 스펙트럼을 가로지르며 **확산**되었다.

영국에서는 브렉시트(Brexit)를 계기로 "국민주권 회복"을 내세운 우파 포퓰리즘이 강화되었다. 이는 EU와 관료주의, 그리고 이민자 문제에 대한 반발에서 비롯된 것으로, 국가 정체성과 독립성을 되찾으려는 감정이 그 중심에 있다.

프랑스에서는 **좌파의 복지·평등 중심 포퓰리즘**과 **우파의 반이민·반엘리트 정서**가 양극단에서 동시에 확산되고 있다. '국민연합(RN)'과 '불복하는 프랑스(LFI)'가 대표적 세력으로, 각각 사회적 불평등과 정치 엘리트에 대한 대중의 분노를 대변한다.

독일에서는 난민 수용 정책 이후 극우 포퓰리즘(AfD)이 급부상하며, 반이민·반EU·반이슬람 정서를 중심으로 정치 지형을 뒤흔들고 있다. 결국 포퓰리즘은 영국에서는 ***"주권의 문제"***, 프랑스에서는 ***"사회적 평등의 문제"***, 독일에서는 ***"정체성의 문제"***로 나타나지만, 그 근원에는 공통적으로 제도 정치에 대한 불신과 사회적 피로감이 자리하고 있다.

▶ 유럽 연합의 다양한 숙제와 정체성

2025년 현재, EU는 우크라이나 전쟁, 에너지 위기, 인공지능 규제, 난민 문제, 녹색 전환(Green Deal) 비용 부담 등 외부 도전에 직면해 있다. 동시에 동·서유럽의 가치 차이, 남북 간 경제 격차, 극우 정당의 부상으로 내부 긴장도 깊어지고 있다. 그럼에도 불구하고 EU는 여전히 세계에서 가장 강력한 초국가적 연합체다. '다양성 속의 통합'이라는 표어는 단순한 이상이 아니라, 유럽이 다시금 자신들의 정체성과 연대 의식을 재발견해야 한다는 과제를 담고 있다.

□ 2000년 이후의 국제 정세

21세기의 첫 장은 충격으로 열렸다. 2001년 9·11 테러는 세계를 공포로 몰아넣었고, **미국은 '테러와의 전쟁'**을 선포해 아프가니스탄과 이라크를 침공했다. 2008년 글로벌 금융위기는 세계 경제를 휘청이게 했으며, 유럽 재정 위기와 실업률 상승은 사회적 갈등을 격화시켰다.

2010년대 초, '아랍의 봄'은 자유와 민주를 외쳤지만, 희망의 불꽃은 곧 내전과 혼란으로 바뀌었다. 같은 시기 중국은 WTO 가입 이후 초고속 성장을 이어 갔고, 일대일로 정책을 통해 유라시아 전역에 영향력을 확대했다. 2014년 러시아의 크림반도 병합은 서방과의 새로운 갈등의 신호탄이었으며, 2016년 브렉시트와 미국의 트럼프 당선은 국제질서의 불확실성을 키웠다.

2020년 코로나19 팬데믹은 전 세계를 멈춰 세웠다. 국경은 닫히고, 공급망은 끊어졌으며, 디지털 전환이 가속되었다. 2022년 러시아의 우크라이나 전면 침공은 유럽 안보의 균열과 세계 경제의 불안을 증폭시켰다.

2020년대에 들어서면서 세계는 **새로운 '신냉전'** 구도로 빠져들고 있다. 과거 미·소 냉전이 이념의 대립이었다면, 오늘날의 신냉전은 정치·경제·기술·안보·환경을 포괄하는 **총체적 경쟁**이다. 반도체와 인공지능, 사이버 안보, 우주 개발, 기후 대응은 모두 새로운 전장의 모습이다. 미국과 중국은 무역과 기술 패권을 두고 날카롭게 맞서고 있고, 남중국해와 대만해협에서의 군사적 긴장은 높아지고 있다. 러시아는 우크라이나 전쟁으로 서방과의 대립을 격화시키며 에너지와 식량, 무기 공급망까지 흔들고 있다. 자유무역의 시대는 저물고, 각국은 **경제 안보**라는 이름으로 전략 자원의 자급과 공급망 재편을 추구하고 있다.

오늘날의 세계는 더 이상 단순한 '동서 대결'이 아니다. 그것은 기술과 자원, 생태와 인간의 미래를 두고 벌이는 다층적 경쟁이다. 인류는 다시 묻고 있다. **"경쟁은 어디를 향하는가, 기술과 힘은 인간을 어디로 데려갈 것인가?"** 냉전이 핵전쟁의 공포를 남겼다면, 신냉전은 기후 위기와 기술의 윤리를 우리 앞에 새로운 과제로 놓고 있다.

7. 우크라이나 전쟁과 이란-이스라엘 전쟁

현재 벌어지고 있는 우크라이나 전쟁과 이란-이스라엘 갈등은 제1·2차 세계대전 이후 만들어진 국제질서가 얼마나 취약하게 흔들릴 수 있는지를 보여주는 대표적인 사례들이다. 두 전쟁은 서로 다른 지역에서 벌어지고 있지만, 공통으로 **지정학, 역사적 상처, 민족 감정, 종교 이념, 패권 경쟁**이라는 현대전의 주요 요소를 모두 담고 있다.

□ 우크라이나 전쟁 - 제국의 기억과 현대 패권의 충돌

2022년 2월 24일, 러시아는 우크라이나 전역을 전면 침공했다. 그러나 그 발단은 단순한 국경 분쟁이 아니었다. 이 전쟁의 배후에는 **제국의 기억과 체제의 불안**이 자리 잡고 있었다. 러시아는 우크라이나를 하나의 독립된 민족국가라기보다 '역사적 러시아 세계(Russkiy Mir)'의 일부로 여겨왔다. 블라디미르 푸틴은 소련의 해체를 "20세기 최대의 지정학적 비극"이라 규정하며, 주변국이 서방 진영(EU, NATO)에 편입되는 것을 자국 안보에 대한 치명적 위협으로 인식했다.

우크라이나가 점차 유럽과 가까워지자, 러시아는 이를 저지하기 위해 2014년 크림반도를 강제 병합했고, 2022년에는 전면전을 감행했다. 이 전쟁은 곧바로 **자유민주주의와 권위주의 체제의 가치 충돌**, **에너지와 곡물 자원의 무기화**, **국제법 질서의 붕괴**라는 다층적 전선으로 확산되었다.

▶ 교착된 전선 뒤에서 모습을 드러낸 하늘의 전쟁

전쟁이 2년을 넘어가면서 전장의 풍경은 더욱 특이한 형태로 변해 갔다. 지상 전선은 거의 움직이지 않았고, 수백 km의 전선은 참호와 진지로 고착되었다. 그러나 전쟁은 멈추지 않았다. 오히려 전선 뒤의 후방, 그 너머의 하늘에서 **새로운 전쟁의 문**이 열리기 시작했다. 우크라이나는 저가·장거리 드론 기술을 급격히 발전시켜, 수천 km 떨어진 러시아 본토 깊숙한 곳까지 타격할 수 있는 능력을 확보했다. 이전까지 러시아 국민의 일상은 전쟁과 거의 관계가 없었지만, 우크라이나 드론이 모스크바 인근과 주요 정유시설에 도달하면서 전쟁의 충격이 비로소 일상 속으로 스며들기 시작했다. 이는 전선에서 벌어지는 병력 소모전이 아니라, **국가 인프라와 산업 기반을 겨냥한 고도의 시스템 전쟁**으로 전면 확장된 것을 의미했다.

▶ 에너지와 전력망을 둘러싼 새로운 전쟁

러시아의 광대한 **전력망과 정유 시설**은 지역 간 연결성이 강한 통합 시스템이다. 우크라이나는 이를 정확히 파악해, 방대한 설비 중에서도 '결정적 약점'만을 상대로 정밀 타격을 감행했다. 변전소 하나가 마비되면, 수백 km 떨어진 공업도시와 민간 주거지가 동시에 흔들렸고, 정유시설 한 곳이 불타면 연료 공급망 전체가 혼란에 빠졌다. 이런 공격 방식은 과거의 전략폭격과는 완전히 다른 형태다. **폭격기 몇십 대**가 필요했던 일을, 이제는 **저가 드론 한두 대**가 수행한다. 이제 전쟁은 더 이상 군사 기지와 전차를 목표로 하지 않는다. 전력망, 석유 정제공장, 물류 허브—국가의 '순환 체계' 전체가 전장이 되었다. 이것이 바로 현대전이 가진 가장 충격적인 변화이며, 우크라이나 전쟁은 이를 세계에 가장 먼저 보여 준 사례가 되었다.

▶ 국민 지구력의 전쟁 - "누가 더 오래 버티느냐"의 시대

전쟁이 장기화되면서, 승패는 더 이상 전장에서의 전술적 승리로 결정되지 않는다. 국가의 전력망이 얼마나 견디는가, 산업 생산력이 어느 정도 유지되는가, 그리고 무엇보다 **국민이** 얼마나 오랫동안 **전쟁의 압박**을 견딜 수 있는가가 승부를 가르는 요소가 되었다. 러시아는 거대한 경제 규모와 방대한 산업 기반을 앞세우고 있지만, 전쟁의 충격이 점차 일반 시민에게 다가오면서 사회적 피로도가 증가하고 있다. 우크라이나 역시 서방의 지원에 의존하며 버티고 있지만, 에너지 시설 파괴와 산업 지연은 국가의 생존 자체를 위협한다. 결국 이 전쟁은 군대끼리의 싸움이 아닌, **국가 시스템 전체와 국민의 지구력이 맞붙는 총체전**으로 변했다. 이는 21세기 전쟁이 어떤 모습으로 진화하고 있는지-그리고 그 끝이 어디로 향하는지-우리가 직시해야 할 중요한 현실을 보여 준다.

□ 이란과 이스라엘 갈등 - 종교, 민족, 핵 그리고 존재의 위협

중동에서 벌어지는 이란-이스라엘 갈등 역시 단순한 국지전이 아니다. 이곳에는 **종교, 민족, 국가 정체성**이 얽혀 있으며, 무엇보다 **존재 자체를 부정하는 갈등**이 뿌리 깊게 자리하고 있다. 이란은 시아파 종주국으로서 팔레스타인 무장 조직 하마스, 레바논의 헤즈볼라를 지원하며 이스라엘과 대리전을 치러왔다. 반면 이스라엘은 이러한 무장세력을 생존에 대한 직

접적 위협으로 간주하며, 이란의 핵 개발을 절대 용납할 수 없는 '레드라인'으로 선포했다.

2023년 10월 하마스의 이스라엘 기습 공격으로 가자지구 전쟁이 재점화되었고, 2024년 이후에는 이란과 이스라엘이 직접 드론과 미사일을 주고받는 충돌로 비화되었다. 종교의 이름으로 포장된 폭력, 핵확산의 위협, 민간인에 대한 무차별적 희생은 이 분쟁을 단지 중동 문제로 한정할 수 없게 만들었다. 미국, 러시아, 중국 등 외부 강대국의 개입은 갈등을 국제전적 양상으로 확장시키고 있다.

▶ 이란-이스라엘 갈등의 뿌리 - 종교와 민족이 뒤얽힌 오래된 균열

이란과 이스라엘의 충돌은 단순한 영토나 정치적 이해관계를 넘어, **정체성과 존재의 문제**로 이어져 왔다. 이란은 자신을 시아파의 보호자이자 '반(反)서구 저항의 중심'으로 자리매김하며, 이스라엘을 서구 패권의 첨병으로 규정해 왔다. 이스라엘은 주변의 시아파 무장 세력이 모두 이란의 군사·재정 지원을 받는다는 점에서, 이란을 단순한 적이 아니라 **적대 구조의 설계자**로 인식한다. 이 갈등의 뿌리는 현대 정치만이 아니라, 페르시아-유대의 고대 역사, 오스만 제국 붕괴 후 중동 질서 재편, 1948년 이스라엘 건국과 팔레스타인 분쟁, 이슬람 혁명(1979)을 거치며 더 복잡하게 얽혀왔다.

▶ 드론과 미사일이 바꾼 전쟁의 양상 - 하늘에서 벌어지는 '보이지 않는 전쟁'

2024~2025년은 이란-이스라엘 갈등의 전술·전략적 지형이 근본적으로 변한 시기였다. 과거에는 레바논·가자지구·시리아를 통한 대리전이 대부분이었으나, 최근에는 **양국이 직접 서로의 본토를 향해 드론과 탄도미사일을 교차 발사**하는 사태로 확전되었다. 이란은 장거리 순항미사일과 대규모 드론 편대를 동시에 운용하는 '포화 전략'을 시도했다. 이스라엘은 화살(Arrow), 아이언돔, 데이비드슬링 등 복층 방공망을 가동해 90% 이상 요격을 달성하며 군사적 억지력을 과시했다. 그러나 이 과정에서 드러난 것은, **전쟁의 새로운 특징—저비용 무기와 고비용 방어의 불균형, 즉 현대전의 비대칭성**이었다. 10만 달러짜리 드론이 수백만 달러짜리 요격 미사일을 소모시키는 구조 속에서, 중동의 하늘은 점점 더 예측 불가능한 전장으로 변하고 있다.

▶ 핵 개발과 '존재의 붕괴'라는 공포 - 중동을 덮친 새로운 레드라인

이스라엘은 이란의 **핵 개발**을 **'국가 소멸'의 가능성**과 직결된 문제로 본다. 이는 단순한 군사적 판단이 아니라, 유대인의 역사와 집단 기억에서 비롯된 **생존의 명제**에 가깝다. 아우슈비츠의 비극을 경험한 이스라엘 국가 정체성은, "다시는 당하지 않겠다 (Never Again)"는 신념을 국가 전략의 중심에 놓아 왔다. 반면 이란은 핵 능력을 **체제 생존의 보증 장치**로 본다. 미국과 이스라엘이 주도하는 압박 속에서, 핵무기는 억지력 이상의 의미-국가적 자존과 위신-를 갖게 되었다. 이 두 논리는 타협이 어렵고, 동시에 서로의 공포를 증폭시킨다. 따라서 이 갈등은 언제든지 지역 전쟁을 넘어 **핵위기**로 비화될 가능성을 안고 있다.

그러나 우리는 묻지 않을 수 없다. 기원전 페르시아의 고레스 대왕이 바벨론 포로로 끌려간 유대인들에게 귀환을 허락하고 성전 재건을 명령했던 그 기억을, 인류는 잃어버린 것일까? 종교와 민족, 권력의 이름 아래 반복되는 복수의 연쇄 속에서, 과거의 **'관용과 회복'**의 정신은 어디로 사라졌는가. 지금 이 시대가 다시금 고레스의 포용과 화해의 기억을 되살릴 수 있다면, 중동의 전쟁은 인류 전체의 회복의 서막으로 바뀔 수도 있을 것이다.

□ 공통점과 교훈 - 21세기에도 반복되는 전쟁의 그림자

우크라이나 전쟁과 이란-이스라엘 갈등은 서로 다른 배경을 가졌지만, 다음과 같은 공통된 패턴을 드러낸다.

- **역사의 기억이 전쟁을 부른다.** 제국의 붕괴(소련, 오스만)와 미해결된 종교·민족 문제는 수십 년이 지나도 갈등의 불씨로 남는다.
- **국가 정체성과 생존이 무기가 된다.** "우리는 살아남기 위해 싸운다"는 명분은 공격과 폭력마저 정당화한다. 그러나 그 과정에서 가장 먼저 희생되는 것은 민간인과 국제법이다.
- **국지전은 곧 국제전으로 확산된다.** 우크라이나 전쟁은 나토·미국을, 중동 갈등은 미국·러시아·중국을 불러들이며, 갈등의 무대는 지역을 넘어선다.

- **기술의 발전은 평화를 보장하지 않는다.** 드론, 인공지능, 사이버전, 극초음속 미사일이 투입되지만, 그것은 평화를 앞당기지 않고 전쟁을 고도화할 뿐이다.

□ 맺음말

우크라이나와 중동에서 울려 퍼지는 포성은, 세계대전 이후의 국제질서가 얼마나 쉽게 흔들릴 수 있는지를 일깨운다. 인류는 다시금 질문 앞에 서 있다.

"전쟁은 피할 수 없는 운명인가, 아니면 피하지 않은 선택의 결과인가?"

필요한 것은 군사력만이 아니다. 기억과 반성, 인권과 대화, 정의로운 질서를 향한 국제적 합의가 함께하지 않는다면, 역사는 또다시 같은 그림자를 반복할 것이다. 전쟁을 되풀이할 것인가, 아니면 고통 속에서 얻은 교훈을 실천할 것인가. 그것은 오늘을 사는 인류가 내려야 할 선택이다.

8. 우주를 향한 눈, 땅 위의 하늘을 다시 정의하다

러시아-우크라이나 전쟁은 지상전처럼 보이지만, 실질적 우세는 하늘을 장악한 쪽이 거머쥐었다. GPS가 방해되면 미사일은 길을 잃고, 통신위성이 끊기면 전선은 곧바로 혼란에 빠진다. 우크라이나가 무너진 통신망 속에서도 지휘와 작전을 유지할 수 있었던 이유는 **스페이스X가 운영하는 '스타링크(Starlink)' 위성 인터넷망**이 대체망으로 작동했기 때문이다. 스타링크는 수천 기의 저궤도 소형위성을 연결해 어디서든 통신이 가능하도록 만든 시스템이다. 전황에서 러시아가 우세해졌던 시점 다수도 우주 기반 정찰 · 항법 · 전자전 체계가 장악된 순간과 맞닿아 있다. 마찬가지로 이스라엘과 이란의 전쟁도 하늘의 전쟁이다. **현대의 영토는 땅이 아니라 하늘에서 결정된다.**

이제 우주는 더 이상 연구의 대상이 아니라, 국가가 확보해야 할 **전략적 영토**가 되었다. 달 탐사는 기술 과시를 넘어 체제와 패권의 우열을 가늠하는 무대가 되었고, 인공위성은 통신·정찰·전쟁 억제까지 좌우하는 새로운 국가 기반시설이 되었다. 우주를 선점한 국가는 곧 **정보와 힘의 흐름을 지배하는 자**가 된다. 그러나 수명을 다한 위성이 남긴 잔해는 궤도를 막는다. 이에 따라 우주 폐기물 제거·회수·재활용에 대한 문제가 해결과제로 떠오르고 있다. 인류는 이제 땅뿐 아니라 **하늘과 우주의 질서를 어떻게 설계할 것인가**를 질문받고 있다.

□ 미국과 소련의 경쟁이 시작되다

우주 개발이라는 거대한 서막은 연구실이 아닌 냉전의 장에서 열렸다. 1959년 소련의 루나 9호는 1966년 달에 부드럽게 착륙해 사진을 보내며 새로운 시대의 문을 열었다. 그러나 미국은 더 멀리 나아가야 했다. 단순한 우주선의 착륙이 아니라 인간을 달에 보내고 다시 데려오는 것이었다. 1969년 아폴로 11호가 달에 발을 내디딘 순간, 우주는 과학의 실험장이 아닌 국가 간 체제 우월과 패권을 증명하는 무대로 변했다. 인류가 달에 올랐던 그 짧은 시간은 냉전의 권력이 어디까지 확장될 수 있는지 보여준 상징적 사건이었다. 우주는 이제 과학을 넘어 **국가 전략의 새 전장**이 되었다.

□ 미사일과 인공위성의 차이는 무엇인가?

발사 순간만 보면 둘은 똑같다. 불꽃 속에 감추어진 금속 기둥이 하늘로 솟구치고, 단계가 분리되며 대기를 찢어 오른다. 그러나 목적은 정반대다. **미사일은 목표에 닿기 위해 낙하**한다. **인공위성은 지구로 떨어지지 않기 위해 날아간다.** 미사일은 포물선으로 돌아오지만, 인공위성은 저궤도를 기준으로 초속 7.8km(시속 28,000km)의 속도를 유지해야 궤도에 머무른다. 즉 하나는 **파괴를 계산하는 기술**, 다른 하나는 **지속을 계산하는 기술**이다. 같은 엔진에서 출발했어도 그 끝은 서로 다른 하늘 아래로 갈라진다.

▶ 미사일과 인공위성의 비교

항목	미사일	인공위성 발사체
목표	지상 타격	우주 궤도 투입
탄두	폭발체·훈련탄	인공위성·탐사체
비행궤적	포물선 낙하형	궤도 진입 후 지속비행
전략적 의미	군사 억제력	과학·통신·산업 인프라

□ 수명이 다한 인공위성의 문제 - 우주는 청소되지 않는다

우주는 넓지만, 위성이 사용할 수 있는 궤도는 한정되어 있다. 임무를 마친 위성과 로켓의 파편, 충돌로 생겨난 금속 조각들은 대기권에 떨어지지 않은 채 수십 년, 때로는 수백 년을 머문다. 이 작은 파편조차도 총탄보다 빠른 속도로 움직이며 활동 중인 위성과 충돌한다면 더 많은 조각을 만들어내고, 이는 연쇄 충돌을 불러올 수 있다. 이를 케슬러 증후군이라 부른다. 인류는 지구 환경을 오염시킨 경험을 되풀이할 것인가, 아니면 우주 환경 보존이라는 새로운 과제를 풀어낼 것인가. 미래의 경쟁은 이제 발사보다 **회수·처리·재활용** 기술에서 결정될지도 모른다.

□ 별과 인공위성을 구분하는 법

밤하늘을 올려다보면 별과 인공위성은 똑같은 작은 점처럼 보인다. 그러나 빛의 성질은 서로 다르다. 별은 광년 너머에서 빛이 도달하는 동안 대기층을 통과하며 미세하게 깜빡이는 반면, 인공위성은 일정한 속도로 이동하며 밝기 변화가 거의 없다. 장시간 노출 사진을 촬영해 보면 차이는 더 선명하다. 별은 곡선을 그리지만 인공위성은 직선의 궤적을 남긴다. 하늘에 떠 있는 물체가 천천히 한 방향으로 미끄러지듯 흐른다면, 그것은 자연이 아닌 인간이 만든 빛이다. 또한, 인공위성이 하늘에서 **반짝이다가 갑자기 사라지는 이유**는 위성이 스스로 빛을 내는 것이 아니라 **태양빛을 반사**해서 밝게 보이기 때문이다. 즉, **빛의 반사 각도**가 변하거나 **지구의 그림자**에 들어가면 바로 사라진다. 오늘의 밤하늘은 더 이상 순수한 **우**

주의 별빛만이 아니라 **문명과 기술이 만든 빛**의 흐름이 **함께 움직이는 무대**가 되었다.

□ 대한민국의 우주개발 - 첫 문을 두드리고, 다음 문으로 나아가다

우리의 첫 우주 발걸음은 결코 순탄하지 않았다. 나로호(KSLV-I)는 두 차례의 실패 끝에 2013년 궤도 진입에 성공하며 한국을 우주 도달국으로 끌어올렸다. 이는 단순한 기술 성취가 아니라, 더 높은 하늘을 향할 수 있다는 가능성을 확인한 순간이었다. 이후 등장한 누리호(KSLV-II)는 설계 · 엔진 · 추진체까지 온전히 국내 기술로 만든 완전 국산 발사체였다. 한국은 이제 타국의 문을 두드리는 존재가 아니라, **스스로** 열쇠를 만들어 **문을 여는 국가**가 되었다. 그리고 2025년 11월 27일, 누리호 4차 정식 발사가 성공하며 한국 우주개발은 단발 성공의 시대에서 반복 운용의 시대로 넘어갔다. 중형위성 · 큐브위성 다중 탑재 임무는 한국이 **발사 → 운용 → 활용**으로 이어지는 우주 기술 순환을 구축하기 시작했음을 의미한다.

그 다음은 독자적 항법 위성망의 실현이 목표이다. 대한민국은 2030년대에 독자적 항법 위성망 **KPS(Korean Positioning System)** 구축을 통해 외국 GPS 의존을 줄이고, 우주에서 제공되는 시간 · 위치 · 항법 정보를 자국 시스템으로 확보할 계획이다. 이는 민간 항공기 운항에 필수적인 항법체계와 직접 연동되는 국가 기반 인프라다. 위성에서 내려오는 신호는 더 이상 참고자료가 아니라 **항공기의 길을 안내하는 실제 항법 기준**이 된다. 2035년에는 재사용 발사체 실증과 달 궤도선 · 착륙선 개발이 가시권에 들어오며, 대한민국은 **우주를 운영하고 활용하는 능력을 갖춘 국가**로 변모해 있을 것이다.

□ 하늘 점유권 - 땅은 내 것이나, 하늘은 누구의 것인가?

기존의 법은 땅의 위와 아래까지 모두 주인의 것으로 정의했다. 그러나 하늘을 나는 비행기와 드론, 궤도를 도는 위성이 등장한 지금, 그 정의는 더 이상 그대로 설 수 없다. 현대 법은 하늘을 구획하기 시작했다. 150m에서 300m 사이의 낮은 고도는 건물 · 생활권에 속하는 **사적 영역**, 항공기가 나는 중 · 고도는 국가가 관리하는 **공역**, 그리고 100km 위 대기권 밖의

우주는 어느 누구도 소유할 수 없는 **공동 영역**으로 나뉜다. 여객기는 보통 3만~4만 피트(약 9~12km), 전투기는 6만 피트(약 18km) 이상까지 상승할 수 있지만, 기술적 최대고도와는 별개로 국가 주권이 어디까지 미치는지에 대해서는 아직 국제적 합의가 남아 있다. 땅은 개인이 나눠 가질 수 있지만, 하늘은 인류가 함께 해석해야 하는 미지의 공간으로 남아 있다. 우주 개발이 가속화될수록 우리는 이렇게 묻게 된다.

땅의 권리는 이미 정해졌으나,
하늘의 권리는 아직 쓰이는 중이다.
우주 시대의 법은 이제 막 첫 줄이 쓰였을 뿐이다.

9. 대한민국이 나아갈 방향 - 쇄국에서 개방으로, 생존에서 설계로

19세기 후반, 조선은 세계사의 흐름 속에서 기로에 서 있었다. 일본은 메이지 유신을 통해 문호를 열고 근대화의 길로 나아갔으나, 조선은 끝내 쇄국을 선택했다. 그것은 단순한 외교 정책의 선택이 아니라, 세계 체계 속에서 자리를 잃는 결정이었다. 강화도조약(1876)을 기점으로 조선은 점차 열강의 세력권에 편입되었고, 마침내 1910년 일본 제국의 식민지로 전락했다.

해방 이후에도 평화는 쉽게 찾아오지 않았다. 한반도는 곧 냉전의 대리 무대가 되었고, 한국전쟁(1950)은 남과 북의 체제가 정면충돌한 비극이었다. 전쟁은 300만 명 이상의 목숨을 앗아갔고, 국토는 폐허로 변했다.

□ 한강의 기적과 집단지성, 그리고 미래 설계국가의 덕목

대한민국의 산업화와 경제 발전의 여정은 절망 속에서 길을 찾은 집단지성의 역사였다. 1950년대 전쟁의 폐허 속에서 세계 최빈국으로 평가받던 한국은, 1960년대 해외 노동과 경제개발계획으로 산업화의 초석을 다지고, 1970년대 중화학 공업 육성과 새마을운동으로 자립의 기틀을 세웠다. 1980년대에는 민주화와 경제 고도화를 동시에 이루며 국민의 힘을 다시 증명했고, 1997년 외환위기에는 금모으기 운동이라는 전 국민적 연대로 국가를 구했다. 이 과정은 단순한 경제 성장의 기록이 아니라, 교육·연대·도전·책임이라는 **한국형 집단지성**의 형성이었다. 오늘날 한국은 이 정신을 윤리와 책임의 기술력으로 확장해, 인류의 미래를 설계하고 표준을 제시하는 **'설계국가'**로 발전해야 한다.

▶ 1950년대 - 절망의 기록

1951년 한국전쟁의 포화 속에서 작성된 CIA와 서방의 보고서는 한국을 혹독하게 평가했다. 국토의 70퍼센트가 산악 지형이라 농업 기반이 취약하고, 전략 자원은 거의 없으며 산업 시설은 전쟁으로 초토화되었다. **국민의 문맹률은 70퍼센트** 이상에 달해 인적 자원의 한계가 뚜렷했고, 1인당 **국민소득은 100달러 수준**으로 **세계 최빈국**의 대열에 속했다. 보고서의 결론은 냉정했다. 한국은 자원과 교육, 경제 모든 면에서 **스스로 일어설 가능성이 없다**는 것이었다. 실제로 당시 한국은 필리핀보다 뒤처지고 북한보다도 가난한 나라였다. 필리핀은 미국식 제도와 교육으로 아시아에서 가장 부유한 나라로 불렸고, 북한은 공업 기반과 소련·중국의 원조를 바탕으로 남한을 압도하고 있었다.

▶ 1960년대 - 해외 노동으로 세운 경제 초석

그러나 절망 속에서도 한국은 길을 찾아 나섰다. 1960년대 들어 정부는 경제개발 5개년 계획을 추진하며 국가 재건의 첫발을 내디뎠다. 이 시기 수많은 청년들이 독일로 파견되어 **탄광에서 광부**로, **병원에서 간호사**로 일하며 외화를 송금했다. 척박한 환경 속에서 흘린 땀방울은 고스란히 국가 경제개발 자금으로 흘러들어갔고, 포항제철과 같은 산업화의 씨앗이 되었다. 무엇보다도 **"국가를 위해, 자녀를 위해"**라는 헌신의 정신은 개인을 넘어 **집단지성**의 한 형태였다.

▶ 1970년대 - 중화학 공업의 도전

1970년대에 들어서면서 한국은 새마을운동으로 농촌의 생활 기반을 개선하는 동시에 중화학 공업 육성에 국가적 역량을 집중했다. 포항제철의 용광로에서 쇳물이 쏟아지고, 울산의 조선소에서는 거대한 선박이 진수되었으며, **기계·석유화학·전자** 산업이 본격적으로 태동했다. 세계적인 오일쇼크의 충격 속에서도 한국은 위기를 기회로 바꾸며 수출을 확대했고, 단순 가공 수출국에서 제조업 기반을 갖춘 산업국으로 도약했다.

▶1980년대 - 민주화 열망과 경제 고도화

1980년대는 정치적 격동기였다. 군부 정권과 시민의 저항이 격돌했고, 광주 민주화 운동의 희생은 한국 사회에 깊은 상처를 남겼다. 그러나 이러한 고통은 **민주화**를 향한 열망으로 이어졌고, 1987년 6월 항쟁 끝에 대통령 직선제가 이루어졌다. 한편 경제적으로는 자동차, 전자, 반도체 산업이 세계 시장에 본격 진출하며, **'한강의 기적'**은 더 이상 수사적 표현이 아니게 되었다. 한국은 고도 성장과 민주화를 동시에 향해 달려가고 있었다.

▶ 1990년대 - 위기와 극복

1990년대 들어 한국은 OECD에 가입하며 선진국의 문턱에 들어섰다. 그러나 1997년 **외환위기**는 그 성과를 무너뜨릴 듯 몰아쳤다. 수많은 기업이 도산했고, 국가는 IMF에 구제금융을 요청하는 치욕을 겪었다. 하지만 국민은 또다시 집단지성으로 위기를 극복했다. 전국적으로 **금 모으기 운동**이 펼쳐져 어린아이부터 노인까지 결혼반지, 패물, 돼지저금통을 내놓았다. 한 사람의 힘은 미약했지만 국민 전체의 헌신은 국가를 다시 일으켜 세웠다.

▶ 미래 설계국가를 위한 덕목

오늘의 한국이 새로운 도약을 준비한다면, 과거의 집단지성을 **미래의 덕목**으로 승화시켜야 한다. 교육열은 단순 경쟁이 아니라 창의와 혁신으로 전환되어야 하고, 연대와 협력의 정신은 금 모으기 운동처럼 개인의 작은 희생이 공동체의 큰 힘이 되었던 경험을 기억하게 해야 한다. 위기를 기회로 바꾸는 **도전 정신**은 앞으로 다가올 기후·기술·안보 위기에도 적용될 수 있다. 또한 산업화 세대가 자원을 창조했듯이, 21세기는 윤리와 책임의 기술자 정신으로 신뢰와 표준을 설계하는 국가적 사명을 감당해야 한다. 그리고 이제 한국은 단순히 생존을 넘어, 인류의 미래를 설계하고 표준을 제시하는 **설계국가**로 나아가야 한다. 그 길을 떠받칠 덕목은 다름 아닌 교육, 연대, 도전, 책임이라는 집단지성의 현대적 계승일 것이다.

□ 대한민국 산업과 경제의 지속 가능성

세계는 점점 더 복잡해지고 있다. 성장은 더디고 금리는 높은 상황에서 전쟁과 해상 병목이 에너지·식량·운송 비용을 올려 물가와 **공급망 불안**을 키웠다. 미·중 경쟁은 반도체·배터리·AI를 둘러싼 수출통제·제재·보조금으로 번지며 세계화의 속도를 늦췄고, 각국은 관세와 '안보' 명분의 산업정책으로 자국 시장과 일자리를 지키려 한다. 그래서 기업은 이제 "가장 싼 곳"이 아니라 **규칙이 일정하고 정치가 예측 가능한 곳**을 먼저 고른다. 한편 중국의 부동산·지방채 조정, 선진국의 높은 부채와 재정적자, 인구 고령화와 생산성 둔화가 **잠재성장률**을 낮추고, 기후·사이버 위험은 **실물(현장)·디지털 공급망**의 약한 고리를 드러낸다. 여기에 ESG(환경·사회·지배구조)는 선언이 아니라 조달·금융에서 실제로 따지는 심사 항목이 되었고, 어길 경우 비용(금리·보험료 인상과 평판 악화)이 곧바로 따라붙는다. 다양한 이해가 충돌하고 정치의 양극화가 심해지면서 타협능력이 약해지고, 그 결과 정책이 자주 흔들려 기업의 투자·고용·R&D가 보수적으로 바뀌고, 다시 성장 둔화로 이어지는 **악순환**이 계속된다.

▶ 인도 분쟁의 교훈 - 윤리와 생존이 만나는 경계에서

대한민국 산업은 세계 곳곳에서 새로운 도전에 직면해 있다. 인도 타밀나두 지역에서는 2024년 삼성전자 첸나이 인근 공장에서 임금 인상과 노조 인정 문제로 파업이 발생했고, 같은 지역의 현대차 공장에서도 노조 대표성과 교섭권을 둘러싼 갈등이 이어졌다. 인도 정부는 자국 산업 보호와 고용 안정을 명분으로 개입했으며, 중국 기업의 인도 시장 진출 시도와 맞물리며 외국계 기업의 경영 환경은 더욱 복잡해졌다. 노동자들은 생활비 상승과 근로조건 개선을 요구하며 "같은 가치를 창출한 일에는 같은 대우를"이라는 인권적 원칙을 내세웠지만, 기업은 한정된 현금흐름과 납기·품질 책임을 이유로 즉각 수용이 어렵다는 입장을 보였다. 이러한 충돌은 단순한 노사분쟁이 아니라, 고대 그리스 이래 이어져 온 **윤리와 공동선의 원칙**과 기업의 **생존 논리**가 부딪히는 현대적 장면이라 할 수 있다. 결국 지속 가능한 해법은 윤리를 선언으로 남기지 않고, 상생 가능한 제도와 절차 속에 실천적 지혜로 녹여 내는 데 있다.

▶ **대한민국의 선택 - 윤리와 경쟁력을 함께 세우는 지속 가능한 길**

대한민국은 지금 세계 경제의 불확실성과 정치적 양극화 속에서 중요한 갈림길에 서 있다. 값싼 노동력이나 단기 효율로 성장하던 시대는 이미 지나갔고, 이제는 **신뢰와 예측 가능성**이 국가 경쟁력을 결정한다. 인도에서의 노사 갈등이나 프랑스의 개혁 지연이 보여 주듯, 윤리와 제도의 균형 없이는 어떤 경제도 지속될 수 없다. 한국은 기술력과 인적 자원을 기반으로 한 **책임 있는 성장 모델**을 구축해야 한다.

정치적으로는 중도와 협치를 복원해 정책의 일관성을 확보하고, 경제적으로는 반도체 · 배터리 · AI · 조선 · 바이오 등 핵심 산업의 기술뿐 아니라 **안전 · 환경 · 데이터 윤리의 국제 표준**을 선도해야 한다. 사회적으로는 노동 · 산업안전 · 환경 정보를 공개하고, 이민 · 재교육 · 평생학습을 결합해 인구 구조의 약점을 생산성 향상으로 전환해야 한다. 무엇보다 사회 전반에 퍼진 **자기중심적 개인주의의 확산**은 공동체 신뢰를 약화시키고, 윤리적 기반을 잠식하는 **새로운 위험 요인**이 되고 있다. 경쟁과 성취가 도덕보다 앞설 때, 조직은 방향을 잃고 사회는 분열된다. 개인의 자유와 권리가 존중받되, 그것이 공동체의 책임과 균형을 이룰 때 비로소 지속 가능한 사회가 가능하다.

또한 공급망은 다중 거점과 대체 물류, 정책 금융 지원으로 복원력을 강화해야 한다. 이처럼 **정치의 타협, 경제의 표준, 사회의 투명성, 산업의 복원력,** 그리고 **공동체적 윤리**가 하나의 시스템으로 엮일 때, 대한민국은 윤리와 도덕성을 바탕으로 한 지속 가능한 산업국가로 나아갈 수 있다. 그것이 바로 경쟁과 상생, 성장과 책임이 공존하는 **새로운 설계국가의 길**이다.

□ 외교 - 생존 외교에서 설계 외교로

강대국 사이의 균형을 넘어서, **민주주의 · 인권 · 평화라는 보편적 가치**를 중심에 둔 주체적 외교가 필요하다. 한미동맹은 핵심 축이지만, 중국과의 경제 협력, 아세안·EU와의 다자 외교, 그리고 글로벌 사우스와의 연대가 병행되어야 한다. 북핵 문제 역시 군사 억제와 외교 해법이 병행되어야 한다. 신뢰 회복과 단계적 비핵화 로드맵을 모색하며, 동북아 평화의 설계자로서 역할을 감당해야 한다.

오늘날 국제질서에서 **반도체, 항공우주, 인공지능(AI)과 같은 전략기술 분야는 단순한 산업 경쟁이 아니라 국가 생존의 조건**이 되었다. 따라서 대한민국의 외교는 안보와 경제를 넘어서, 이러한 전략기술을 기반으로 글로벌 협력 구조를 설계하고, 국제 규범과 표준 형성 과정에서 주도적 역할을 담당해야 한다.

□ 안보 - 물리적 경계에서 영역 확장의 안보로

대한민국의 안보는 이제 국경을 넘어선다. 북한 미사일 위협뿐 아니라 사이버전, 우주 안보, AI 기반 무기 경쟁까지 포괄한다. 한미일 협력을 전략적으로 활용하되, 독자적 방위산업 기술 개발과 방산 수출을 통해 국방 자주성과 산업 경쟁력을 동시에 추구해야 한다.

□ 인구 위기와 교육 혁신 - 미래를 설계하는 사회

출산율 저하와 고령화, 청년 탈한국 흐름은 구조적 위기다. 이민 정책 개방, 세대 간 신뢰 회복, 공정한 기회 제공이 필요하다. 핵심은 교육이다. 정보 암기에서 창의력·문제 해결력·협업 능력을 키우는 미래형 교육체계로 전환해야 한다. 싱가포르처럼 글로벌 인재 전략을 결합해 두뇌와 자본을 끌어들이고, 다양성을 존중하는 문화가 대한민국의 지속가능성을 지킬 핵심 자산이 될 것이다. 그러나 이민 정책은 양날의 검이다. 유럽 사례에서 드러난 사회 갈등을 교훈 삼아, 개방은 필요하지만, **단계적 수용, 문화적 통합, 공정한 기회 구조**가 함께 설계되어야 한다. 즉, 인구 위기를 극복하기 위한 이민 정책은 단순한 인구 채우기가 아니라, 교육·노동·문화·복지와 연결된 **종합적 사회 설계** 속에서 추진되어야 한다.

□ 국가 정책의 융합과 통섭 - 미래 대한민국의 설계 원리

현대 사회는 고도화된 경제, 기후 위기, 기술 패권 경쟁, 고령화 사회가 동시에 밀려드는 복합 위기 시대다. 이제 단일 부처의 힘이나 단일 학문만으로는 이 난제를 풀 수 없다. 따라서 대한민국은 국가 정책 전반을 **융합과 통섭의 원리** 위에서 새롭게 설계해야 한다. 이는 단순한 구호가 아니라, 정부 조직과 제도, 교육, 그리고 연구 현장까지 유기적으로 연결되는 구조적 혁신을 의미한다.

첫째, 정부 조직은 칸막이 행정을 넘어서는 **통합 거버넌스**로 재편되어야 한다. 각 부처와 기관이 제각기 분절된 방식으로 움직이는 한, 기술 혁신과 사회 개혁은 따로 놀 수밖에 없다. 과학·기술·경제·공학 분야의 전문가들이 정책 과정에 참여할 수 있는 **테크노크라시 기반 제도**가 보완되어야 하며, 기후, 에너지, 인공지능, 인구 문제와 같은 복합 현안은 **부처 간 융합위원회**를 통해 해결해야 한다. 또한 각 부처가 축적한 데이터와 연구 성과를 공유·융합하는 **통합 데이터 기반 행정 체계**가 확립될 때, 비로소 정책 효율은 극대화되고 사회 개혁은 현실적 힘을 얻을 수 있다.

둘째, 대한민국의 미래 전략에서 가장 중요한 축은 **교육**이다. 출산율 저하, 청년 세대의 해외 이탈, 급속한 고령화는 곧 사람을 어떻게 길러내느냐의 문제로 귀결된다. 미래 교육은 단순한 지식 암기를 넘어 **창의력, 문제 해결력, 협업 능력**을 중시해야 하며, 인문학과 과학이 결합된 **통섭적 구조**로 전환되어야 한다. 철학적 사고와 데이터 분석, 역사적 성찰과 인공지능 활용 능력을 함께 훈련하는 **STEAM(과학, 기술, 공학, 예술, 수학) +인문학 융합 교육**이 필요하고, 싱가포르처럼 교육 혁신과 개방적 이민 정책을 결합하여 세계의 두뇌와 자본을 끌어들일 **글로벌 인재 전략**도 병행되어야 한다. 동시에 프랑스와 유럽 일부 국가에서 나타난 갈등 사례를 교훈 삼아, 이민 정책의 부작용을 최소화할 **사회적 통합 교육**을 설계해야 한다. 이런 교육 모델 위에서 학생들은 단순한 전문가가 아니라 **문제 해결자, 설계자, 창조자**로 성장할 수 있다.

셋째, 학문적 통섭이 실제 정책과 산업에 힘을 가지려면 **산학협력의 제도화**가 필수적이다. 대학과 연구소, 산업 현장은 이제 따로 존재하는 세계가 아니라, 서로 긴밀히 맞물려 돌아가는 생태계가 되어야 한다. 인공지능과 의학, 에너지와 환경, 항공우주와 소재 공학처럼 융합이 불가피한 분야에는 **학제 간 연구 허브**를 세우고, 대학 연구가 곧바로 산업 혁신으로 연결될 수 있도록 정부가 **정책-산업-학문을 중개·촉진하는 역할**을 담당해야 한다. 학생과 연구자가 실제 산업 문제 해결에 참여하는 **현장형 교육-연구 모델**을 확립할 때, 학문과 산업, 정책은 따로가 아니라 함께 움직이게 된다.

결국 연구실에서 시작된 작은 통섭이 정부 정책과 산업 혁신으로 확장될 때, 대한민국은 단순한 추격자가 아니라 새로운 질서를 설계하는 주도국으로 거듭날 수 있다. **정부 조직의 통합 거버넌스, 교육의 융합적 혁신, 산학협력의 선진화**가 삼각 축을 이루며 유기적으로 맞물릴 때, 대한민국은 더 이상 타인의 설계도를 따르는 나라가 아니라, 스스로의 미래를 설계하는 나라로 자리매김하게 될 것이다. 세계대전 이후의 국제질서가 끊임없이 재편되었듯, 21세기 대한민국의 과제는 단순한 생존이 아니라 미래 질서를 설계하는 책임이다.

□ 한국의 소프트파워와 미래 - 기술과 가치, 그리고 인간 중심의 설계

대한민국의 소프트파워는 이제 단순한 K-팝이나 드라마의 인기 현상을 넘어, **인간애와 헌신, 공감의 가치를 담은 문화적 설계**로 진화하고 있다. 세계가 K-팝과 BTS에 열광하는 이유는 서양적 개인주의의 화려함 때문이 아니라, **사람을 향한 위로와 연대, 그리고 진심 어린 헌신의 메시지**가 그 안에 녹아 있기 때문이다. 이러한 **헌신과 진정성, 공동체를 향한 마음**은 서양의 개인주의 문화에서는 보기 어려운, 한국적 정서와 가치의 표현이며, 바로 그것이 세계가 한국 문화에서 느끼는 새로운 감동의 근원이다.

최근 공개되어 순식간에 전 세계적 돌풍을 일으키고 있는 애니메이션 ***〈K-Pop Demon Hunters, 일명 케데헌〉*** 역시 한국 문화의 감수성과 세계적 스토리텔링이 결합된 사례다. 이 작품은 화려한 음악과 액션 속에서도 **'서로를 지키는 헌신'**과 **'공동체적 책임'**을 강조한다. 바

로 이 지점이 **한국 소프트파워의 본질**이다.

대한민국이 앞으로 이러한 감성적 힘을 지속 가능하게 발전시키기 위해서는 **진정성과 윤리성**, 그리고 **사회 전반의 신뢰 기반**이 뒷받침되어야 한다. **특히 한국의 소프트파워는** 개인의 창의성을 넘어, 팬덤·온라인 커뮤니티·콘텐츠 협업 생태계에서 발현된 **'집단지성(Collective Intelligence)'과 결합**할 때 더욱 **강력한 발전의 동력**을 얻는다. 이 집단지성은 단순한 디지털 협업의 산물이 아니라, 전후의 어려움 속에서도 나라를 일으켜 세운 **부모님 세대의 희생정신과 공동체적 협력의 전통**에서 출발한 **유산**이다. 그들의 헌신과 연대의 정신이 오늘날 온라인과 글로벌 네트워크를 통해 새로운 형태로 계승되며, 국가 발전의 **역사적 집단지성이 문화와 기술의 집단지성**으로 진화하고 있는 것이다.

대중이 함께 만들고 함께 성장시키는 이러한 **집단지성의 문화**는 단순한 소비를 넘어 **공동창조(co-creation)**의 형태로 발전하며, 세계가 한국 문화에서 발견한 **새로운 에너지의 원천**이 되고 있다. 소프트파워는 단기적 유행이 아니라, **삶의 방식과 가치관**에서 비롯된 **지속 가능한 힘**이다. 따라서 대한민국은 기술과 산업 경쟁력을 넘어, **사람을 감동**시키는 **도덕적 리더십과 가치 기반 설계 능력**을 함께 세워야 한다. 그때 비로소 한국의 문화와 기술, 공동체적 가치가 조화를 이루는 **21세기형 설계국가(Designer Nation)**로 자리매김할 수 있을 것이다. 결국 소프트파워에서 보여 준 **진정성과 세대를 이어 가는 집단지성의 힘**이 사회 전반으로 확산되어, 대한민국이 **희생과 윤리, 창조성**을 바탕으로 **미래를 설계하는 국가**로 나아가는 근원이 되어야 한다.

제37장

빅데이터와 인공지능 - 기술 문명의 정점

1. 빅데이터와 인공지능 - 재료와 요리사

오늘의 세상은 데이터의 흐름 속에 있다. 항공기 한 대가 하늘을 나는 동안에도 운항 기록이 쌓이고, 센서값이 실시간으로 전송된다. 이렇게 모인 정보의 바다는 '빅데이터'라 불린다. 중요한 것은 단순히 양이 많다는 사실이 아니라, 그 안에서 **의미를 어떻게 찾아내느냐**이다. 여기에서 인공지능이 등장한다. 인공지능은 방대한 데이터를 마치 **요리사가 재료를 손질하듯 다듬고**, 그 속의 패턴을 찾아내어 우리가 미처 보지 못한 흐름을 드러낸다. 빅데이터가 '재료'라면, 인공지능은 '요리사'다. 재료만으로는 음식이 될 수 없고, 요리사만으로는 식탁이 차려질 수 없듯, 둘은 서로를 필요로 하며 함께 성장한다.

2. 인공지능의 얼굴들

인공지능은 단일한 개념이 아니다. 오늘날 우리가 사용하는 기술은 특정 기능에 특화된 좁은 인공지능(ANI)이 대부분이다. 스팸 메일 필터, 얼굴 인식, 번역기처럼 하나의 업무에만 집중한다. 반면 눈 앞에 다가 온 일반 인공지능(AGI)은 인간처럼 전반적인 사고와 판단을 수행할 수 있는 능력을 갖는다. 그 너머의 초지능(Superintelligence)도 우리의 예상보다 더욱 빠르게 실현될 것이다.

이 인공지능을 움직이는 핵심 기술은 네 가지로 압축된다. **기계학습**은 데이터에서 배우며 점점 정교해지고, **딥러닝**은 신경망을 모방해 자율주행이나 챗봇을 가능케 한다. **자연어 처리**는 인간의 언어를 이해하고 대화를 이어 가며, **컴퓨터 비전**은 이미지를 읽고 해석해 의료 영상과 산업 검사에서 활약한다.

3. 인공지능, 우리의 일상 속으로 들어오다

한때 인공지능은 연구실 안에서만 다뤄지는 실험적 도구에 불과했지만, 이제는 누구나 손끝으로 매일 접하는 **생활 속 동반자**가 되었다. 그 중심에는 ChatGPT 같은 생성형 AI가 있다. 단순히 질문에 답하는 차원을 넘어, 글을 해석하고 대화를 이어 가며, 그림을 이해하고 감정까지 반영하는 존재로 자리 잡고 있다.

□ 텍스트를 이해하는 동반자들

OpenAI의 **GPT**는 텍스트 기반 인공지능의 대표주자다. 글쓰기, 번역, 요약은 물론, 창작과 상담까지 가능하다. **Anthropic의 Claude**는 균형 잡힌 어투와 조심스러운 접근을 특징으로 하며, 보고서 작성이나 상담처럼 신중함이 요구되는 분야에서 강점을 보인다. 구글의 Gemini는 검색 기술과 AI 언어 모델을 결합해 최신 정보를 신속하게 수집·분석할 수 있다는 점이 특징이다. 웹과 실시간 데이터베이스에 연결된 지식 기반형 접근 방식 덕분에, 변화가 빠른 분야—정책, 금융, 기술 동향, 학술 레퍼런스 탐색—에서 강한 실시간 대응력을 갖는다. 메타의 LLaMA와 Mistral 모델은 오픈소스로 공개되어, 전 세계 연구자와 개발자들이 자유롭게 실험하고 개조하며 열린 생태계를 만들어 가고 있다.

□ 이미지를 만들어 내는 눈

인공지능은 글을 이해하는 것을 넘어, 이제는 **그림까지 창조**한다. OpenAI의 **DALL·E**는 간단한 문장만으로 이미지를 생성하고, **Midjourney**는 예술적이고 세련된 작품을 만들어 낸다. **Stable Diffusion**은 오픈소스 기반으로 누구나 변형하여 활용할 수 있어, 학자와 창작자들이 새로운 시도를 이어 간다. **Adobe Firefly**는 포토샵과 연결되어 디자이너들의 손길을 보완하는 전문 도구로 자리 잡고 있다. 구글의 Gemini는 텍스트·이미지·영상 정보를 동시에 이해하고 생성할 수 있는 멀티모달 기반으로, 검색된 정보와 시각 모델을 결합해 더 사실적인 묘사·빠른 분석·정확한 이미지 생성이 가능해지고 있다. 단순한 미술 표현을 넘어, 현실 기반 장면 생성·자료 분석·시각 정보 탐색 기능까지 함께 발전하고 있다는 점에서 또 하나의 진화를 보여 준다. 예술가의 붓과 디자이너의 클릭 사이에, 이제 AI의 감각이 자연스럽게 더해지고 있다.

□ 목소리와 영상의 확장

소리와 영상의 영역도 AI가 깊숙이 들어왔다. **Whisper**는 음성을 정확히 기록해 주고, **ElevenLabs**는 사람의 목소리와 거의 구분이 어려울 만큼 자연스럽고 감정이 담긴 음성을 만든다. 영상에서는 **Runway ML**과 **Pika Labs**가 텍스트만으로 몇 초 만에 영상을 제작하고, **Synthesia**는 실제 사람처럼 보이는 아바타를 움직여 강의나 광고를 제작할 수 있게 한다. 이제 영상 제작은 더 이상 거대한 장비와 스튜디오가 아니라, 키보드와 인공지능만으로도 가능해졌다.

□ 언어의 장벽을 넘어

AI는 **언어의 벽**도 낮추고 있다. **DeepL**은 자연스러운 번역으로 유럽 사용자들에게 사랑받고, **Papago**는 한국어 번역에 특화된 장점을 보인다. **구글 번역**은 말뿐 아니라 사진 속 글자까지 실시간 번역하며 수많은 언어를 연결한다. 또한 **Notion AI, Grammarly GO, Microsoft**

Copilot은 문서 작성, 교정, 요약을 도와 직장인들의 책상 위에서 없어서는 안 될 동료가 되고 있다. 그 예로 최근 국내 대학에 유학 오는 외국인 학생이 늘어나면서, 강의 언어가 한국어일 경우 AI가 실시간으로 음성을 인식해 영어로 번역 · 자막 처리하는 장비가 강의실에 도입되고 있으며, 이는 서로 다른 언어권의 학습자들을 자연스레 한 공간에 연결하는 다리 역할을 하고 있다.

□ 인공지능을 움직이는 심장 - AI 칩과 GPU

이러한 인공지능의 급격한 발전 뒤에는 눈에 보이지 않는 심장이 있다. 바로 **GPU(Graphics Processing Unit)와 이를 제어하는 연산 플랫폼**이다. GPU는 수천 개의 연산 유닛을 동시에 움직이는 병렬 계산 엔진이다. 이는 인간의 뉴런처럼 신호를 동시에 처리하는 구조와 닮아 있으며, 딥러닝 · 영상 해석 · 언어 모델 학습이 폭발적으로 발전할 수 있었던 배경이다. 과거 며칠이 걸리던 학습이 오늘은 몇 시간으로 줄어든 이유, 더 큰 모델이 쏟아지는 이유가 바로 여기에 있다. 이 GPU라는 근육에 지능과 제어 능력을 부여한 기술이 CUDA(Compute Unified Device Architecture)다. CUDA는 엔비디아가 설계한 병렬 컴퓨팅 아키텍처로, 그래픽용 칩이던 GPU를 범용 연산 장치로 확장한 혁명적인 인터페이스다. CPU가 직렬로 연산을 수행하는 동안, CUDA는 수천~수만 개의 작은 작업단위(Thread)를 동시에 호출해 **행렬 계산 · 딥러닝 · 시뮬레이션을 기존 대비 수십~수백 배 빠르게** 실행한다. 다시 말하면, **GPU가 근육이라면, CUDA는 그 근육을 정교하게 움직이는 신경계다.**

GPU는 기본적으로 0과 1의 논리 기반 위에서 많은 계산을 동시에 처리하는 구조를 가진다. 연산량이 늘어나면 GPU를 더 연결해 속도를 높일 수 있다는 점에서 확장성이 뛰어나지만, 여전히 고전 컴퓨터의 방식 안에서 성능을 극대화한 형태라 할 수 있다. 반면 연구가 활발하게 진행되는 양자컴퓨터는 계산 방식 자체가 다르다. 양자의 중첩(superposition) 상태를 이용해 0과 1을 동시에 가질 수 있으며, 여러 연산 경로를 한 번에 탐색한다. 얽힘(entanglement)이라는 특성까지 더해지면 큐비트 간 정보가 즉각 연결되며, GPU가 코어 수를 아무리 늘려도 닿기 어려운 차원의 연산 공간을 만든다. 따라서 **GPU+CUDA**는 **딥러**

닝·영상 처리·대규모 행렬 계산을 빠르게 처리하는 현실적이고 즉각 사용 가능한 **기술**인 반면, **양자컴퓨터**는 **약물설계·암호해독·복잡한** 최적화처럼 경우의 수가 폭발적으로 성장하는 **문제에서 미래적 잠재력이 큰 기술**이라는 점에서 용도가 뚜렷하게 나뉜다.

□ 맺음말

오늘날의 인공지능은 단순한 계산기나 규칙 기반 시스템을 넘어섰다. 인간의 언어를 이해하고, 이미지를 창조하며, 목소리와 영상을 흉내 내는 **디지털 감각**으로 자리 잡았다. 이제 AI는 단순한 도구가 아니라, 우리의 일상과 산업을 채우는 새로운 감각 기관처럼 작동하고 있다.

4. 인공지능의 적용 - 생활 속으로 들어온 기술

인공지능은 더 이상 연구실 속 실험 도구가 아니다. 이미 우리의 삶과 산업 전반에 스며들어, 보이지 않는 곳에서 인간의 선택과 행동을 보조하고 있다.

□ 의료 - 생명을 지키는 또 하나의 눈

병원에서 CT와 MRI 영상을 볼 때, 이제는 의사만의 눈에 의존하지 않는다. 수천만 건의 데이터를 학습한 인공지능이 작은 이상 소견까지 찾아내며 "이곳을 주목하라"는 신호를 보낸다. 피부암, 당뇨망막병증, 폐질환 진단에서 AI는 숙련된 전문의에 버금가는 정확도를 보여 주며 의료 현장의 새로운 동반자로 자리 잡았다. 나아가 환자의 유전체 정보를 분석해 맞춤형 치료법을 제시하고, 신약 후보 물질을 발굴하는 등 생명과학의 혁신을 이끌고 있다.

□ 교통 - 스스로 길을 찾는 자동차

도로 위 자율주행차는 수십 개의 카메라와 센서를 '눈'으로 삼는다. AI는 그 눈이 포착한 데이터를 실시간으로 분석하며 보행자를 인식하고, 위험을 피하며, 최적의 경로를 선택한다. 대중교통에서도 인공지능은 교통량을 예측해 혼잡을 줄이고 효율적인 배차를 가능케 한다. 길 찾기의 주도권이 인간의 직관에서 기계의 지능으로 이동하고 있다.

□ 금융과 교육 - 데이터를 읽고, 길을 제시하다

주식시장 흐름 분석, 고객 신용 평가, 사기 거래 탐지는 이미 AI의 영역이다. 방대한 금융 데이터를 인간보다 빠르고 정밀하게 분석하여 위험을 예측한다. 교육 분야에서도 AI는 학생 개개인의 학습 패턴을 파악해 맞춤형 콘텐츠를 제공한다. 자동 채점, 학습 진단, 지능형 튜터 시스템은 교사의 역할을 보완하며, 학생에게는 개인화된 배움을 열어 준다.

□ 국방과 보안 - 보이지 않는 방패

전장의 하늘을 나는 무인항공기부터 사이버 방어 시스템까지, 인공지능은 전쟁과 안보의 새로운 축이 되고 있다. 영상 정보를 분석하고, 위협을 조기 탐지하며, 전투 시뮬레이션을 통해 전략적 의사 결정을 보조한다. 눈에 보이는 전장뿐 아니라 보이지 않는 사이버 공간에서도 AI는 방패 역할을 수행하고 있다.

□ 문화와 행정 - 창작하고, 기록하다

AI는 예술에서도 창조적 도구가 되었다. 음악을 작곡하고, 영상을 제작하며, 글을 쓰고 그림을 그린다. 단순 모방을 넘어 새로운 작품을 창조하는 수준으로 진화했다. 행정 영역에서도 AI는 법률 문서를 분류하고 판례를 검색하며, 민원에 대응하는 챗봇으로 시민 편의를 높인다. 농업에서는 작물 성장 상태를 모니터링하고 병해충 발생을 예측하며, 환경 분야에서는 위성과 드론 데이터를 분석해 산불과 기후 변화를 감시한다. 인간의 눈과 손길이 닿지 못하는 곳에서, AI는 묵묵히 관찰하고 기록하며 조력자의 역할을 수행한다.

5. 인공지능의 미래

인공지능(AI)은 더 이상 먼 미래의 기술이 아니다. 이미 우리의 삶 깊숙이 들어왔지만, 진짜 중요한 변화는 앞으로 펼쳐질 가능성에 있다. 과거에는 인간만이 가능하다고 여겼던 판단, 창작, 의사 결정까지 기계가 수행하면서, 문명은 새로운 전환점에 서 있다.

□ 진화하는 인공지능 - 도구에서 동반자로

오늘날의 AI는 단순한 도구를 넘어 인간과 협력하는 파트너로 빠르게 진화하고 있다. 챗GPT, 제미니, 미드저니, 알파폴드 같은 시스템은 단순한 보조를 넘어 창의와 발견의 동반자가 되었다. 가까운 미래에는 범용 인공지능(AGI)의 등장 가능성도 논의되고 있으며, 이는 문명의 구조를 바꿀 잠재력을 지닌다.

범용 인공지능(**AGI**, Artificial General Intelligence)이란 특정 과제에 특화된 기존의 인공지능(Narrow AI)과 달리, 인간처럼 다양한 영역의 지식과 기술을 이해하고 학습하며 응용할 수 있는 지능을 말한다. 다시 말해, 번역 · 의학 · 공학 · 예술 등 서로 다른 분야의 문제를 하나의 지능으로 해결할 수 있는 능력을 갖춘 인공지능이다. 이러한 AGI가 현실화된다면, 단순한 작업 자동화를 넘어 **창의적 사고, 복합적 문제 해결, 윤리적 판단**에까지 관여하게 되어 사회 · 경제 · 문화 전반에 근본적인 변화를 일으킬 수 있다. 동시에 인간의 가치와 책임, 신뢰의 문제를 다시 묻는 **새로운 도전**이 될 것이다.

□ 의료 혁신 - 정밀성과 예측의 시대

AI는 의료 현장에서 **'보조자'에서 '예측자'**로 역할이 확장되고 있다. 이미 영상 진단에서 전문가 수준의 정확도를 보이지만, 앞으로는 유전체 분석 · 개인 맞춤 치료 · 신약 개발에서 혁신을 가속화할 것이다. 의료의 초점이 '치료'에서 '예방과 예측'으로 옮겨가는 흐름 속에, AI는 필수적이다.

이는 AI가 방대한 데이터를 분석해 질병이 발병하기 전의 **위험 신호를 조기에 감지**할 수 있기 때문이다. 예를 들어 유전체와 생활 습관, 환경 데이터를 함께 분석하면 특정 질환의 발병 가능성을 미리 예측할 수 있고, 환자 개인에게 맞춤형 생활 관리와 조기 개입을 제안할 수 있다. 또한 웨어러블 기기와 연계된 AI는 실시간으로 심장 박동, 혈당, 수면 패턴 같은 생체 신호를 모니터링하여 작은 이상을 조기에 발견하고, 이를 토대로 질환의 진행을 막을 수 있다. 결국 AI는 '병이 생긴 뒤 치료하는 의학'에서 '병이 생기지 않도록 막는 의학'으로 **의료의 패러다임을 전환**하는 핵심 도구가 되고 있다.

□ 양자 인공지능 - 새로운 계산의 세계

데이터와 문제의 규모가 커질수록 기존 컴퓨터의 한계는 뚜렷해진다. 양자 인공지능(Quantum AI)은 **큐비트 기반의 초병렬 계산**을 통해 신약 설계, 기후 예측, 금융 리스크 분석 같은 초복잡 문제 해결을 가능케 할 것이다. 그러나 기존 암호체계를 무력화할 위험도 내포하기에, 기술과 윤리 · 보안 논의가 병행되어야 한다.

기존 **컴퓨터 기반 인공지능**과 **양자 인공지능**은 정보 처리 방식에서 **근본적인 차이**를 가진다. 기존 인공지능은 0과 1의 비트로 이루어진 정보를 순차적으로 계산하며, 이 때문에 연산 속도는 하드웨어 성능과 병렬 처리 능력에 의해 제한된다. 반면 양자 인공지능은 큐비트(Qubit)라는 단위를 사용하여 0과 1의 상태를 동시에 표현할 수 있으며, 얽힘과 간섭 같은 **양자역학적 특성**을 통해 **복잡한 계산**을 **병렬적으로 전개**할 수 있다.

큐비트는 고전적인 비트와 달리 0과 1을 동시에 가질 수 있는 **중첩 상태**를 이룰 수 있다. 따라서 한 큐비트는 단순히 두 가지 상태 중 하나만 표현하는 것이 아니라, 동시에 여러 가능성을 담아낸다. 이 특성이 여러 큐비트가 얽힘을 이루면 기하급수적으로 확대된다. 예를 들어 10개의 큐비트만 있어도 동시에 표현할 수 있는 상태의 수는 1,024가지에 달하며, 이는 기존 컴퓨터가 일일이 경우의 수를 계산해야 하는 것과 본질적으로 다르다. 이러한 차이로 인해 기존 인공지능은 범용적이고 안정적인 활용이 가능하지만, 대규모 연산에는 시간과 자원이 많이 소요된다.

□ 항공과 시뮬레이션 - 가상의 하늘에서 배우다

항공 분야에서는 AI와 시뮬레이터가 결합해 새로운 교육 혁신을 일으키고 있다. 조종사와 정비사는 **가상의 고장 상황을 경험**하며 훈련을 받고, AI는 학습자의 실수를 분석해 맞춤형 피드백을 제공한다. 이는 안전성 향상과 비용 절감뿐 아니라 국제적 표준 교육 체계로 발전할 가능성이 크다.

더 나아가 AI는 실제 운항 데이터와 센서 정보를 분석하여 **예지정비**(Predictive Maintenance)로까지 확대되고 있다. 이는 단순히 고장이 발생한 뒤 조치하는 사후정비를 넘어, 고장의 징후를 조기에 포착하여 사고를 예방하는 방식이다. 엔진 진동, 유압 압력, 온도 변화를 실시간으로 감지하고, 이를 **과거의 고장 패턴과 비교 분석**함으로써 부품의 수명을 예측하고 최적의 정비 시점을 제안한다. 이러한 예지정비는 항공기의 가용성을 높이고 불필요한 정비 비용을 줄이며, 무엇보다도 항공 안전을 근본적으로 강화하는 혁신적 변화로 평가된다.

□ 에너지 · 기후 · 우주 - 지구와 그 너머

AI는 스마트 그리드 운영, 재생에너지 관리, 자연재해 예측을 통해 지속가능한 미래를 돕는다. 기후 변화 대응의 핵심 도구가 될 뿐 아니라, 우주 탐사에서도 통신 지연을 극복하며 화성 로버 · 심우주 탐사의 '현장 지휘관'으로 활약한다.

실제로 덴마크와 독일 등 유럽에서는 AI를 이용해 풍력 · 태양광 발전량을 실시간으로 예측하고 전력망 수급을 자동 조절하는 **스마트 그리드** 시스템이 운영되고 있다. 미국에서는 허리케인과 산불의 이동 경로를 AI가 위성 · 기상 데이터로 조기에 예측하여 재난 대응 시간을 크게 줄였다. 또한 화성 탐사선 '퍼서비어런스(Perseverance)'는 지구와의 통신이 최대 20분 이상 지연되는 상황에서도, AI 기반 자율주행 기능을 통해 스스로 경로를 탐색하며 임무를 수행하고 있다. 앞으로 심우주 탐사(달보다 먼 우주)에서 AI는 단순한 보조가 아니라 **현장에서 판단하고 지휘하는 독립적 존재**로 발전할 가능성이 크다.

□ 핵융합발전 - 인공지능이 여는 인류 에너지의 두 번째 불

핵융합은 태양이 에너지를 만드는 방식 그대로, 두 개의 가벼운 원자핵이 결합해 더 무거운 원자핵으로 바뀌면서 막대한 에너지를 방출하는 반응이다. 중수소와 삼중수소는 바닷물에서 사실상 무한히 확보할 수 있으며, 탄소를 배출하지 않고 방사성 폐기물도 극히 적다. 인류가 찾은 에너지 중 가장 완벽한 이상형에 가까우나, 이를 실현하기 위해서는 **1억 도가 넘는 초고온 플라즈마를 안정적으로 유지**해야 하고, **순간적으로 요동치는 불안정성을 제어**해야 한다. 기존의 물리 모델과 제어기술만으로는 이 변화를 충분히 따라잡기 어려웠다.

그러나 이 난제 앞에서 AI는 새로운 문을 열고 있다. 딥러닝 기반 제어 알고리즘은 플라즈마 파형 변화를 실시간으로 분석하고 미래 상태를 예측하여 최적의 제어 신호를 즉각 계산해 낸다. 실제로 국제 핵융합실험로 ITER와 한국 핵 융합 에너지 연구원의 K-STAR에서는 AI가 플라즈마 붕괴 징후를 사전에 파악하고 자기장을 미세 조정해 안정화하는 연구가 진행되고 있다. 특히 2024년 KSTAR는 초고온 플라즈마 운전 기술과 가열장치 성능 향상을 통해 **이온온도 1억℃ 플라즈마를 48초간 유지**하는 데 성공하며, 핵융합 상용화의 핵심 조건인 **고온-지속-안정**이라는 문턱을 실질적으로 낮추었다. 이는 단순한 연구 성과가 아니라, 실험실의 성공이 산업 에너지 시스템으로 넘어가는 길이 열리고 있음을 보여 준다.

핵융합 발전이 현실화되는 순간, 전력은 더 이상 부족한 자원이 아니라 물처럼 흐르는 공용 기반이 될 것이다. 그리고 이 거대한 흐름을 설계하고 조정하고 최적화하는 존재가 바로 인공지능이다. 생산 · 저장 · 변환 · 송전까지 모든 단계는 하나의 두뇌로 통합된 시스템처럼 움직이며, AI는 발전소 상태를 감시하고 고장을 예측하고 운전을 스스로 조율할 것이다. 태양은 하늘에만 있는 것이 아니라, 인공지능과 함께 **지구의 내부에 다시 떠오르게 된다.**

□ 로봇과 인공지능의 결합, 혁신적인 노동 파트너

로봇과 인공지능의 결합은 산업 현장에서 인간의 손과 판단을 동시에 확장시키는 방향으로 진화하고 있다. 초기 산업용 로봇은 미리 정의된 궤적과 동작을 반복하는 장치로, 작업 변경 시 복잡한 프로그래밍과 장시간의 시험이 필요했다. 그 결과 로봇은 오랫동안 '명령을 수행하는 기계'에 머물렀다. 그러나 최근의 로봇은 인공지능을 통해 스스로 상황을 인식하고 판단하는 존재로 변모하고 있다. 현대차는 CES 2026에서 AI 기반 공장용 작업 로봇을 공개하며 비정형 부품 인식과 미세 조립까지 수행하는 정밀도를 보여 주었다. 이 로봇들은 카메라와 센서 데이터를 실시간으로 학습·분석해 작업 오차를 스스로 보정하며 인간 작업자와 협업하는 수준에 도달하고 있다. 미국에 건설 중인 차세대 자동차 공장들은 2028년 이후 차체 조립과 주요 공정을 대부분 로봇이 수행하는 구조로 전환될 전망이다. 이는 로봇이 단순한 자동화 설비를 넘어 AI와 결합된 지능형 노동 파트너로 산업 생산의 중심축이 되고 있음을 보여 준다. 이러한 변화의 기술적 배경에는 현대차그룹이 보스턴 다이내믹스를 인수한 이후, 동적 보행·균형 제어·환경 인식 기술을 산업용 AI 로봇에 접목해 인간 협업형 로봇을 체계적으로 연구·실증해 온 흐름이 자리하고 있다.

□ 맺음말 - 기술에서 문명으로

앞으로의 인공지능은 단순한 효율성의 문제가 아니다. 그것은 **문명의 질서를 새롭게 설계하는 힘**이 될 것이다. 그러나 중요한 것은 기술 그 자체가 아니라, 그것을 어떻게 사용하느냐이다. 윤리와 신뢰, 인간 존엄을 지키는 선택이 동반될 때, AI는 새로운 길을 열 수 있다.

6. 인공지능 법제와 거버넌스

인공지능은 이제 단순한 기술이 아니라 사회의 질서와 가치까지 뒤흔드는 힘이 되었다. 의료, 금융, 교육, 행정 등 일상의 거의 모든 영역에서 AI가 판단을 내리고 결정을 보조하는 순간, **"그 책임은 누구에게 있는가?"**라는 질문이 뒤따른다. 개인정보 보호, 알고리즘의 투명성, 사회적 책임, 인권 침해 방지는 전 세계가 맞닥뜨린 공통 과제다. 그러나 각국은 저마다의 역사와 사회 구조에 따라 서로 다른 접근을 취하고 있다.

□ 유럽연합 - 인간 중심의 규제 선도자

유럽연합(EU)은 세계 최초로 포괄적인 인공지능 규제법을 제정했다. 2024년 「EU AI 법안」은 AI를 위험 수준에 따라 **금지 · 고위험 · 제한 · 최소 위험** 네 단계로 구분했다. 아동 감시, 감정 분석, 사회 신용 점수 시스템처럼 인권 침해 위험이 큰 기술은 원천 금지되며, 의료 · 교통 · 공공안전 분야처럼 생명과 직결된 영역은 '고위험군'으로 묶여 엄격한 감독과 인증 절차를 요구한다. 동시에 EU는 기술 혁신을 위축시키지 않기 위해 '규제 샌드박스'를 마련해, 일정 조건하에서 실험적 기술의 시험 운용을 허용했다. 이는 "인간 중심의 안전한 AI 생태계"라는 유럽의 지향점을 보여 준다.

□ 미국 - 자율과 시장을 중시하는 길

미국은 연방 차원의 단일 AI 법률은 없지만, 대통령 행정명령 · 부처별 지침 · 주 단위 입법을 통해 다층적 규제를 운영한다. 2023년 바이든 행정부는 'AI 권리장전'을 통해 공정성 · 책임성 · 개인정보 보호를 강조했으나, 2025년 정권 교체 이후 기조는 '규제 완화와 산업 경쟁력 강화' 쪽으로 이동했다.

현재 일부 주(뉴욕, 캘리포니아 등)에서는 고용 · 금융 · 교육 분야에서 AI 차별 방지법이 시행되고 있으나, 연방과 주의 권한 충돌, 규제의 일관성 부족이라는 문제가 남아 있다. 결국 미국은 "시장 자율성 존중 + 최소한의 안전장치"라는 절충적 접근을 택하고 있다.

□ 대한민국 - 두 모델 사이의 균형

대한민국은 유럽과 미국의 길 사이에서 균형을 찾으려 하고 있다. 2024년 제정된「AI 기본법」(2026년 시행 예정)은 의료 · 고용 · 치안 · 교육을 '고영향 시스템'으로 분류하고, 위험관리계획 · 인간 감독 · 사용자 권리 보장을 의무화했다.

또한 생성형 AI 콘텐츠에는 'AI 작성' 표시를 의무화하고, 위반 시 과태료 · 형사 처벌까지 가능하도록 규정했다. 동시에 정부는 국가 AI 위원회, AI 안전 연구소, 정책 지원센터를 설립해 체계적 관리 기반을 구축하고 있다. 이는 한국이 "기술 진흥과 사회적 안전망의 병행"이라는 길을 분명히 하고 있음을 보여 준다.

□ 글로벌 거버넌스의 과제

'거버넌스(Governance)'란 국가의 일방적 통치가 아니라, **정부 · 산업 · 시민사회가 함께 사회의 방향을 조율하는 협치(協治) 체계**를 뜻한다. 특히 '글로벌 거버넌스'는 국경을 넘어 인류 공동의 문제—기후, 안보, 인공지능 등—를 해결하기 위한 **국제적 협력의 운영 구조**를 말한다. 세 지역의 접근은 다르지만, 공통적으로 AI의 영향력을 인정하고 기술 · 규제 균형을 모색한다는 점에서 닮아 있다.

- **EU**: 규제 중심, 세계 표준 선도
- **미국**: 시장 자율, 혁신 중시
- **대한민국**: 두 모델 사이의 절충

앞으로 이러한 차이는 국제 경쟁력 · 데이터 이동 · 기업 전략에 직접적인 영향을 미치게 된다. 따라서 인류는 단일 국가 차원을 넘어 **국제 협력과 윤리 기준의 조화**를 요구받는다. 단순 규제가 아니라, 책임 있는 개발과 활용을 위한 **국제 거버넌스** 구축이 핵심 과제다.

7. 기술 문명의 정점 - 인간의 선택

문제는, 이 '요리사'가 단순한 보조자가 아니라 점점 우리의 **의사 결정권**을 대신하게 된다는 데 있다. 검색 결과를 선별하고, 소비를 예측하며, 범죄자의 재범 가능성을 판단하는 시스템까지 등장하면서 인간은 점차 '결정하지 않아도 되는 존재'가 되어가고 있다.

이 과정에서 중요한 질문이 제기된다.
"알고리즘이 내린 판단은 정의로운가?"
"기술이 인간의 자유를 보장하는가,
아니면 새로운 예속을 만들고 있는가?"

고대 문명에서 인간은 신탁을 통해 미래를 물었고, 중세 사회에서는 종교적 세계관 안에서 운명을 해석했다. 그러나 오늘날 우리는 **알고리즘을 신탁처럼 의지**하며, 때로는 신의 자리를 대신하려 한다. 창세기의 바벨탑처럼, 기술의 정점은 인간의 교만과 맞닿아 있다.

결국 질문은 기술이 아니라 인간에게 돌아온다.
우리는 데이터를 어떻게 사용할 것인가?
선택의 주체로 남을 것인가,
아니면 기계가 내린 결정을 따르는 객체가 될 것인가?

AI와 빅데이터가 만든 미래 속에서도, **'인간의 자리'는 인간만이 지킬 수 있는 자리**이다. 그 자리에 '책임', '사랑', '윤리', 그리고 '영혼'이 남아 있어야 한다. 기술이 아무리 고도화되더라도, 인간이 스스로의 존재 이유와 가치를 붙드는 한 문명은 바벨탑이 아닌 새로운 길을 걸을 수 있다.

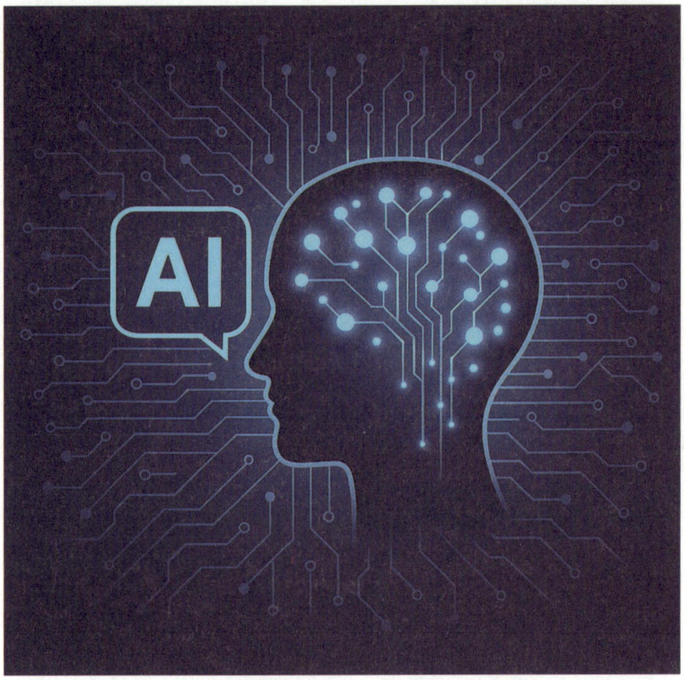

Created with DALL · E by OpenAI.

VI

다시 묻는 역사

제38장

기록인가, 기억인가 - 사실과 권력의 서사

1. 역사는 과연 과거에 일어난 사실의 기록인가?

역사는 흔히 **'과거에 일어난 사실의 기록'**이라 정의되지만, 실제로는 훨씬 더 복잡하고 다층적인 의미를 지닌다. 특히 '누가, 무엇을, 어떻게 기록했는가?'에 따라 역사의 내용은 크게 달라질 수 있다. 이때 중요한 질문 중 하나는 바로, 역사는 권력자의 시선으로만 기록된 것인가? 라는 문제다.

□ 권력의 시선과 침묵한 기록

실제로 인류의 많은 **공식 역사 기록**은 왕, 황제, 지배 계층 혹은 **승리자의 관점**에서 쓰여왔다. 고대 이집트의 왕조 연대기, 아시리아의 정복 기록, 로마 제국의 연설문과 전기, 고려사·조선왕조실록 등은 대부분 당시 지배 권력의 관점을 반영하며, 그 정당성과 업적을 중심으로 서술되어 있다. 심지어는 패배나 반란조차도, 그것을 어떻게 통제했는가를 강조하는 방식으로 기록된다. '기록된 역사는 곧 권력의 그림자'라는 말은 이런 배경에서 나온 것이다.

이러한 기록은 종종 '사실' 자체보다는 정치적 목적과 사회 통제에 맞추어졌다. 권력자는 서사를 통해 민심을 정당화하고, 치적을 영속화하며, 반대 세력을 반역자로 낙인찍을 수 있었다. 중국의 사마천도《사기》를 집필하며 황제의 압력과 시선을 의식하지 않을 수 없었고, 유럽의 중세 수도사들도 종종 교회의 입장에 부합하는 방식으로 연대기를 기록하였다.

그러나 모든 역사가가 권력의 대변인은 아니었다. 사마천은 궁형을 당하면서까지《사기》를 완성했고, 유럽의 일부 역사가들은 교황청이나 왕실의 압력에도 불구하고 진실에 가까운 기록을 남기려 했다. 조선의 사관은 실록을 쓰며 임금 앞에서도 자유롭게 비판적 기록을 남겼으며, 현대에 들어서면서는 민중사, 여성사, 식민지 저항사처럼 **권력의 그림자 밖에서 벌어진 목소리**들도 **점차 조명**되고 있다.

즉, 역사는 '권력자의 시선'이 주류를 이루었던 것이 사실이지만, **그 이면에는 항상 침묵 당한 자들의 시선과 기록되지 않은 진실이 존재**해 왔다. 오늘날 역사학은 단지 왕조와 전쟁의 연대기가 아니라, **무명의 사람들, 여성과 노예, 식민지 피지배자, 종교적 박해자들**의 이야기도 재조명하는 방향으로 나아가고 있다.

결론적으로 말해, 역사는 **권력의 시선에서 벗어날 수는 없지만**, 오직 그것만으로 제한되지도 않는다. 오히려 역사의 진정한 의미는, 그 틈 사이에서 '왜 이 기록이 이렇게 남았는가?'를 묻고, 숨겨진 이야기들을 다시 발굴하려는 **끊임없는 질문과 해석의 과정**에 있다.

□ 기록이란 무엇인가?

기록은 흔히 **객관적 사실의 정리**로 여겨진다. 연대, 사건, 인물, 문서, 영상 등으로 남겨진 사료들이 그것을 구성한다. 그러나 모든 기록은 '무엇을 남기고 무엇을 지울 것인가?'를 선택하는 행위다.

기록자는 누구인가? 무엇을 강조하고, 무엇을 침묵했는가?

- 고대 이집트의 파라오는 패배를 기록하지 않았다.

- 아시리아의 산헤립은 예루살렘 공격 실패를 기록에서 **왜곡 · 축소**하였다.
- 로마 황제는 반란을 일으킨 자들의 이름을 석상에서 지웠다.
- 조선왕조실록은 국왕의 명령조차 생략하거나 간접 표현하기도 했다.

"기록은 언제나 해석을 품은 채 남겨진다."

2. 「나는 마녀가 아니었다.」 - 어느 중세 여성의 독백

나는 마녀가 아니다.
그러나 오늘 아침, 나를 다시 지하 감옥으로 끌고 간
수사(修士)의 눈빛은 내가 이미 악마와 계약한 존재인 것처럼 굳어 있었다.
그들은 내 이름을 묻지 않았다.

다만, **"언제 악마와 계약했는가?"**, **"고양이를 이용해 어떤 저주를 걸었는가?"**
따위를 물었다. 나는 끝까지 아니라고 했다.
나는 다만 남편을 전염병으로 잃고, 외아들을 돌보며
혼자 지내는 과부였다. 마을 사람들은 내가 **웃지 않는 여자**라며 두려워했고,
어느 날부터인가 내 우물 주위엔 발걸음이 끊겼다.

그날 밤, 마을의 아이 하나가 열병으로 쓰러졌고,
다음 날 아침 나는 '마녀'로 지목되었다.
나는 치료 약으로 **말린 허브**를 쓰는 법을 배웠다.
그것은 어머니에게서 배운 지식이었고,
머리가 아플 때는 달맞이꽃과 레몬밤을 섞어 차로 끓였다.

하지만 그들은 말했다.

"그건 마귀의 술법이다. 피를 흐르게 하고, 정신을 혼미하게 만든다."
그날부터 내 이름은 '마르가레타'가 아닌 '악마의 신부'가 되었다.
고문실은 어둡고 차가웠다. 나는 세 번의 물고문을 받았다.
"자백하면 고통은 덜어 주겠다"라는 말을 들으며,
나는 **악마와 춤췄다고 거짓말**을 했다. 누구든 그렇게 했을 것이다.
손톱 밑으로 박힌 가시처럼, 거짓말은 내 영혼을 찢었지만
육신은 이미 부서지고 있었다.
나는 **하늘이 열리는 듯한** 소리를 들으며,
어젯밤 기도에서 아들을 떠올렸다.
그 아이는 지금 나를 '마녀'라 부를까.
아니면, 세상이 틀렸다고 말해 줄까.

곧 나는 광장으로 끌려갈 것이다.
교회 종이 울리고, 사람들은 '공의의 심판'이라 말하며
내게 돌을 던질 것이다.
그들은 모른다. 나는 아이를 살리고 싶었을 뿐이라는 것을.
나는 **말없이 시들어 가는 이웃을 위해 허브를 건넸을 뿐**이라는 것을.
나는 **누구의 죽음을 기원한 적도, 불을 붙인 적도 없다.**
나는 마녀가 아니었다.
하지만 오늘, 나는 마녀로 죽는다.

3. 조선의 신숙주는 이전 왕을 배반한 변절자인가? 충신인가?

세조가 단종을 몰아내고 왕위에 오른 사건은 계유정난(1453년)으로, 이후 단종은 폐위되고 결국 사사 당한다. 이때 신숙주와 성삼문은 집현전 학사로서 모두 세종과 문종에게 충성을 다했던 인물이었다. 하지만 세조의 반정 이후 두 사람의 태도는 크게 갈렸다.

신숙주는 현실적으로 세조의 권력을 인정하고 그에게 협력하였다. 그는 세조 치하에서 경국대전 편찬, 일본과의 외교 업무, 예문관의 정비 등 국가 통치 전반에 걸쳐 중책을 맡아 조선의 행정과 외교의 틀을 다졌다. 신숙주의 선택은 '백성을 위한다면 국정의 안정을 도모하는 것이 우선'이라는 현실주의적 관점에 바탕을 두고 있었다고 볼 수 있다. 따라서 그는 **실용적인 관료**로서 세조 정권의 실질적인 운영에 기여했다.

반면 **성삼문**은 세조의 왕위 찬탈을 불의로 규정하고 단종의 복위를 꾀했다. 그는 사육신의 한 사람으로서 단종 복위 운동을 주도하다가 발각되어 결국 처형당한다. 성삼문의 선택은 **'임금에 대한 충성'**을 지키려는 충절의 표상으로, 후대 사림파가 높이 평가한 인물이다. 그는 세조의 반정 이후에도 변절하지 않고 끝까지 단종을 지키려 한 충신으로서 역사에 남았다.

결국 신숙주와 성삼문은 세조의 반정 이후 국가와 군주에 대한 충성과 현실 사이에서 서로 다른 길을 걸었다. 신숙주는 현실주의적 관료로서 국가 안정을 중시했지만, 변절자로 지탄받기도 했고, 성삼문은 충절을 지킨 인물이자 정치적 희생양으로서 사림의 이상적 충신으로 기억된다. 두 사람의 선택은 조선 전기 정치사에서 군신 관계와 국가 안정의 문제를 깊이 생각하게 만드는 대표적 사례로 남아 있다.

신숙주(申叔舟, 1417-1475)
Created with DALL · E by OpenAI.

세조가 즉위한 뒤 국가 기강이 흔들리고 외적의 침입과 내부의 혼란이 이어지자, 신숙주는 관료로서 국가를 바로 세우는 데 헌신했고, 특히 행정과 외교의 안정에 기여했다. 결국 신숙주는 **변절자**이면서 **동시에 충신**이었다는 평가를 받는다. 그는 왕권 찬탈이라는 역사적 상황에서 임금 개인의 충절보다 국가의 안정을 우선시하는 현실주의적 선택을 한 인물로 평가할 수 있다. 이러한 이중적 모습은 조선 전기 정치사의 복잡함을 그대로 드러내며, 오늘날까지도 **신숙주**를 평가하는 데 있어 **논쟁의 여지**를 남기고 있다.

4. 올바른 역사 기록의 방향

역사는 단지 과거를 나열하는 것이 아니라, 오늘을 살아가는 우리가 **자신의 정체성과 사회의 방향을 고민하기 위해** 과거를 되돌아보는 해석의 작업이다. 따라서 역사 기록은 언제나 **진실과 정의를 향해 나아가는 인간적 성찰의 과정**이어야 하며, 그 방향은 다음과 같은 가치 위에 세워져야 한다.

□ 객관적인 기록과 검증

무엇보다 **사실에 근거한 정확한 기록**이 선행되어야 한다. 역사가는 당대의 자료, 유물, 구술 증언 등을 신중하게 분석하며, 검증된 사실 위에 해석을 더해야 한다. 단편적인 정보나 주관적 판단에 치우친 서술은 오히려 진실을 왜곡하고, 후대에 잘못된 기억을 남길 수 있다. 사실에 충실하되 해석에 있어 겸손하고 열린 자세를 갖는 것, 그것이 올바른 역사 기록의 첫 걸음이다.

□ 다각적인 시선을 담은 역사

동시에, 역사는 **다각적인 시선**을 담아야 한다. 과거의 기록은 주로 권력자와 승리자의 시선에서 남았고, 그로 인해 수많은 민중, 여성, 소수자, 패배자의 이야기는 지워졌다. 진정한 역사 기록은 그런 **'침묵 당한 자들'**의 목소리를 복원하는 일이어야 하며, 그 과정을 통해 우리는 한 시대의 전체성을 이해하게 된다.

□ 현대 언론과 방송 - 진실보도와 화해의 도구

이 문제의식은 현대 방송과 언론의 기능과도 맞닿아 있다. 방송은 단순한 정보 전달을 넘어 사회 현실을 기록하고 조명하는 역할을 한다. 뉴스, 다큐멘터리, 시사 프로그램, 드라마와 예능에 이르기까지, 방송은 특정 시기의 문화와 감정, 갈등과 화해, 권력과 저항을 담아내며 **시대의 '기록자'**로 기능한다.

그러나 언론이나 방송 역시 역사 기록과 마찬가지로 **편향의 위험**을 안고 있다. 특정 정치 세력, 상업적 이해관계, 대중 여론의 조작 가능성은 방송의 공정성을 위협한다. 따라서 방송 역시 역사와 마찬가지로, **사실 확인, 공정한 시각, 사회적 약자에 대한 감수성, 권력 비판적 태도**를 유지할 책임이 있다.

또한 언론과 방송은 역사처럼 **치유와 화해의 도구**가 될 수 있다. 한 사건의 진실을 밝혀내는 탐사보도는 상처받은 이들에게 위로가 되며, 다양한 인간 군상의 이야기를 다룬 프로그램은 사회적 이해와 공감을 끌어낸다. 방송은 시대의 아픔을 기록하고, 그것을 다시 이야기함으로써 **공동체의 기억을 재구성하고 공유하는 장**이 된다.

결국 **역사와 언론의 본질**은 **진실과 인간 존엄에 대한 책임**이다. 역사는 과거를 통해 오늘을 성찰하고, 언론과 방송은 오늘을 기록해 내일의 역사를 만든다. 두 영역 모두 침묵한 이들의 목소리를 존중하며, 편견 없는 시선과 정직한 기록, 다층적 성찰, **공동체적 치유**의 길을 걸어야 한다.

제39장

인문학과 과학기술
- 통섭의 귀환

1. 과학기술자의 눈으로 본 인류의 발자취

역사는 보통 왕과 장군, 혁명가들의 이야기로 채워진다. 그러나 우리가 살아가는 세상을 실질적으로 바꾸어온 존재는 언제나 그들의 뒤에서 손을 움직인 **기술자들**이었다. 인류의 문명은 곡식을 저장할 그릇을 만들고, 바퀴를 고안하며, 불을 다루는 데서부터 시작되었다. 과학기술자는 곧 **문명의 설계자이자 조력자**였으며, 그들이 이룬 진보는 인간의 삶을 바꾸는 가장 결정적인 동력이었다.

□ 기술의 성격 - 선인가 악인가

기술은 언제나 인간의 **필요와 꿈**에서 출발했다. 농사를 짓기 위한 도구, 생존을 위한 무기, 하늘을 날고자 하는 열망은 모두 기술로 구현되었고, 역사는 그 기술이 사용된 방식에 따라 방향을 달리해왔다. 하지만 기술이 곧 진보이자 선(善)이라는 생각은 너무 단순하다. **화약**은 광산에서 유용했지만, 전쟁터에선 죽음의 수단이 되었고, **원자력**은 에너지를 주었지만 도시를 잿더미로 만들기도 했다.

이처럼 **기술은 정치에 비해** 상대적으로 **중립적**이다. 문제는 그것을 사용하는 **사람의 윤리**

와 목적이다. 그러므로 과학기술자가 역사를 읽는다는 것은 단지 과거의 기술 발전사를 들여다보는 것이 아니라, 그 기술이 어떤 방식으로 **인간의 삶에 영향을 주었는지를 성찰하는 일**이다. 기술이 만들어 낸 결과를 통해 인간은 어떤 교훈을 얻었고, 어떤 잘못을 반복했는지를 따져야 한다.

과학기술자는 대부분 조용히 일한다. 역사의 무대 위에 서는 일은 드물지만, 그들의 선택은 종종 세상의 구조를 바꾸었다. **레오나르도 다빈치**의 설계도는 당시 실현되지 못했지만, 인간 상상력의 한계를 넓혔고, **라이트 형제**의 비행기는 단지 비행의 성공이 아니라 인류의 경계를 넘어선 상징이었다. 현대에 이르러 **인공지능, 유전자 편집, 우주 탐사**와 같은 기술은 인간이 신의 권한에 도전하는 시대에 들어섰음을 보여 준다.

□ 기술자의 책임 - 무엇이 가능한가보다 무엇이 옳은가

이제 과학기술자는 단지 기능적 능력을 갖춘 전문가가 아니라, **인간의 미래를 책임지는 윤리적 존재**가 되어야 한다. 기술의 진보가 진정한 의미를 가지려면, 그것은 인간의 존엄과 생명을 위한 것이어야 하며, 역사의 실패를 되풀이하지 않기 위한 자각에서 출발해야 한다. 과거의 기술은 우리에게 편리함을 주었지만, 그로 인해 발생한 파괴와 고통도 분명히 존재했다. 따라서 기술자는 오늘을 만들고 있는 기술의 이면을 성찰하고, **기술이 누구를 위한 것인지, 어떤 결과를 초래할 것인지에 대한 책임감**을 가져야 한다. 기술을 통해 무엇이 가능한지를 고민하는 것보다, **무엇이 옳은지를 먼저 묻는 태도**가 과학기술자가 역사를 읽는 올바른 자세일 것이다.

그 대표적인 예로, 제2차 세계대전이 끝난 후 V-2 로켓을 만든 독일의 과학자 베르너 폰 브라운은 자신이 만든 기술이 수많은 생명을 앗아간 현실 앞에서 깊은 죄책감에 사로잡혔다. 그는 훗날 이렇게 고백했다.

"나는 별을 향하고 싶었지만, 내 미사일은 먼저 런던을 향했다."

그의 말은 기술자의 양심이 마주한 가장 날카로운 질문이었다. 같은 손으로 그는 훗날 인류를 달로 보냈지만, 그 발걸음에는 전쟁의 그림자와 구원의 열망이 함께 담겨 있었다. 기술의 방향은 언제나 인간의 의지에 달려 있다. 그 손이 하늘을 향하면 문명이 되고, 파괴를 향하면 다시 재앙이 된다. 또한, 기술의 신뢰성은 단순히 기능적 성능만으로 측정되지 않는다. 그것은 비정상 상황에서도 사용자가 오류 없이 안전하게 작동할 수 있도록 설계되었는가, 그리고 그 기술이 사용자에게 충분히 **이해 가능한 방식**으로 작동하는가에 달려 있다.

이 점을 극명하게 보여주는 사건이 바로 **보잉 737 MAX 추락 사고**이다. 2018년 인도네시아의 라이언에어(Lion Air)와 2019년 에티오피아항공(Ethiopian Airlines)의 737 MAX 항공기가 이륙 직후 추락해 **총 346명의 생명이 희생**되었다. 사고 원인은 새로 도입된 MCAS(조종특성 향상 시스템, Maneuvering Characteristics Augmentation System)의 과도한 개입과 파일럿에게 사전 고지되지 않은 자동 작동 때문이었다. 센서 하나의 오작동이 기체의 자동 기수 하강을 반복 유도했고, 조종사는 그 원인을 파악할 수조차 없었다.

단일 센서 기반 설계, 매뉴얼 미제공, 조종사 교육 부족, 미 연방항공청(FAA) 인증의 구조적 문제 등 **복합적 오류**가 얽혀 있었고, 이는 단지 시스템 오류가 아니라 **신뢰성 설계 철학의 실패**였다. 기술자들이 "이 기능은 잘 작동하겠지"라는 전제하에 사람에게 설명을 생략하거나 피드백을 무시하면, 그것은 기술이 아니라 위협이 된다. 이 사고는 과학기술자가 단순한 설계자가 아니라, 위험을 예견하고 인간-기계 관계를 해석하는 존재여야 함을 보여 주었다.

2. 인간의 손과 기술이 만든 세계

인류의 역사는 기술의 진보로 이룩된 문명의 역사였다. 원시인은 불을 다루고 바퀴를 발명했으며, 고대인은 금속을 다루고 구조물을 세웠다. 이 모든 성취의 뒤에는 기술자와 장인의 손이 있었다. 기술은 단지 도구가 아니라, 인간이 세상을 바라보는 방식 자체를 바꾸어 왔다. 코페르니쿠스와 갈릴레이는 우주의 중심이 인간이 아님을 밝혔고, 뉴턴은 자연을 수

식으로 설명했다. 산업혁명은 증기기관 하나로 사회의 구조를 재편했다.

하지만 기술은 진보만을 뜻하지 않는다. 아인슈타인의 방정식은 원자폭탄으로 이어졌고, 생명공학은 윤리적 경계를 넘나든다. 기술은 구원과 파괴의 가능성을 동시에 품은 양날의 칼이다. 과학기술자의 시선으로 본 역사는 '권력의 연대기'가 아니라, **'문제 해결의 역사'**다. 성당을 세운 석공, 오벨리스크를 깎은 장인, AI를 설계하는 개발자까지—그들은 모두 인류 문명의 숨은 설계자였다. 우리는 기술을 통해 더 자유로워질 것인가, 아니면 기술에 종속될 것인가? 세계를 다시 설계할 수 있는 도구를 손에 쥔 지금, 인간의 책임성과 도덕성에 따라 그 방향은 달라진다.

3. 레오나르도 다 빈치, 기술자의 천성을 지닌 천재

다 빈치는 **예술가 이전에 기술자**였다. 그는 세계를 수동적으로 받아들이지 않고, 자연의 원리를 해부하고 분석했다. 사과는 왜 떨어지는가, 새는 어떻게 나는가, 인간의 근육은 어떻게 움직이는가—그의 질문은 설계와 실험으로 이어졌다. 그는 아직 인류가 날 수 없던 시절, 비행 기계를 설계했다. 그의 도면은 단순한 상상이 아니라 물리적 원리에 기반한 통찰이었다. 기술은 그의 손에서 도구를 넘어 상상력의 구현 수단이 되었다.

그는 동시에 **기술의 윤리적 무게**도 **인식**했다. 고성능 무기를 설계하면서도 그것의 용도를 고민한 흔적이 남아 있다. 기술은 손에 있지만 방향은 양심에 달려 있다는 것을 그는 깊이 이해했다. 다 빈치는 학문과 기술의 경계를 두지 않았다. 예술, 과학, 철학, 공학이 조화롭게 그의 사고 안에서 통합되었다. '통섭'이라는 개념이 생기기 훨씬 전, 그는 이미 그 이상을 실천한 인물이었다.

또한, 다 빈치와 비슷한 시기의 브루넬레스키는 피렌체 대성당의 거대한 돔을 건축하며 르네상스 기술 공학의 한계를 넘었고, 갈릴레이는 물리 실험과 천문 관측을 통해 자연의 법칙을 수학적으로 해석하는 길을 열었다. 이들은 모두 기술, 예술, 과학, 철학의 경계를 넘나든 **통합적 지성의 대표자**들이었다.

4. 그리스 철학자와 부활한 융합과 통섭의 정신

오늘날 과학기술자들이 말하는 **'융합'과 '통섭'**은 **단순한 학문적 유행이 아니다**. 그것은 이미 수천 년 전 고대 그리스 철학자들과 르네상스 사상가들에 의해 구현되었던 지성의 전통이다. 플라톤과 아리스토텔레스, 그리고 레오나르도 다 빈치 같은 인물들은 분과 학문이 존재하지 않던 시절, 자연과 인간, 기술과 철학, 예술과 신학을 **하나의 시선**으로 꿰뚫어 보았다.

□ 고대 그리스 - 지식은 하나의 나무였다

당시 철학자들에게 **'철학**(philosophia)'은 사고의 기술이 아니라 존재와 원리를 사랑하며 탐구하는 **삶의 태도**였다. 물리학, 윤리학, 수학, 천문학, 정치학은 하나의 철학이라는 줄기에 매달린 가지였다.

탈레스는 세계의 근원을 '물'이라 보며 자연을 관측했고, 피타고라스는 수의 조화 속에서 우주의 질서를 읽으려 했다. 플라톤은 이데아라는 보이지 않는 세계의 실재를 주장했고, 아리스토텔레스는 논리와 분류, 경험의 통합으로 지식 체계를 정립했다. 이들은 감성과 이성, 신과 인간, 자연과 윤리를 아우르는 **통합적 사유**의 길을 열었다.

□ 르네상스 - 다 빈치, 만능인의 귀환

중세를 지나 르네상스 시대는 다시 통합의 정신을 회복했다. 그 중심에 레오나르도 다 빈치가 있었다. 그는 화가이자 해부학자, 건축가이자 공학자였다. 해부와 설계, 수학과 예술을 넘나들며 **지식의 경계**를 허물었고, 기술을 단순한 도구가 아니라 우주의 조화와 인간의 아름다움을 구현하는 수단으로 보았다.

□ 인문학과 과학기술의 통섭 - 지성을 회복하는 길

오늘날 우리는 인공지능, 유전체 분석, 우주 탐사 등 눈부신 기술 발전 속에 살고 있다. 그러나 기술이 인간의 삶을 획기적으로 바꾸었다고 해서, 그것이 곧 의미 있는 발전이 되는 것은 아니다. 우리는 반드시 되물어야 한다.

"이 기술은 누구를 위한 것인가?"
"우리는 무엇을 위해 기술을 사용하는가?"

과학기술이 '어떻게'를 묻는다면, 인문학은 '왜'를 묻는다. 기술은 문제를 해결하지만, 어떤 문제를 해결해야 하는지는 윤리, 역사, 철학, 신학이 안내한다. 기술이 인간의 손을 확장한다면, 인문학은 그 손이 어디를 향해야 하는지를 알려 준다.

역사를 돌아보면, 인문학과 과학기술은 본래 하나였다. 아리스토텔레스는 생물학과 논리학, 윤리학과 정치학을 아우르는 사고를 펼쳤고, 다 빈치는 과학자이자 예술가, 기술자이자 철학자였다. 이들은 **통합적 인간**이었다. 오늘날 우리가 잃어버린 것도 바로 이 시선이다. 21세기 문제는 단일 학문으로 해결되지 않는다. 기후 위기, 생명윤리, 인공지능의 책임 문제, 정보 통제와 조작—이 모든 복합 문제는 기술만으로는 다룰 수 없다. 철학적·윤리적 판단이 함께하지 않으면, 기술은 방향을 잃고 문명은 본질을 상실하게 된다.

이제 과학기술자는 가치 판단자이며, 사회적 책임자이며, 인간 존재를 해석하는 해석자이다. 예를 들어, 항공기술자는 성능만이 아니라 안전 기준, 인간-기계 관계, 국제 윤리 규범까지 이해해야 하며, 인공지능 개발자 역시 알고리즘의 정확성뿐 아니라, 그것이 인간의 판단을 대체할 수 있는지, 책임의 주체는 누구인지에 대한 고민을 감당해야 한다. 인문학과 과학기술은 서로 대립하는 것이 아니라, 인간 중심의 지식을 구성하는 두 축이다. 하나가 약하면 전체가 무너진다. 기술이 속도를 낼수록 인문학은 멈춰 서서 되묻는다.

"우리는 어디로 가고 있는가?"

인문학은 기술의 브레이크이자 나침반이며, 기술은 인문학의 손과 발이다. 우리는 이 두 영역을 다시 하나의 시선으로 바라보아야 한다. 그것이 바로 **'통섭(consilience)'**이다. **통섭**은 단지 지식의 융합이 아니라, **인간 중심의 지성 회복**이다. 기술에 인간을 더하고, 지식에 사랑을 더하며, 과학에 목적을 부여하는 것. 그것이 우리가 회복해야 할 길이다. 각 분야가 제 역할만 고수하며 벽을 쌓는다면 사회는 균형을 잃는다. 전공만으로 판단하는 시대는 끝났다. **역사는** 수많은 **'통섭 없는 리더십'이 가져온 실패를 증명**해 왔다.

5. 미래의 성장동력 - 회복탄력성, 지속가능성, 융합, 그리고 통섭의 조화

인류는 지금 단일 기술로 해결할 수 없는 복합적 위기 시대에 진입했다. 기후 변화, 팬데믹, 에너지 전환, 디지털 전환, 인공지능의 사회적 충격, 지정학적 갈등 등은 단지 기술 개발의 문제가 아니라, 시스템 전체를 다시 설계할 수 있는 안목과 태도를 요구한다.

이 미래에 주목해야 할 네 가지 개념은 회복탄력성(Resilience), 지속가능성(Sustainability), 융합(Convergence), 통섭(Consilience)이다. 각각 독립된 가치이지만, 함께 작동할 때 진정한 변화의 동력이 된다.

- **회복탄력성**: 위기 속에서도 다시 일어나 더 나은 상태로 성장하는 능력.
- **지속가능성**: 현재의 선택이 미래 세대에 미칠 영향을 고려하는 설계.
- **융합**: 이질적 분야를 창의적으로 연결해 새로운 해법을 만드는 과정.
- **통섭**: 단순한 결합을 넘어, 방향과 의미를 묻는 지성의 기반.

이 네 가지는 따로 존재하는 것이 아니라, 서로를 보완하며 하나의 순환 구조를 이룬다. 회복탄력성이 위기 대응의 기반을 만들면, 지속가능성은 그 방향을 잡고, 융합은 실행의 방법을 제시하며, 통섭은 그 모든 과정을 지성으로 묶어 낸다. 이처럼 네 개념은 분리된 요소가 아니라, **인류 문명을 지속적으로 재생시키는 하나의 생태적 시스템**이다.

- **회복탄력성은 위기를 이겨 내는 근육,**
- **지속가능성은 미래를 고려하는 설계도,**
- **융합은 창조적 해법의 관절,**
- **통섭은 그 모든 것을 조율하는 뇌와 심장이다.**

미래 사회는 더 '강한' 사회가 아니라, 더 깊이 있고 성숙한 문명을 지향해야 한다. 견디는 힘뿐 아니라, 상호 이해하고 연대하며 미래를 설계하는 힘이 필요하다. 그리고 그 힘은 각자의 영역을 넘어 연결될 때 비로소 생겨난다.

예를 들어, **스마트시티**는 단지 ICT 기반의 첨단 도시가 아니라, 회복탄력적 재난 대응, 지속가능한 에너지 순환, 기술 간 융합, 인간 중심 설계 철학이 함께 결합된 **새로운 문명 실험장**이다. 이러한 도시 모델은 기술이 단순한 편리함을 넘어, 공동체 가치와 더 깊이 있는 삶을 구현할 수 있는 방향성을 보여 준다.

6. 기술 문명 속에서 드러나야 하는 신앙의 등불

오늘날 과학기술과 인문학이 통섭되어야 한다는 목소리가 커지는 가운데, 기독교 신앙은 그 통섭의 중심에서 핵심적 역할을 요청받고 있다. 기독교는 단지 개인의 구원만이 아니라, 인간의 삶과 공동체, 정의와 창조 세계에 대한 **포괄적 관점을 제공**한다.

기독교는 인간을 하나님의 형상으로 지음 받은 존재로 본다. 이는 인간이 결코 기술이나 생산성의 수단으로 환원될 수 없으며, 모든 기술 발전은 존엄성과 생명의 가치를 전제로 해야 함을 의미한다. **진정한 회복탄력성**은 단순한 시스템 복원이 아니라, **상처 입은 인간**과 **공동체의 치유**, 타락한 인간성이 하나님 앞에 다시 서는 **회복의 여정**까지 **포함**한다.

□ 기술 문명을 비추는 기준 - 사랑과 정의, 섬김의 원리

또한 기독교는 **'청지기 정신'**을 강조한다. 이는 자원과 기술, 권력의 무분별한 사용이 아니라, 창조 세계에 대한 책임 있는 관리와 보존을 뜻한다. 지속가능성은 기독교 세계관에서 하나님의 창조 질서를 존중하는 조화와 연결된다. 기술 문명이 인간의 한계를 넘어서는 듯 보이는 시대일수록, 질문해야 한다.

"이 기술은 생명을 향해 나아가는가?"
"도구의 사용은 어디서 멈추어야 하는가?"
"기술은 인간성을 확장하는가, 아니면 소외시키는가?"

이 질문의 답은 예수 그리스도의 삶의 원리에서 찾을 수 있다. **사랑, 정의, 섬김과 책임**이라는 **복음의 기준** 안에서 기술이 운용될 때 비로소 진정한 발전이 된다. 부유함 그 자체보다, 그것이 약자와의 연대와 정의의 열매로 이어지는지가 중요하다.

□ 신앙의 빛이 흐려진 시대의 자성

오늘날 사회 속에서 기독교가 비판을 받는 이유는 단지 신앙의 내용 때문이 아니다. 많은 사람들이 **기독교인**을 보며 **"말과 행동이 다르다"**고 느낀다. 교회 안에서는 경건하지만, 사회에서는 말씀을 실천하지 않고 오히려 더욱 이기적인 태도를 보이는 이중성 때문이다. 일부 신앙인들은 '의'라는 이름으로 타인의 입장을 듣지 않고, 변화하려고 하지 않으며 자신의 확신만을 절대화한다. 진리와 정의는 하나인데, 정치적 입장에 따라 그 기준이 달라지는 모순이 나타나기도 한다. 결국 말씀보다 사회의 가치관이 앞서게 되면서, 성경의 가치가 권력이

나 이익에 따라 선택적으로 적용되거나 왜곡되는 현상이 발생한다. 그러나 더 큰 문제는, 이러한 모순을 신자들 스스로 자문하거나 성찰하지 않는다는 것이다. 이는 복음이 가르치는 겸손과 섬김의 자세와는 거리가 멀다.

예수는 "네 이웃을 네 몸과 같이 사랑하라"고 하셨지만, 현대의 일부 교회는 때로 '우리만 옳다'는 울타리 속에 스스로를 가둔다. 신앙이 배타적 논쟁으로 전락할 때, 세상은 교회의 빛을 신뢰하지 않는다. 그래서 오늘날 기독교인들이 비난을 받는 것은 세상이 복음을 싫어해서가 아니라, **복음을 닮지 못한 신앙인의 모습 때문**이다.

□ 세상의 등불로 서는 교회 - 기술 문명 속의 사명

오늘날 교회 공동체는 더 이상 예배만의 공간이 아니다. 기술과 신앙, 삶과 사명이 교차하는 플랫폼이 되어야 한다. 교회 안에서 기술자와 정책가, 교육자가 자신의 역할을 신앙적으로 재해석하고 공동체와 나눌 때, **교회**는 시대를 밝히는 **윤리적 등불**이 될 수 있다.

기독교의 역할은 복잡한 시스템을 해석하는 기술이 아니라, 무너진 인류를 다시 세우는 **복음의 능력**이다. 기술·과학·사회의 모든 영역에서 기독교적 가치는 통섭 구조의 윤리적 방향타가 되어야 한다. 그럴 때 우리는 '강한 문명'을 넘어, **하나님의 형상을 회복한 문명**, 즉 **사랑과 진리가 함께 흐르는 살아 있는 문명**을 세울 수 있을 것이다.

7. 이제는 서로의 언어를 배워야 할 때

회복탄력성과 지속가능성은 단순한 기술 용어가 아니다. 그것은 인간과 사회가 어떤 가치를 중심에 두고 살아갈 것인가에 대한 질문이며, 철학·신앙·과학기술이 함께 답을 찾아야 할 과제이다. 이 지점에서 우리는 **'통섭'**이라는 지적인 도전에 직면한다.

기술은 '어떻게(how)'를 말하고, **인문학과 철학은 '왜(why)'**를 묻는다. 신앙은 인간 존재의 궁극적 의미와 방향을 제시한다. 이 세 영역이 함께 작동할 때, 우리는 단지 빠르고 편리한 사회를 넘어 정의롭고 의미 있는 사회를 지향할 수 있다.

□ 기술과 철학, 신앙이 다시 만나는 자리

앞으로의 사회는 단순한 기술 융합이 아닌, **가치의 통섭(consilience of values)** 위에 세워져야 한다. 철학은 경계와 책임을, 인문학은 공감과 성찰을, 신앙은 초월성과 겸손을, 과학기술은 실행과 창조성을 담당할 때, 더 깊은 공동체가 형성된다.

미래 사회의 모습은 이렇다.
지속가능한 기술은 생태계를 보전하고,
회복탄력적 시스템은 실패를 자산으로 전환하며,
융합된 지식은 문제를 다면적으로 이해하고,
통섭된 가치는 공동체와 공공선을 회복한다.

□ 서로의 언어를 배우는 문명 - 통섭의 미래

우리는 이제 더 많이 아는 시대가 아니라, **더 깊이 이해하고 함께 걸어가는 시대**를 열어야 한다. 기술자는 인간을 위해 기술을 다루고, 인문학자는 방향을 제시하며, 정치와 제도는 균형을 잡아야 한다. **신앙인**은 모든 분야에서 **'빛과 소금'의 역할**을 감당해야 한다.

기술에는 윤리가 필요하고, 윤리는 신념을 통해 실천되어야 하며, 신념은 사랑과 정의로 검증되어야 한다. 인문학은 속도를 제어하는 브레이크, 과학기술은 이상을 실현하는 손과 발, 정치와 제도는 균형을 잡는 나침반이다. 그리고 신앙은 그 나침반이 가리키는 **진리의 북극성**이다. 진정한 통섭이란 지식의 융합을 넘어, 사람과 공동체, 문명의 회복을 이루는 일이다. 각 영역이 서로의 언어를 배우고 협력하며 방향을 정립할 때, 우리는 단지 더 빠른 문명이 아니라, **더 바르고 깊은 사회**를 설계할 수 있다.

그리고 바로 그 자리에, 우리가 꿈꾸는 미래가 있다.

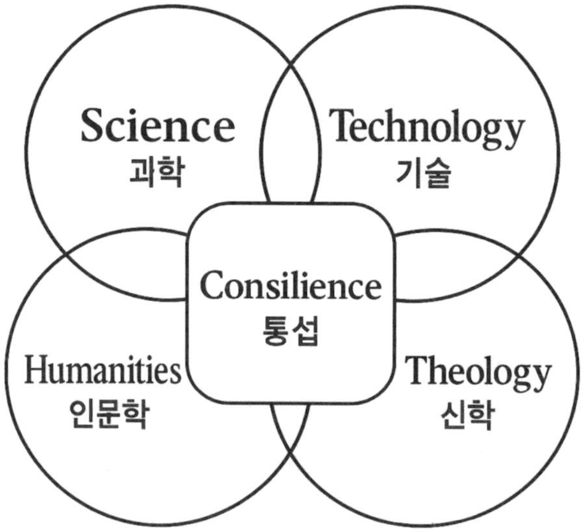

과학, 기술, 철학, 신학의 통섭
Created with DALL · E by OpenAI.

제40장

역사로부터 얻는 교훈 - 일관된 메시지

1. 역사의 교훈

인류의 역사는 흥망과 전쟁, 발전과 퇴보가 교차하며 이어져 온 거대한 순환의 기록이다. 권력의 집중과 **기술의 발전은 인류를 번영**으로 이끌었지만 **동시에 전쟁의 수단**으로도 사용되어 왔다. 이념의 충돌과 탐욕은 시대를 달리하며 반복되었지만, 인류는 그 실패 속에서도 배우고 성장하며 새로운 제도와 문명을 세워 왔다. 역사는 단순한 과거의 나열이 아니라, 미래를 설계하기 위한 인간의 거울이다. 기술과 제도의 진보만으로는 사회를 지탱할 수 없으며, 그 밑바탕에는 윤리와 가치의 통합, 그리고 인간 내면의 성숙이 필요하다. 결국 역사의 교훈은 변화를 두려워하지 않되, 그 중심에 인간다움과 공동체적 책임을 세울 때 지속 가능한 문명이 가능하다는 사실을 일깨워 준다.

□ 권력의 위험성과 분산의 필요

그 과정에서 반복적으로 드러난 교훈 중 하나는 **권력의 집중이 가져오는 위험성**이다. 권력은 질서를 세우고 문명을 발전시키는 도구가 될 수 있지만, 동시에 부패와 독재로 변질될 때 공동체 전체를 붕괴시킬 수도 있다. 고대 제국에서 현대 국가, 그리고 기업과 조직에 이르기까지, **권력의 불투명한 집중은 언제나 붕괴의 서막**이었다. 따라서 권력은 견제와 균형,

그리고 공적 책임 속에서만 정당성을 유지할 수 있다. 역사는 우리에게 말한다 **권력은 분산될 때 안정되고, 감시받을 때 정의롭다.** 미래의 지속 가능한 사회와 조직은 강력한 지도자보다 **투명한 제도와 견제의 시스템** 위에 세워진다는 사실을 잊지 말아야 한다.

□ 반복되는 위기와 실패의 교훈

역사를 통해 반복되는 사건들도 있다. 전염병, 경제 위기, 기후 변화 등의 위기는 시대를 불문하고 계속되었다. 이는 과거의 실패를 교훈 삼아 대비책을 마련하는 것이 얼마나 중요한지를 보여 준다. 이러한 반복은 항공산업에서도 마찬가지로, 안전사고와 기술적 문제를 예방하기 위해 과거 사례를 분석하고 이를 시스템화하는 노력이 필요하다는 사실을 알려 준다. 무엇보다 역사 속에서 **강력한 신념**과 올바른 **가치관**은 사회와 국가를 변화시키는 원동력이 되어 왔다. 독립운동, 인권운동, 종교개혁 등은 모두 신념을 가진 개인과 집단이 역사를 바꾼 사례다. 또한, 역사는 상호 협력이 문명의 흥망을 가르는 열쇠임을 증명한다. 고대의 동맹과 교역로에서 현대의 국제기구와 협정에 이르기까지, 협력 없는 국가는 홀로 설 수 없었다.

□ 유연성과 회복탄력성

마지막으로 역사는 예측 불가능성과 유연성의 필요성을 강조한다. 경제 위기, 전쟁 같은 급변 사태와 기후 변화 등 장기 구조 요인이 늘 인류를 시험해 왔고, 이에 대응하는 지혜는 시대마다 요구되었다. 결국 역사는 단순한 과거의 기록이 아니라 현재와 미래를 준비하는 지혜의 보고이다. 우리는 기술, 권력, 가치관, 협력, 그리고 유연성의 중요성을 배우며, 이를 통해 보다 안전하고 지속가능한 사회와 산업을 만들어갈 수 있다.

□ 교훈을 실천한 역사적 사례

역사는 실패만 남기지 않았다. 권력의 분산, 제도의 개혁, 협력의 가치라는 교훈을 지켜낸 국가와 사회는 위기를 넘어 새로운 도약을 이루었다. 영국의 명예혁명, 미국의 삼권분립, 유럽연합의 통합, 대한민국의 산업화와 민주화는 모두 과거의 교훈을 기억했기에 가능했던 성공의 사례다.

2. 로마와 몽골 제국의 멸망에 대한 교훈 - 공통된 위기 구조

로마와 몽골 제국의 흥망은 문명의 지속 가능성이 **외부의 힘보다 내부의 통합**에 달려 있음을 보여 준다. 로마는 분열과 부패로, 몽골은 정체성 혼란과 내전으로 스스로를 약화시켰다. 거대한 제국도 내부 결속이 무너지면 외부 충격 앞에 속수무책이었다. 권력의 집중은 부패를 낳고, 분열은 몰락을 앞당겼다. 따라서 **진정한 강함은 제도적 투명성, 신뢰, 그리고 공유된 가치** 위에서만 유지될 수 있다.

이 교훈은 현대 **신뢰성공학**(Reliability Engineering)의 기본원리와 같다. 항공기 신뢰성공학은 **시스템 일부가 고장 나도 전체 기능을 유지하도록 설계하는 철학**으로, 핵심은 다중화(Redundancy)와 통합 설계(Integrated Design)이다. 예를 들어, 항공기의 비행제어계통처럼 한 부분이 손상돼도 3중 이상의 시스템이 즉시 주요 기능을 이어받는 구조가 그 예이다. 국가 또한 하나의 복합 시스템이다. 정치, 외교, 행정, 경제, 문화, 교육 중 하나라도 기능을 잃으면 전체가 흔들린다. 따라서 중요한 것은 완벽함이 아니라 정기적인 점검으로 문제 발생을 줄이고, 심각한 문제가 발생했을 때 그 상황을 견디고 회복할 수 있는 복원력(Resilience)이다. 역사는 기술자의 언어로 말한다. "시스템의 생명은 완벽함이 아니라, **고장을 감지하고 회복할 수 있는 구조**에 있다."

"시스템의 생명은 완벽함이 아니라, 회복할 수 있는 구조에 있다."

□ 동·서로마의 분열과 로마 제국의 붕괴

로마제국의 역사는 단일 제국이 분열되고 결국 멸망에 이르는 과정을 통해 인류에게 깊은 교훈을 남겼다. 특히 동서로 분리된 사건은 내부 균열과 외부 침입이 동시에 제국을 위협하게 만든 결정적 계기였다. 로마는 지중해를 중심으로 정치 · 군사 · 경제 · 문화의 중심지로 군림했으나, 광대한 영토를 관리하는 데 한계를 드러냈다. 4세기 말, 테오도시우스 1세 황제가 제국을 두 아들에게 분할 통치하게 하면서 제국은 공식적으로 동로마와 서로마로 나뉘었다. 서로마제국은 내부 부패와 행정 혼란, 외부 민족의 침입으로 인해 476년 결국 멸망했다. 이는 **내부 결속이 무너진 제국이 외부 공격에 쉽게 무너진다는 사실**을 보여 준다.

반면 동로마제국은 콘스탄티노플(현 이스탄불)을 수도로 삼고, 로마의 행정 체계와 그리스 문화를 융합한 **비잔틴 문명**으로 약 천 년 동안 존속했다. 초기에는 강력한 중앙집권과 기독교 신앙을 바탕으로 번영했으며, 유스티니아누스 법전과 성 소피아 대성당 등 찬란한 유산을 남겼다. 그러나 시간이 흐르며 제국은 종교 분열, 내전, 경제 쇠퇴, 외침에 시달렸다.

특히 1204년, **서유럽 십자군**이 '성지 회복'을 명분으로 **동로마 수도 콘스탄티노플을 침공한 제4차 십자군 전쟁**은 비잔틴 제국에 치명적인 상처를 남겼다. 이 사건은 **같은 기독교권 내부의 전쟁**, 곧 문명 내부의 자기 파괴였다. 그 상처는 끝내 회복되지 못했고, 제국은 이후 점차 쇠락했다. 결국 1453년, 오스만 제국의 술탄 메흐메트 2세의 대포 공격으로 콘스탄티노플은 함락되었고, 마지막 황제 콘스탄티누스 11세는 성벽 위에서 최후를 맞았다. 이로써 로마의 천년은 막을 내렸으며, **그 멸망의 원인은** 언제나 **외부의 침략이 아니라 내부의 분열과 가치관의 붕괴**에서 비롯되었다.

□ 칭기즈칸의 제국, 통합에서 분열로

몽골 제국 역시 비슷한 길을 걸었다. 칭기즈칸이 이끈 초기 몽골은 **탁월한 군사 조직력과 정보 · 통신 체계, 그리고 유연한 통치 전략**으로 유라시아를 제패했다. 그들은 단순한 정복자가 아니라, 역사상 처음으로 **동서 교역로를 하나의 체계로 연결한 제국**이었다. 그러나 거대한 제국은 칭기즈칸의 사망 이후 균열되기 시작했다. 후계자 분쟁과 권력 승계의 불안정, 그리고 **울루스(칸국)** 체제로의 분열은 제국의 단일성을 무너뜨렸다.

각 칸국은 점차 독자 노선을 걷기 시작했고, 몽골의 통합 이념이었던 '대칸의 권위'는 상징적인 존재로 전락했다. 종교적 관용과 현지인 등용은 통치 초기에 안정과 융화를 가져왔지만, 시간이 흐르며 **정체성의 혼란과 내부 균열**로 바뀌었다. 14세기 중엽, 유라시아를 휩쓴 흑사병(Black Death)은 무역로와 도시를 붕괴시키며 제국의 기반을 뒤흔들었다.

이미 내전으로 약화된 몽골은 외부 충격을 견딜 체력을 잃었고, 서로 고립된 칸국들은 더 이상 하나의 제국으로 존재할 수 없었다. 결국 몽골 제국의 붕괴는 외세의 침입이 아니라 **내부 분열과 정체성 상실**, 그리고 **통합된 비전의 부재**에서 비롯된 것이다.

□ 대제국의 몰락이 남긴 교훈

그들의 성공은 유연한 통합에서 나왔지만, 멸망은 **그 유연함이 통제력을 잃은 순간** 시작되었다. 로마와 몽골의 몰락은 **권력 집중이 부패를 낳고, 내부 분열이 외부 공격보다 더 치명적**이라는 교훈을 준다. 기술이나 군사력만으로 제국은 지속될 수 없으며, 투명한 제도, 열린 소통, **공유된 정체성**이 뒷받침되어야 한다. 오늘날 기업과 국가, 모든 조직도 마찬가지다. 내부의 결속과 통합 없는 권력 유지나 외형적 성장만으로는 지속가능성을 담보할 수 없다. 로마와 몽골의 몰락은 오늘의 우리에게 **내부를 먼저 돌아보라**는 경고이자 타산지석이다.

3. 우리 민족의 흥망성쇠와 역사적 교훈

우리 민족의 역사는 수천 년 동안 흥망성쇠를 반복해 온 치열한 생존과 재건의 기록이다. 고조선에서 시작된 뿌리는 삼국, 고려, 조선, 일제 강점기, 해방과 분단, 오늘의 대한민국에 이르기까지 이어졌다. 그 과정에는 찬란한 문명과 왕조가 있었지만, 동시에 무너지고 침탈당한 기억 또한 깊게 새겨져 있다.

□ 삼국의 경쟁과 통일, 그리고 분열의 씨앗

삼국 시대와 고구려는 북방 영토를 개척했고, 백제는 해양 교류의 중심이었으며, 신라는 통일을 이루어 질서를 세웠다. 그러나 내부 경쟁과 분열 속에 고구려와 백제는 무너졌고, 신라도 후삼국 혼란을 막지 못했다. 흥망의 배후에는 언제나 내부의 **균열과 변화에 대한 둔감함**이 있었다.

□ 고려와 조선의 무너진 시스템

고려는 불교를 중심으로 문화를 꽃피웠지만, 몽골 침입 앞에서는 허술한 국방과 귀족 정치의 무능으로 국토가 유린되었다. 항전을 이어갔으나 그 대가로 국력은 쇠퇴했고 정체성마저 흔들렸다. **조선**은 유교 질서를 기반으로 찬란한 문명을 이루었으나, 당쟁과 경직된 체제로 **스스로 병들었다.** 임진왜란과 병자호란, 신미양요, 임오군란 등은 외세 침략이 아니라 이미 **내부시스템이 붕괴된 결과**였다. 일제 강점기는 그 극단이었다. 근대화를 준비하지 못한 체제와 분열은 일본의 침략을 불러왔지만, 3 · 1운동과 독립운동은 민족정신이 살아 있음을 증명했다.

□ 해방과 분단, 그리고 또 다른 전쟁

그러나 해방이 곧 평화를 의미하지는 않았다. 해방 후 우리는 또 다른 비극적 분열을 경험했다. **좌우로 대립된 이념의 갈등**은 민족 내부의 **분열을 더욱 깊게** 만들었고, 결국 1950년 6.25 전쟁으로 이어졌다. 전쟁의 책임을 외세에만 돌리기 전에, 민족 스스로 내부를 정비하지 못한 점을 성찰해야 한다. 이후 분단과 빈곤을 극복하고 산업화와 민주화를 이룬 대한민국은 세계가 주목하는 문화 · 기술 · 경제 강국으로 성장했다. 그러나 역사는 여전히 묻는다. **"우리는 그 교훈을 잊지 않았는가?"** 민족의 흥망은 외세의 강함보다 내부의 관리와 통합에 달려 있었다. 과거의 쇠망은 침략자의 힘 때문이 아니라, 내부가 먼저 무너졌기 때문에 가능했다.

□ 흥(興)과 망(亡)의 경계에서 - 우리에게 남은 선택

오늘 우리는 다시 한 번 **전환의 시대**에 서 있다. 인공지능과 초연결 사회의 도래, 기후 변화, 저출산과 교육의 양극화, 그리고 이민 갈등 등 복합적 위기가 인간 사회의 근본 구조를 흔들고 있다. 기술은 눈부시게 발전하고 있지만, 윤리와 공동체 의식은 그 속도를 따라가지 못하고 있다. 교육은 여전히 지식의 주입과 경쟁 중심의 틀에 머물러 있으며, 개인의 **창의성·공감력·협력 능력**을 기르는 본연의 목적을 충분히 실현하지 못하고 있다.

동시에 우리의 사회는 이미 다문화 사회로 진입했지만, '다름'을 받아들이는 **성숙한 이해와 사회적 감수성은 여전히 부족**하다. 타인과 함께 사는 법, 다양성을 존중하며 공존하는 기술을 배우지 못한 채, 우리는 같은 공간에 살면서도 서로 다른 세계 속에 머무르고 있다. 이러한 상황은 단지 사회적 갈등의 문제가 아니라, **공동체의 지속 가능성을 위협하는 구조적 문제**로 이어지고 있다. 결국 지금 우리에게 필요한 것은 더 많은 기술이 아니라, **사람을 이해하는 능력**, 그리고 서로 다른 생각과 배경을 잇는 **사회적 지성(Social Intelligence)**의 회복이다.

역사는 증명한다. 강한 적이 오기 전부터 내부가 약화된 공동체는 이미 무너지고 있다는 사실을. 진정한 "흥(興)"은 물질적 풍요가 아니라 국민과 국가가 **하나의 목표와 가치로 통합**되는 데서 비롯된다. 우리가 그 흐름을 기억하고 성찰하며 다음 세대를 위한 책임을 다할 때, 우리 민족은 다시 새로운 흥의 시대를 열 수 있을 것이다.

망(亡)은 외부의 칼끝에서 시작되지 않는다.
그것은 준비되지 않은 내부에서 서서히 자라나,
결국 스스로를 무너뜨린다.

4. 역사를 바라보는 관점

역사를 바라보는 관점은 단순한 사실의 나열이 아니라, 그것을 어떻게 해석하느냐에 따라 달라진다. 같은 사건이라도 시각에 따라 전혀 다른 의미로 전달되며, 역사는 과거의 기록일 뿐 아니라 현재 우리의 의식과 가치관을 비추는 거울이 된다.

□ 전통주의 역사관 - "있는 그대로의 역사"

가장 기본적인 역사관은 **'사실 중심의 전통주의 시각'**이다. 독일 역사학자 랑케가 말했듯, 역사는 "과거에 실제로 있었던 일을 있는 그대로 보여 주는 것"이라는 믿음이다. 그러나 시간이 흐르며 역사는 단순한 기록이 아니라 해석의 산물이라는 인식이 자리 잡았다.

□ 유물사관 - 경제 구조와 계급의 역사

이러한 문제의식 속에서 등장한 것이 **유물사관**, 곧 마르크스주의적 역사관이다. 이 관점은 역사의 원동력을 계급 갈등과 경제 구조에서 찾는다. 프랑스 혁명도 정치적 사건이 아니라, 봉건 귀족과 자본가 계급의 충돌이라는 구조적 산물로 해석한다.

□ 실존주의 역사관 - 개인의 자유의지와 선택

그러나 경제와 계급만으로 역사를 설명하기에는 부족하다. 그래서 제시된 것이 **실존주의적 역사관**이다. 이 관점은 구조가 아닌 개인의 자유의지와 결단을 중시하며, 한 장군의 전략, 한 철학자의 외침, 한 청년의 희생이 역사 흐름을 바꿀 수 있다고 강조한다.

□ 구조주의 역사관 - 보이지 않는 힘의 작용

다만 개인의 선택도 공허한 공간에서 이루어지지 않는다. 여기서 다시 등장하는 것이 **구**

조주의적 역사관이다. 구조주의는 '보이는 사건'보다 '보이지 않는 구조'를 강조하며, 전쟁이나 왕조 교체의 배후에는 기후, 농업 기술, 인구 이동, 문화 관념과 같은 장기적 요인이 작용한다고 본다.

□ 포스트모던 역사관 - 권력의 언어로서의 역사

이러한 다양한 해석 가능성은 역사에 절대적 진실만 존재하지 않음을 보여 준다. 이를 극단적으로 밀어붙인 것이 **포스트모던 역사관**이다. 이들은 "역사는 곧 권력의 언어"라 주장하며, 역사 기록 속에 권력자의 입장과 이념이 반영되어 있음을 지적한다. 따라서 역사는 '사실의 보고서'가 아니라 '의도된 서사'일 수 있다는 것이다.

□ 기독교적 역사관 - 구속의 서사 속에 흐르는 역사

마지막으로, **기독교적 역사관**은 인류 역사를 하나님이 이끄시는 구속의 이야기로 본다. 창조, 타락, 구속, 회복이라는 큰 흐름 속에서 각 사건은 신의 섭리를 이루기 위한 퍼즐 조각으로 해석된다. 예루살렘의 멸망조차 하나님의 경고와 회복의 메시지로 읽힌다. 이러한 관점은 신앙인의 삶으로 증명되어 왔다. 나치에 저항한 신학자 디트리히 본회퍼는 1945년 교수형을 당하면서도 **"하나님은 역사 가운데 살아 계신다"**라고 고백했다. 그는 순교 직전 "여기서 모든 것이 끝나지만, 나에게는 새로운 생명이 시작된다(This is the end-for me, the beginning of life)"라는 말을 남겼다. 세상의 시선에서는 '끝'처럼 보이지만, 믿음의 시선에서는 그것이 **진짜 삶이 시작되는 순간**이라는 역설적 진리를 선포한 것이다.

□ 역사는 과거가 아닌, 현재를 비추는 거울

결국 역사는 단순한 과거의 사실이 아니라, 현재의 시선으로 다시 읽히는 다양한 해석의 장이다. 누가 기록했는지, 어떤 의도로 남겼는지를 묻는 순간, **역사는** 오늘 우리의 생각과 가치를 비추는 거울이 된다. 그래서 역사를 바라보는 방식은 곧 **우리가 누구이며 어디로 가**

는지를 드러내는 자기 성찰이 된다.

5. 국가, 사회와 개인의 윤리와 도덕성

국가는 법과 제도만으로, 사회는 경제와 시스템만으로, 개인은 권리 주장만으로 유지되지 않는다. 그 모든 기초는 보이지 않는 **윤리와 도덕의 기반** 위에 놓여 있어야 한다. **인류의 문명**은 언제나 **공유된 가치 위에서 성장**했고, 그 기준이 무너질 때 사회 전체가 흔들렸다.

□ 청교도 정신에서 세속화 사회로 - 미국의 세속화

미국은 신앙의 자유를 찾아 영국에서 건너온 청교도(Puritan)들의 꿈에서 시작되었다. 그들은 가정 · 학교 · 교회를 성경 위에 세웠고, 교육 역시 성경을 바르게 읽고 해석하기 위한 수단이었다. 이러한 전통은 미국 건국 정신의 뿌리가 되었다. 공교육 역시 예외가 아니었다. 미국 최초의 공립학교 설립 목적은 '성경을 바르게 읽고 해석할 수 있도록 모든 아이에게 교육을 제공하는 것'이었다. 그들에게 교육은 단순한 문해력 교육이 아니라, 하나님의 뜻을 깨닫고 그리스도인답게 살아가기 위한 필수 도구였다. 이러한 전통은 미국 건국의 정신 속에 깊이 뿌리내렸고, 18~19세기를 거치며 **미국 사회 전반**에 **기독교적 도덕과 윤리**가 교육과 정치, 법률과 문화의 근간으로 작동하게 되었다.

그러나 20세기 들어 산업화와 다원주의 속에서 종교적 일체감은 약화되었고, 공립학교의 성경 교육과 기도는 정교분리 원칙에 따라 금지되었다(1962년 Engel v. Vitale, 1963년 Abington 판결). 이는 공교육의 세속화를 알린 분기점이었다. 케네디 대통령은 개인적으로는 신앙을 존중했지만 정치적으로는 정교분리를 지지하며 "기도는 가정과 교회에서 이루어져야 한다"고 밝혔다.

동시에 미국 사회는 **총기 소지 권리**라는 또 다른 자유 논쟁을 안고 있었다. 독립전쟁의 기억 속에 헌법은 무기 소지를 보장했으나, 1963년, 케네디 대통령 자신이 총격으로 암살당한 사건은 미국 사회를 큰 충격에 빠뜨렸고, 이후 그의 동생 로버트 케네디와 마틴 루터 킹 목사마저 총기에 의해 생명을 잃었다. 이러한 암살 사건들이 이어지며 1968년 총기 규제법이 제정되었다. 성경 교육의 폐지와 총기 제한은 미국이 **'자유'를 해석하는 방식**이 얼마나 **복잡한 균형** 위에 놓여 있는지를 보여 준다. 신앙의 나라는 세속화되었고, 총기는 여전히 공권으로 남는 아이러니를 드러냈다.

이제 질문해야 한다. 성경은 교실에서 사라지고, 총기는 거리에서 남아 있는 이 풍경은 과연 **미국인의 조상 청교도**들이 꿈꾸던 나라일까? '자유'라는 이름 아래 지켜 낸 권리들은 정말 인간과 사회를 더 나은 방향으로 이끌고 있는가? 헌법에 명시된 **자유는 '방종'이 아니라, 책임과 절제** 위에서만 가능한 **질서 있는 자유**였다. 그러나 오늘날 미국 사회에서 자유는 윤리를 상대화시키며 분열과 갈등을 심화시키고 있다.

□ 대한민국의 현재와 미래

대한민국도 비슷한 길을 걷고 있지는 않은지 돌아봐야 한다. 정치 · 교육 · 언론 · 과학기술에서조차 윤리와 도덕의 근거가 약화되고, **'자유'와 '다양성'**이라는 이름 아래 **공동체적 가치**가 흔들리고 있다.

우리는 다시 근본을 물어야 한다. **자유**는 어디까지 허용될 수 있는가? **권리**는 어디서 **책임**과 만나는가? **윤리**는 개인의 선택인가, 사회가 함께 지켜야 할 기준인가? 이 질문은 법과 제도만으로 답할 수 없다. 철학과 도덕, 신앙과 교육, 인간 이해에 대한 깊은 성찰에서 출발해야 한다. 고대 그리스 철학자들은 이미 국가와 사회, 개인의 삶에서 윤리와 도덕이 중심이 되어야 함을 논했다. 플라톤은 국가의 정의를, **아리스토텔레스**는 공동체의 목적을 강조하며 국가는 단지 질서를 위한 기계적 구조가 아니라 **'선한 삶(good life)'**을 함께 추구하는 **도덕 공동체**라고 보았다.

오늘 우리에게 필요한 것은 기술 혁신이나 제도 정비 이전에 **그 모든 것을 올바른 방향으로 이끌 수 있는 '기준'과 '분별력'**, 다시 말해 윤리적 방향성과 도덕적 기준의 회복이다. 제도는 틀을 만들 수 있지만, 그 틀에 어떤 내용을 담을지는 결국 인간의 선택에 달려 있다. 그렇기에 우리는 더 깊은 차원의 질문을 던져야 한다. 정치인, 행정가, 과학기술자, 교육자, 시민 모두가 **"무엇이 옳은가?"**를 묻는 철학적 태도를 다시 가져야 한다. 그래야만 사람다운 사회, 존엄한 인간, 건강한 국가를 세울 수 있다.

풍부한 지식은 문제를 분석하지만, 지혜는 그 문제를 어떻게 해결할지를 결정한다. 21세기의 문명은 정보와 속도의 문제가 아니라 "가치와 의미의 문제"를 해결해야 한다. 이때 필요한 것이 바로 **'지혜'이다. 지혜는 무엇이 옳은지를 분별**하고, 언제 **어떻게 행동해야 하는지**를 결정하게 하는 힘이며, 복잡한 시대에 **방향을 제시하는 나침반이다.** 그리고 그 해답은 이미 고대의 지혜 속에 씨앗으로 존재하고 있었다. 그리고 이제 우리는 단순한 지식의 축적을 넘어, 그 지식을 올바른 방향으로 이끌어 줄 **'지혜'의 본질**을 다시 바라보아야 한다. 나라와 민족을 사랑하는 애국심은 공동체를 향한 헌신과 책임에서 비롯되지만, 국수주의는 타인과 세계를 배척하는 배타성에서 나온다. 진정한 애국심은 스스로의 나라를 사랑하되, 다른 나라의 존재를 존중할 줄 아는 열린 마음 위에 세워져야 한다. 그것이 바로 지혜로운 국가가 나아가야 할 길이며, 인류 공동의 미래를 향한 성숙한 태도이다.

6. 미래를 위한 옛 지혜의 귀환

진정한 지혜는 **자신을 비우고 절대진리를 채우는 데**서 나온다. 지혜는 단순한 정보의 축적이나 지식의 우열에서 생기지 않는다. 많이 아는 사람이 아니라, **무엇이 본질인지 구별할 수 있는 사람**, 자기 확신을 내려놓고 **더 큰 진리를 받아들일 수 있는 사람**이 지혜로운 자다. 자신을 비운다는 것은 무지나 포기가 아니라, 나의 관점, 나의 이익, 나의 고집을 내려놓고 **더 넓은 시야로 세상을 바라보는 용기**다. 이러한 빈 마음에만 **공동체를 살리는 가치, 세대를 넘어서는 통찰, 그리고 인간을 넘어서는 절대적 기준**이 들어올 수 있다.

절대진리란 단순한 종교적 용어가 아니다. **시대가 변해도 변하지 않는 가치, 힘이 바뀌어도 왜곡되지 않는 정의,** 권력과 이익을 넘어 **인간을 인간답게 만드는 기준**을 뜻한다. 역사는 그것을 **'진리'**라고 불렀고, 지혜로운 자들은 그것 위에 문명을 세웠다. **즉, 절대진리는** 인류가 보편적으로 추구해 온 **가장 깊은 토대이자 문명의 기준**이었다. 지혜와 통섭, 그리고 리더십의 중심에는 **'비움'**이 있다.

□ 솔로몬의 지혜 - 비움에서 시작되었으나, 끝까지 유지되지는 못한 이야기

성경 속 인물 중 가장 지혜롭다고 불린 왕 솔로몬은 바로 이러한 **'비움'과 '절대진리'**의 의미를 가장 선명하게 보여 주는 인물이었다. 그는 왕위에 오르며 부와 권세보다 먼저 지혜를 구했고, 그 겸손함으로 인해 하나님은 지혜와 부를 함께 허락하셨다. 재판정에서 두 여인이 같은 아이의 어머니라 주장했을 때, 솔로몬은 "아이를 둘로 나누라"고 말해 진짜 어머니의 마음을 드러나게 했다. 지혜는 논리가 아닌 **사람의 내면과 본질을 읽어 내는 통찰**임을 보여 준 사건이었다.

그러나 그의 말년은 또 다른 교훈을 남긴다. 솔로몬은 노년에 수많은 왕국과 정략관계를 맺으며 마음이 흐려졌고, 우상숭배 등 주변의 다양한 가치가 그의 판단을 흐리게 했다. 지혜는 시작보다 **지속이 어렵고**, 한 번 얻은 통찰도 **겸허한 자세가 사라지면 퇴색할 수 있음**을 보여 준다. 따라서 지혜는 쌓는 것이 아니라 유지하는 것이다. 그리고 유지의 힘은 자신을 절대가치와 비교하며 수시로 점검하는 자세에서 온다.

□ 그리스 철학자들 - 스스로를 비움에서 시작된 지혜의 탐구

솔로몬의 길이 절대자 앞에서 비움으로 시작되었다면, **그리스 철학자들의 지혜는 스스로를 비워 진리에 접근**하려는 질문에서 출발했다. 소크라테스는 "나는 내가 모른다는 것을 안다"라고 말했다. 이 말은 무지가 아닌 **비움의 선언**이며, 지혜의 첫 문턱이었다. 그는 지식을 쌓기보다 질문을 던졌고, 진리는 설명이 아니라 **탐구하는 과정 속에서 드러난다**고 믿었다.

그의 철학은 "자신을 비울 때 비로소 진리를 받아들일 공간이 생긴다"는 사실을 보여 준다.

플라톤은 이 비움을 더 확장하여 **보이는 세계 밖의 본질을 추구**했다. 동굴의 비유처럼, 눈앞의 그림자를 진짜라고 믿는 사람은 진리를 볼 수 없으며 빛을 향해 **스스로를 비워 내면의 사슬을 풀어야 실재 세계에 닿을 수 있다**고 말했다. 그에게 지혜란 경험의 반복이 아니라 **영혼이 기억하는 절대선으로의 회귀**였다. 아리스토텔레스는 지혜를 세상과 분리하지 않았다. 논리 · 윤리 · 미학 · 정치 · 과학을 하나의 체계로 연결하며 **지식과 지혜가 통섭될 때 현실을 바로 세울 수 있다**고 보았다. 그는 삶의 목적을 '행함'에 두었고, 지혜는 사고의 결과가 아니라 **삶의 질을 결정하는 실천적 능력**이라고 보았다.

□ 맺음말

자신을 비울 때 비로소 타인의 목소리가 들리고,
다양한 영역이 연결되며,
가치가 방향을 이끌고,
공동체를 세우는 리더십이 탄생한다.

지식은 나를 드러내지만,
지혜는 나를 비움으로써 세상을 변화시킨다.

7. 역사의 과정에 흐르는 일관된 메시지

역사는 인간이 반복하는 존재임을 보여 준다. **배우지 못하면 같은 실수를 되풀이**한다. 역사는 단순한 사건의 나열이 아니라, 인간이 어떤 선택을 했고 그 결과 무엇을 얻거나 잃었는지를 되짚어 보게 하는 **살아 있는 교과서**다.

□ 힘과 기술의 오만이 부르는 몰락

수많은 제국은 힘과 영토를 자랑했지만 내부의 분열과 오만, 타락으로 무너졌다. 권력을 독점하고 민중의 목소리를 외면한 나라는 그 뿌리부터 썩어 갔다. 기술과 문명이 발전할수록 인간은 더 많은 가능성을 쥐었지만, 핵무기 · 유전자 조작 · 인공지능처럼 책임 없는 기술은 오히려 문명을 위협할 수 있음을 역사는 증명한다.

□ 폐허 위에서도 이어지는 회복의 이야기

그러나 역사는 단지 경고만을 남기지 않는다. 폐허 위에도 집은 다시 세워졌고, 전쟁 후에도 인권과 평화의 가치를 지키려는 사람들의 이야기가 있다. 역사는 잘못 속에서 배우고, 실패 속에서 새로운 길을 찾으며, 고통 속에서도 **회복을 이뤄 낸 희망의 연대기**이기도 하다. 지혜로운 사람들은 혼돈과 몰락 속에서도 방향을 잃지 않았고, 새로운 시대를 열었다.

□ 역사가 우리에게 묻는 질문 그리고 일관된 메시지

무엇보다 역사는 현재를 비추는 거울이다.
지금 우리가 내리는 결정과 공유하는 가치는
과거와 이어져 있으며, 미래로 반영된다.
그래서 역사는 끊임없이 묻는다.

"너는 기억하는가? 그 기억을 어떻게 사용할 것인가?"

결국 역사가 주는 교훈은 단순하다.
과거는 되돌릴 수 없지만,
기억함으로써 더 나은 미래를 선택할 수 있다.
기억하지 않는 자는 같은 실수를 반복하고,

기억하는 자는 그것을 넘어 새로운 길을 만든다.
이것이 역사가 전하는 일관되고 변하지 않는 메시지다.

기억은 길을 밝히는 등불이 되고,
통찰은 보이지 않는 흐름을 읽어 낸다.
이제, 우리는 새로운 역사의 문 앞에 서 있다.
보이지 않는 흐름을 이해하는 자만이
새로운 문 앞에 설 수 있다.
그리고 미래를 향해 행동하는 자만이
그 문을 열 수 있다.

새로운 역사의 문
Created with DALL · E by OpenAI.

❖ 에필로그(Epilogue)

역사는 과거의 이야기이지만, 언제나 현재를 비추는 거울입니다.
이 책의 여정은 단순히 과거를 회고하는 것이 아니라,
우리가 어디에 서 있으며, 어떤 길을 향해 가는지를 다시 묻는 시도였습니다.

사람들은 역사를 종종 연표와 이름, 전쟁과 왕조의 지식으로 기억합니다.
그러나 진정한 역사는 '정보'가 아니라 '질문'입니다.
고대 유적의 붕괴된 돌 앞에 설 때,
우리는 인간의 욕망과 신념, 선택과 후회의 흔적을 마주합니다.
결국 역사는 이렇게 묻습니다.
"우리는 어디서 왔는가? 무엇을 위해 살아가는가?"

사람들은 "역사는 반복된다"고 말합니다.
그러나 반복되는 것은 사건이 아니라 인간의 마음입니다.
교만, 탐욕, 두려움… 시대는 달라도 인간의 본성은 비슷한 궤도를 그립니다.
그래서 역사를 읽는다는 것은 결국 사람을 이해하고, 자신을 돌아보는 일입니다.

같은 실수를 반복하지 않기 위해, 우리는 과거의 교훈을 기억해야 합니다.
문명을 무너뜨린 것은 외세가 아니라 내부의 분열이었습니다.
지금 우리에게 필요한 것은 나뉘는 것이 아니라, 이어지는 용기입니다.

누군가에게는 과거 속에서 새로운 깨달음이,
또 다른 이에게는 다시 세워야 할 삶의 방향이 보이기를 바랍니다.
역사는 과거가 아닙니다.
그것은 오늘의 선택을 비추는 가장 선명한 거울입니다.

2026년 1월
저자 드림